Saskia Gießen/Hiroshi Nakanishi
Excel 2010 Formeln und Funktionen

Saskia Gießen/Hiroshi Nakanishi

Excel 2010
Formeln und Funktionen

Mit 438 Abbildungen

Bibliografische Information der Deutschen Bibliothek

Die Deutsche Bibliothek verzeichnet diese Publikation in der Deutschen Nationalbibliografie;
detaillierte Daten sind im Internet über http://dnb.ddb.de abrufbar.

Alle Angaben in diesem Buch wurden vom Autor mit größter Sorgfalt erarbeitet bzw. zusammengestellt und unter Einschaltung wirksamer Kontrollmaßnahmen reproduziert. Trotzdem sind Fehler nicht ganz auszuschließen. Der Verlag und der Autor sehen sich deshalb gezwungen, darauf hinzuweisen, dass sie weder eine Garantie noch die juristische Verantwortung oder irgendeine Haftung für Folgen, die auf fehlerhafte Angaben zurückgehen, übernehmen können. Für die Mitteilung etwaiger Fehler sind Verlag und Autor jederzeit dankbar. Internetadressen oder Versionsnummern stellen den bei Redaktionsschluss verfügbaren Informationsstand dar. Verlag und Autor übernehmen keinerlei Verantwortung oder Haftung für Veränderungen, die sich aus nicht von ihnen zu vertretenden Umständen ergeben. Evtl. beigefügte oder zum Download angebotene Dateien und Informationen dienen ausschließlich der nicht gewerblichen Nutzung. Eine gewerbliche Nutzung ist nur mit Zustimmung des Lizenzinhabers möglich.

© 2010 Franzis Verlag GmbH, 85586 Poing

Alle Rechte vorbehalten, auch die der fotomechanischen Wiedergabe und der Speicherung in elektronischen Medien. Das Erstellen und Verbreiten von Kopien auf Papier, auf Datenträgern oder im Internet, insbesondere als PDF, ist nur mit ausdrücklicher Genehmigung des Verlags gestattet und wird widrigenfalls strafrechtlich verfolgt.

Die meisten Produktbezeichnungen von Hard- und Software sowie Firmennamen und Firmenlogos, die in diesem Werk genannt werden, sind in der Regel gleichzeitig auch eingetragene Warenzeichen und sollten als solche betrachtet werden. Der Verlag folgt bei den Produktbezeichnungen im Wesentlichen den Schreibweisen der Hersteller.

Herausgeber: Franz Graser
Satz: DTP-Satz A. Kugge, München
art & design: www.ideehoch2.de
Druck: Bercker, 47623 Kevelaer
Printed in Germany

ISBN 978-3-645-60065-1

Inhaltsverzeichnis

1	Excel 2010 – Grundlagen	21
1.1	Zahlen- und Datumsformate	22
1.1.1	Zahlen formatieren	22
1.1.2	Zahlen mit Einheiten über die benutzerdefinierten Zahlenformate gestalten	23
1.1.3	Benutzerdefinierte Datumsformate	24
1.1.4	Benutzerdefinierte Nummernformate	26
1.1.5	Einheiten für Einzahl und Mehrzahl	26
1.2	Eingaben mit dem Befehl *Gültigkeit* prüfen	27
1.2.1	Listen erstellen	29
1.3	Bedingte Formatierung	31
1.3.1	Fehlermeldungen ausblenden	33
1.3.2	Zellen mit bedingter Formatierung finden	35
1.4	Den Ausdruck vorbereiten	36
1.5	Mehrere Registerblätter gleichzeitig bearbeiten	38
1.6	Diagramme erstellen	39
2	Funktionen erstellen und bearbeiten	41
2.1	Rechenschritte manuell eingeben und bearbeiten	41
2.1.1	Manuelle Eingabe eines einfachen Rechenschritts	41
2.1.2	Komplexere Additionen mit der Funktion SUMME	45
2.2	Grundwissen zu den Formeln	47
2.2.1	Formeln nachträglich bearbeiten	47
2.2.2	Formeln im Arbeitsblatt finden	48
2.2.3	Formelergebnis als Werte kopieren	50
2.2.4	Berechnung abschalten	51
2.3	Relative und absolute Adressierung	52
2.4	Bereiche benennen	55
2.5	Der Funktions-Assistent	56
2.5.1	Einsatzgebiete	56
2.5.2	Verschachtelte Funktionen	58
2.5.3	Hilfe zu Funktionen	60
2.5.4	Eine Funktion suchen	60
2.6	Matrixfunktionen	60
2.6.1	Ein einfaches Beispiel zur Matrixfunktion	61
2.6.2	Eine weitere Dimension	63
2.7	Fehlermeldungen abfangen	64

2.7.1	Fehler in der Anzeige #####	64
2.7.2	Fehler #BEZUG!	65
2.7.3	Fehler #DIV/0	66
2.7.4	Fehler #NV	66
2.7.5	Die Fehler #Name?	66
2.7.6	Die Fehlermeldung #NULL!	67
2.7.7	Fehler #WERT!	67
2.7.8	Fehler #ZAHL!	68
2.7.9	Zirkelbezug	68
2.8	Formeln schützen	69
2.9	Add-Ins aktivieren	70

3	Mit Textfunktionen arbeiten	73
3.1	BAHTTEXT	73
3.1.1	Beispiel	73
3.2	CODE	74
3.2.1	Beispiel	74
3.3	DM	75
3.4	ERSETZEN	76
3.4.1	Eine Jahreszahl ändern	76
3.4.2	Eine Artikelbezeichnung ändern	77
3.4.3	Zahlen addieren, die mit Text eingegeben wurden	78
3.5	FEST	79
3.6	FINDEN	79
3.6.1	Einen Text in einem Zellinhalt finden	79
3.6.2	Zellinhalte trennen	80
3.6.3	Text in Spalten	82
3.6.4	Zellinhalte vertauschen	83
3.7	GLÄTTEN	85
3.7.1	Überflüssige Leerzeichen vor, hinter und zwischen Texten entfernen	86
3.7.2	Unsichtbare Zeichen und überflüssige Leerzeichen entfernen	86
3.8	GROSS	87
3.8.1	Alle Buchstaben in Großbuchstaben umwandeln	87
3.9	GROSS2	88
3.9.1	Ersten Buchstaben jedes Wortes in Großbuchstaben umwandeln	89
3.10	IDENTISCH	89
3.10.1	Die Inhalte von zwei Zellen vergleichen	90
3.10.2	Doppelte Werte automatisch einfärben	90
3.10.3	Doppelte Werte automatisch löschen	92
3.11	KLEIN	92
3.11.1	Alle Buchstaben in Kleinbuchstaben umwandeln	93
3.12	LÄNGE	93

3.12.1	Wie viele Zeichen enthält die Zelle?	94
3.12.2	Artikelnummern automatisch auffüllen	94
3.12.3	Das automatische Auffüllen bei unterschiedlicher Länge	95
3.13	LINKS	96
3.13.1	Die Funktion LINKS	96
3.13.2	Artikelnummern bereinigen	97
3.13.3	Artikelnummern vertauschen	98
3.14	RECHTS	98
3.14.1	Die Funktion RECHTS	98
3.14.2	Artikelnummern bereinigen	99
3.14.3	Einen Nachnamen aus einer Zelle extrahieren	100
3.15	SÄUBERN	100
3.15.1	Steuerzeichen aus einer Zelle entfernen	101
3.15.2	Einen Zeilenwechsel entfernen	102
3.16	SUCHEN	102
3.16.1	Einen Text in einem Zellinhalt suchen	103
3.16.2	Unterschiedlich lange Texte auf zwei Zellen verteilen	103
3.16.3	Vor- und Nachnamen vertauschen	104
3.17	Die Funktion T	105
3.17.1	Einen Zellinhalt ändern	106
3.18	TEIL	106
3.18.1	Nur einen Teil des Zellinhalts weiterbearbeiten	107
3.18.2	Eine Artikelnummer wiederherstellen	107
3.18.3	Die Quersumme ermitteln	108
3.19	TEXT	109
3.19.1	Einen Zellinhalt über eine Funktion gestalten	109
3.20	VERKETTEN	110
3.20.1	Mehrere Zellen zu einer zusammenführen	111
3.20.2	Texte mit Leerzeichen zusammenführen	111
3.20.3	Zellinhalte manuell verketten	112
3.21	WECHSELN	113
3.21.1	Einen Produktnamen automatisch durch einen anderen ersetzen	113
3.21.2	Punkte durch Kommas ersetzen	114
3.21.3	Punkte und Kommas vertauschen	115
3.22	WERT	116
3.22.1	Die Funktion WERT	116
3.22.2	Zellen addieren, in denen Text steht	117
3.23	WIEDERHOLEN	118
3.23.1	Texte automatisch wiederholen	118
3.23.2	Eine Artikelnummer automatisch auffüllen lassen	119
3.24	ZEICHEN	120
3.24.1	Eine Zeichennummer finden	120

	3.24.2	Aus einer Zahl ein Zeichen herstellen	120
	3.24.3	Die Umsätze mit Sonderzeichen analysieren	121
4	**Datums- und Zeitfunktionen**		**123**
	4.1	Rechnen mit Datum und Uhrzeit	123
	4.1.1	Anzahl der Tage zwischen zwei Daten	123
	4.1.2	Anzahl der Stunden	124
	4.1.3	Das Ergebnis im Uhrzeitformat	125
	4.2	ARBEITSTAG	125
	4.2.1	Ein Datum in der Zukunft ermitteln	126
	4.2.2	Das Arbeitsenddatum ermitteln	127
	4.3	ARBEITSTAG.INTL	127
	4.3.1	Ein Datum in der Zukunft ermitteln	128
	4.3.2	Das Arbeitsenddatum ermitteln	129
	4.4	BRTEILJAHRE	130
	4.4.1	Ein Beispiel für die Funktion BRTEILJAHRE	130
	4.4.2	Anteil am Jahr	131
	4.5	DATEDIF	132
	4.5.1	Aus einem Text ein Datum erstellen	132
	4.5.2	Das Alter ermitteln	133
	4.6	DATUM	134
	4.6.1	Ein Datum zusammensetzen	134
	4.6.2	Ein Datum wiederherstellen	135
	4.6.3	Wer hat nächsten Monat Geburtstag?	136
	4.7	DATWERT	137
	4.7.1	Aus einem Text ein Datum erstellen	138
	4.7.2	Ein Datum wiederherstellen	139
	4.8	EDATUM	140
	4.8.1	Wann kommt die Ware?	141
	4.9	HEUTE	142
	4.9.1	Die Anzahl der Tage zwischen heute und einem Datum	142
	4.10	JAHR	142
	4.11	JETZT	143
	4.11.1	Die Funktion JETZT mit Formaten	143
	4.12	KALENDERWOCHE	144
	4.12.1	Die Nummer der Woche finden	144
	4.13	MINUTE	145
	4.14	MONAT	145
	4.14.1	Die Funktion MONAT	145
	4.14.2	Die Anzahl der neuen Kunden pro Monat	146
	4.15	MONATSENDE	147
	4.15.1	Der letzte Tag im angegebenen Monat	148
	4.16	NETTOARBEITSTAGE	149
	4.16.1	Die Anzahl der Arbeitstage eines Monats ermitteln	149

4.16.2	Die Anzahl der Arbeitstage zwischen zwei Daten ermitteln	151
4.17	NETTOARBEITSTAGE.INTL	153
4.17.1	Die Anzahl der Arbeitstage ermitteln	154
4.18	SEKUNDE	155
4.19	STUNDE	155
4.19.1	Die Funktion STUNDE	156
4.19.2	Die Anzahl der Anrufe	156
4.19.3	Die Filmlänge berechnen	158
4.19.4	Die Filmlänge über Mitternacht hinaus berechnen	158
4.20	TAG	159
4.20.1	Die Funktion TAG	159
4.21	TAGE360	160
4.21.1	Die Anzahl der Tage zwischen zwei Daten	160
4.22	WOCHENTAG	161
4.22.1	Die Nummer des Wochentags ermitteln	162
4.22.2	Wochenenden farbig gestalten	162
4.22.3	Zuschläge für den Samstag ermitteln	164
4.23	ZEIT	165
4.23.1	Eine Uhrzeit zusammensetzen	165
4.24	ZEITWERT	166
4.24.1	Aus einem Text ein Datum erstellen	166

5	Logische Funktionen	169
5.1	FALSCH	169
5.1.1	Die Funktion FALSCH	169
5.2	NICHT	170
5.2.1	Aus FALSCH wird WAHR und umgekehrt	170
5.2.2	Eine Liste addieren, wenn der Status FERTIG ist	170
5.3	ODER	171
5.3.1	Den Inhalt von zwei Zellen mit der Funktion ODER abfragen	171
5.4	UND	172
5.4.1	Den Inhalt von zwei Zellen mit der Funktion UND abfragen	173
5.5	WAHR	174
5.5.1	Die Funktion WAHR	174
5.6	WENN	175
5.6.1	Umsatzgröße prüfen	175
5.6.2	Eintrittspreise anhand vom Alter ermitteln	176
5.6.3	Gestaffelte Eintrittspreise	177
5.6.4	Eine Mitarbeiterprovision erstellen	179
5.6.5	Verschachtelte WENN-Funktion	179
5.7	WENN & ODER	181
5.8	WENN & UND	182

5.9	WENNFEHLER	183
5.9.1	Eine Fehlermeldung unterdrücken	183
5.9.2	Eine Nummer ist nicht vorhanden	184

6 Informationsfunktionen 185

6.1	FEHLER.TYP	185
6.1.1	Fehler auswerten	186
6.1.2	Bestimmte Fehlermeldungen hervorheben	186
6.2	INFO	187
6.2.1	Systeminformationen auswerten	188
6.2.2	Informationen zur Versionsnummer von Excel anzeigen	189
6.3	ISTBEZUG	189
6.3.1	Wird ein Zellbezug oder eine Konstante eingesetzt?	190
6.4	ISTFEHL	190
6.4.1	Steht ein Fehler in der Zelle?	191
6.4.2	Bei einer Fehlermeldung wird nicht gerechnet	192
6.5	ISTFEHLER	192
6.5.1	Steht ein Fehler in der Zelle?	192
6.5.2	Eine Fehlermeldung zeitweise ausblenden	193
6.5.3	Bei einer Fehlermeldung wird nicht gerechnet	195
6.6	ISTGERADE	195
6.6.1	Ist die Zahl in der Zelle gerade?	196
6.6.2	Jede gerade Zeile mit einem Smiley beginnen	196
6.6.3	Jede gerade Zeile einfärben	197
6.7	ISTKTEXT	198
6.7.1	Steht kein Text in der Zelle – ja oder nein?	199
6.8	ISTLEER	200
6.8.1	Ist die Zelle leer – ja oder nein?	200
6.8.2	Die Fehlermeldung #DIV/0! unterdrücken	201
6.8.3	Leere Zellen einfärben	202
6.8.4	Leere Zellen finden ohne eine Funktion	203
6.9	ISTLOG	204
6.9.1	Steht in der Zelle ein logischer Wert – ja oder nein?	204
6.10	ISTNV	205
6.10.1	Steht in der Zelle #NV – ja oder nein?	205
6.10.2	Die Fehlermeldung #NV unterdrücken	206
6.11	ISTTEXT	207
6.11.1	Steht in der Zelle ein Text – ja oder nein?	207
6.11.2	Die Fehlermeldung #WERT! unterdrücken	208
6.11.3	Als Text formatierte Zahlen erkennen	209
6.12	ISTUNGERADE	211
6.12.1	Ist die Zahl in der Zelle ungerade – ja oder nein?	211
6.12.2	Jede ungerade Zeile mit einem Briefumschlag beginnen	212
6.12.3	Jede ungerade Zeile automatisch einfärben	212

6.13	ISTZAHL	213
6.13.1	Steht in der Zelle eine Zahl – ja oder nein?	214
6.13.2	Nur dann addieren, wenn Zahlen in der Liste stehen	215
6.14	Die Funktion N	215
6.14.1	Beispiel zur Funktion N	215
6.15	Die Funktion NV	216
6.15.1	Beispiel zur Funktion NV	216
6.15.2	Die Funktion NV zum Testen anderer Funktionen einsetzen	217
6.16	TYP	217
6.16.1	Die Funktion TYP	218
6.16.2	Als Text formatierte Zahlen erkennen	218
6.16.3	Zellen mit Texten gelb, Zellen mit Zahlen rot einfärben	220
6.17	ZELLE	222
6.17.1	Die Funktion ZELLE	222
6.17.2	Die Zellen gestalten, die vom Schutz ausgenommen sind	225
6.17.3	Die Zellen hervorheben, die nicht das Zahlenformat *Standard* haben	226

7	**Matrixfunktionen**	**229**
7.1	ADRESSE	229
7.1.1	Die Funktion ADRESSE	230
7.1.2	Die Zelladresse mit dem größten Umsatz finden	231
7.1.3	Die letzte beschriftete Zelle finden	232
7.1.4	Die Summe bis zur letzten beschrifteten Zelle bilden	233
7.2	BEREICH.VERSCHIEBEN	233
7.2.1	Die Funktion BEREICH.VERSCHIEBEN	234
7.2.2	Summen bilden mit BEREICH.VERSCHIEBEN	235
7.3	BEREICHE	236
7.3.1	Die Funktion BEREICHE	236
7.4	HYPERLINK	237
7.4.1	Verweise in das Internet mit der Funktion HYPERLINK	237
7.4.2	Sprung zu einer bestimmten Zelle in Excel	238
7.4.3	Zur letzten beschrifteten Zelle springen	239
7.5	INDEX	240
7.5.1	Die Funktion INDEX	240
7.5.2	Ein Land nach seiner Nummer suchen	241
7.5.3	Den Lagerort eines Artikels finden	242
7.5.4	Den Lagerort eines Artikels finden II	243
7.6	INDIREKT	244
7.6.1	Die Funktion INDIREKT	245
7.6.2	Bestimmte Zellen addieren	247
7.6.3	Die addierten Zellen einfärben	248
7.6.4	Listen mit zellabhängigen Werten	249
7.7	MTRANS	252

7.7.1	Transponieren mit MTRANS	252
7.8	PIVOTDATENZUORDNEN	253
7.8.1	Einen Wert aus einer Pivot-Tabelle auslesen	254
7.9	Die Funktion RTD	254
7.10	SPALTE	255
7.10.1	Die Spaltennummer ermitteln	255
7.10.2	Die aktuelle Spaltennummer ermitteln	255
7.11	SPALTEN	256
7.11.1	Die Anzahl der Spalten in einem Bereich ermitteln	257
7.12	SVERWEIS	257
7.12.1	Suche nach Personalnummern	258
7.12.2	Fehler der SVERWEIS mit ISTNV abfangen	259
7.12.3	Der Aufbau der SVERWEIS-Funktion	260
7.12.4	Staffelpreise mit der Funktion SVERWEIS ermitteln	261
7.13	VERGLEICH	262
7.13.1	Eine Position in einer Suchmatrix ermitteln	263
7.13.2	Fehler mit WENNFEHLER abfangen	264
7.14	VERWEIS	265
7.15	WAHL	265
7.15.1	WAHL statt der WENN-Funktion einsetzen	265
7.15.2	Die Monatsnummern auswählen	266
7.15.3	Die Schulnoten ausschreiben	267
7.15.4	Den Umsatz des gewählten Monats anzeigen	268
7.15.5	Den kumulierten Umsatz anzeigen	269
7.16	WVERWEIS	269
7.16.1	Suche nach Werten in Spalten	270
7.16.2	Staffelpreise mit der Funktion WVERWEIS ermitteln	271
7.16.3	Ein Dauerkalender für den Monatsersten	271
7.17	ZEILE	272
7.17.1	Die Zeilennummer ausgeben	272
7.17.2	Die aktuelle Zeilennummer ermitteln	273
7.17.3	Zeilen mit geraden Nummern einfärben	274
7.18	ZEILEN	275
7.18.1	Die Anzahl der Zeilen in einem Bereich	275

8	**Datenbankfunktionen**	**277**
8.1	DBANZAHL / DBANZAHL2	278
8.1.1	Wie viele Berliner Kunden haben weniger als 700 Euro umgesetzt?	279
8.2	DBAUSZUG	281
8.2.1	Einen bestimmten Kunden suchen	282
8.3	DBMAX / DBMIN / DBMITTELWERT	283
8.3.1	Wie hoch ist der größte Umsatz, den ein Berliner gemacht hat?	283
8.4	DBPODUKT	284

8.4.1	Grundstücksgröße berechnen	285
8.5	DBSTABW / DBVARIANZ	286
8.5.1	Die Standardabweichung bestimmter Werte auf Basis einer Stichprobe	287
8.5.2	Wie ermittelt Excel diese Ergebnisse?	288
8.6	DBSTABWN / DBVARIANZEN	289
8.6.1	Die Standardabweichung bestimmter Werte auf Basis der Grundgesamtheit	290
8.6.2	Wie ermittelt Excel diese Ergebnisse?	291
8.7	DBSUMME	292
8.7.1	Wie viel Umsatz habe ich mit bestimmten Kunden gemacht?	293

9 Statistische Funktionen 295

9.1	ACHSENABSCHNITT	295
9.1.1	Den Schnittpunkt ermitteln	295
9.1.2	Schnittpunkt der Regressionsgeraden als Diagramm	296
9.2	ANZAHL	298
9.2.1	Die Mitglieder zählen, die bezahlt haben	298
9.3	ANZAHL2	299
9.3.1	Alle Mitglieder zählen	300
9.3.2	In gefilterten Listen zählen	301
9.4	ANZAHLLEEREZELLEN	302
9.4.1	Anzahl der Aushilfen, die im aktuellen Monat nicht gearbeitet haben	303
9.4.2	Die leeren Zellen einfärben	303
9.5	BESTIMMTHEITSMASS	305
9.5.1	Beispiel	306
9.6	BETA.INV	307
9.6.1	Die Wahrscheinlichkeit für eine Karte im Skat	307
9.7	BETA.VERT	308
9.7.1	Beispiel	309
9.8	BINOM.INV	309
9.9	BINOM.VERT	310
9.9.1	Beispiel	310
9.10	CHIQU.INV	311
9.11	CHIQU.INV.RE	312
9.12	CHIQU.TEST	312
9.13	CHIQU.VERT	313
9.14	CHIQU.VERT.RE	313
9.15	EXPON.VERT	314
9.16	F.INV	314
9.17	F.INV.RE	315
9.18	F.TEST	315
9.19	F.VERT	316

9.20	F.VERT.RE	316
9.21	FISHER/ FISHERINV	316
9.22	G.TEST	317
9.23	GAMMA.INV	317
9.24	GAMMA.VERT	318
9.25	GAMMALN	318
9.26	GAMMALN.GENAU	318
9.27	GEOMITTEL	319
9.28	GESTUTZTMITTEL	319
9.28.1	Gestutzter Mittelwert	319
9.29	HARMITTEL	321
9.30	HÄUFIGKEIT	321
9.30.1	Notenbeispiel	321
9.30.2	Kundengruppen bilden	322
9.31	HYPGEOM.VERT	323
9.32	KGRÖSSTE	324
9.32.1	Den zweitgrößten Wert finden	324
9.32.2	Die Summe der drei größten Umsätze in einer Liste finden	325
9.33	KKLEINSTE	326
9.33.1	Den drittkleinsten Wert finden	326
9.34	KONFIDENZ.NORM	327
9.35	KONFIDENZ.T	327
9.36	KORREL	328
9.36.1	Den Zusammenhang zwischen Zahlen ermitteln	328
9.37	KOVARIANZ.P	330
9.38	KOVARIANZ.S	331
9.39	KURT	331
9.40	LOGNORM.INV	331
9.41	LOGNORM.VERT	332
9.42	MAX	332
9.42.1	Den größten Wert innerhalb einer Zahlenliste finden	333
9.42.2	Den Text zum größten Wert finden	334
9.43	MAXA	335
9.43.1	Den größten Wert innerhalb einer Werteliste finden, in der auch Texte stehen	335
9.44	MEDIAN	336
9.44.1	Die Zahl in der Mitte (Median)	336
9.45	MIN	338
9.45.1	Den kleinsten Wert finden	338
9.45.2	Die Kategorie zum Minimum finden	339
9.45.3	Den kleinsten Wert finden – ohne die Null	340
9.46	MINA	341
9.46.1	Den kleinsten Wert innerhalb einer Werteliste finden	341
9.47	MITTELABW	342

9.47.1	Durchschnittliche Abweichung von Mittelwert berechnen	342
9.47.2	Wie ermittelt Excel diesen Wert?	343
9.48	MITTELWERT	343
9.48.1	Den Durchschnitt berechnen	344
9.48.2	Den durchschnittlichen Umsatz der drei besten Kunden ermitteln	345
9.49	MITTELWERTA	346
9.49.1	Der Durchschnitt von Zahlen, Texten und Wahrheitswerten	347
9.50	MITTELWERTWENN	347
9.50.1	Nur dann den Mittelwert bilden, wenn der Umsatz über einem bestimmten Wert liegt	348
9.50.2	Nur dann den Mittelwert des Umsatzes bilden, wenn der Kunde in einem bestimmten PLZ-Bereich wohnt	349
9.51	MITTELWERTWENNS	350
9.51.1	Beispiel	350
9.52	MODUS.EINF	351
9.52.1	Welcher Wert kommt am häufigsten vor?	351
9.53	MODUS.VIELF	353
9.54	NEGBINOM.VERT	353
9.55	NORM.INV	353
9.56	NORM.S.INV	354
9.57	NORM.S.VERT	354
9.58	NORM.VERT	355
9.59	PEARSON	355
9.60	POISSON.VERT	355
9.61	QUANTIL.EXKL	356
9.62	QUANTIL.INKL	356
9.63	QUANTILSRANG.EXKL	357
9.64	QUANTILSRANG.INKL	357
9.65	QUARTILE.EXKL	357
9.66	QUARTILE.INKL	358
9.66.1	Ein Beispiel	359
9.67	RANG.GLEICH	359
9.67.1	Die Position eines Produkts finden	360
9.67.2	Dieselben Zahlen	361
9.68	RANG.MITTELW	362
9.68.1	Dieselben Zahlen	362
9.69	Die Funktion RGP	363
9.69.1	Den Trend als Zahl ermitteln	363
9.70	RKP	364
9.71	SCHÄTZER	364
9.71.1	Den Trend für den nächsten Monat ermitteln	365
9.72	SCHIEFE	366
9.73	STABW.N	366

9.73.1	Die Standardabweichung aller ermittelten Werte	367
9.74	STABW.S	369
9.74.1	Die Standardabweichung einer Stichprobe	369
9.75	STABWA	371
9.76	STABWNA	372
9.77	STANDARDISIERUNG	372
9.78	STEIGUNG	373
9.78.1	Findet eine Steigung der Werte statt?	373
9.79	STFEHLERYX	375
9.80	SUMQUADABW	376
9.81	T.INV	376
9.82	T.INV.25	376
9.83	T.TEST	377
9.84	T.VERT	377
9.85	T.VERT.25	378
9.86	T.VERT.RE	378
9.87	TREND	378
9.87.1	Einen linearen Trend für die nächsten Monate ermitteln	379
9.88	VAR.P	380
9.88.1	Die Varianz alle ermittelten Werte	381
9.89	VAR.S	382
9.89.1	Die Varianz einer Stichprobe	383
9.90	VARIANZA	384
9.91	VARIANZENA	385
9.92	VARIATION	385
9.92.1	Einen exponentiellen Trend für die nächsten Monate ermitteln	386
9.93	VARIATIONEN	387
9.94	WAHRSCHBEREICH	387
9.95	WEIBULL.VERT	388
9.96	ZÄHLENWENN	388
9.96.1	Beispiel	389
9.97	ZÄHLENWENNS	390
9.97.1	Nach zwei Kriterien suchen	390
9.97.2	Nach drei Kriterien suchen	391
10	**Mathematische und trigonometrische Funktionen**	**393**
10.1	ABRUNDEN	393
10.1.1	Cent-Werte abschneiden	394
10.1.2	Auf 100 Euro abrunden	394
10.2	ABS	394
10.2.1	Abweichungen von Messdaten anzeigen	395
10.3	AGGREGAT	395
10.4	ARCCOS	397
10.5	ARCCOSHYP	397

10.6	ARCSIN	398
10.7	ARCSINHYP	398
10.7.1	ARCSINHYP ist die Umkehrfunktion zu ARCSIN	398
10.8	ARCTAN	399
10.9	ARCTAN2	399
10.10	ARCTANHYP	399
10.10.1	ARCTANHYP ist die Umkehrfunktion zu ARCTAN	400
10.11	AUFRUNDEN	400
10.11.1	Von vier Stellen hinter dem Komma bis 100.000 aufrunden	400
10.12	BOGENMASS	400
10.13	COS	401
10.14	COSHYP	401
10.15	EXP	402
10.15.1	Die Eulersche Zahl e	402
10.16	FAKULTÄT	403
10.16.1	Die Fakultät für die Zahlen 1 bis 100	403
10.16.2	Eine Berechnung der Eulerschen Zahl e	404
10.17	GANZZAHL	404
10.18	GERADE	405
10.19	GGT	405
10.19.1	Der größte gemeinsame Teiler	405
10.20	GRAD	406
10.21	KGV	406
10.21.1	Zwei Brüche addieren	407
10.22	KOMBINATIONEN	407
10.22.1	Wie viele Tischtennisspiele müssen stattfinden, damit bei fünf Spielern alle gegeneinander spielen?	408
10.23	KÜRZEN	408
10.24	LN	409
10.25	LOG	409
10.25.1	Der Logarithmus zur Basis 10, zur Basis e und zur Basis 2	409
10.26	LOG10	410
10.27	MDET	411
10.27.1	Determinante einer 2x2-Matrix berechnen	411
10.27.2	Determinante einer 3x3-Matrix berechnen	412
10.28	MINV	412
10.28.1	Die Umkehrmatrix zu einer 3x3-Matrix	413
10.29	MMULT	413
10.30	OBERGRENZE	414
10.30.1	Preise auf 9 Cent enden lassen	414
10.31	OBERGRENZE.GENAU	415
10.32	PI	416
10.32.1	Die Erdmasse mit PI berechnen	416
10.33	POLYNOMIAL	417

10.33.1	Den Polynomialkoeffizienten für die Zahlenreihe 1 bis 10 berechnen	417
10.34	POTENZ	418
10.35	POTENZREIHE	419
10.36	PRODUKT	419
10.37	QUADRATESUMME	419
10.38	QUOTIENT	420
10.39	REST	420
10.39.1	Diese Pakete passen nicht mehr in die Lieferung	420
10.40	RÖMISCH	421
10.41	RUNDEN	422
10.41.1	Rundungsprobleme beseitigen	422
10.42	SIN	423
10.42.1	Die Sinus-Funktion am rechtwinkligen Dreieck	423
10.43	SINHYP	424
10.44	SUMME	425
10.44.1	Die Summe für einen Schnittbereich	425
10.45	SUMMENPRODUKT	426
10.46	SUMMEWENN	426
10.46.1	Bezahlte Beiträge summieren	426
10.47	SUMMEWENNS	427
10.47.1	Zahlen addieren, wenn zwei Kriterien zutreffen	428
10.47.2	Zahlen addieren, wenn drei Kriterien zutreffen	429
10.48	SUMMEX2MY2	429
10.49	SUMMEX2PY2	430
10.50	SUMMEXMY2	430
10.51	TAN	430
10.52	TANHYP	431
10.53	TEILERGEBNIS	431
10.53.1	Summe und Anzahl auf eine gefilterte Liste berechnen	432
10.54	UNGERADE	433
10.55	UNTERGRENZE	433
10.56	UNTERGRENZE.GENAU	433
10.57	VORZEICHEN	434
10.58	VRUNDEN	434
10.59	WURZEL	434
10.60	WURZELPI	435
10.61	ZUFALLSBEREICH	435
10.61.1	Lottozahlen aus dem Computer	435
10.62	ZUFALLSZAHL	436
10.63	ZWEIFAKULTÄT	436

11	**Finanzmathematische Funktionen**	437
11.1	Sparen und Zinsen	438
11.1.1	Festgeldsparen und Zinseszins	438
11.2	AMORDEGRK	439
11.3	AMORLINEARK	439
11.4	AUFGELZINS	440
11.5	AUFGELZINSF	440
11.6	AUSZAHLUNG	441
11.7	BW	441
11.7.1	Barwert und regelmäßige Zahlungen	442
11.7.2	Regelmäßiges Sparen	442
11.8	DIA	443
11.9	DISAGIO	444
11.10	DURATION	444
11.11	EFFEKTIV	445
11.12	GDA	445
11.13	GDA2	445
11.14	IKV	446
11.15	ISPMT	446
11.16	KAPZ	447
11.17	KUMKAPITAL	447
11.18	KUMZINS	448
11.19	KURS	448
11.20	KURSDISAGIO	449
11.21	KURSFÄLLIG	449
11.22	LIA	450
11.22.1	Lineare Abschreibung mit LIA()	450
11.23	MDURATION	451
11.24	NBW	452
11.25	NOMINAL	452
11.25.1	Den Nominalzinssatz ermitteln	452
11.26	NOTIERUNGBRU	453
11.27	NOTIERUNGDEZ	454
11.28	QIKV	454
11.29	RENDITE	454
11.30	RENDITEDIS	455
11.31	RENDITEFÄLL	455
11.32	RMZ	456
11.32.1	Die Höhe der Rückzahlung berechnen	456
11.33	TBILLÄQUIV	458
11.34	TBILLKURS	458
11.35	TBILLRENDITE	459
11.36	UNREGER.KURS	459
11.37	UNREGER.REND	460

11.38	UNREGLE.KURS	460
11.39	UNREGLE.REND	461
11.40	VDB	462
11.41	XINTZINSFUSS	462
11.42	XKAPITALWERT	463
11.43	ZINS	463
11.43.1	Die Zinsen berechnen	464
11.44	ZINSSATZ	465
11.45	ZINSTERMNZ	465
11.46	ZINSTERMTAGE	465
11.47	ZINSTERMTAGNZ	466
11.48	ZINSTERMTAGVA	466
11.49	ZINSTERMVZ	467
11.50	ZINSTERMZAHL	467
11.51	ZINSZ	467
11.52	ZW	468
11.53	ZW2	468
11.54	ZZR	469
11.54.1	Beispiel zur Funktion ZZR()	469

12	**Konstruktion**	**471**
12.1	BESSELI/BESSELJ/BESSELK/BESSELY	471
12.2	BININDEZ/BININHEX/BININOKT	471
12.3	DELTA	472
12.4	DEZINBIN/DEZINHEX/DEZINOKT	472
12.5	GAUSSF.GENAU/ GAUSSFKOMPL.GENAU	473
12.6	GAUSSFEHLER/GAUSSFKOMPL	474
12.7	GGANZZAHL	474
12.8	HEXINBIN/HEXINDEZ/HEXINOKT	474
12.9	Funktionen zu imaginären Zahlen	475
12.10	KOMPLEXE	476
12.11	OKTINBIN/OKTINDEZ/OKTINHEX	476
12.12	UMWANDELN	476

Stichwortverzeichnis **477**

1 Excel 2010 – Grundlagen

In diesem Buch geht es um den Einsatz von Excel-Funktionen in unterschiedlichen Arbeitsbereichen. Die Berechnungen liefern Ergebnisse als Zahlen, Texte oder auch Datumswerte. Dieses Kapitel beschreibt den grundlegenden Umgang mit den Werten in den Excel-Zellen. Sie erfahren, wie Sie

- Zahlen formatieren und Einheiten für die Zellwerte darstellen,
- Ein- und Mehrzahl mithilfe der benutzerdefinierten Formatierung einstellen,
- spezielle Nummern wie firmeninterne Personalnummern oder Versicherungsschein-nummern formatieren,
- den Befehl *Gültigkeit* zur Steuerung der Benutzereingabe nutzen,
- eine Listenauswahl für eine Zelle anlegen,
- die bedingte Formatierung einsetzen, um die Zelle abhängig vom Inhalt anzuzeigen,
- den Befehl *Inhalte einfügen* einsetzen, um Zellwerte individuell zu bearbeiten,
- Ihre Tabellenblätter für den Ausdruck vorbereiten und schließlich
- Ihre Ergebnisse in Form von Diagrammen auswerten und präsentieren.

All diese Themen werden so komprimiert angeboten, dass Sie sich auf den Einsatz Ihrer gewünschten Funktion konzentrieren können.

▣ Franzis

http://bit.ly/dbOW8Q

4 Stunden Video-Lernkurs zu Excel 2010

▣ Download-Link

www.buch.cd

Hier finden Sie alle Beispieldateien übersichtlich nach Kapiteln geordnet.

▣ Lesezeichen

http://www.winfuture-forum.de
http://www.office2010-hilfe.de/
http://www.office-loesung.de

Nützliche Tipps direkt aus der Office-Community

1.1 Zahlen- und Datumsformate

Jede Zahl, die Sie in Excel eingeben, können Sie im Anschluss gestalten. Sie können ihr beispielsweise ein Währungsformat zuweisen. Wichtig ist nur, dass die gewünschten Zellen markiert sind, bevor Sie das Format zuweisen. Auf dem Register *Start* gibt es Schaltflächen sowie ein Listenfeld zur Zellformatierung.

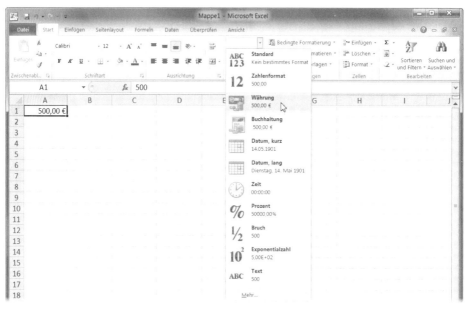

Bild 1.1: Die Schnellauswahl zu den Zahlenformaten

Neben den Standardkategorien wie z. B. *Währung* oder *Zahl* möchten wir im Anschluss die *benutzerdefinierten Zahlenformate* besonders hervorheben.

1.1.1 Zahlen formatieren

Zwei Tastenkombinationen zur schnellen Formatierung gleich zu Beginn:

[Strg] + [Umschalt] + [1] weist den markierten Zellen zwei Nachkommastellen und den Tausenderpunkt zu.

[Strg] + [Umschalt] + [4] weist den markierten Zellen das Währungsformat zu.

[Strg] + [Umschalt] + [6] weist den markierten Zellen das Standardformat zu.

> **Tipp:** Das Standardwährungsformat legen Sie in der Systemsteuerung von Windows fest.

1.1.2 Zahlen mit Einheiten über die benutzerdefinierten Zahlenformate gestalten

Sollten die angebotenen Formate nicht ausreichen, weil Sie z. B. die Angabe *500,00 Liter* in einer Zelle benötigen, müssen Sie ein benutzerdefiniertes Zahlenformat anlegen.

1. Markieren Sie die Zelle oder Zellen, die das Format erhalten sollen.
2. Öffnen Sie über das Kontextmenü der rechten Maustaste das Fenster *Zellen formatieren* und aktivieren Sie das Register *Zahlen*. Alternativ können Sie das Dialogfenster *Zellen formatieren* über die Tastenkombination [Strg]+[1] öffnen.
3. In der Kategorie *Benutzerdefiniert* finden Sie bereits einige vordefinierte Formate, die Sie ändern bzw. anpassen können.
4. Geben Sie entweder Ihr eigenes Format in das Feld *Typ* ein oder wählen Sie eines aus der Liste aus. In diesem Beispiel haben wir den Eintrag *#.##0,00* angeklickt. Dieses Format wird jetzt in das Feld *Typ* übernommen. Es ist das Zahlenformat für Zahlen mit Tausenderpunkt und zwei Nachkommastellen.
5. Klicken Sie jetzt hinter die letzte 0, drücken Sie einmal auf die [Leer]-Taste und schreiben Sie "Liter". Im Feld *Typ* sollte jetzt der folgende Eintrag stehen:

Bild 1.2: Das eigene benutzerdefinierte Zahlenformat für das Beispiel Liter

Das bedeutet, dass hinter den Zahlenangaben mit zwei Nachkommastellen die Einheit *Liter* angezeigt wird.

`5,00 Liter bzw. 5.500,00 Liter bzw. 1.123.500,00 Liter`

Die #-Symbole sind Platzhalter für den Fall, dass eine größere Zahl eingegeben wird. Wenn die Zahl größer als 1000 ist, werden Tausenderpunkte angezeigt, ohne dass Sie sie extra eingeben müssen. Wenn Sie keine Tausenderpunkte wollen, wählen Sie das folgende Format:

`0,00 "Liter"`

6. Bestätigen Sie Ihre Eingabe mit *OK*.

Jetzt haben alle markierten Zellen dieses Format. In der Zeile 7 haben wir die benutzerdefinierten Formate sichtbar dargestellt.

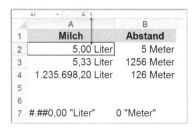

Bild 1.3: Zahlen mit Einheiten direkt in den Zellen sind besser lesbar.

Wenn Sie auf eine formatierte Zelle klicken, erkennen Sie in der Bearbeitungsleiste, dass in der Zelle nur die Zahl enthalten ist.

Tipp: Selbstverständlich können Sie diese Zahlen für weitere Berechnungen verwenden.

1.1.3 Benutzerdefinierte Datumsformate

Für Datumswerte verwendet man andere Symbole zur Formatierung, die im Folgenden kurz erläutert werden.

Ein Standarddatum könnte so aussehen:

```
10.07.2010 oder auch 10.7.10
```

Leider bieten einige Excel-Versionen dieses nicht in der Kategorie *Datum* an. Das benutzerdefinierte Format sieht folgendermaßen aus:

```
tt.MM.jjjj
```

Im Fenster *Zellen formatieren* finden Sie in der Kategorie *Datum* viele vordefinierte Datumsformate.

Ein weiteres Datumsformat, das auch oft fehlt:

```
Samstag, den 10. Juli 2010
```

Das Format muss ebenfalls bei den benutzerdefinierten Formaten eingegeben werden:

```
TTTT," den "TT.MMMM JJJJ
```

Es folgt die Auflösung der Buchstaben für das Datum 10.07.2010.

1.1 Zahlen- und Datumsformate

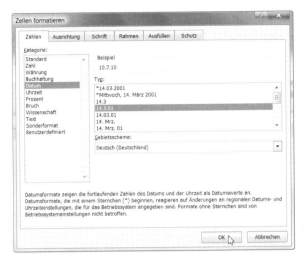

Bild 1.4: Die vordefinierten Datumsformate

Für den Tag:

Formatzeichen	Darstellung	Beschreibung
T	10	Tag (Zahl) ohne führende 0
TT	10	Tag (Zahl) mit führender 0
TTT	Sa	Wochentag kurz
TTTT	Samstag	Wochentag lang

Für den Monat:

Formatzeichen	Darstellung	Beschreibung
M	7	Monat (Zahl) ohne führende 0
MM	07	Monat (Zahl) mit führender 0
MMM	Jul	Monatsname kurz
MMMM	Juli	Monatsname lang

Tipp: Bitte beachten Sie, dass der Buchstabe »M« für den Monat groß geschrieben ist. Das kleine »m« steht für Minuten.

Bei den Jahren sind nur die folgenden beiden Kürzel sinnvoll:

Formatzeichen	Darstellung	Beschreibung
JJ	10	Jahreszahl kurz (zweistellig)
JJJJ	2010	Jahreszahl lang (vierstellig)

1.1.4 Benutzerdefinierte Nummernformate

Es gibt im Büroalltag häufig numerische Angaben, die eine besondere Schreibweise und Darstellung haben müssen. Dies resultiert meist aus regionalen oder firmenspezifischen Anforderungen für die Nummerierung von Abteilungen, Personalnummern oder Projektnummern. Stellen Sie sich vor, Sie benötigen die folgende Nummer:

```
12.345-6789
```

Sie können die Zahl 123456789 in die Zelle eingeben und die Formatierung über das benutzerdefinierte Zahlenformat festlegen:

```
00\.000-0000
```

Der Backslash (\) zeigt Excel, dass es sich bei dem Punkt um Text und nicht um den Tausenderpunkt handelt. Manchmal ist ein Punkt eben nur ein Punkt.

> **Tipp:** Sie hätten den Punkt auch in Anführungszeichen setzen können:
> 00"."000-0000

Wenn Sie jetzt neun Ziffern in die Zelle eintippen und die ⌈Eingabe⌉-Taste drücken, wird die Zahl in dem von Ihnen vorgegebenen Format dargestellt.

Eine andere Variante:

```
12345 67 890
```

Das Zahlenformat sieht folgendermaßen aus:

```
00000 00 000
```

An der sechsten und neunten Stelle haben wir ein Leerzeichen eingegeben. Die folgende Abbildung zeigt weitere Beispiele für benutzerdefinierte Zahlenformate:

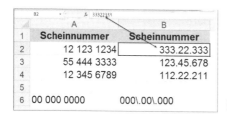

Bild 1.5: Besondere Zahlenformatierungen

1.1.5 Einheiten für Einzahl und Mehrzahl

Nun geben Sie eine Seitenanzahl in eine Zelle ein, der Sie vorher bereits ein benutzerdefiniertes Zahlenformat zugewiesen haben.

	A
1	**Anzahl**
2	50 Seiten
3	20 Seiten
4	1 Seiten
5	150 Seiten
6	
7	#.##0 "Seiten"

Bild 1.6: Die benutzerdefinierte Zahlenformatierung hat Schwachstellen.

In diesem Beispiel erkennen Sie die Schwachstelle in der Zelle A4 bei der Darstellung. Aber mit dem folgenden Wissen über die benutzerdefinierte Formatierung können Sie auch diese Besonderheit abfangen.

```
[=1]0 "Seite";#.##0 "Seiten"
```

	A	B
1	**Anzahl**	**Anzahl**
2	50 Seiten	50 Seiten
3	20 Seiten	20 Seiten
4	1 Seiten	1 Seite
5	150 Seiten	150 Seiten
6		
7	#.##0 "Seiten"	[=1]0 "Seite";#.##0 "Seiten"

Bild 1.7: Formatierung von Einzahl und Mehrzahl

Sie können eine weitere Bedingung bei der benutzerdefinierten Formatierung einstellen.

```
[=-1]0 "Seite";[=1]0 "Seite";#.##0 "Seiten"
```

Die Bedingung wird in eckige Klammern gesetzt und die Formatierung dahinter geschrieben.

Die Ziffer 0 hinter den eckigen Klammern ist der Platzhalter für die 1. Wichtig ist, dass die 0 dort steht, sonst klappt die Darstellung nicht. Außerdem ist die Reihenfolge der einzelnen Bedingungen wichtig: Zuerst muss die Einzahl-, dann die Mehrzahlformatierung eingegeben werden.

1.2 Eingaben mit dem Befehl *Gültigkeit* prüfen

Nehmen wir an, Sie haben eine Tabelle erstellt, in die auch Kollegen Daten eingeben müssen. Nun wissen Sie, dass es einige Personen gibt, die vielleicht nicht die gewünschten Informationen in die Zellen schreiben. Wenn Sie beispielsweise wünschen, dass eine Zahl zwischen 1 und 100 in die Zelle eingegeben werden soll, dann setzen Sie den Befehl *Gültigkeit* ein. *Gültigkeit* prüft die Zelleingabe und bringt bei Nichtbeachtung eine Fehlermeldung.

1. Markieren Sie die Zelle oder die Zellen, die einer Gültigkeitsprüfung unterliegen sollen.

2. Aktivieren Sie das Register *Daten* und klicken Sie auf die Schaltfläche *Datenüberprüfung*.

Bild 1.8: Die Funktion *Gültigkeit* lässt nur ganze Zahlen zwischen 1 und 100 in den markierten Zellen zu.

3. Im Feld *Zulassen* müssen Sie definieren, welche Prüfung erfolgen soll. In diesem Beispiel lassen wir nur ganze Zahlen zu.

Über das Feld *Zulassen* können Sie die Eingabe von Datums- oder Zeitwerten erzwingen. Mit dem Eintrag *Textlänge* definieren Sie eine maximale Eingabe von Zeichen für die Zellen. Wenn Sie beispielsweise möchten, dass nicht mehr als 10 Zeichen eingegeben werden dürfen, wählen Sie den Eintrag *Textlänge*.

1. Nachdem Sie den Eintrag *Ganze Zahl* gewählt haben, müssen Sie die Grenzen bestimmen. In diesem Beispiel haben wir zwischen 1 und 100 gewählt. Also sind alle Eingaben, die größer als 100 oder kleiner als 1 sind, nicht zulässig.

2. Wenn Sie in dieser Zelle eine Eingabe vornehmen, bei der die Bedingung nicht zutrifft, dann erscheint die folgende Fehlermeldung:

Bild 1.9: Eine falsche Eingabe wird durch diese Meldung quittiert.

Die Eingabeaufforderung

Sie können den Zellen mit der Gültigkeitsprüfung eine Eingabeaufforderung zuweisen. Dann erscheint beim Markieren der Zelle ein Hinweis, den Sie selbst gestalten können.

1. Markieren Sie die gewünschten Zellen.

2. Öffnen Sie das Fenster *Datenüberprüfung* und aktivieren Sie das Register *Eingabemeldung*.

3. Schreiben Sie die Eingabeaufforderung.

Wenn Sie die Zelle mit der Prüfung markieren, dann erscheint die von Ihnen generierte Meldung.

1.2 Eingaben mit dem Befehl Gültigkeit prüfen **29**

Bild 1.10: Die von Ihnen erstellte Eingabeaufforderung

Die Fehlermeldung

Sie können auch die Fehlermeldung gestalten und zusätzlich bestimmen, was bei einer Fehleingabe mit dem Zellinhalt geschehen soll.

1. Markieren Sie die gewünschten Zellen.
2. Öffnen Sie das Fenster *Datenüberprüfung* und aktivieren Sie das Register *Fehlermeldung*.
3. Schreiben Sie die Fehlermeldung und wählen Sie den *Typ* aus.

Eigene Fehlermeldung zur Datengültigkeit

Wenn Sie die Fehlermeldung *Stopp* gewählt haben, erscheint bei einer Falscheingabe eine Fehlermeldung, bei der Sie nur die Wahl haben zwischen *Wiederholen*, dann wird der Cursor wieder in die Zelle gesetzt, oder *Abbrechen*, dann wird der Inhalt gelöscht bzw. der vorherige Inhalt angezeigt.

Wenn Sie den Typ *Warnung* gewählt haben, erscheint ein Hinweisfenster, in dem bei einem Klick auf *Ja* die falsche Eingabe übernommen wird. Bei einem Klick auf *Nein* wird der Cursor wieder in die Zelle gesetzt und bei *Abbrechen* wird der Inhalt gelöscht bzw. der vorherige Inhalt wieder angezeigt.

Bei Wahl der Fehlermeldung *Information* erscheint eine Meldung, bei der die falsche Eingabe mit *OK* übernommen werden kann. Mit *Abbrechen* wird der Zellinhalt gelöscht bzw. der vorherige Inhalt wieder angezeigt.

1.2.1 Listen erstellen

Sie können einer Zelle über die Funktion *Gültigkeit* einen Listenpfeil zuordnen, über den Sie eine Auswahl treffen können.

Bild 1.11: Eine Zelle mit Auswahlmöglichkeit durch einen Listenpfeil

1. Öffnen Sie das Fenster *Datenüberprüfung* und wählen Sie den Eintrag *Liste* im Feld *Zulassen*.

2. Markieren Sie das Feld *Quelle* und geben Sie die einzelnen Werte durch ein Semikolon getrennt ein.

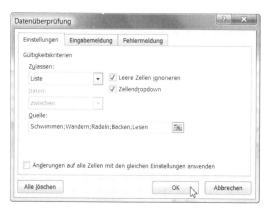

Bild 1.12: Der Befehl *Gültigkeit* fügt diesmal eine Liste an die markierte Zelle.

3. Bestätigen Sie mit *OK*.

Wenn Sie in die Zelle klicken, erscheint der Listenpfeil. Nachdem Sie auf diesen Pfeil geklickt haben, können Sie aus der Liste einen Eintrag wählen.

Die Daten auf einem anderen Tabellenblatt

Sie können die Daten der Liste auch auf einem anderen Tabellenblatt ablegen. Tragen Sie die Werte untereinander ein.

1. Öffnen Sie das Fenster *Datenüberprüfung* und wählen Sie den Eintrag *Liste* im Feld *Zulassen*.

2. Markieren Sie im Feld *Quelle* die Zellen mit den Inhalten.

Bild 1.13: Eine Liste erstellen, deren Daten auf einem anderen Tabellenblatt stehen

Tipp: Lesen Sie auch das Kapitel 7.6 zur Funktion INDIREKT. Dort werden Sie sehen, wie Sie auswahlabhängige Listenfelder erstellen.

Zellen mit einer Gültigkeitsprüfung finden

Wenn Sie wissen möchten, ob einige Zellen einer Gültigkeitsprüfung unterliegen, lassen Sie sich mit dem Befehl *Inhalte auswählen* die gewünschten Zellen markieren.

1. Aktivieren Sie das Register *Start* und wählen Sie über die Schaltfläche *Suchen und Auswählen* den Eintrag *Inhalte auswählen*. Klicken Sie auf die Schaltfläche *Inhalte*.

2. Aktivieren Sie im Fenster *Inhalte auswählen* die Option *Datenüberprüfung*.

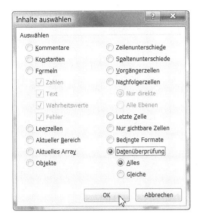

Bild 1.14: Mit dem Befehl *Inhalte auswählen* werden alle Zellen markiert, die einer Gültigkeitsprüfung unterliegen.

3. Bestätigen Sie mit *OK*.

Jetzt sind auf dem aktuellen Tabellenblatt alle Zellen mit einer Gültigkeitsprüfung markiert und Sie können über das Fenster *Datenüberprüfung* die Gültigkeit löschen.

1.3 Bedingte Formatierung

Eine bevorzugt eingesetzte Funktion ist die hervorgehobene Darstellung von Zahlenwerten über die Hintergrundfarbe, die Rahmenart oder den Schriftstil.

Vielleicht haben Sie eine Liste mit Zahlen erstellt und wollen auf den ersten Blick darüber informiert werden, welche Zahlen einer oder mehreren Bedingungen entsprechen.

In diesem Beispiel sollen alle Zellen, deren Inhalt größer als 980 ist, mit einer roten Füllfarbe gezeigt werden.

1. Markieren Sie alle Zellen, in denen die Bedingung geprüft werden soll.

2. Aktivieren Sie das Register *Start* und wählen Sie die Befehlsfolge *Bedingte Formatierung / Regeln zum Hervorheben von Zellen / Größer als*.

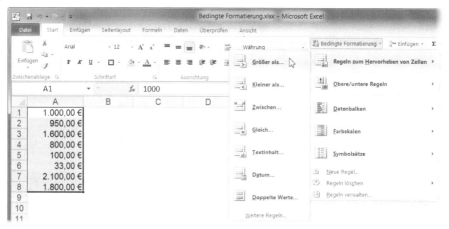

Bild 1.15: Die *bedingte Formatierung* starten

3. Geben Sie ins Fenster *Größer als* den gewünschten Wert ein und wählen Sie am Listenfeld *mit* das gewünschte Format aus.

Bild 1.16: Bei einem Zellwert größer als 980 soll die Zelle rot eingefärbt werden.

4. Bestätigen Sie mit *OK*.

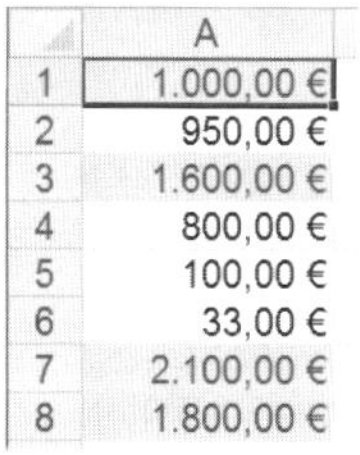

Bild 1.17: Jetzt sind alle Zellen, die der Bedingung entsprechen, rot eingefärbt.

Weitere Bedingungen einsetzen

Wenn Sie die Bedingung größer oder gleich 980 einsetzen möchten, dann wählen Sie wieder die Befehlsfolge *Bedingte Formatierung / Regeln zum Hervorheben von Zellen / Weitere Regeln*.

Wählen Sie im unteren Teil des Fensters *Neue Formatierungsregel* die Bedingung aus, in unserem Beispiel *größer oder gleich*. Geben Sie dann im Feld rechts daneben den Wert ein.

Mit einem Klick auf die Schaltfläche *Formatieren* können Sie zwischen verschiedenen Zellformaten wählen.

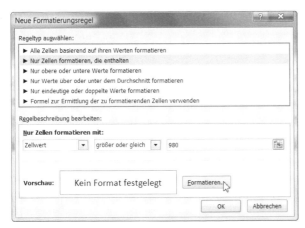

Bild 1.18: Das Fenster *Neue Formatierungsregel* bietet noch mehr Möglichkeiten.

Datenbalken einsetzen

Ein weiterer Befehl bei der *bedingten Formatierung* betrifft die Datenbalken. Je höher der Wert, desto länger der Balken. Die folgende Abbildung zeigt ein Beispiel:

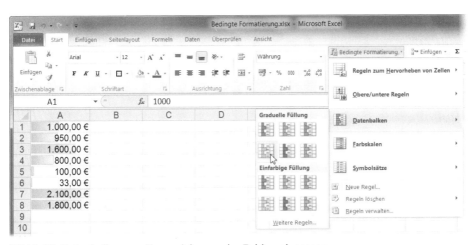

Bild 1.19: Datenbalken zur Kennzeichnung der Zahlen einsetzen

1.3.1 Fehlermeldungen ausblenden

Mithilfe der oben beschriebenen Funktion können Sie auch unerwünschte Fehlermeldungen ausblenden, indem Sie weiße Schrift auf weißen Hintergrund ausgeben.

Nehmen wir an, Sie haben eine Tabelle, in der Sie bereits Formeln eingegeben haben. Die Werte werden später eingegeben. Bei manchen Formeln erscheint eine Fehlermeldung, wenn sie nicht vollständig sind. So meldet Excel z. B. den Fehler #DIV/0, wenn bei der Division der Nenner fehlt.

Um solche Meldungen auszublenden, können Sie die *bedingte Formatierung* einsetzen und den Zellen mit einer Fehlermeldung die Schriftfarbe Weiß zuweisen. Wenn die notwendigen Zellen dann mit Werten gefüllt werden, erscheint das Ergebnis. Sie erstellen das bedingte Format für eine Zelle, in der ein Fehler auftreten kann, und übertragen das Format dann mit dem Pinsel auf alle anderen Zellen.

1. Setzen Sie den Cursor in die Zelle, in der ein Fehler auftreten kann. In unserem Beispiel ist dies die Zelle D5.

Bild 1.20: Die Fehlermeldung #DIV/0 meldet, dass nicht durch 0 geteilt werden darf.

2. Aktivieren Sie das Register *Start* und wählen Sie die Befehlsfolge *Bedingte Formatierung / Neue Regeln*.

3. Aktivieren Sie im oberen Teil des Fensters den Eintrag *Formel zur Ermittlung der zu formatierenden Zellen verwenden*. Geben Sie in das Feld darunter die folgende Bedingung ein:

   `=ISTFEHLER(D5)`

4. Die Zelladresse darf nicht fest sein. Sollte Excel Ihnen Dollarzeichen um die Zelladresse herum zeigen, entfernen Sie sie.

5. Klicken Sie auf die Schaltfläche *Formatieren*. Stellen Sie auf dem Register *Schrift* im Feld *Farbe* die Schriftfarbe *Weiß* ein und bestätigen Sie mit *OK*.

Bild 1.21: Die Formatierungsregel wird bearbeitet, sodass einem Fehler in der Zelle D5 eine weiße Schriftfarbe zugewiesen wird.

6. Bestätigen Sie Ihre Einstellungen mit *OK*.

Der Fehler wird nicht mehr angezeigt. Übertragen Sie jetzt das Format auf alle anderen Zellen, in denen Fehlermeldungen erscheinen könnten.

1. Lassen Sie dazu die Zelle markiert und doppelklicken Sie auf die Schaltfläche mit dem Pinsel (*Format übertragen*) in der Standard-Symbolleiste.

2. Klicken Sie jetzt auf alle Zellen. Damit übertragen Sie das bedingte Format.

3. Um den Pinsel wieder loszuwerden, drücken Sie [ESC] oder klicken erneut auf die Schaltfläche mit dem Pinsel.

Jetzt erscheinen alle Zellen leer, in denen Fehlermeldungen stehen. Sobald allerdings Zahlen eingegeben werden, kommt die Formel auf ein Ergebnis. Dann gilt die Bedingung nicht mehr und die Zahl wird angezeigt.

> **Tipp:** Weitere Informationen zur Funktion ISTFEHLER finden Sie im Kapitel 6, »Informationsfunktionen«. Eleganter ist es natürlich, wenn Sie die Fehler direkt in der Formel abfangen. Schauen Sie sich dazu auch die Beispiele zur Funktion ISTFEHLER an.

1.3.2 Zellen mit bedingter Formatierung finden

Sie erhalten von einem Kollegen eine Tabelle und wissen nicht, ob einige Zellen mit bedingter Formatierung gestaltet sind oder nicht. Lassen Sie sich mit dem Befehl *Inhalte auswählen* die gewünschten Zellen markieren.

1. Aktivieren Sie das Register *Start* und wählen Sie über die Schaltfläche *Suchen und Auswählen* den Eintrag *Inhalte auswählen*.

2. Aktivieren Sie im Fenster *Inhalte auswählen* die Option *Bedingte Formate*.

Bild 1.22: Mit dem Befehl *Inhalte auswählen* werden alle Zellen markiert, die mit der bedingten Formatierung gestaltet sind.

3. Bestätigen Sie mit *OK*.

Jetzt sind auf dem aktuellen Tabellenblatt alle Zellen mit einer bedingten Formatierung markiert.

1.4 Den Ausdruck vorbereiten

Ein Nachteil von Excel ist, dass Sie vor jedem Ausdruck das zu erwartende Ergebnis kontrollieren müssen. Es wird in der Regel nicht so ausgedruckt, wie es auf der Mappe aussieht oder wie man es gerne möchte.

Vor jedem Ausdruck steht die Kontrolle über die Seitenansicht.

Wählen Sie die Befehlsfolge *Datei / Drucken*.

Am unteren Rand erkennen Sie, über wie viele Seiten der Ausdruck geht.

Im Bereich *Einstellungen* können Sie direkt Änderungen am Ausdruck vornehmen.

Über den Link *Seite einrichten* können Sie u. a. Kopf- und Fußzeilen einrichten.

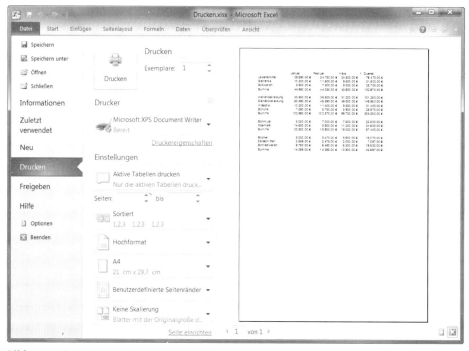

Bild 1.23: Die Seitenansicht zeigt den zu erwartenden Ausdruck.

Auf dem dritten Register im Fenster *Seite einrichten* stellen Sie Kopf- und Fußzeilen ein. Dabei können Sie zwischen verschiedenen Funktionen wie Datum, Uhrzeit und Dateiname wählen. Es besteht auch die Möglichkeit, Text einzugeben. Diese Angaben werden auf allen Seiten des Ausdrucks wiederholt.

Symbol	Beschreibung
A	In jedem Bereich können Sie Text eingeben oder mit den folgenden Schaltflächen Felder auswählen. All diese können Sie markieren und über diese Schaltfläche gestalten.
	&[Seite] Zeigt immer die aktuelle Seitenzahl an.
	&[Seiten] Zeigt die Gesamtseitenanzahl an. Zusammen mit der Schaltfläche darüber können Sie folgende Seitenangaben erstellen: 2 / 8 &[Seite] / &[Seiten] 2 von 8 &[Seite] von &[Seiten] Sie müssen allerdings das Zeichen »/« und das Wort »von« eingeben.
	&[Datum] Zeigt das aktuelle Datum an.
	&[Zeit] Zeigt die Uhrzeit beim Druckstart an.
	&[Pfad]&[Datei] Der Dateiname und der Pfad werden angezeigt.
	&[Datei] Zeigt nur den Dateinamen an.
	&[Register] Der Blattname wird angezeigt.
	&[Grafik] Über diese Schaltfläche fügen Sie eine Grafik ein. Diese Funktion steht Ihnen ab Excel 2002 zur Verfügung.
	Sollten Sie in einem Bereich eine Grafik eingefügt haben, dann ist diese Schaltfläche aktiv. Über die Schaltfläche können Sie die Grafik gestalten.

Über das letzte Register *Tabelle* schalten Sie die Gitternetzlinien ein. Das heißt, auf dem Papier wird auch das Raster gedruckt, das Sie auf der Tabelle sehen.

38 *Kapitel 1: Excel 2010 – Grundlagen*

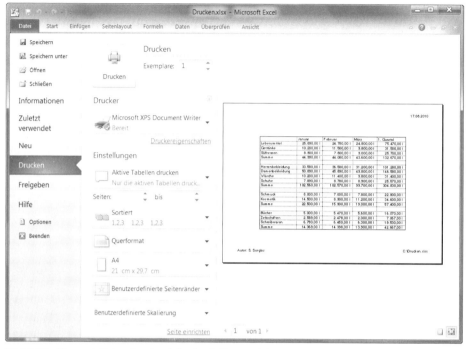

Bild 1.24: Ein gestalteter Ausdruck in der Seitenansicht

1.5 Mehrere Registerblätter gleichzeitig bearbeiten

Wenn Sie auf mehreren Blättern dasselbe Tabellengerüst erstellen müssen, können Sie zum einen das Gerüst auf einem Blatt erstellen und dann auf die anderen Blätter kopieren, oder Sie erstellen das Gerüst direkt auf allen Blättern gleichzeitig.

1. Markieren Sie die Blätter, auf denen die Tabelle eingegeben werden soll. Dabei können Sie die Taste [Strg] benutzen oder im Kontextmenü den Befehl *Alle Blätter auswählen* wählen.

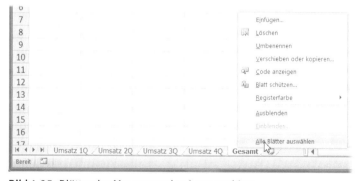

Bild 1.25: Blätter der Mappe werden jetzt markiert.

2. Nun sind die gewünschten Blätter markiert. In der Titelleiste erscheint neben dem Dateinamen das Wort *Gruppe*. Dies dient als Hinweis, dass Sie mehrere Tabellenblätter markiert haben.

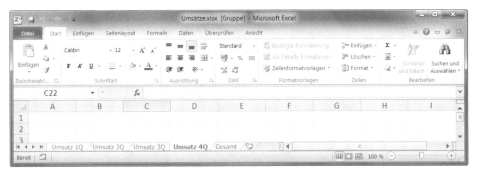

Bild 1.26: Der Hinweis in der Titelleiste, dass mehrere Tabellenblätter markiert sind

Alle Eingaben, die Sie jetzt auf dem Tabellenblatt machen, erscheinen auf allen Blättern. Sie heben die Markierung wieder auf, indem Sie auf eines der Register klicken. Sollte dies keinen Erfolg haben, wählen Sie im Kontextmenü den Befehl *Gruppierung aufheben*.

1.6 Diagramme erstellen

Nachdem die Zahlen für eine Auswertung berechnet sind, helfen Diagramme dabei, sie zu veranschaulichen. Das folgende Kapitel zeigt Ihnen kurz und bündig, wie Sie ein Diagramm erstellen und an welchen Stellen Sie die Eigenschaften einstellen können.

Nehmen wir an, Sie haben die Umsätze der letzten vier Jahre. Diese möchten Sie in einem Diagramm präsentieren.

Die Tabelle mit den Daten sieht folgendermaßen aus:

	A	B	C	D	E
1	Produkt	Umsatz 2007	Umsatz 2008	Umsatz 2009	Umsatz 2010
2	Alpha	1.700.000,00 €	1.590.000,00 €	1.820.000,00 €	1.720.000,00 €
3	Beta	1.850.000,00 €	1.600.000,00 €	1.950.000,00 €	1.750.000,00 €
4	Gamma	1.750.000,00 €	1.730.000,00 €	1.880.000,00 €	1.860.000,00 €
5	Delta	1.900.000,00 €	1.610.000,00 €	2.020.000,00 €	1.730.000,00 €

Bild 1.27: Umsatzzahlen für ein Säulendiagramm

1. Markieren Sie alle Zellen, die Sie gleich im Diagramm sehen möchten. In diesem Beispiel sind es die Zellen A1 bis E5.
2. Drücken Sie anschließend die Taste F11.

Als Ergebnis erhalten Sie ein Standarddiagramm.

Kapitel 1: Excel 2010 – Grundlagen

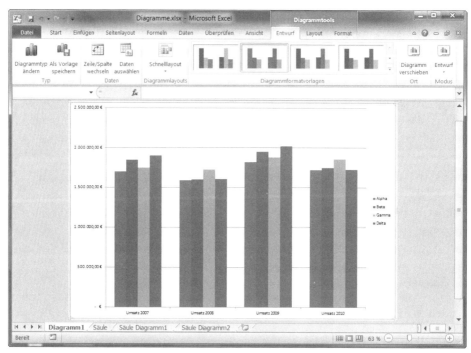

Bild 1.28: Das Säulendiagramm aus den Umsatzzahlen

> **Tipp:** Nach der Excel-Installation ist das Standarddiagramm immer ein Säulendiagramm.

Sie können jetzt jedes Element markieren und anklicken und über den Kontextmenübefehl *Formatieren* das Aussehen und die Einstellungen ändern.

2 Funktionen erstellen und bearbeiten

In den folgenden Kapiteln finden Sie Beschreibungen zu allen Excel-Funktionen. Um eine der im Buch beschriebenen Excel-Funktionen in den eigenen Dateien anzuwenden, müssen Sie die Funktionen in die Zellen eingeben und bearbeiten. Es gibt verschiedene Möglichkeiten, Funktionen zu erfassen:

- Manuelle Eingabe eines Rechenschritts in eine Zelle
- Eingeben und Bearbeiten der Formeln in der Bearbeitungsleiste
- Erstellen von Funktionen mit dem Funktions-Assistenten

Diese Varianten werden im Detail erläutert.

◾ **Download-Link**

www.buch.cd

Hier finden Sie alle Beispieldateien übersichtlich nach Kapiteln geordnet.

2.1 Rechenschritte manuell eingeben und bearbeiten

Die erste Möglichkeit ist die manuelle Eingabe eines einfachen Rechenschritts in eine Excel-Zelle.

2.1.1 Manuelle Eingabe eines einfachen Rechenschritts

1. Öffnen Sie die Beispieldatei *Funktionen_erfassen.xlsx*.
2. Setzen Sie den Cursor in die Zelle D8, in der die Formel erstellt werden soll.
3. Eine Excel-Funktion beginnt mit einem Gleichheitszeichen (=). Um im vorliegenden Beispiel die beiden Zahlen zu addieren, geben Sie nach dem Gleichheitszeichen die folgende Formel ein:

   `=D4+D6`

4. Ist die Formeleingabe beendet, drücken Sie die ⌈Eingabe⌉-Taste.

Bild 2.1: Eine Formel manuell erfassen

Wenn Sie jetzt die Zahlen in der Zelle D4 oder D6 ändern, wird das Ergebnis in D8 direkt nach Drücken der [Eingabe]-Taste aktualisiert.

Auf diese Art können Sie alle Berechnungen erstellen, so einfache, wie gerade beschrieben, oder auch sehr komplexe.

Die folgende Tabelle zeigt die Tasten, auf denen Sie die Rechenschritte finden.

Rechenschritt	Numerischer Block	Tastatur	Beispiel
Addition	[+]	[+]	=A1+A2
Subtraktion	[-]	[-]	=A1−A2
Multiplikation	[x] oder [*]	[*] [⇧]+[+]	=A1*A2
Division	[÷] oder [/]	[/] [⇧]+[7]	=A1/A2
Potenz		[^]	=10^3 (entspricht 10*10*10)
Klammern		( )	=A1*(B1+C1)

Tipp: Viele bevorzugen für die Eingabe der Zahlen und der Rechenzeichen den rechten numerischen Block. Dort finden Sie auch die [Eingabe]-Taste. Sie ist häufig auch mit [Enter] beschriftet.

Kernsätze der Mathematik

Sie kennen doch sicherlich noch die Aussagen Ihres Mathematiklehrers:

- Potenzrechnung vor Punktrechnung.
- Punktrechnung geht vor Strichrechnung.
- Was in Klammern steht, wird zuerst berechnet.
- Keine Division durch 0.

Das gilt auch für alle Berechnungen in Excel.

Die Funktion SUMME

Die am häufigsten eingesetzte Funktion ist die SUMME-Funktion. Deshalb bietet Ihnen Excel diese Funktion auch als Schaltfläche an.

Wenn Sie den Inhalt dreier Monatsumsätze addieren wollen, gehen Sie so vor:

1. Öffnen Sie die Datei *Summe.xlsx*. Aktivieren Sie das Register *Summe_1 leer*.
2. Setzen Sie den Cursor in die Zelle, in der Sie das Ergebnis sehen möchten. In diesem Beispiel ist es die Zelle D7.
3. Klicken Sie auf die Schaltfläche *Summe* (∑).

Jetzt »rät« Excel, welche Zellen addiert werden sollen, und markiert diese Zellen.

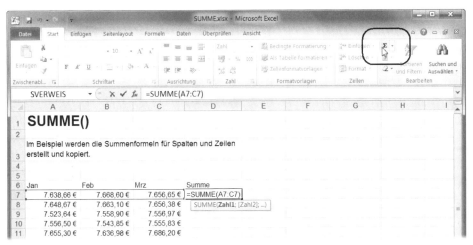

Bild 2.2: Die Funktion SUMME erkennt selbstständig die Zellen zum Addieren.

Wenn Sie andere Zellen addieren möchten, markieren Sie jetzt diese Zellen.

4. Nachdem alle Zellen markiert sind, deren Inhalt summiert werden soll, drücken Sie die ⎿Eingabe⏌-Taste.

Jetzt sehen Sie in der gewünschten Zelle das Ergebnis. In der Bearbeitungsleiste erkennen Sie die Funktion, die in der Zelle steht.

> **Tipp:** Die Funktion SUMME können Sie auch mit einer Tastenkombination starten. Setzen Sie den Cursor in die Zielzelle und drücken Sie die Tastenkombination ⎿Alt⏌+⎿⇧⏌+⎿0⏌. Jetzt »rät« Excel auch hier, welche Zellen addiert werden sollen. Markieren Sie die gewünschten Zellen und bestätigen Sie mit ⎿Eingabe⏌.

Formeln kopieren

Nun möchten Sie die Funktion SUMME, die in der Zelle D7 steht, in die Zellen darunter kopieren.

1. Markieren Sie die Zelle D7.
2. Zeigen Sie mit der Maus auf das Ausfüllkästchen in der Zelle D7. Das ist die kleine Ecke rechts unten. Der Mauszeiger wechselt zu einem schlanken Plus-Symbol.

44   *Kapitel 2: Funktionen erstellen und bearbeiten*

3. Ziehen Sie nun mit gedrückter linker Maustaste beliebig weit nach unten.

	D7	▼	f_x	=SUMME(A7:C7)	
	A	B	C	D	
1	**SUMME()**				
2					
3	Im Beispiel werden die Summenformeln für Spalten und Zeilen erstellt und kopiert.				
4					
5					
6	Jan	Feb	Mrz	Summe	
7	7.638,66 €	7.668,60 €	7.656,65 €	22.963,91	
8	7.648,67 €	7.663,10 €	7.656,38 €	22.968,15	
9	7.523,64 €	7.558,90 €	7.556,97 €	22.639,51	
10	7.556,50 €	7.543,85 €	7.555,83 €	22.656,18	
11	7.655,30 €	7.636,98 €	7.686,20 €	22.978,48	

Bild 2.3: Die Funktion SUMME wurde erfolgreich kopiert

Sie erkennen, dass Excel die Zelladressen automatisch angepasst hat. Das heißt, in der Zelle D11 werden die Zellen der Zeile 11 addiert.

Noch ein Beispiel zur Funktion SUMME

Wenn Sie die Funktion SUMME starten, dann markiert Excel einige Zellen und schlägt Sie Ihnen zur Summierung vor, wie wir im vorherigen Beispiel gesehen haben. Das folgende Beispiel zeigt ein mögliches Problem:

	SUMME	▼	✗ ✔ f_x	=SUMME(A7:D7)		
	A	B	C	D	E	F
1	**SUMME()**					
2						
3	Im Beispiel werden die Summenformeln für Spalten und Zeilen erstellt und kopiert.					
4						
5						
6	Kostenstelle	Jan	Feb	Mrz	Summe	
7	18	7.638,66 €	7.668,60 €	7.656,65 €	=SUMME(A7:D7)	
8	20	7.648,67 €	7.663,10 €	7.656,38 €	SUMME(**Zahl1**; [Zahl2]; ...)	
9	22	7.523,64 €	7.558,90 €	7.556,97 €		
10	24	7.556,50 €	7.543,85 €	7.555,83 €		
11	26	7.655,30 €	7.636,98 €	7.686,20 €		
12						

Bild 2.4: Der Vorschlag ist nicht immer korrekt.

Excel will die Kostenstellen in der Spalte A mit addieren. Jetzt müssen Sie handeln.

1. Markieren Sie die Zellen, die addiert werden sollen.

Bild 2.5: Die korrigierten Zellen in der Funktion SUMME

2. Drücken Sie die ⌜Eingabe⌝-Taste zur Bestätigung.
3. Kopieren Sie die Formel nach unten.

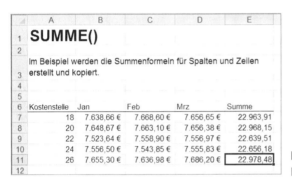

Bild 2.6: Ergebnisse, die mit der Funktion SUMME ermittelt wurden

2.1.2 Komplexere Additionen mit der Funktion SUMME

Manche Zellinhalte können Sie nicht durch Ziehen markieren.

Im folgenden Beispiel sollen die Zellen vom Januar und die Zellen vom März addiert werden.

1. Starten Sie die Funktion SUMME wie gewohnt. Das heißt, Sie markieren die Zelle, in der das Ergebnis stehen soll, anschließend klicken Sie auf die Schaltfläche *Summe* und markieren die ersten Zellen.

Kapitel 2: Funktionen erstellen und bearbeiten

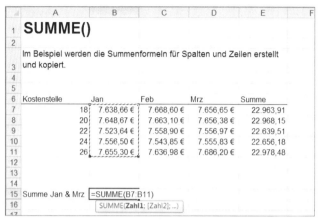

Bild 2.7: Die ersten Zellen, die addiert werden sollen

2. Drücken Sie die Taste [;]. Jetzt wird das Semikolon in der Funktion gezeigt.

3. Markieren Sie nun den zweiten Zellenblock, der addiert werden soll.

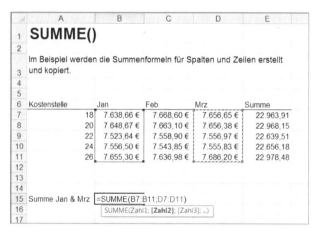

Bild 2.8: Mehrere Zellbereiche werden jetzt addiert.

Sie können bis zu 255 verschiedene Zellbereiche in der Funktion SUMME zur Addition angeben.

4. Wenn Sie alle Zellen markiert haben, drücken Sie [Eingabe].

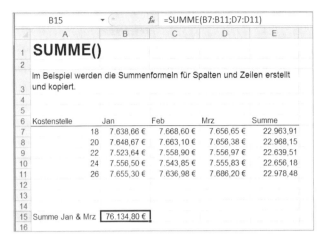

Bild 2.9:
Das Ergebnis der Addition

2.2 Grundwissen zu den Formeln

2.2.1 Formeln nachträglich bearbeiten

Wenn Sie eine Formel nachträglich ändern möchten, markieren Sie die Zelle und führen Sie eine der folgenden Aktionen durch:

- Klicken Sie doppelt in die Zelle mit der Excel-Funktion. Danach befinden Sie sich im Bearbeitungsmodus, sodass Sie die Funktion sehen und der Cursor innerhalb der Formel blinkt.

Oder:

- Markieren Sie die Zelle und drücken Sie die Funktionstaste F2.

Oder:

- Markieren Sie die Zelle und setzen Sie den Cursor in die Bearbeitungsleiste.

Die Bearbeitungsleiste befindet sich oberhalb des Excel-Arbeitsblatts zwischen den Spaltenüberschriften und den Symbolleisten.

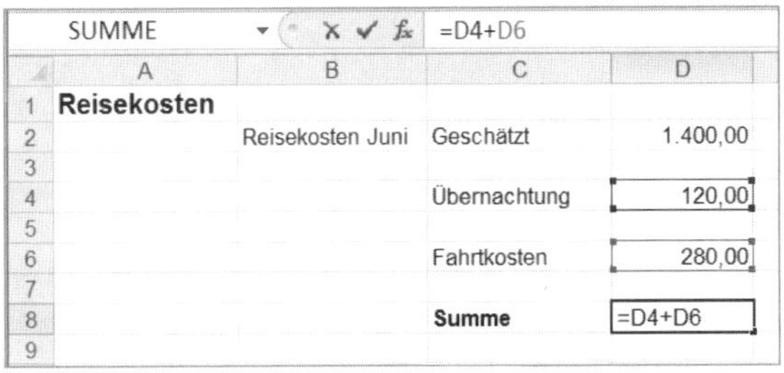

Bild 2.10: Funktionen ändern über die Bearbeitungsleiste

> **Tipp:** Wird die Bearbeitungsleiste nicht angezeigt, aktivieren Sie das Register *Ansicht* und setzen Sie das Häkchen *Bearbeitungsleiste* im Bereich *Anzeigen*. Das Häkchen signalisiert, ob die Leiste zurzeit angezeigt wird. Für längere Formeln können Sie die Höhe der Bearbeitungsleiste mehrzeilig einstellen.

2.2.2 Formeln im Arbeitsblatt finden

Alle Formeln markieren

Sie erhalten von einem Kollegen eine Tabelle und möchten nun wissen, welche Zellen Formeln enthalten.

1. Aktivieren Sie das Register *Start*, wählen Sie an der Schaltfläche *Suchen und Auswählen* den Befehl *Gehe zu* oder drücken Sie die Taste F5.
2. Klicken Sie auf die Schaltfläche *Inhalte*.
3. Aktivieren Sie die Option *Formeln*.

Bild 2.11: Gleich werden alle Zellen markiert, die Formeln enthalten.

4. Bestätigen Sie mit *OK*.

Jetzt werden alle Zellen markiert, die Formeln enthalten.

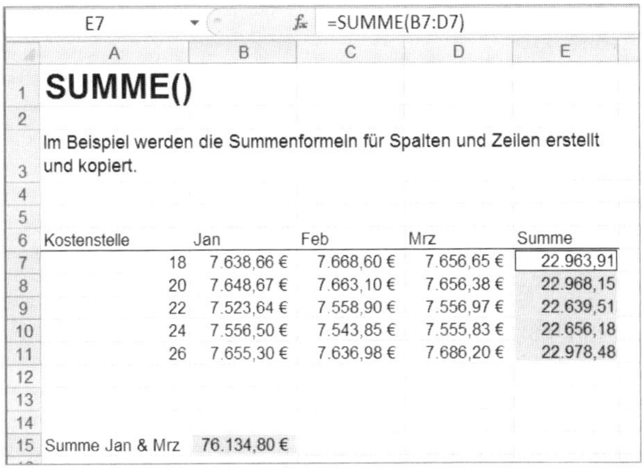

2.2 Grundwissen zu den Formeln   49

Bild 2.12: Alle Zellen mit Formeln sind markiert.

Alle Formeln im Arbeitsblatt anzeigen

Excel bietet auch einen Programmbefehl an, um alle auf dem Arbeitsblatt befindlichen Formeln anzuzeigen. Im »Normalzustand« werden ja die Ergebnisse der Formeln angezeigt.

Im Register *Formeln* finden Sie im Bereich *Formelüberwachung* den Befehl *Formeln anzeigen*.

Mit diesem Befehl schalten Sie die Ansicht auf Formelanzeige um. Die Spaltenbreite wird vergrößert, sodass die Formeln in den Zellen sichtbar werden.

Außerdem werden die Zahlenformate ausgeblendet.

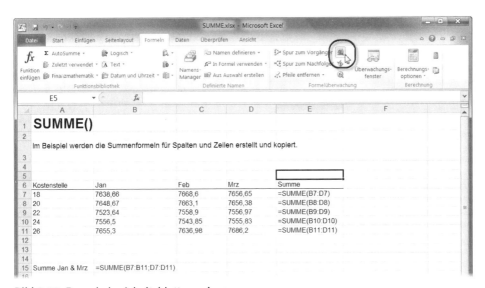

Bild 2.13: Formeln im Arbeitsblatt anzeigen

Durch nochmalige Wahl der oben beschriebenen Befehlsfolge sehen Sie die Ergebnisse und die Zahlenformate in den Zellen.

2.2.3 Formelergebnis als Werte kopieren

Sie haben eine Formel erstellt und benötigen nun nur das Ergebnis an einer anderen Stelle.

1. Markieren Sie die Zelle mit der Formel und wählen Sie den Befehl *Kopieren*.
2. Setzen Sie den Cursor an die Stelle, an der Sie das Ergebnis sehen möchten. Im folgenden Beispiel haben wir die Zelle D10 markiert.
3. Klicken Sie im Register *Start* auf die Schaltfläche *Einfügen*. Wählen Sie im Bereich *Werte einfügen* den gewünschten Befehl aus. Dabei haben Sie jetzt die Möglichkeit, in der Vorschau zu sehen, welcher Befehl welche Auswirkung hat.

Damit die neue Funktionalität erkennbar ist, haben wir die Zelle D8 mit der Formel zusätzlich mit dem Zellformat *Füllfarbe* und dem Zahlenformat *Währung* formatiert.

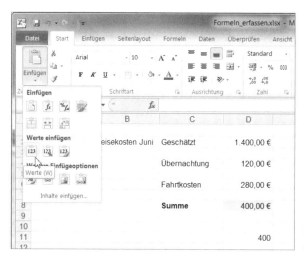

Bild 2.14: Die Werte einfügen, die zuvor kopiert wurden

Mit dem Befehl *Werte* wird nur das Ergebnis eingefügt. Mit dem Befehl *Werte und Zahlenformate* wird zusätzlich zum Ergebnis auch das Währungsformat eingefügt. Mit dem Befehl *Werte und Quellformatierung* werden das Ergebnis und alle Formate der Ursprungszelle eingefügt.

4. Wählen Sie den Befehl *Werte*.

Jetzt steht nur das Ergebnis in der Zelle. Die Funktion dahinter, das Zahlen- und das Zellformat wurden nicht mit eingefügt.

2.2 Grundwissen zu den Formeln   51

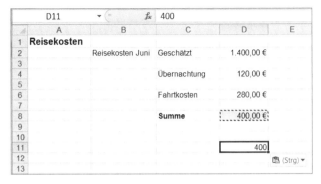

Bild 2.15: Das feste Ergebnis

Über die *Einfügeoptionen*-Schaltfläche können Sie Ihre Wahl jetzt noch ändern.

Wenn sich jetzt einer der Beträge in den Zellen D4 bzw. D6 ändert, ändert sich das kopierte Ergebnis in D11 nicht.

2.2.4 Berechnung abschalten

Sie haben eine umfangreiche Tabelle mit vielen Berechnungen. Jede Änderung in einer Zelle benötigt viel Zeit, da Excel immer wieder alle Zellen neu berechnet. In diesem Fall können Sie die Berechnung ausschalten.

1. Wählen Sie die Befehlsfolge *Datei / Optionen*.
2. Wählen Sie die Kategorie *Formeln* und aktivieren Sie die Option *Manuell*.

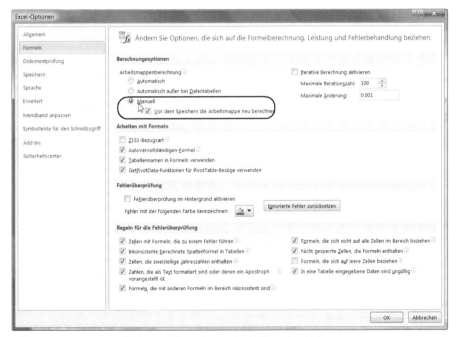

Bild 2.16: Das automatische Neuberechnen der Zellen abschalten

52 *Kapitel 2: Funktionen erstellen und bearbeiten*

3. Bestätigen Sie mit *OK*.

Jetzt werden die Zellen mit den Funktionen nur dann neu berechnet, wenn Sie die Taste [F9] drücken.

2.3 Relative und absolute Adressierung

Um Formeln für das Arbeitsblatt allgemeingültiger aufzubauen, verwendet man in der Praxis die relative und absolute Adressierung.

Haben Sie etwa eine Liste von Zahlen und möchten Sie diese mit einem Faktor, der in einer anderen Zelle steht, berechnen, bekommen Sie ein Problem.

Die folgende Abbildung zeigt das Beispiel.

	A	B	C
	C5		f_x =B5+B2
1	Spesensatz	15,00 €	
2			
3	**Namen**	**Beleg**	**Auszahlung**
4	Müller	45,00 €	60,00 €
5	Maier	65,00 €	65,00 €
6	Schmidt	85,00 €	#WERT!
7	Huber	15,00 €	60,00 €
8	Metzger	20,00 €	85,00 €
9	Meinert	50,00 €	135,00 €
10	Hebrer	66,00 €	81,00 €
11	Wellert	10,00 €	30,00 €
12	Tannenmann	25,00 €	75,00 €
13	Walder	88,00 €	154,00 €
14			

Bild 2.17: Ein Fehler hat sich eingeschlichen, nachdem die erste Formel in Zelle C4 nach unten kopiert wurde.

Der Wert in der Zelle B4 wird mit dem Faktor 15 aus der Zelle B1 addiert. Das erste Ergebnis in der Zelle C4 lautet 60. Anschließend wurde die Formel am Ausfüllkästchen nach unten kopiert.

Danach traten die Fehler auf. Wenn Sie auf die Zelle C5 klicken, erkennen Sie, dass Excel die folgende Rechnung durchführt:

```
Zelle links (B5) + Zelle (B2)
```

Excel sollte aber rechnen:

```
Zelle links + Zelle mit Faktor (B1)
```

Löschen Sie als Erstes alle Ergebnisse. Schreiben Sie anschließend in der Zelle C4 die Formel neu. Schreiben Sie:

```
=B4+B1
```

Nachdem Sie die Zelle B1 benannt haben, drücken Sie die Taste [F4]. Die Formel sieht nun folgendermaßen aus:

```
=B4+$B$1
```

Kopieren Sie die Formel nach unten.

2.3 Relative und absolute Adressierung   53

	C13	▾	f_x	=B13+$B$1	
▲	A	B	C
1	Spesensatz	15,00 €	
2			
3	**Namen**	**Beleg**	**Auszahlung**
4	Müller	45,00 €	60,00 €
5	Maier	65,00 €	80,00 €
6	Schmidt	85,00 €	100,00 €
7	Huber	15,00 €	30,00 €
8	Metzger	20,00 €	35,00 €
9	Meinert	50,00 €	65,00 €
10	Hebrer	66,00 €	81,00 €
11	Wellert	10,00 €	25,00 €
12	Tannenmann	25,00 €	40,00 €
13	Walder	88,00 €	103,00 €
14			

Bild 2.18: Das Ergebnis mit der Taste `F4`

Die Schreibweise mit den Dollarzeichen nennt man *absolute Adressierung*. Das bedeutet, wenn Sie jetzt die Formel nach unten kopieren, bleibt die Zelladresse B1 in jeder Formel stehen. Die erste Zelladresse nennt man relativ, weil sie sich beim Kopieren verändert.

Wenn Sie eine Formel erstellt haben, das Ergebnis richtig ist und erst nach dem Kopieren der Formel ein Fehler auftritt, dann überlegen Sie, welche Zelle/Zellen Sie mit `F4` »festmachen« müssen. Sie können die Dollarzeichen auch manuell über die Tastatur eingeben, oder Sie klicken auf die Zelladresse und drücken `F4`.

Anzahl Drücken von F4	Darstellung	Beschreibung
1	$B$1	Zelle B1 ist absolut.
2	B$1	Erste Zeile ist festgestellt.
3	$B1	Erste Spalte ist festgestellt.
4	B1	Zelle B1 ist relativ.

Noch ein Beispiel zum Einsatz der Taste `F4`

Sie möchten diesmal die Formel nicht nur nach unten, sondern auch nach rechts kopieren.

Sie müssen in diesem Beispiel nur die Spalte A und die Zeile 1 feststellen. Die Formel lautet:

```
=$A3*B$1
```

Nachdem Sie das Gleichheitszeichen und die erste Zelladresse eingegeben haben, müssen Sie jetzt die erste Spalte feststellen. Drücken Sie dazu dreimal die Taste `F4`. Das Dollarzeichen sollte jetzt vor dem A stehen. Geben Sie jetzt den Rechenschritt ein, in diesem Beispiel das Sternchen für die Multiplikation.

Um jetzt die erste Zeile festzustellen, müssen Sie zweimal auf die Taste `F4` drücken.

Das Dollarzeichen vor dem A stellt sicher, dass die erste Spalte festgesetzt wird. Das Dollarzeichen vor der 1 stellt sicher, dass die erste Zeile festgesetzt wird. Egal, wohin Sie diese Formel kopieren, es wird immer die erste Spalte der aktuellen Zeile mit der ersten Zelle der aktuellen Spalte multipliziert.

Kapitel 2: Funktionen erstellen und bearbeiten

	A	B	C	D
1	Faktor		2	4	10
2				
3	1.500,00 €	3.000,00 €	6.000,00 €	15.000,00 €
4	1.600,00 €	3.200,00 €	6.400,00 €	16.000,00 €
5	1.700,00 €	3.400,00 €	6.800,00 €	17.000,00 €
6	1.800,00 €	3.600,00 €	7.200,00 €	18.000,00 €
7	1.900,00 €	3.800,00 €	7.600,00 €	19.000,00 €
8	2.000,00 €	4.000,00 €	8.000,00 €	20.000,00 €
9	2.100,00 €	4.200,00 €	8.400,00 €	21.000,00 €
10	2.200,00 €	4.400,00 €	8.800,00 €	22.000,00 €
11	2.300,00 €	4.600,00 €	9.200,00 €	23.000,00 €
12	2.400,00 €	4.800,00 €	9.600,00 €	24.000,00 €
13	2.500,00 €	5.000,00 €	10.000,00 €	25.000,00 €

Zelle D13: =$A13*D$1

Bild 2.19: Die erste Spalte und die erste Zeile wurden zum Berechnen festgestellt.

Die Spur einer Formel verfolgen

Sollten Sie nicht erkennen können, welche Zellen zur Berechnung einer Formel eingesetzt wurden, lassen Sie sich die Spuren anzeigen.

1. Markieren Sie die Zelle, von der Sie wissen möchten, welche Zellen zur Berechnung hinzugezogen wurden.

2. Aktivieren Sie das Register *Formeln* und klicken Sie auf die Schaltfläche *Spur zum Vorgänger*.

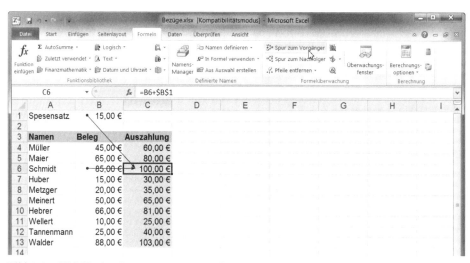

Bild 2.20: Mithilfe der *Spur zum Vorgänger* lassen Sie sich die Zellen anzeigen, die zur Berechnung hinzugezogen werden.

Die Pfeile zeigen jetzt die Zellen, die zur Berechnung herangezogen werden.

Tipp: Wenn Sie eine Tabelle bearbeiten müssen und in einer Zelle eine Zahl steht, von der Sie nicht wissen, ob und wo sie zur Berechnung herangezogen wird, markieren Sie die Zelle und klicken auf die Schaltfläche *Spur zum Nachfolger*. Dann zeigt Ihnen Excel mit den blauen Pfeilen, ob und wo der Einsatz erfolgt.

Mit einem Klick auf die Schaltfläche *Pfeile entfernen* löschen Sie die Pfeile wieder.

2.4 Bereiche benennen

Sie können einer Zelle oder auch mehreren Zellen einen Namen geben. Öffnen Sie beispielsweise mehrmals täglich eine Mappe und müssen anschließend zur Zelle X750 blättern, kann das lästig werden. Deshalb geben Sie der Zelle einen Namen und gelangen später mit einem Klick zu dieser Zelle.

1. Markieren Sie die Zelle bzw. die Zellen, die den Namen erhalten sollen.
2. Aktivieren Sie das Register *Formeln* und wählen Sie den Befehl *Namen definieren*.
3. Geben Sie den Namen der Zelle ein. Der Name darf kein »reservierter« Excel-Name sein wie beispielsweise *Summe*. In diesem Beispiel nennen wir die Zelle *Umsatz*.

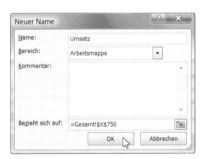

Bild 2.21: Die Zelle X750 erhält den Namen *Umsatz*.

4. Bestätigen Sie mit einem Klick auf die Schaltfläche *OK*.

Egal, wo Sie sich in der Mappe befinden, egal auch, auf welchem Tabellenblatt Sie sind: Öffnen Sie am *Namenfeld* über den Listenpfeil die Auswahl und klicken Sie den gewünschten Namen an.

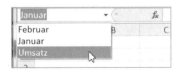

Bild 2.22: Über das Namenfeld schnell zur Zelle mit dem Namen *Umsatz* wechseln

Sofort wird die entsprechende Zelle bzw. der Zellbereich angezeigt.

Bereichsnamen in Funktionen einsetzen

Sie können einen Bereichsnamen auch in einer Funktion verwenden.

56 Kapitel 2: Funktionen erstellen und bearbeiten

Nun haben Sie fünf Zellen einen Namen gegeben. In diesen Zellen stehen Zahlen. Jetzt können Sie in einer Funktion den Bereichsnamen eingeben, wie es die folgende Abbildung zeigt:

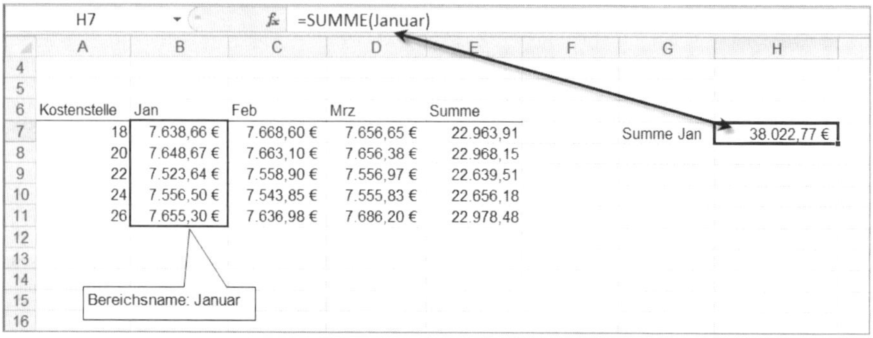

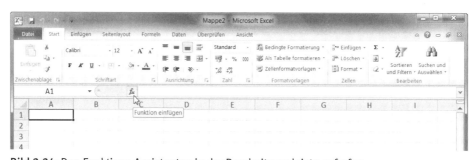

Bild 2.23: Bereichsname in einer Funktion

2.5 Der Funktions-Assistent

Der Funktions-Assistent bietet Ihnen weit über 200 fertige Funktionen an. Sie können diese ganz bequem aus einem Fenster wählen. Dabei steht Ihnen eine sehr gute Hilfefunktion zur Verfügung.

2.5.1 Einsatzgebiete

Um den Funktions-Assistenten zu öffnen, wählen Sie die folgenden Schritte:

1. Klicken Sie auf die *fx*-Schaltfläche in der Bearbeitungsleiste, wie es die folgende Abbildung zeigt.

Bild 2.24: Den Funktions-Assistenten in der Bearbeitungsleiste aufrufen

2. Über das Listenfeld *Kategorie auswählen* grenzen Sie die Funktionen thematisch ein. Sollten Sie sich nicht sicher sein, in welcher Kategorie die gesuchte Funktion steckt, lassen Sie sich den Eintrag *Alle* anzeigen.

3. Jetzt sind die Funktionen alphabetisch geordnet. Sollten Sie nun eine Funktion mit dem Anfangsbuchstaben *W* suchen, müssen Sie nicht mühsam blättern. Klicken Sie

auf einen Funktionsnamen und geben Sie den gesuchten Anfangsbuchstaben ein. Die Anzeige springt sofort zur ersten Funktion mit diesem Buchstaben.

4. Mit einem Klick auf eine Funktion sehen Sie im unteren Teil des Fensters zwei Erklärungen. Zum einen sehen Sie zuerst die Syntax, darunter steht die Beschreibung zu dieser Funktion. Wenn Sie die gesuchte Funktion gefunden haben, doppelklicken Sie darauf oder markieren Sie sie und klicken auf die Schaltfläche *OK*.

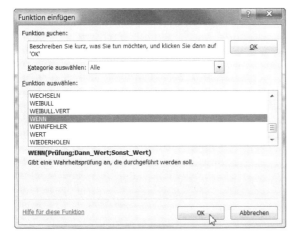

Bild 2.25: Der erste Schritt des Funktions-Assistenten

Aus der Liste aller Funktionen haben wir den Eintrag WENN gewählt. Wir möchten abhängig vom Zellinhalt eine Aktion durchführen.

Im Fenster *Funktionsargumente* geben Sie in den verschiedenen Parameterfeldern die Prüfung und die jeweiligen Aktionen ein.

Tipp: Manchmal kann es sein, dass dieses Fenster vor der oder den Zellen steht, die Sie markieren möchten. Zeigen Sie in den Hintergrundbereich des Fensters und ziehen Sie das Fenster zur gewünschten Position.

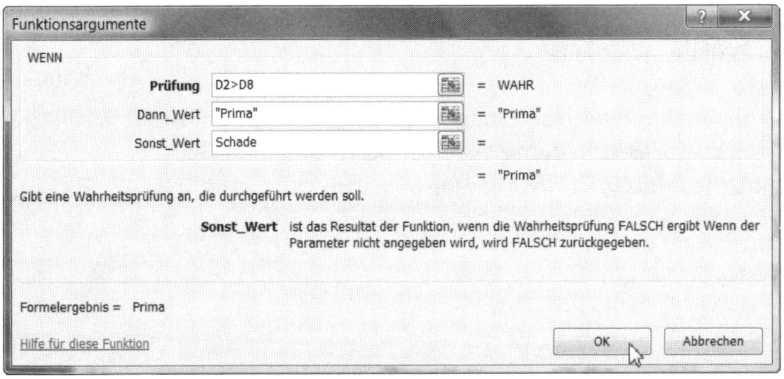

Bild 2.26: Zweiter Schritt des Funktions-Assistenten

Als Vorschau steht im Fenster bereits das zu erwartende Ergebnis. Klicken Sie auf die Schaltfläche *OK*. Dann wird das Ergebnis in der aktuellen Zelle und die zugehörige Funktion in der Bearbeitungsleiste angezeigt.

2.5.2 Verschachtelte Funktionen

Nehmen wir an, Sie benötigen zum Ermitteln eines Ergebnisses zwei Funktionen, die ineinander verschachtelt sind.

Im vorliegenden Beispiel wollen wir wieder in Abhängigkeit vom Zellinhalt verschiedene Ergebnisse sehen.

Wenn in B1 eine Zahl zwischen 100.000 und 200.000 steht, dann soll in B3 das Wort »Prima« erscheinen. Zum Ermitteln dieses Ergebnisses benötigen wir neben der Funktion WENN auch die Funktion UND.

Nachdem Sie die WENN-Funktion ausgewählt haben, steht der Cursor im Feld *Prüfung*. Hier muss nun die UND-Funktion gestartet werden.

Öffnen Sie über den Listenpfeil das *Namenfeld* und wählen Sie die Funktion aus. Sollte sie nicht in der kleinen Auswahl stehen, wählen Sie den Befehl *Weitere Funktionen* und suchen im Fenster *Funktionen auswählen*.

Bild 2.27: Eine weitere Funktion auswählen

Nachdem Sie die Bedingungen eingegeben haben, dürfen Sie nicht auf die Schaltfläche *OK* klicken. Sie müssen in der Bearbeitungsleiste auf den Namen der Funktion klicken, von der aus Sie die aktuelle Funktion (UND) gestartet haben.

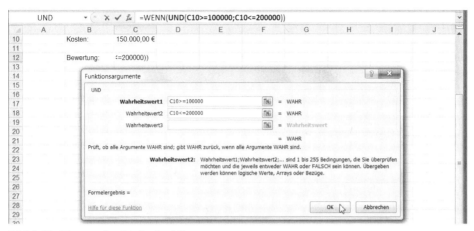

Bild 2.28: Die verschachtelte Funktion

In diesem Beispiel müssen Sie auf das Wort WENN klicken. Jetzt wird wieder die WENN-Funktion im Fenster *Funktionsargumente* angezeigt.

Bild 2.29: Die WENN-Funktion mit der verschachtelten UND-Funktion

Nachdem Sie die weiteren Argumente ausgefüllt haben, können Sie mit *OK* bestätigen.

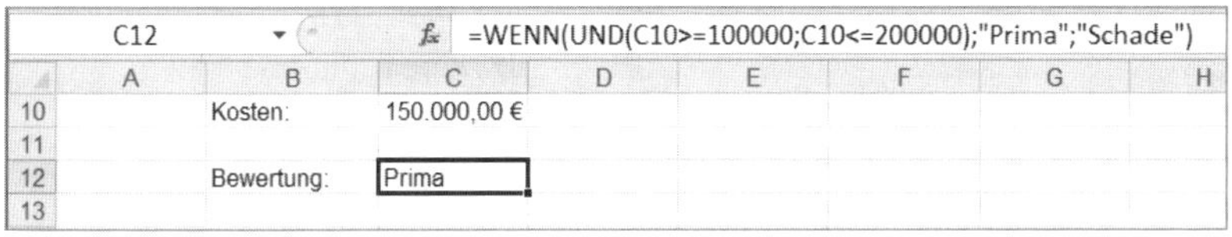

Bild 2.30: Das Ergebnis ist eine verschachtelte Funktion.

Wenn Sie eine verschachtelte Funktion bearbeiten möchten, klicken Sie zuerst in der Bearbeitungsleiste auf den gewünschten Funktionsnamen und dann auf die Schaltfläche *fx*.

60   *Kapitel 2: Funktionen erstellen und bearbeiten*

2.5.3   Hilfe zu Funktionen

Wenn Sie einmal nicht genau wissen, wozu gewisse Felder im Fenster *Funktionsargumente* dienen, klicken Sie auf den Link *Hilfe für diese Funktion*. Sie erhalten dann ein Fenster mit sehr ausführlichen Hinweisen und Beispielen.

Sie können das Hilfefenster wieder schließen, wenn Sie es nicht mehr benötigen.

2.5.4   Eine Funktion suchen

Wenn Sie eine bestimmte Funktion suchen, deren Namen Sie nicht kennen, nutzen Sie das Feld *Funktion suchen* im Fenster *Funktion einfügen*.

Tippen Sie eine Beschreibung des gewünschten Ergebnisses ein. Im vorliegenden Beispiel möchten Sie sich die größte Zahl in einer Liste von Zahlen anzeigen lassen.

Nachdem Sie den Suchauftrag eingegeben haben, klicken Sie auf die Schaltfläche *OK*. Jetzt werden Ihnen im unteren Teil des Fensters die Funktionen angezeigt, die Excel zu diesem Thema gefunden hat.

Nun liegt es an Ihnen, die gewünschte Funktion auszuwählen.

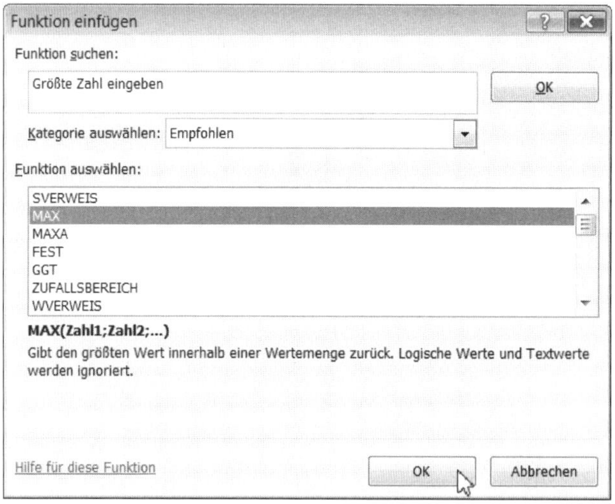

Bild 2.31:
Eine Funktion suchen

2.6   Matrixfunktionen

Mit Matrixfunktionen sind in diesem Fall nicht die in Excel hinterlegten Funktionen zur Berechnung von Matrizen gemeint. Es handelt sich hierbei vielmehr um die Möglichkeiten zur Erstellung von individuellen Funktionen, die sich auf beliebige Excel-Bereiche beziehen. Das unten beschriebene Beispiel lässt sich in Excel 2010 für die einfache Variante mit der SUMMEWENNS-Funktion lösen. Sollen aber mehrere Dimensionen durchsucht und geprüft werden, ist die Kombination der SUMME- und WENN-Funktion als Matrixfunktion universeller einsetzbar.

Das Thema erschließt sich am besten anhand eines konkreten Beispiels.

2.6.1 Ein einfaches Beispiel zur Matrixfunktion

Nehmen wir an, dass Sie Antworten zur folgenden Liste geben sollen.

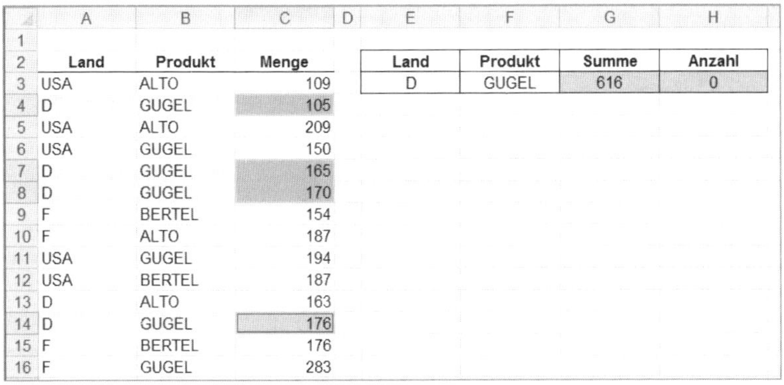

	A	B	C	D	E	F	G	H
1								
2	Land	Produkt	Menge		Land	Produkt	Summe	Anzahl
3	USA	ALTO	109		D	GUGEL	616	0
4	D	GUGEL	105					
5	USA	ALTO	209					
6	USA	GUGEL	150					
7	D	GUGEL	165					
8	D	GUGEL	170					
9	F	BERTEL	154					
10	F	ALTO	187					
11	USA	GUGEL	194					
12	USA	BERTEL	187					
13	D	ALTO	163					
14	D	GUGEL	176					
15	F	BERTEL	176					
16	F	GUGEL	283					

Bild 2.32: Daten zu Produkt und Absatz

Die Liste enthält in den Spalten A bis C eine Auflistung der Absätze zu bestimmten Produkten in bestimmten Ländern. In der Zelle G3 soll nun die Summe zum gewählten Produkt *GUGEL* in Deutschland ausgewiesen werden.

Die Berechnung für die Summe lautet: Wenn in der Spalte A (Zellbereich A3 bis A16) das Landeskennzeichen "D" und in Spalte B (Zellbereich B3 bis B16) das gesuchte Produkt "GUGEL" eingetragen ist, sollen die entsprechenden Werte in der Spalte C (Zellbereich C3 bis C16) summiert werden.

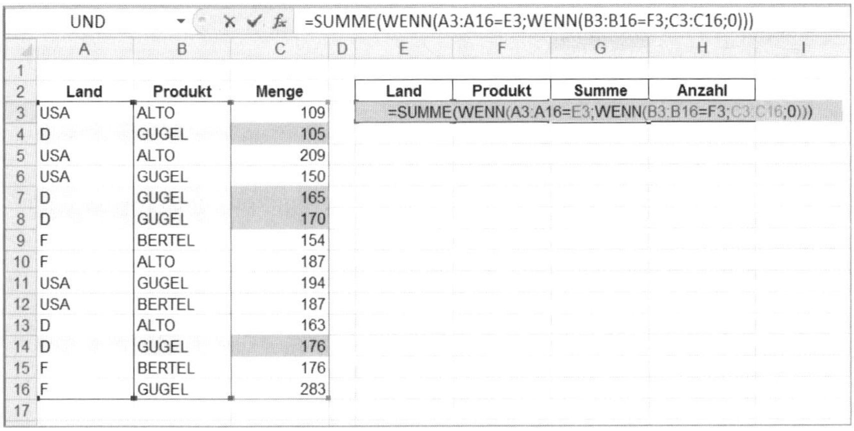

UND | =SUMME(WENN(A3:A16=E3;WENN(B3:B16=F3;C3:C16;0)))

	A	B	C	D	E	F	G	H	I
1									
2	Land	Produkt	Menge		Land	Produkt	Summe	Anzahl	
3	USA	ALTO	109		=SUMME(WENN(A3:A16=E3;WENN(B3:B16=F3;C3:C16;0)))				
4	D	GUGEL	105						
5	USA	ALTO	209						
6	USA	GUGEL	150						
7	D	GUGEL	165						
8	D	GUGEL	170						
9	F	BERTEL	154						
10	F	ALTO	187						
11	USA	GUGEL	194						
12	USA	BERTEL	187						
13	D	ALTO	163						
14	D	GUGEL	176						
15	F	BERTEL	176						
16	F	GUGEL	283						
17									

Bild 2.33: Die Formel zur Summe nach zwei Kriterien

Wir bauen die Formel erst einmal nur für die Zellen A3 bis C3 auf. Sie lautet:

```
=WENN(A3="D";WENN(B3="GUGEL";C3;0))
```

62 *Kapitel 2: Funktionen erstellen und bearbeiten*

Falls es sich nicht um die gesuchten Begriffe handelt, weisen wir in der WENN-Funktion das Ergebnis 0 aus.

Um die Formel auf den gesuchten Zeilenbereich zu erweitern, werden die Zellbezüge von einer einzelnen Zelle auf einen Zellbereich geändert:

```
=WENN(A3:A16="D";WENN(B3:16="GUGEL";C3:C16;0))
```

Diese Formel erweitert den Zeilenbereich gleichmäßig auf die Zeilen 3 bis 16.

Auf diese Funktion wird anschließend die SUMME-Funktion angewendet, um alle gefundenen Werte zu addieren:

```
=SUMME(WENN(A3:A16="D";WENN(B3:16="GUGEL";C3:C16;0)))
```

Wenn Sie diese Funktion mit der ⌷Eingabe⌷-Taste bestätigen, wird als Ergebnis 0 ausgegeben, da Excel die Auswertung der WENN-Funktion auf Zellbereiche nicht versteht. Als Matrixfunktion würde Excel die Funktion jedoch korrekt für alle angegebenen Zellen im Zellbereich berechnen.

Das Wichtigste kommt beim Abschluss der Formeleingabe.

Drücken Sie statt der normalen ⌷Eingabe⌷-Taste die folgende Tastenkombination:

⌷Strg⌷ + ⌷Umschalt⌷ + ⌷Eingabe⌷

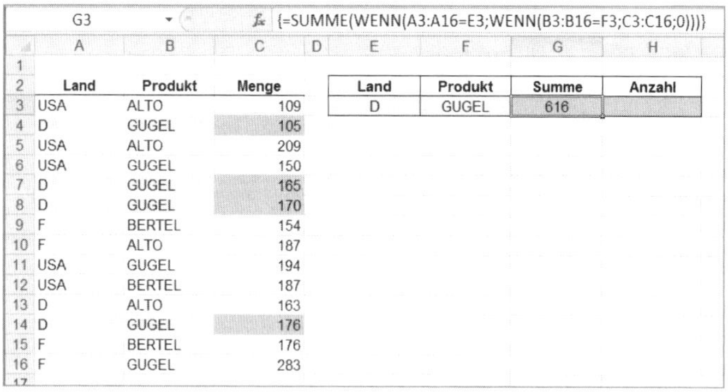

Bild 2.34: Das Ergebnis der Matrixfunktion

Nach Eingabe dieser Tastenkombination werden um die Funktion geschweifte Klammern gesetzt.

```
{=SUMME(WENN(A3:A16="D";WENN(B3:16="GUGEL";C3:C16;0)))}
```

Dann wird das Ergebnis für den Zellbereich (Matrixbereich) ausgerechnet.

Die Berechnung können Sie analog mit der normalen Excel-Funktion SUMMEWENNS durchführen. Die Formel lautet dann:

```
=SUMMEWENNS(C3:16; A3:A16; E3; B3:16; F3)
```

2.6.2 Eine weitere Dimension

Im obigen Beispiel sind die verwendeten Angaben zu Land und Produkt zeilenweise aufgeführt. Nun sind zu jeder Zeile spaltenweise die monatlichen Umsätze angegeben.

In Zelle L3 soll der gewünschte Monat eingetragen werden. Diese Zeilen sollen summiert werden.

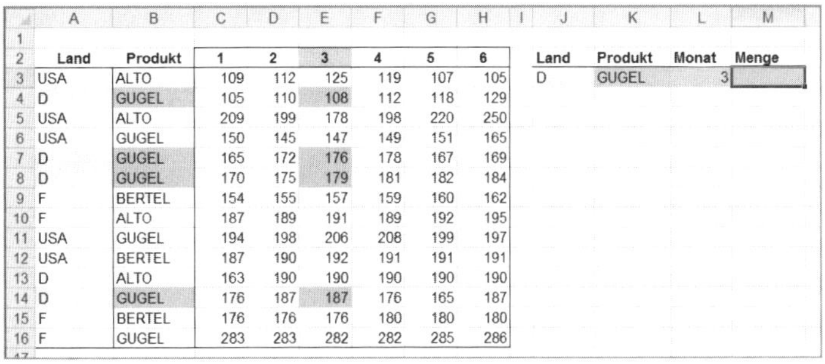

	A	B	C	D	E	F	G	H	I	J	K	L	M
1													
2	Land	Produkt	1	2	3	4	5	6		Land	Produkt	Monat	Menge
3	USA	ALTO	109	112	125	119	107	105		D	GUGEL	3	
4	D	GUGEL	105	110	108	112	118	129					
5	USA	ALTO	209	199	178	198	220	250					
6	USA	GUGEL	150	145	147	149	151	165					
7	D	GUGEL	165	172	176	178	167	169					
8	D	GUGEL	170	175	179	181	182	184					
9	F	BERTEL	154	155	157	159	160	162					
10	F	ALTO	187	189	191	189	192	195					
11	USA	GUGEL	194	198	206	208	199	197					
12	USA	BERTEL	187	190	192	191	191	191					
13	D	ALTO	163	190	190	190	190	190					
14	D	GUGEL	176	187	187	176	165	187					
15	F	BERTEL	176	176	176	180	180	180					
16	F	GUGEL	283	283	282	282	285	286					

Bild 2.35: Auswahl der Monate in der Zeile

Wir werden daher die Matrixfunktion aus dem ersten Beispiel erweitern, sodass aufgrund der Monatsangabe in L3 zu den entsprechenden Zeilen auch die »richtige« Spalte gefunden wird.

Die Formel für die Auswahl der Zeilen sieht folgendermaßen aus:

```
=SUMME(WENN($A$3:$A$16=J3;WENN($B$3:$B$16=K3;WENN($C$2:$H$2=L3;$C$3:$H$16;0)
)))
```

> **Tipp:** Die Zellen, die sich beim Kopieren verschieben würden, haben wir als absolute Zellbezüge mit dem Dollarzeichen ($) festgesetzt.

Eine weitere WENN-Funktion identifiziert aufgrund der Überschriften die richtige Spalte:

```
WENN($C$2:$H$2 = L3; $C$3:$H$16; 0)
```

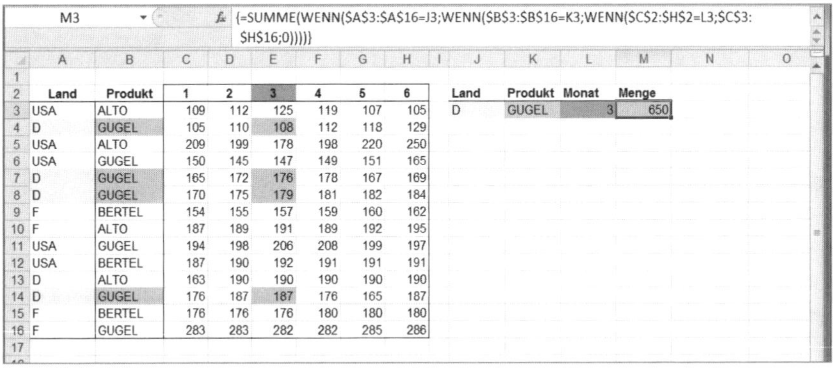

M3		f_x	{=SUMME(WENN($A$3:$A$16=J3;WENN($B$3:$B$16=K3;WENN($C$2:$H$2=L3;$C$3: $H$16;0)))))}											
	A	B	C	D	E	F	G	H	I	J	K	L	M	N	O
1															
2	Land	Produkt	1	2	3	4	5	6		Land	Produkt	Monat	Menge		
3	USA	ALTO	109	112	125	119	107	105		D	GUGEL	3	650		
4	D	GUGEL	105	110	108	112	118	129							
5	USA	ALTO	209	199	178	198	220	250							
6	USA	GUGEL	150	145	147	149	151	165							
7	D	GUGEL	165	172	176	178	167	169							
8	D	GUGEL	170	175	179	181	182	184							
9	F	BERTEL	154	155	157	159	160	162							
10	F	ALTO	187	189	191	189	192	195							
11	USA	GUGEL	194	198	206	208	199	197							
12	USA	BERTEL	187	190	192	191	191	191							
13	D	ALTO	163	190	190	190	190	190							
14	D	GUGEL	176	187	187	176	165	187							
15	F	BERTEL	176	176	176	180	180	180							
16	F	GUGEL	283	283	282	282	285	286							
17															

Bild 2.36: Die komplette Matrixfunktion

64 *Kapitel 2: Funktionen erstellen und bearbeiten*

Schließen Sie die Formel mit der Tastenkombination `Strg` + `Umschalt` + `Eingabe` ab. Auf dem Blatt *Umsatzdaten_3* haben wir die Formel eine Zeile nach unten kopiert.

	M4		▾	f_x	{=SUMME(WENN($A$3:$A$16=J4;WENN($B$3:$B$16=K4;WENN($C$2:$H$2=L4;$C$3:$H$16;0))))}									
	A	B	C	D	E	F	G	H	I	J	K	L	M	N	O
1															
2	Land	Produkt	1	2	3	4	5	6		Land	Produkt	Monat	Menge		
3	USA	ALTO	109	112	125	119	107	105		D	GUGEL	3	650		
4	D	GUGEL	105	110	108	112	118	129		F	BERTEL	5	340		
5	USA	ALTO	209	199	178	198	220	250							
6	USA	GUGEL	150	145	147	149	151	165							
7	D	GUGEL	165	172	176	178	167	169							
8	D	GUGEL	170	175	179	181	182	184							
9	F	BERTEL	154	155	157	159	160	162							
10	F	ALTO	187	189	191	189	192	195							
11	USA	GUGEL	194	198	206	208	199	197							
12	USA	BERTEL	187	190	192	191	191	191							
13	D	ALTO	163	190	190	190	190	190							
14	D	GUGEL	176	187	187	176	165	187							
15	F	BERTEL	176	176	176	180	180	180							
16	F	GUGEL	283	283	282	282	285	286							

Bild 2.37: Kopierte Formel und geänderte Suchbegriffe

Mit dieser Art von Funktionen lassen sich komplexe Übersichten zu Umsätzen und Kosten erstellen. Lesen Sie die Syntax zu den Funktionen WENN, ANZAHL und SUMME.

> **Tipp:** Die Funktion SUMMEWENNS kann nicht über Zeilen und Spalten suchen und gleichzeitig addieren.

2.7 Fehlermeldungen abfangen

Fehler sind natürlich nicht erwünscht, kommen aber auch bei den Profis vor. Excel weist die verschiedenen Fehler durch unterschiedliche Anzeigeformen und Meldungen aus. Im Folgenden sind die Meldungen kurz zusammengefasst.

Excel hält auch hier entsprechende Funktionen bereit, um Fehler in einer Formel abzufangen. Die Funktion WENNFEHLER zeigt Ihnen generell, ob die Berechnung einen Fehler hervorruft. Sie können dann einen Wert oder einen Zellbezug für den Fehlerfall angeben.

2.7.1 Fehler in der Anzeige

Wenn nach der Eingabe einer Zahl oder einer Formel die Zelle nur noch #-Symbole zeigt, dann ist nur die Breite der Spalte zu schmal, um die ganze Zahl anzuzeigen.

2.7 Fehlermeldungen abfangen

	A	B
1		Umsatz
2	Januar	########
3	Februar	########
4	März	########
5	April	########
6	Mai	########
7		
8		
9		
10		
11		
12	Datum	#########

Bild 2.38: Die Breite der Spalte B ist für diese großen Zahlen zu schmal.

Verbreitern Sie die Spalte durch Ziehen mit der Maus oder mit einem Doppelklick und sofort können Sie alle Zahlen lesen.

Wenn Sie einer negativen Zahl ein Datumsformat zuweisen, erscheinen auch die #-Symbole. Diese bekommen Sie auch durch Verbreitern der Spalte nicht weg. Negative Zahlen können kein Datum sein.

	A	B
1		Umsatz
2	Januar	1.000.600,00 €
3	Februar	200.500,00 €
4	März	3.600.800,00 €
5	April	500.700,00 €
6	Mai	2.900.000,00 €
7		
8		
9		
10		
11		
12	Datum	####################
13		

Bild 2.39: Negative Zahlen dürfen nicht als Datum dargestellt werden.

2.7.2 Fehler #BEZUG!

Die Fehlermeldung #BEZUG! gibt an, dass auf eine Zelle verwiesen wird, die es in dieser Mappe nicht gibt.

Im folgenden Beispiel wird auf das Blatt *Test* verwiesen. Dieses Blatt existiert aber nicht, deshalb erscheint die Fehlermeldung.

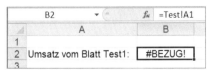

Bild 2.40: Die Fehlermeldung #BEZUG! weist auf das fehlende Tabellenblatt *Test* hin.

2.7.3 Fehler #DIV/0

Ein Kernsatz der Mathematik besagt: Keine Division durch 0.

In der folgenden Abbildung wird die Zelle C2 durch C3 geteilt. Da C3 leer ist, darf dieser Rechenschritt nicht durchgeführt werden. Excel zeigt Ihnen deshalb die Fehlermeldung. Sobald in der Zelle C3 eine Zahl steht, verschwindet die Fehlermeldung und das Ergebnis wird gezeigt.

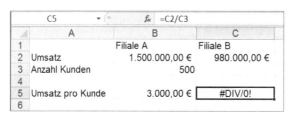

Bild 2.41: Die Fehlermeldung #DIV/0 weist auf das Fehlen des Nenners hin.

2.7.4 Fehler #NV

Die Fehlermeldung #NV bedeutet: Nicht vorhanden. Wenn Sie mit einer SVERWEIS-Funktion einen Wert suchen, dann besagt diese Meldung, dass der gesuchte Wert nicht in der Liste ist.

Im folgenden Beispiel suchen wir in der Personalliste die Nummer 150. Da sie nicht vorhanden ist, erscheint die Fehlermeldung.

Bild 2.42: Die Fehlermeldung #NV gibt an, dass etwas gesucht wird, was nicht vorhanden ist.

Sie können die Funktion ISTNV oder WENNFEHLER einsetzen, um im Fehlerfall einen anderen Wert anzuzeigen.

2.7.5 Die Fehler #Name?

Die Fehlermeldung #NAME? weist darauf hin, dass in einer Funktion ein Bereichsname verwendet wird, der nicht vergeben ist.

Im folgenden Beispiel sollen die Zellen mit dem Namen *Gesamt* addiert werden. Allerdings ist der Bereichsname *Gesamt* nicht vergeben, deshalb die Meldung.

B6 =SUMME(Gesamt)

	A	B	C
1		Umsatz	
2	Januar	100.000,00 €	
3	Februar	200.030,00 €	
4	März	4.300.800,00 €	
5			
6	Summe	#NAME?	

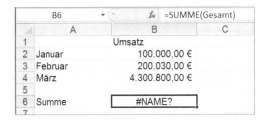

Bild 2.43: Der verwendete Bereichsname *Gesamt* ist nicht vergeben.

Tipp: Das Thema Bereichsnamen wurde weiter oben in diesem Kapitel beschrieben.

2.7.6 Die Fehlermeldung #NULL!

Die Fehlermeldung #NULL! erscheint immer dann, wenn mehrere Zellbereiche berechnet werden, die nicht durch das Semikolon getrennt werden.

Im folgenden Beispiel fehlt das Semikolon zwischen den beiden Bereichen, deshalb die Meldung.

C6 =SUMME(B2:B4 D2:D3)

	A	B	C	D
1		Umsatz 2009		Umsatz 2010
2	Januar	100.000,00 €	Januar	20.000,00 €
3	Februar	200.030,00 €	Februar	300.000,00 €
4	März	4.300.800,00 €	März	
5				
6		Summe 2009 & 2010:	#NULL!	

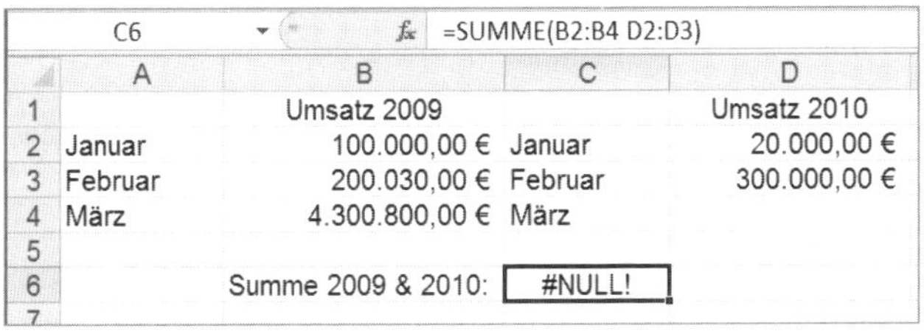

Bild 2.44: Ein fehlendes Semikolon erzeugt die Fehlermeldung #NULL!

2.7.7 Fehler #WERT!

Die Fehlermeldung #WERT! meldet, dass in einer Funktion auch Texte mit berechnet werden sollen.

Im folgenden Beispiel werden die Zellen B1 bis B4 summiert. In B1 steht aber Text, deshalb zeigt Excel die Meldung an.

B6 =B1+B2+B3+B4

	A	B	C
1		Umsatz	
2	Januar	100.000,00 €	
3	Februar	200.030,00 €	
4	März	4.300.800,00 €	
5			
6	Summe	#WERT!	

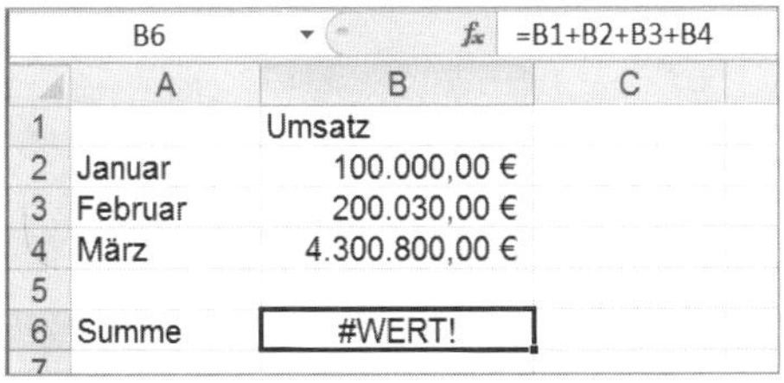

Bild 2.45: Texte dürfen nicht mit summiert werden.

2.7.8 Fehler #ZAHL!

Die Fehlermeldung #ZAHL! gibt an, dass in einer Funktion Parameter verwendet werden, die nicht korrekt sind. Im folgenden Beispiel wird versucht, die Fakultät von -30 zu berechnen. Die Fakultät kann aber nur zu positiven Zahlen ermittelt werden, deshalb die Meldung.

Bild 2.46: Die Parameter einer Funktion müssen korrekt sein, sonst erscheint die Meldung #ZAHL!

2.7.9 Zirkelbezug

Bei dieser Fehlerart handelt es sich um einen logischen Fehler. Ein Sprichwort liefert die Analogie zum Zirkelbezug.

Der Ast, auf dem ich sitze, den darf ich mir nicht absägen

und

Die Zelle, in der ich das Ergebnis sehen will, darf ich nicht zur Berechnung verwenden.

Dies veranschaulicht, wann und warum die Meldung erscheint.

In der Beispieldatei *ZIRKELBEZUG.XLSX* konstruieren wir einen solchen Fehler bei der Eingabe der Formel in Zelle B8. Wenn Sie diese Formel mit der [Eingabe]-Taste bestätigen, zeigt Excel die folgende Fehlermeldung mit einem Hinweis auf den Zirkelbezug in der Statuszeile an.

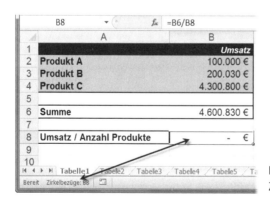

Bild 2.47: Die Fehlermeldung zum Zirkelbezug in der Statusleiste

Wenn Sie diese Mappe jetzt speichern, schließen und wieder öffnen, erhalten Sie die folgende Warnmeldung:

Bild 2.48: Die Fehlermeldung zum Zirkelbezug beim Öffnen der Mappe

Wenn Sie jetzt auf die Schaltfläche *OK* klicken, erhalten Sie ein Hilfefenster mit einigen Hinweisen zur Korrektur des Zirkelbezugs.

2.8 Formeln schützen

Nehmen wir an, Sie möchten Ihre Tabelle vor Veränderung schützen. Außerdem sollen Ihre Formeln nicht in der Bearbeitungsleiste angezeigt werden.

1. Markieren Sie die Zellen, die Sie vor Veränderung und vor neugierigen Blicken schützen möchten.
2. Klicken Sie mit der rechten Maustaste in die Markierung und wählen Sie den Befehl *Zellen formatieren*.
3. Wechseln Sie zum Register *Schutz* und aktivieren Sie die Option *Ausgeblendet*.

Bild 2.49: Formeln vor Überschreiben schützen und ausblenden

4. Um den Blattschutz zu aktivieren, wählen Sie über das Register *Überprüfen* den Befehl *Blatt schützen*.
5. Geben Sie ein Kennwort ein.

Kapitel 2: Funktionen erstellen und bearbeiten

Bild 2.50: Das Kennwort zum Blattschutz eingeben

6. Nachdem Sie mit *OK* bestätigt haben, müssen Sie das Kennwort wiederholen. Nach erfolgreicher Eingabe sind alle zuvor markierten Zellen vor Veränderung geschützt. Die Zellen, die Formeln enthalten, zeigen diese nicht, wenn Sie sie markieren.

	A	B	C	D	E	F	G	H	I	J	K	L	M
1													
2	Land	Produkt	1	2	3	4	5	6		Land	Produkt	Monat	Menge
3	USA	ALTO	109	112	125	119	107	105		D	GUGEL	3	650
4	D	GUGEL	105	110	108	112	118	129					
5	USA	ALTO	209	199	178	198	220	250					
6	USA	GUGEL	150	145	147	149	151	165					
7	D	GUGEL	165	172	176	178	167	169					
8	D	GUGEL	170	175	179	181	182	184					
9	F	BERTEL	154	155	157	159	160	162					
10	F	ALTO	187	189	191	189	192	195					
11	USA	GUGEL	194	198	206	208	199	197					
12	USA	BERTEL	187	190	192	191	191	191					
13	D	ALTO	163	190	190	190	190	190					
14	D	GUGEL	176	187	187	176	165	187					
15	F	BERTEL	176	176	176	180	180	180					
16	F	GUGEL	283	283	282	282	285	286					

Bild 2.51: Die Formeln werden nicht gezeigt.

2.9 Add-Ins aktivieren

Wenn Ihnen die mehr als 200 mitgelieferten Funktionen nicht reichen, können Sie weitere Funktionen aktivieren. Die Funktionen werden von Microsoft Office in Form von sogenannten Add-Ins (kostenlos) mitgeliefert.

> **Tipp:** Add-Ins sind in Excel-Dateien mit der Endung .XLAM abgelegt. Sie können auch selbst Funktionen schreiben und anderen Benutzern als Add-Ins zur Verfügung stellen. Wie Sie eigene Funktionen und Add-Ins programmieren, lesen Sie in Kapitel 13, »Eigene Funktionen schreiben«. Für frühere Excel-Versionen lautet die Dateiendung .XLA.

1. Wählen Sie über die Office-Schaltfläche den Befehl *Excel-Optionen*.

2. Aktivieren Sie die Kategorie *Add-Ins* und klicken Sie auf die Schaltfläche *Gehe zu*.
3. Setzen Sie das Häkchen bei *Analyse-Funktionen*.

Bild 2.52: Die verfügbaren Add-Ins

4. Bestätigen Sie mit *OK*.

Jetzt finden Sie im Fenster des Funktions-Assistenten noch weitere Funktionen.

Tipp: Wenn Sie in der VBA-Programmierumgebung die Analysefunktionen einsetzen möchten, aktivieren Sie das entsprechende Häkchen *Analyse-Funktionen – VBA*.

3 Mit Textfunktionen arbeiten

In vielen Excel-Dateien sind Texte enthalten. Sie dienen meist zur Beschreibung des Zahlenmaterials. Excel bietet eine Fülle von Funktionen an, um Texte zu bearbeiten.

▣ Download-Link

www.buch.cd

Hier finden Sie alle Beispieldateien übersichtlich nach Kapiteln geordnet.

3.1 BAHTTEXT

Wandelt eine Zahl in Thaischrift um und hängt das Wort BAHT, auch in Thaischrift, dahinter.

Syntax

```
=BAHTTEXT(Zahl)
```

Parameter

Zahl   Die Zahl oder die Zelladresse mit dem Wert, der in Thaischrift angezeigt werden soll.

Ähnliche Funktionen

RÖMISCH()

3.1.1 Beispiel

Im folgenden Beispiel wollen wir die Zahl 5 in Thaischrift darstellen.

1. Öffnen Sie die Datei *BAHTTEST.XLSX*, aktivieren Sie das Register *Bahttext_1* und setzen Sie den Cursor in die Zelle C7. Öffnen Sie den Funktions-Assistenten und starten Sie die Funktion BAHTTEXT.

2. Für das Feld *Zahl* markieren Sie die Zelle A7. Dort steht die 5, die wir anders darstellen lassen möchten.

3. Bestätigen Sie mit *OK*.

Der Aufbau der Funktion lautet:

`=BAHTTEXT(A7)`

4. Kopieren Sie die Funktion nach unten, wenn Sie noch weitere Zahlen darstellen lassen möchten.

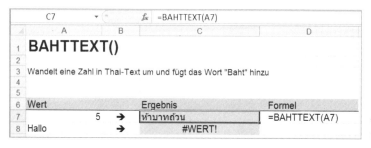

Bild 3.1: Die Funktion BAHTTEXT wandelt eine Zahl in Thaischrift um.

Die letzten fünf Zeichen stellen das Wort *Baht* dar. Wenn Sie versuchen, einen Text in Thaischrift umzuwandeln, erscheint eine Fehlermeldung.

3.2 CODE

Gibt den Zeichencode zum ersten Zeichen in der angegebenen Zelle bzw. im angegebenen Text aus.

Jedes Zeichen, egal ob Buchstabe, Ziffer oder Sonderzeichen, das in einer Zelle angezeigt wird, basiert auf einem Zahlencode. So ist die 64 der Code für das @-Zeichen.

Syntax

`=CODE(Text)`

Parameter

Text   Das Zeichen, dessen Code berechnet werden soll, bzw. die Zelladresse, in der das Zeichen steht.

Ähnliche Funktionen

ZEICHEN()

3.2.1 Beispiel

Das folgende Beispiel zeigt die Codes für die jeweils ersten Zeichen in den angegebenen Zellen.

1. Öffnen Sie die Datei *CODE.XLSX*, aktivieren Sie das Register *Code_1* und setzen Sie den Cursor in die Zelle C7. Öffnen Sie den Funktions-Assistenten und starten Sie die Funktion CODE.

2. Für das Feld *Text* markieren Sie die Zelle A7. Dort steht der Text, dessen Code Sie ermitteln wollen. Bestätigen Sie mit *OK*.

Der Aufbau der Funktion lautet:

```
=CODE(A7)
```

3. Kopieren Sie die Funktion nach unten.

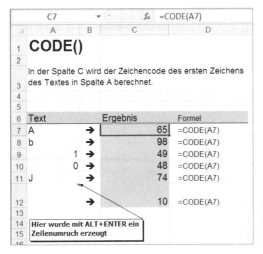

Bild 3.2: Die Funktion CODE zeigt den internen Code für das Zeichen in der Zelle.

Sie erkennen, dass die Funktion in der Zelle C7 die Zahl 65 liefert. Diese Zahl steht für A. Der Zeilenumbruch wird durch die Zahl 10 beschrieben.

Tipp: In der Beispieldatei *CODE.XLSX* finden Sie weitere Tabellen mit Codes für verschiedene Schriftarten.

3.3 DM

Die Funktion DM wandelt eine Zahl in das aktuelle Währungsformat (EURO) um, hat aber nichts mehr mit der guten alten Deutschen Mark zu tun. Mit dem zweiten Parameter geben Sie die Anzahl der (gerundeten) Nachkommastellen für die Anzeige an. Soll der Wert gerundet werden, verwenden Sie zusätzlich die Funktion RUNDEN().

Dabei nimmt diese Funktion das Währungsformat an, das in der Windows-Systemsteuerung eingestellt ist.

Syntax
```
=DM(Zahl; Dezimalstellen)
```

Parameter

Zahl	Die Zahl oder die Zelladresse, die die Zahl enthält, die im aktuellen Währungsformat dargestellt werden soll.
Dezimalstellen	Legt die Zahl der Dezimalstellen fest. Wenn das Feld leer bleibt, wird automatisch auf zwei Dezimalstellen gerundet.

Ähnliche Funktionen

FORMAT(), RUNDEN(), FEST()

3.4 ERSETZEN

Mit der Funktion ERSETZEN können Sie bestimmte Stellen im Text durch einen anderen Text überschreiben.

Wenn Sie Ihre Artikelbezeichnung automatisch um eine Jahreszahl erweitern möchten, dann ist die im Folgenden beschriebene Funktion die richtige.

Syntax

```
=Ersetzen( Alter_Text; Erstes_Zeichen;
           Anzahl_Zeichen; Neuer_Text)
```

Parameter

Alter_Text	In diesem Feld steht die Zelladresse der Zelle, deren Inhalt Sie verändern möchten.
Erstes_Zeichen	Hier geben Sie die Position des ersten Zeichens ein, ab dem der neue Text den vorhandenen überschreiben soll.
Anzahl_Zeichen	Wie viele Zeichen des alten Texts sollen vom neuen Text überschrieben werden? Geben Sie die Anzahl hier ein. Diese kann von der Anzahl der Zeichen im Feld *Neuer_Text* differieren.
Neuer_Text	Hier geben Sie den Text ein, der ab jetzt in der Zelle stehen soll.

Ähnliche Funktionen

WECHSELN()

3.4.1 Eine Jahreszahl ändern

Im Folgenden zeigen wir Ihnen anhand einer einfachen Aufgabe den Einsatz der Funktion ERSETZEN. Sie möchten die Versionsnummer von Office in der Zelle A7 durch die aktuelle Nummer ersetzen.

1. Öffnen Sie die Tabelle *ERSETZEN.XLSX*. Aktivieren Sie das Register *Ersetzen _1* und setzen Sie den Cursor in die Zelle C7.

2. Starten Sie die Funktion ERSETZEN über den Funktions-Assistenten.
3. Geben Sie ins Feld *Alter_Text* die Zelladresse ein, die den Text enthält, der teilweise verändert werden soll. In diesem Beispiel ist es die Zelle A7.
4. Ins Feld *Erstes_Zeichen* kommt die Positionsnummer des Zeichens, ab dem der Zellinhalt verändert werden soll. In diesem Beispiel soll ab der Position 8 der Text geändert werden.
5. Ins Feld *Anzahl_Zeichen* kommt die Anzahl der Zeichen, die überschrieben werden sollen. Insgesamt sollen vier Zeichen ersetzt werden.
6. Der neue Text, der ab jetzt in der Zelle stehen soll, kommt ins Feld *Neuer_Text*. Hier haben wir 2010 eingegeben.
7. Bestätigen Sie mit *OK*.

Die Funktion sieht nun folgendermaßen aus:

=ERSETZEN(A7;8;4;"2010")

Wenn man im folgenden Beispiel davon ausgeht, dass eigentlich nur die 03 in die 10 geändert werden muss, könnte man auch den folgenden Funktionsaufbau wählen:

=ERSETZEN(A7;10; 2;"10")

Bild 3.3: Die Funktion ERSETZEN tauscht Text aus.

3.4.2 Eine Artikelbezeichnung ändern

Im folgenden Beispiel möchten Sie den englischen Begriff *Bubblegum*, der aus neun Buchstaben besteht, durch das Wort Kaugummi ersetzen, das nur aus acht Zeichen besteht.

Diese Aufgabe finden Sie auf dem Register *Ersetzen_2*.

Die Aufgabenstellung für Excel lautet also:

Ersetze in der Zelle A7 ab dem ersten Zeichen die folgenden neun Zeichen durch den Text »Kaugummi«, der in Zelle A3 steht.

Der Funktionsaufbau sieht folgendermaßen aus:

=ERSETZEN(A7;1;9;$A$3)

	A	B	C	D
	| C7 | ▼ | fx | =ERSETZEN(A7;1;9;$A$3)			
1	Zu ersetzender Begriff:			
2				
3	Kaugummi			
4				
5				
6	Text		Ergebnis	Formel
7	Bubblegum Rot	→	Kaugummi Rot	=ERSETZEN(A7;1;9;$A$3)
8	Bubblegum Blau	→	Kaugummi Blau	=ERSETZEN(A8;1;9;$A$3)
9	Bubblegum Grün	→	Kaugummi Grün	=ERSETZEN(A9;1;9;$A$3)
10	Bubblegum Gelb	→	Kaugummi Gelb	=ERSETZEN(A10;1;9;$A$3)
11	Bubblegum Orange	→	Kaugummi Orange	=ERSETZEN(A11;1;9;$A$3)

Bild 3.4: Die Funktion ERSETZEN tauscht ganze Wörter in Zellen aus.

3.4.3 Zahlen addieren, die mit Text eingegeben wurden

Im folgenden Beispiel wollen wir Zahlen addieren, die mit Text in eine Zelle eingegeben wurden.

Sie haben von einem Kollegen eine Tabelle erhalten, in denen neben den Zahlen in jeder Zelle auch noch eine Einheit steht, beispielsweise Liter. Jetzt sollen Sie diese Werte addieren. Diese Aufgabe finden Sie auf dem Register *Ersetzen_3*.

Die Aufgabenstellung für Excel lautet also:

Ersetze in der Zelle A7 ab dem ersten Zeichen die folgenden sechs Zeichen durch nichts.

Der Funktionsaufbau sieht folgendermaßen aus:

```
=ERSETZEN(A7;1;6;"")
```

Kopieren Sie diese Funktion nach unten und addieren Sie im Anschluss die Ergebnisse.

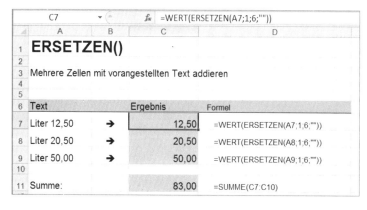

Bild 3.5: Die Funktion ERSETZEN entfernt Text aus Zellen.

3.5 FEST

Zeigt eine Zahl im Festkommazahl-Format an. Über diese Funktion können Sie Zellen formatieren.

So lassen sich beispielsweise die Anzahl der Nachkommastellen und die Tausenderpunkte mithilfe dieser Funktion einstellen.

Syntax

```
=Fest(Zahl; Dezimalstellen; Keine_Punkte)
```

Parameter

Zahl   Die Zelladresse mit dem Zahlenwert, der verändert werden soll.

Dezimalstellen   Hier geben Sie die gewünschte Anzahl der Dezimalstellen an. Sollte
                    die Zahl mehr Dezimalstellen haben, als hier angegeben, wird das
                    Ergebnis automatisch gerundet.

Keine_Punkte   *Wahr*: Keine Tausenderpunkte; *Falsch*: Tausenderpunkte

3.6 FINDEN

Ermittelt die Position eines Buchstabenss oder einer Ziffer in einem Text. Groß-/Kleinschreibung wird berücksichtigt.

Wenn Sie beispielsweise die Position des Buchstabens x im Wort Excel, das als einziges Wort in der Zelle steht, finden möchten, dann liefert die Funktion FINDEN die Zahl 2, weil das x an zweiter Position in der Zelle steht.

Syntax

```
=FINDEN(Suchtext; Text; Erstes_Zeichen)
```

Parameter

Suchtext   Der zu suchende Buchstabe bzw. die zu suchende Ziffer.

Text   Der Text bzw. die Zelle, die durchsucht werden soll.

Erstes_Zeichen   Die Stelle (Zahl), ab der gesucht werden soll. Soll ab der ersten
                    Stelle im Text gesucht werden, geben Sie den Parameter 1 ein.

3.6.1 Einen Text in einem Zellinhalt finden

Das folgende Beispiel zeigt das Einsatzgebiet der Funktion FINDEN. Stellen Sie sich vor, Sie möchten die Position eines Wortes in einer Zelle finden.

1. Öffnen Sie die Datei *FINDEN.XLSX* und aktivieren Sie das Register *Finden_1*. Setzen Sie den Cursor in die Zelle D7 und starten Sie die Funktion FINDEN über den Funktions-Assistenten.

2. Im Feld *Suchtext* steht der Begriff, nach dem gesucht wird. In diesem Beispiel ist es das Wort, das in der Zelle B7 steht.

3. Geben Sie ins Feld *Text* die Zelladresse ein, die durchsucht werden soll. In diesem Beispiel ist es A7.

4. In das Feld *Erstes_Zeichen* kommt die Positionsangabe, ab der die Zelle durchsucht werden soll. In diesem Beispiel soll die ganze Zelle ab der ersten Position durchsucht werden. Diese Angabe steht in Zelle C7.

5. Bestätigen Sie mit *OK*.

Der Suchauftrag lautet so: *Merke Dir den Inhalt von B7 und suche in A7 ab der ersten Position.*

```
=FINDEN(B7;A7;C7)
```

6. Kopieren Sie die Funktion nach unten.

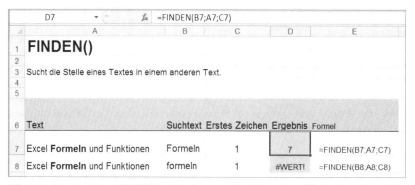

Bild 3.6: Die Funktion FINDEN findet die erste Position eines Wortes in einer Zelle.

Mit diesem Ergebnis alleine kann man nicht so viel anfangen, aber in Verbindung mit anderen Funktionen ist die Funktion FINDEN sehr produktiv.

3.6.2 Zellinhalte trennen

Sie haben in einer Zelle zwei Werte, z. B. Vor- und Nachnamen, die Sie trennen möchten. Die folgende Abbildung zeigt ein Beispiel in der Spalte A.

Das Beispiel finden Sie auf dem Register *Finden_2*.

> **Tipp:** Mit der Befehlsfolge *Daten / Text in Spalten* können Sie Zellinhalte auch trennen. Dieses Beispiel ist im Anschluss beschrieben.

Den Vornamen finden

Zuerst wollen wir uns den Vornamen in der Spalte B anzeigen lassen.

```
=LINKS(A6;FINDEN(" ";A6)-1)
```

Im inneren Teil der Funktion wird die Position des Leerzeichens gefunden.

`FINDEN(" ";A6)`

Das Ergebnis ist 6, da das Leerzeichen in der Zelle A6 an der sechsten Position steht.

Jetzt holt sich die Funktion LINKS das Ergebnis der Funktion FINDEN. Also steht jetzt noch in der Zelle:

`=LINKS(A6;6-1)`

Excel nimmt also aus der Zelle A6 die ersten fünf Zeichen.

Den Nachnamen finden

Um den Nachnamen zu erhalten, setzen Sie den Cursor in die Zelle C6 und geben die folgende Funktion ein:

`=RECHTS(A6;LÄNGE(A6)-FINDEN(" ";A6))`

Zuerst wird von der Anzahl der Zeichen in der Zelle, also 11, die Position des Leerzeichens (6) abgezogen.

`LÄNGE(A6)-FINDEN(" ";A6)`

Das Ergebnis dieses Teils ist 5.

Jetzt sieht die Funktion RECHTS so aus:

`RECHTS(A6;5)`

Das Ergebnis:

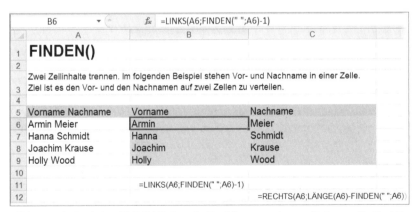

Bild 3.7: Die Funktion FINDEN liefert die Positionsangaben, mit denen die Funktionen LINKS und RECHTS die gewünschte Anzahl von Zeichen anzeigen.

Tipp: Für Personen mit zwei Vornamen oder mit Doppelnamen sind weitere Teilungen notwendig.

3.6.3 Text in Spalten

Ihr Ziel ist es nun, mit so wenig Aufwand wie möglich diese Daten pro Zeile in zwei Spalten aufzuteilen. Natürlich funktionieren die folgenden Schritte auch dann, wenn noch mehr Daten in einer Zelle stehen.

Dieses Beispiel finden Sie auf dem Register *Finden_3*.

1. Markieren Sie die Zellen mit den Daten.
2. Aktivieren Sie das Register *Daten* und klicken Sie auf die Schaltfläche *Text in Spalten*.
3. Lassen Sie die Option *Getrennt* aktiviert. In der Regel erkennt Excel selbstständig, welcher ursprüngliche Dateityp vorliegt.

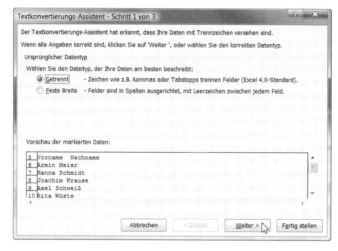

Bild 3.8:
Der erste Schritt des Textkonvertierungs-Assistenten, in dem Excel die Daten analysiert

4. Klicken Sie auf die Schaltfläche *Weiter*.
5. Im zweiten Schritt des Textkonvertierungs-Assistenten bestimmen Sie, welches Trennzeichen im Text vorliegt. Excel schlägt ein Trennzeichen vor, Sie können aber trotzdem eingreifen, wenn ein anderes Zeichen vorliegt. Sollte es eines sein, das nicht in der Aufzählung ist, aktivieren Sie die Option *Andere* und geben das Zeichen ein. In diesem Beispiel ist es ein *Leerzeichen*, setzen Sie das entsprechende Häkchen.
6. Sollen die Texte beispielsweise durch drei Leerzeichen voneinander getrennt werden, erzeugt Excel insgesamt vier Spalten. Davon sind zwei leer. Um dies zu vermeiden, aktivieren Sie das erste Feld *Aufeinanderfolgende Trennzeichen als ein Zeichen behandeln*.

3.6 FINDEN   83

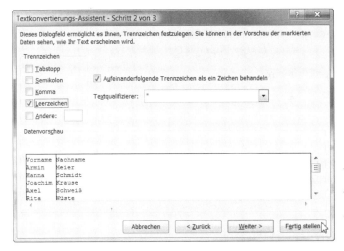

Bild 3.9:
Der zweite Schritt des Textkonvertierungs-Assistenten, in dem Sie das oder die Trennzeichen angeben.

7. Klicken Sie auf *Weiter*.

8. Im dritten Schritt weisen Sie jeder Spalte ein Format zu. Außerdem können Sie gewisse Spalten vom Import ausnehmen.

9. Klicken Sie auf *Fertig stellen*.

Bild 3.10: Nach der Trennung der Daten präsentiert Ihnen Excel die Tabelle in einem benutzerfreundlicheren Format.

Wenn die Zellen neben den markierten Zellen nicht leer sind, erscheint, nachdem Sie auf *Fertig stellen* geklickt haben, ein Hinweis, dass Sie Daten überschreiben.

3.6.4 Zellinhalte vertauschen

Sie erhalten von einem Kollegen eine Liste mit Namen in der Form Nachname, Vorname, möchten die Namen aber lieber in der Form Vorname, Nachname in jeder Zelle sehen.

84 *Kapitel 3: Mit Textfunktionen arbeiten*

Natürlich könnten Sie die Ergebnisse aus dem Beispiel 3.6.2 oder 3.6.3 verketten und hätten damit das gewünschte Ergebnis. Sie möchten aber das Ergebnis in einem Schritt erhalten. Aktivieren Sie das Register *Finden_4* und setzen Sie den Cursor auf B6.

Geben Sie die folgende Funktion ein:

```
=TEIL(A6;FINDEN(",";A6)+2;LÄNGE(A6))&" "&LINKS(A6;FINDEN(",";A6)-1)
```

Diese Funktion besteht aus zwei Teilen, die in der Mitte mit einem Leerzeichen verknüpft werden.

Der erste Teil der Funktion findet den Vornamen:

```
TEIL(A6;FINDEN(",";A6)+2;LÄNGE(A6))
```

Die Funktion FIINDEN sucht die Position des Kommas in der Zelle A6. Diese Funktion kommt auf das Ergebnis 6. Da der Vorname aber erst zwei Zeichen weiter beginnt, wird eine 2 addiert. Damit lautet das Ergebnis 8.

Die Funktion LÄNGE zählt die Anzahl der Zeichen in einer Zelle. Diese Funktion kommt auf das Ergebnis 12. Die Funktion TEIL sieht nun folgendermaßen aus:

```
=TEIL(A6;8;12)
```

Nimm von der Zelle A6 ab der achten Position alle Zeichen bis zur zwölften Stelle. Das Ergebnis lautet: Armin.

Der zweite Teil findet den Nachnamen:

```
LINKS(A6;FINDEN(",";A6)-1)
```

Die Funktion FINDEN sucht die Position des Kommas in der Zelle A6. Diese Funktion kommt auf das Ergebnis 6. Da der Nachname aber nur bis zum Komma geht, wird 1 abgezogen. Das Ergebnis lautet also 5.

Die Funktion LINKS nimmt also die ersten fünf Zeichen der Zelle A6. Das Ergebnis lautet: *Meier*.

Der mittlere Teil

```
&" "&
```

verknüpft die Ergebnisse der beiden Funktionsteile.

3.7 GLÄTTEN

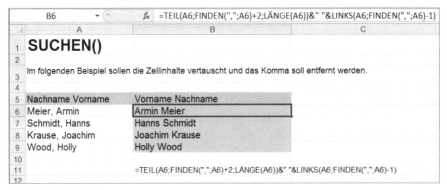

Bild 3.11: Die Namen werden nun in einer anderen Reihenfolge angezeigt.

Tipp: Die Funktionen LINKS, LÄNGE und TEIL werden in diesem Kapitel beschrieben. Das Verknüpfen von Ergebnissen bzw. Zellinhalten mittels & wird mit der Funktion VERKETTEN beschrieben.

3.7 GLÄTTEN

Mit dieser Funktion entfernen Sie überflüssige Leerzeichen aus einer Zelle. Alle Leerzeichen, die am Anfang bzw. am Ende eines Zellinhalts stehen, werden entfernt.

Wenn sich in einer Zelle ein Satz befindet, in dem zwischen den Wörtern nur ein Leerzeichen steht, wird dieses nicht entfernt. Sollten zwischen den Wörtern zwei oder mehr Leerzeichen stehen, wird immer nur eines stehen gelassen.

Stellen Sie sich vor, beim Import von Daten haben Sie in jeder Zelle zu Beginn fünf Leerzeichen. Hier können Sie diese mit der Funktion GLÄTTEN löschen.

Syntax
=Glätten(Text)

Parameter
Text   In diesem Feld steht die Zelladresse, die überflüssige Leerzeichen enthalten könnte.

Ähnliche Funktionen
SÄUBERN()

3.7.1 Überflüssige Leerzeichen vor, hinter und zwischen Texten entfernen

Das folgende Beispiel zeigt das Einsatzgebiet der Funktion GLÄTTEN. Alle überflüssigen Leerzeichen zwischen den Wörtern werden entfernt.

1. Öffnen Sie die Datei *GLÄTTEN.XLSX* und aktivieren Sie das Register *Glätten_1*. Setzen Sie den Cursor in die Zelle C6 und starten Sie die Funktion GLÄTTEN über den Funktions-Assistenten.
2. Geben Sie ins Feld *Text* die Zelladresse ein, deren ersten Buchstaben Sie in Großbuchstaben umwandeln möchten. In diesem Beispiel ist es A6.
3. Bestätigen Sie mit *OK*.

Der Inhalt der Zelle C6 sieht nun folgendermaßen aus:

`=GLÄTTEN(A6)`

4. Kopieren Sie die Funktion nach unten.

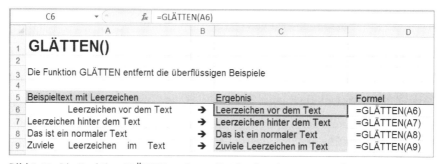

Bild 3.12: Die Funktion GLÄTTEN entfernt alle überflüssigen Leerzeichen aus einer Zelle.

Alle Zellinhalte werden jetzt ohne überflüssige Leerzeichen gezeigt.

3.7.2 Unsichtbare Zeichen und überflüssige Leerzeichen entfernen

Das folgende Beispiel finden Sie auf dem Register *Glätten_2*.

In der folgenden Abbildung erkennen Sie, dass in der Zelle A8 neben dem unsichtbaren Zeichen auch mehrere Leerzeichen zwischen den Wörtern stehen. Um alles, was nicht direkt zum Zellinhalt gehört, zu entfernen, setzen Sie die Funktionen SÄUBERN und GLÄTTEN zusammen ein.

`=GLÄTTEN(SÄUBERN(A8))`

Zuerst werden im Text alle unsichtbaren Zeichen mit der Funktion SÄUBERN entfernt und im Anschluss die überflüssigen Leerzeichen mit der Funktion GLÄTTEN gelöscht.

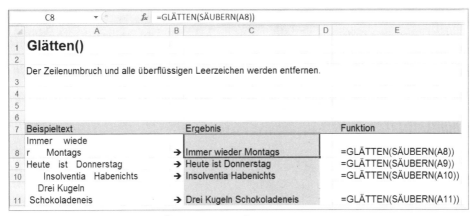

Bild 3.13: Mit den Funktionen SÄUBERN und GLÄTTEN entfernen Sie überflüssige Sonder- und Leerzeichen.

Tipp: Die Reihenfolge der beiden Funktionen spielt keine Rolle. Die Funktionen =GLÄTTEN(SÄUBERN(A8)) machen genau dasselbe wie =SÄUBERN (GLÄTTEN (A8)).

3.8 GROSS

Mit dieser Funktion machen Sie aus allen Buchstaben in einer Zelle Großbuchstaben. Ziffern werden nicht verändert. Das Ergebnis wird so angezeigt, als hätten Sie den Text mit gedrückter ⌈Umschalt⌉-Taste eingegeben.

Syntax

=GROSS(Text)

Parameter

Text   In diesem Feld steht die Zelladresse, deren Inhalt Sie in Großbuchstaben sehen möchten.

Ähnliche Funktionen

GROSS2(), KLEIN()

3.8.1 Alle Buchstaben in Großbuchstaben umwandeln

Das folgende Beispiel zeigt das Einsatzgebiet der Funktion GROSS. Alle Buchstaben sollen automatisch in Großbuchstaben umgewandelt werden.

1. Öffnen Sie die Datei *GROSS.XLSX* und aktivieren Sie das Register *Gross_1*. Setzen Sie den Cursor in die Zelle C7 und starten Sie die Funktion GROSS über den Funktions-Assistenten.
2. Geben Sie ins Feld *Text* die Zelladresse ein, deren Werte Sie in Großbuchstaben umwandeln möchten. In diesem Beispiel ist es A7.
3. Bestätigen Sie mit *OK*.

Der Funktionsaufbau:

```
=GROSS(A7)
```

4. Kopieren Sie die Funktion nach unten.

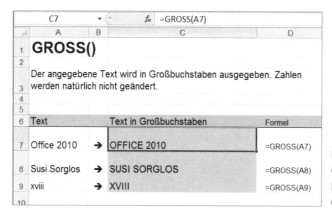

Bild 3.14: Die Funktion GROSS macht aus allen Buchstaben einer Zelle Großbuchstaben.

Der Zellinhalt wird jetzt in Großbuchstaben gezeigt. Zahlen werden nicht verändert.

3.9 GROSS2

Mit dieser Funktion wandeln Sie den ersten Buchstaben jedes Wortes in einer Zelle in Großbuchstaben um.

Syntax

```
=GROSS2(Text)
```

Parameter

Text In diesem Feld steht die Zelladresse mit dem Inhalt, dessen ersten Buchstaben Sie in Großbuchstaben umwandeln möchten.

Ähnliche Funktionen

GROSS(), KLEIN(), ERSETZEN(),WECHSELN()

3.9.1 Ersten Buchstaben jedes Wortes in Großbuchstaben umwandeln

Das folgende Beispiel zeigt das Einsatzgebiet der Funktion GROSS2. Alle Wörter in einer Zelle sollen automatisch großgeschrieben werden.

1. Öffnen Sie die Datei *GROSS2.XLSX* und aktivieren Sie das Register *Gross2_1*. Setzen Sie den Cursor in die Zelle C7 und starten Sie die Funktion GROSS2 über den Funktions-Assistenten.
2. Geben Sie ins Feld *Text* die Zelladresse ein, deren ersten Buchstaben Sie in Großbuchstaben umwandeln möchten. In diesem Beispiel ist es A7.
3. Bestätigen Sie mit *OK*.

Der Funktionsaufbau:

```
=GROSS2(A7)
```

4. Kopieren Sie die Funktion nach unten.

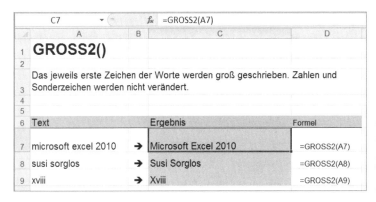

Bild 3.15: Die Funktion GROSS2 macht aus den ersten Buchstaben jedes Wortes Großbuchstaben.

Der erste Buchstabe jedes Wortes wird in Großbuchstaben gezeigt. Zahlen werden nicht verändert.

3.10 IDENTISCH

Die Funktion IDENTISCH vergleicht den Inhalt von zwei Zellen und liefert bei gleichem Inhalt das Ergebnis *Wahr* und bei ungleichem Inhalt den Wert *Falsch*. Groß- und Kleinschreibung wird berücksichtigt, die Zellformatierung dagegen nicht.

Syntax

```
=IDENTISCH(Text1; Text2)
```

Parameter

Text1   Die Zelladresse, die mit dem zweiten Zellinhalt verglichen wird.

Text2   Die Zelladresse, die den zweiten Zellinhalt enthält.

90 *Kapitel 3: Mit Textfunktionen arbeiten*

3.10.1 Die Inhalte von zwei Zellen vergleichen

Sie haben Daten aus einem anderen System erhalten und möchten diese jetzt auf Rechtschreibfehler untersuchen. In der Spalte A sind die Originaldaten und in der Spalte B sind die importierten Daten, die Fehler enthalten können.

1. Öffnen Sie die Datei *IDENTISCH.XLSX* und aktivieren Sie das Register *Identisch_1*. Setzen Sie den Cursor in die Zelle C6 und starten Sie die Funktion IDENTISCH über den Funktions-Assistenten.

2. Geben Sie ins Feld *Text1* die erste Zelladresse ein, deren Inhalt Sie vergleichen möchten. In diesem Beispiel ist es A6.

3. In Feld *Text2* kommt die Zelladresse der Zelle, die verglichen werden soll. In diesem Beispiel ist es B6.

4. Bestätigen Sie mit *OK*.

Der Funktionsaufbau sieht folgendermaßen aus:

```
=IDENTISCH(A6;B6)
```

5. Kopieren Sie die Funktion nach unten.

	C6		f_x	=IDENTISCH(A6;B6)	
	A	B	C	D	
1	**IDENTISCH()**				
2					
3	Vergleicht zwei Texte, ob sie identisch sind. Groß- und Kleinschreibung wird berücksichtigt, die Zellformatierung dagegen nicht.				
4					
5	Text1	Text2	Ergebnis	Formel	
6	Hund	Katze	FALSCH	=IDENTISCH(A6;B6)	
7	Katze	KATZE	FALSCH	=IDENTISCH(A7;B7)	
8	Katze	Katze	WAHR	=IDENTISCH(A8;B8)	
9	KATZE	KATZE	FALSCH	=IDENTISCH(A9;B9)	
10	KATZE	KATZE	WAHR	=IDENTISCH(A10;B10)	

Bild 3.16: Die Funktion IDENTISCH vergleicht zwei Zellinhalte.

In der Zeile 6 werden Hund und Katze miteinander verglichen. Das Ergebnis ist natürlich FALSCH. In der Zeile 10 werden zwei gleiche Zellinhalte verglichen, die nur unterschiedlich gestaltet sind. Die Funktion IDENTISCH ignoriert unterschiedliche Zellformate.

3.10.2 Doppelte Werte automatisch einfärben

Wenn Sie sich in einer Liste alle doppelten Werte automatisch anzeigen lassen möchten, dann setzen Sie am besten die bedingte Formatierung ein.

1. Markieren Sie alle Zellen, die auf doppelte Werte hin überprüft werden sollen.

2. Klicken Sie im Register *Start* auf die Schaltfläche *Bedingte Formatierung* und wählen Sie den Eintrag *Neue Regel*.

3. Markieren Sie im Fenster *Neue Formatierungsregel* den Eintrag *Nur eindeutige oder doppelte Werte formatieren*.

4. Lassen Sie im Listenfeld *Werte im ausgewählten Bereich* den Eintrag *doppelte* stehen.

5. Klicken Sie auf die Schaltfläche *Formatieren*, um den doppelten Zellen ein Format zuzuweisen.

6. Nachdem Sie sich für eine Formatierung entschieden haben, bestätigen Sie mit *OK*.

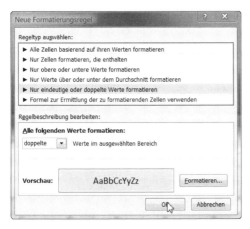

Bild 3.17: Alle doppelten Werte sollen mithilfe der *bedingten Formatierung* eingefärbt werden.

7. Bestätigen Sie jetzt noch einmal mit *OK*.

8. Übertragen Sie mit dem Pinsel nun das Format der aktuellen Zelle auf die anderen Zellen.

Bild 3.18: Das Ergebnis: Alle doppelten Werte sind hervorgehoben.

Dieses Beispiel finden Sie auf dem Register *Identisch_3*.

3.10.3 Doppelte Werte automatisch löschen

Es gibt einen Befehl, der doppelte Werte aus einer Liste entfernt. Markieren Sie die Zellen, die durchsucht werden sollen. Aktivieren Sie das Register *Daten* und klicken Sie auf die Schaltfläche *Duplikate entfernen*.

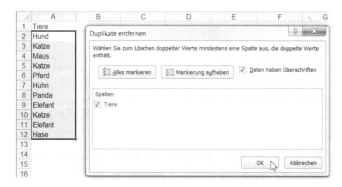

Bild 3.19: Das Ergebnis: Alle doppelten Werte werden entfernt.

Bestätigen Sie mit *OK*.

Bild 3.20: Sie erhalten die Anzahl der doppelten und der eindeutigen Werte.

3.11 KLEIN

Mit dieser Funktion machen Sie aus allen Buchstaben in einer Zelle Kleinbuchstaben.

Syntax

=KLEIN(Text)

Parameter

Text   In diesem Feld steht die Zelladresse, deren Buchstaben Sie in Kleinbuchstaben umwandeln möchten.

Ähnliche Funktionen

GROSS(), GROSS2()

3.11.1 Alle Buchstaben in Kleinbuchstaben umwandeln

Das folgende Beispiel zeigt das Einsatzgebiet der Funktion KLEIN. Alle Buchstaben sollen automatisch in Kleinbuchstaben umgewandelt werden.

1. Öffnen Sie die Datei *Klein.xls* und aktivieren Sie das Register *Klein_1*. Setzen Sie den Cursor in die Zelle C7 und starten Sie die Funktion KLEIN über den Funktions-Assistenten.
2. Geben Sie ins Feld *Text* die Zelladresse ein, deren Werte Sie in Kleinbuchstaben sehen möchten. In diesem Beispiel ist es A7.
3. Bestätigen Sie mit *OK*.

Der Funktionsaufbau:

=KLEIN(A7)

4. Kopieren Sie die Funktion nach unten.

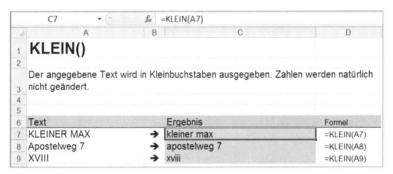

Bild 3.21: Die Funktion KLEIN macht aus allen Buchstaben einer Zelle Kleinbuchstaben.

Alle Buchstaben werden in Kleinbuchstaben gezeigt. Zahlen werden nicht verändert.

3.12 LÄNGE

Gibt die Anzahl von Zeichen an, die in eine Zelle eingetippt wurden. Leerzeichen und Sonderzeichen werden mitgezählt.

Syntax

=LÄNGE(Text)

Parameter

Text   In diesem Feld steht die Zelladresse, deren Anzahl Zeichen Sie ermitteln wollen.

3.12.1 Wie viele Zeichen enthält die Zelle?

In diesem Beispiel soll Excel zählen, wie viele Zeichen eine Zelle enthält.

1. Öffnen Sie die Datei *LÄNGE.XLSX* und aktivieren Sie das Register *Länge_1*. Setzen Sie den Cursor in die Zelle C7 und starten Sie die Funktion LÄNGE über den Funktions-Assistenten.
2. Geben Sie ins Feld *Text* die Zelladresse ein, deren Zeichen Sie zählen möchten. In diesem Beispiel ist es A7.
3. Bestätigen Sie mit *OK*.

Der Funktionsaufbau:

```
=LÄNGE(A7)
```

4. Kopieren Sie die Funktion nach unten.

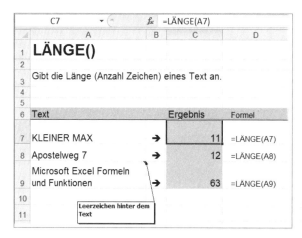

Bild 3.22: Die Funktion LÄNGE zählt die Anzahl der Zeichen in der Zelle.

Das Ergebnis zeigt jetzt die genaue Anzahl der Zeichen inklusive Leerzeichen in einer Zelle.

3.12.2 Artikelnummern automatisch auffüllen

Müssen Ihre Artikelnummern beispielsweise immer sechsstellig sein und möchten Sie sie nun automatisch mit Nullen auffüllen lassen, wenn sie vierstellig sind, wäre ein gewünschtes Ergebnis von 1234 nach 123400. Das folgende Beispiel finden Sie auf dem Register *Länge_2*. Mit einer WENN-Funktion prüfen Sie, ob die Artikelnummer vierstellig ist. Wenn ja, dann werden zwei Nullen an die Artikelnummer angehängt. Andernfalls wird die Artikelnummer angezeigt.

```
=WENN(LÄNGE(A2)=4;A2&"00";A2)
```

Der erste Teil der WENN-Funktion prüft mit der Funktion LÄNGE, ob die Artikelnummer vierstellig ist:

```
WENN(LÄNGE(A2)=4;
```

Sollte dies zutreffen, dann werden zwei Nullen an den Inhalt der Zelle gehängt.

```
A2&"00";
```

Wenn die Artikelnummer aus sechs Stellen besteht, wird nur der Inhalt der Zelle genommen.

```
A2)
```

	A	B	C	D	E	F
	E6	▼	f_x	=WENN(LÄNGE(A6)=4;A6&"00";A6)		
1	**LÄNGE()**					
2						
3	Wenn die Artikelnummer 4 stellig ist, dann sollen zwei Nullen angefügt werden					
4						
5	Nummer	Bezeichnung	Menge	Preis	ArtNummer	Funktion
6	123456	Gummi Teddy	250	2,30 €	123456	=WENN(LÄNGE(A2)=4;A2&"00";A2)
7	1234	Gummi Teddy	500	3,90 €	123400	
8	123454	Gummi Teddy	750	5,80 €	123454	
9	1111	Gummi Auto	250	2,40 €	111100	
10	1235	Gummi Auto	500	4,10 €	123500	
11	1234	Gummi Auto	750	6,10 €	123400	
12	000123	Gummi Flugzeug	250	2,20 €	000123	

Bild 3.23: Die Artikelnummer soll mit Nullen aufgefüllt werden, wenn sie nur aus vier Zeichen besteht.

Das Ergebnis zeigt jetzt jede Artikelnummer sechsstellig.

3.12.3 Das automatische Auffüllen bei unterschiedlicher Länge

Das folgende Beispiel zeigt das Auffüllen von Nullen, bei unterschiedlicher Anzahl von Zellen. Sie finden das Beispiel auf dem Register *Länge_3*.

```
=WENN(LÄNGE(A2)<>6;A2&WIEDERHOLEN(0;6-LÄNGE(A2));A2)
```

Der erste Teil der WENN-Funktion prüft mit der Funktion LÄNGE, ob die Artikelnummer ungleich 6 Zeichen ist.

```
WENN(LÄNGE(A2)<>6;
```

Sollte dies zutreffen, wird die Zahl 0 sooft wiederholt, bis die sechs Zeichen aufgefüllt sind und diese Anzahl Nullen an den Inhalt von A2 angehängt.

```
A2&WIEDERHOLEN(0;6-LÄNGE(A2));
```

Wenn die Artikelnummer aus 6 Stellen besteht, wird nur der Inhalt der Zelle genommen.

```
A7)
```

96 *Kapitel 3: Mit Textfunktionen arbeiten*

	E7		f_x	=WENN(LÄNGE(A7)<>6;A7&WIEDERHOLEN(0;6-LÄNGE(A7));A7)				
	A	B	C	D	E	F	G	H	I
1	LÄNGE()								
2									
3	Unterschiedliche lange Artikelnummern mit Nullen auffüllen, bis die Länge 6 erreicht ist								
4									
5									
6	Nummer	Name	Menge	Preis	Auffüllen	Formel			
7	123456	Gummi Teddy	250	2,30 €	123456	=WENN(LÄNGE(A2)<>6;A2&WIEDERHOLEN(0;6-LÄNGE(A2));A2)		
8	12345	Gummi Teddy	500	3,90 €	123450			
9	1234	Gummi Teddy	750	5,80 €	123400			
10	123	Gummi Auto	250	2,40 €	123000			
11	12	Gummi Auto	500	4,10 €	120000			
12	1	Gummi Auto	750	6,10 €	100000			
13	000123	Gummi Flugzeug	250	2,20 €	000123			
14	000122	Gummi Flugzeug	500	3,50 €	000122			

Bild 3.24: Das automatische Auffüllen von Zahlen bei unterschiedlicher Länge.

Jetzt wird jede Artikelnummer sechsstellig dargestellt.

3.13 LINKS

Mit dieser Funktion lassen Sie sich nur einen Teil eines Zellinhalts anzeigen.

Sie möchten jetzt nur die ersten Zeichen sehen, die in einer Zelle stehen. Hier setzen Sie die Funktion LINKS ein.

Syntax
```
=LINKS(Text; Anzahl_Zeichen)
```

Parameter

Text
In diesem Feld steht die Zelladresse, von der Sie nur einen Teil sehen möchten.

Anzahl_Zeichen
Hier geben Sie die Anzahl der Zeichen ein, die Sie sehen möchten. Wenn Sie das Feld leer lassen, sehen Sie nur das erste Zeichen des Zellinhalts.

Ähnliche Funktionen
RECHTS(), TEIL()

3.13.1 Die Funktion LINKS

Das folgende Beispiel zeigt das Einsatzgebiet der Funktion LINKS. Sie möchten sich nur einen Teil aus einer Zelle anzeigen lassen.

1. Öffnen Sie die Datei *LINKS.XLSX* und aktivieren Sie das Register *Links_1*.

2. Setzen Sie den Cursor in die Zelle C7 und starten Sie die Funktion LINKS über den Funktions-Assistenten.

3. Geben Sie ins Feld *Text* die Zelladresse ein, deren Werte Sie sehen möchten. In diesem Beispiel ist es A7.

4. In das Feld *Anzahl_Zeichen* kommt die Anzahl der Zeichen, die Sie sehen möchten. Diese Zahl steht in der Zelle B7.

5. Bestätigen Sie Ihre Eingabe.

Der Aufbau der Funktion

=LINKS(A7;B7)

6. Kopieren Sie die Formel nach unten.

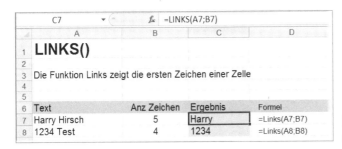

Bild 3.25: Ein Beispiel für die Funktion LINKS

Tipp: Wenn Sie den zweiten Parameter leer lassen, wird das erste Zeichen in der Zelle angezeigt.

3.13.2 Artikelnummern bereinigen

Sie haben eine Datei mit Artikeln erhalten. Ihre Artikelnummer ist normalerweise sechsstellig. Beim Export aus einem anderen System wurde eine Kennzeichnung -111 angehängt, die Sie nicht benötigen. Sie möchten jetzt nur die ersten sechs Zeichen sehen. Der Funktionsaufbau:

=LINKS(A2;6)

Bild 3.26: Mit der Funktion LINKS wurden die Artikelnummern bereinigt.

98 Kapitel 3: Mit Textfunktionen arbeiten

3.13.3 Artikelnummern vertauschen

Diesmal benötigen Sie in der Mitte der Artikelnummer einen Trennstrich. Außerdem sollen der linke und der rechte Teil vertauscht werden. Der Funktionsaufbau sieht folgendermaßen aus:

```
=RECHTS(A6;3)&"-"&LINKS(A6;3)
```

	E6	▾	f_x	=RECHTS(A6;3)&"-"&LINKS(A6;3)			
⊿	A	B	C	D	E	F
1	**LINKS()**					
2						
3	Mit den Funktionen LINKS & RECHTS wird ein Zeichen eingefügt. Außerdem werden die Nummern vertauscht					
4						
5	Nummer	Name	Menge	Preis	Neue Nummer	Formel
6	123456	Gummi Teddy	250	2,30 €	456-123	=RECHTS(A6;3)&"-"&LINKS(A6;3)
7	123455	Gummi Teddy	500	3,90 €	455-123	
8	123454	Gummi Teddy	750	5,80 €	454-123	
9	123789	Gummi Auto	250	2,40 €	789-123	

Bild 3.27: Eine Artikelnummer mit den Funktionen RECHTS und LINKS bearbeiten

Mit den beiden Funktionen LINKS und RECHTS können Sie Zellinhalte vertauschen.

3.14 RECHTS

Mit dieser Funktion lassen Sie sich nur den letzten Teil eines Zellinhalts zeigen. Möchten Sie nur die letzten Zeichen sehen, die in einer Zelle stehen, dann setzen Sie die Funktion RECHTS ein.

Syntax

```
=RECHTS(Text; Anzahl_Zeichen)
```

Parameter

Text   In diesem Feld steht die Zelladresse, in der der Inhalt steht, von dem Sie nur einen Teil sehen möchten.

Anzahl_Zeichen   Hier geben Sie die Anzahl der Zeichen ein, die Sie sehen möchten. Wenn Sie das Feld leer lassen, sehen Sie nur das letzte Zeichen des Zellinhalts.

Ähnliche Funktionen

LINKS(), TEIL()

3.14.1 Die Funktion RECHTS

Das folgende Beispiel zeigt das Einsatzgebiet der Funktion RECHTS. Sie möchten sich nur einen Teil aus einer Zelle anzeigen lassen.

1. Öffnen Sie die Datei *RECHTS.XLSX*, aktivieren Sie das Register *Rechts_1* und setzen Sie den Cursor in die Zelle C7.
2. Starten Sie die Funktion RECHTS über den Funktions-Assistenten.
3. Geben Sie ins Feld *Text* die Zelladresse ein, deren Werte Sie sehen möchten. In diesem Beispiel ist es A7.
4. In das Feld *Anzahl_Zeichen* kommt die Anzahl der Zeichen, die Sie sehen möchten. Diese Zahl steht in der Zelle B7.
5. Bestätigen Sie Ihre Eingabe.

Der Aufbau der Funktion:

=RECHTS(A7;B7)

6. Kopieren Sie die Formel nach unten.

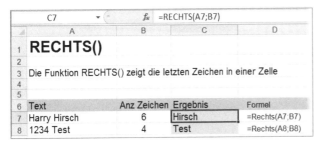

Bild 3.28: Zwei Beispiele für die Funktion RECHTS

Tipp: Wenn Sie den zweiten Parameter leer lassen, wird das letzte Zeichen in der Zelle angezeigt.

3.14.2 Artikelnummern bereinigen

Sie haben eine Datei mit Artikeln erhalten. Ihre Artikelnummer ist normalerweise sechsstellig. Beim Export aus einem anderen System wurde eine Kennzeichnung *xyzAB* angefügt, die Sie nicht benötigen. Sie möchten jetzt nur die letzten sechs Zeichen sehen.

Der Funktionsaufbau:

=RECHTS(A6;6)

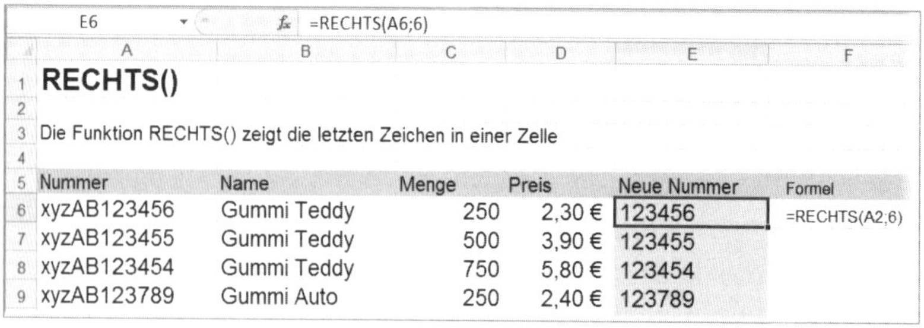

100 Kapitel 3: Mit Textfunktionen arbeiten

	E6		f_x	=RECHTS(A6;6)		
	A	B	C	D	E	F
1	**RECHTS()**					
2						
3	Die Funktion RECHTS() zeigt die letzten Zeichen in einer Zelle					
4						
5	Nummer	Name	Menge	Preis	Neue Nummer	Formel
6	xyzAB123456	Gummi Teddy	250	2,30 €	123456	=RECHTS(A2;6)
7	xyzAB123455	Gummi Teddy	500	3,90 €	123455	
8	xyzAB123454	Gummi Teddy	750	5,80 €	123454	
9	xyzAB123789	Gummi Auto	250	2,40 €	123789	

Bild 3.29: Mit der Funktion RECHTS wurde die Artikelnummer bereinigt.

3.14.3 Einen Nachnamen aus einer Zelle extrahieren

In einer Zelle haben Sie die Kundennummer und den Nachnamen, Sie möchten aber nur den Nachnamen aus der Zelle extrahieren. Hier der Funktionsaufbau:

```
=RECHTS(A6;LÄNGE(A6)-FINDEN (" ";A6;1))
```

Der innere Teil der Funktion

```
LÄNGE (A6)-FINDEN(" ";A6;1)
```

sucht die Position des Leerzeichens und zieht das Ergebnis von der Gesamtanzahl der Zeichen der Zelle ab. Für die Zeile 6 wären dies für die Länge elf Zeichen und die Position des Leerzeichens ist 4.

```
11-4=7
```

Der äußere Teil sieht nun so aus:

```
=RECHTS(A6;7)
```

und zeigt den Nachnamen an.

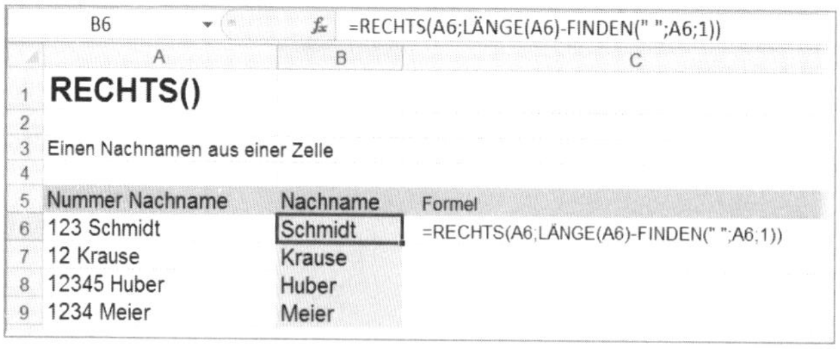

	B6		f_x	=RECHTS(A6;LÄNGE(A6)-FINDEN(" ";A6;1))
	A	B	C	
1	**RECHTS()**			
2				
3	Einen Nachnamen aus einer Zelle			
4				
5	Nummer Nachname	Nachname	Formel	
6	123 Schmidt	Schmidt	=RECHTS(A6;LÄNGE(A6)-FINDEN(" ";A6;1))	
7	12 Krause	Krause		
8	12345 Huber	Huber		
9	1234 Meier	Meier		

Bild 3.30: Den Nachnamen aus einer Zelle extrahieren

3.15 SÄUBERN

SÄUBERN entfernt alle nicht sichtbaren Sonderzeichen, die sich in einer Zelle befinden können.

In einem weiteren Beispiel zeigen wir, dass sich die beiden Funktionen SÄUBERN und GLÄTTEN prima ergänzen.

Syntax
=SÄUBERN(Text)

Parameter

Text   Ein Text oder ein Zellbezug, in dem es nicht sichtbare Sonderzeichen gibt.

Ähnliche Funktionen
WECHSELN()

3.15.1 Steuerzeichen aus einer Zelle entfernen

In der Bearbeitungsleiste erkennen Sie, dass in der Zelle A7 zwischen den Namen ein Kasten steht. Das ist das interne Zeichen für einen Zeilenwechsel. Es wird nicht direkt in der Zelle gezeigt, stört aber, da man den Eindruck hat, es sind zu viele Leerzeichen im Text.

1. Öffnen Sie die Datei *SÄUBERN.XLSX* und aktivieren Sie das Register *Säubern_1*. Setzen Sie den Cursor in die Zelle B7.
2. Öffnen Sie den Funktions-Assistenten und starten Sie die Funktion SÄUBERN.
3. Für das Feld *Text* markieren Sie die Zelle A7.
4. Bestätigen Sie mit *OK*.

Der Aufbau der Funktion lautet:

=SÄUBERN(A7)

5. Kopieren Sie, wenn nötig, die Funktion nach unten.

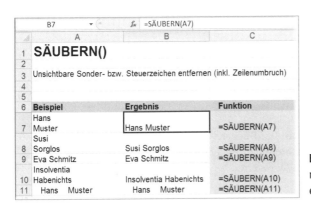

Bild 3.31: Steuerzeichen werden mit der Funktion SÄUBERN entfernt.

Wie Sie unsichtbare Zeichen und überflüssige Leerzeichen mit einem Schritt entfernen, lesen Sie im zweiten Beispiel.

3.15.2 Einen Zeilenwechsel entfernen

Sie haben in einigen Zellen einen Zeilenumbruch, den Sie entfernen möchten. Zum einen könnten Sie dies auf dem Register *Start* über die Schaltfläche *Zeilenumbruch* tun, zum anderen auch mit der Funktion SÄUBERN.

Dieses Beispiel finden Sie auf dem Register *Säubern_3*. Der Aufbau der Funktion sieht folgendermaßen aus:

```
=SÄUBERN(A7)
```

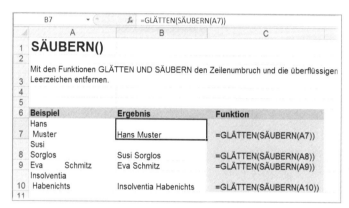

Bild 3.32: Zeilenumbruch mit der Funktion SÄUBERN entfernen

Das Ergebnis erkennen Sie in der oberen Abbildung. Allerdings klappt dies nur, wenn hinter jedem Wort in der Zelle A7 ein Leerzeichen steht. Sollte dort kein Leerzeichen sein, dann erhalten Sie das folgende Ergebnis:

```
SusiSorglosBonn
```

Wenn Sie so ein Ergebnis erhalten, müssen Sie die Funktion WECHSELN einsetzen, um den Zeilenwechsel zu entfernen. Lesen Sie hierzu auch den Abschnitt *Wechseln* weiter hinten in diesem Kapitel.

3.16 SUCHEN

Ermittelt die Position eines Buchstabens oder einer Ziffer in einem Text. Groß-/Kleinschreibung wird nicht berücksichtigt.

Wenn Sie beispielsweise die Position des Buchstabens c im Wort Excel, das als einziges Wort in der Zelle steht, finden möchten, dann liefert die Funktion SUCHEN die Zahl 3, weil das c an dritter Position in der Zelle steht.

Syntax

```
=SUCHEN(Suchtext; Text; Erstes_Zeichen)
```

Parameter

Suchtext   Der zu suchende Buchstabe bzw. die zu suchende Ziffer.

Text	Der Text bzw. die Zelle, die durchsucht werden soll.
Erstes_Zeichen	Die Stelle (Zahl), ab der gesucht werden soll. Soll ab der ersten Stelle im Text gesucht werden, geben Sie den Parameter 1 ein.

3.16.1 Einen Text in einem Zellinhalt suchen

Wenn Sie die Position eines Wortes in einer Zelle finden möchten, lautet der Suchauftrag so: Merke Dir, was ich suche, und sieh in einer Zelle nach.

1. Öffnen Sie die Datei *SUCHEN.XLSX* und aktivieren Sie das Register *Suchen_1*. Setzen Sie den Cursor in die Zelle C7.
2. Öffnen Sie den Funktions-Assistenten und starten Sie die Funktion SUCHEN.
3. Für das erste Feld *Suchtext* markieren Sie die Zelle B7. Dort steht der Text, den sich Excel merken soll.
4. Im Feld *Text* geben Sie die Zelle ein, die durchsucht werden soll. In diesem Beispiel ist es die Zelle A7.
5. Bestätigen Sie mit *OK*.

Der Aufbau der Funktion lautet:

```
=SUCHEN(B7;A7)
```

6. Kopieren Sie die Funktion nach unten.

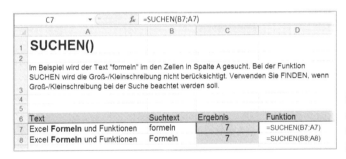

Bild 3.33: Einen Text in einer Zelle suchen und sich die Position ausgeben lassen

Mit der Positionsangabe alleine kann man nicht so viel anfangen. Deshalb finden Sie auf den nächsten Seiten zwei Beispiele, wie Sie mit der Funktion SUCHEN und anderen Funktionen Texte bearbeiten.

3.16.2 Unterschiedlich lange Texte auf zwei Zellen verteilen

Im folgenden Beispiel haben wir in einer Zelle den Vor- und Nachnamen stehen. Sie finden es auf dem Register *Suchen_2*. Ziel ist es, Vor- und Nachnamen zu trennen und auf zwei Zellen zu verteilen.

104 *Kapitel 3: Mit Textfunktionen arbeiten*

Die Funktion für den Vornamen

Der Aufbau der Funktion für den Vornamen in der Zelle B6 sieht folgendermaßen aus:

```
=LINKS (A6;SUCHEN(" ";A6)-1)
```

Der innere Teil der Funktion

```
SUCHEN(" ";A6)
```

liefert als Ergebnis 6. An der sechsten Position steht das Leerzeichen.

Die Funktion LINKS sieht jetzt so aus:

```
=LINKS(A6;6-1)
```

Damit liefert sie den ersten Teil aus der Zelle.

Die Funktion für den Nachnamen

Der Aufbau der Funktion für den Nachnamen in der Zelle C6 sieht folgendermaßen aus:

```
=RECHTS (A6;LÄNGE(A6)-SUCHEN(" ";A6))
```

Der innere Teil der Funktion

```
LÄNGE(A6)-SUCHEN(" ";A6)
```

liefert als Ergebnis

```
11-6
```

Jetzt nimmt die Funktion RECHTS

```
RECHTS(A6;5)
```

die letzten fünf Zeichen in der Zelle A5.

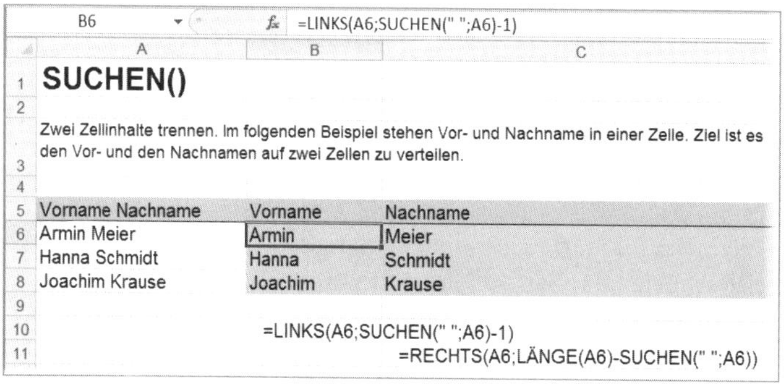

Bild 3.34: Vor- und Nachnamen mit drei Funktionen auf zwei Zellen verteilen

3.16.3 Vor- und Nachnamen vertauschen

Wenn Sie in einer Zelle das Muster Nachname, Vorname haben und lieber die Reihenfolge umgekehrt hätten, bietet die folgende Funktion eine Lösung:

```
=TEIL(A6;SUCHEN(",";A6)+2;LÄNGE(A6))&" "&LINKS(A6;SUCHEN(",";A6)-1)
```

Im ersten Teil der Funktion:

`TEIL(A6;SUCHEN(",";A6)+2;LÄNGE(A6))`

wird der Vorname gesucht. Die Funktion TEIL nimmt den Inhalt einer Zelle ab einem bestimmten Zeichen. In diesem Beispiel soll alles, was hinter dem Komma plus zwei Zeichen steht, angezeigt werden. Die zwei Zeichen sind das Komma und das Leerzeichen. Diese sollen nicht angezeigt werden.

Der letzte Teil der Funktion

`LINKS(A6;SUCHEN(",";A6)-1)`

findet den Nachnamen, der links vom Komma steht.

Der mittlere Teil

`&" "&`

verbindet die beiden Ergebnisse mit einem Leerzeichen miteinander.

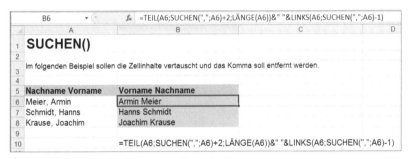

Bild 3.35: Vor- und Nachnamen vertauschen

Sie finden die Funktion auf dem Register *Suchen_3*.

3.17 Die Funktion T

Wandelt die Parameter in Texte um, wenn es sich bereits um einen Text handelt. Zahlenwerte werden zu einem Leertext umgewandelt.

Syntax
`=T(Wert)`

Parameter
Wert   Eine Zelladresse, in der der Wert steht, der in einen Text umgewandelt werden soll.

Ähnliche Funktionen
ISTZAHL(), ISTTEXT()

3.17.1 Einen Zellinhalt ändern

Das folgende Beispiel zeigt die Arbeitsweise der Funktion T.

1. Öffnen Sie die Datei *T.XLSX* und aktivieren Sie das Register *T_1*. Setzen Sie den Cursor in die Zelle C7.
2. Öffnen Sie den Funktions-Assistenten und starten Sie die Funktion T.
3. Für das Feld *Text* markieren Sie die Zelle A7. Dort steht der Wert, den Sie in einen Text ändern möchten.
4. Bestätigen Sie mit *OK*.

Der Aufbau der Funktion lautet:

```
=T(A7)
```

5. Kopieren Sie die Funktion nach unten.

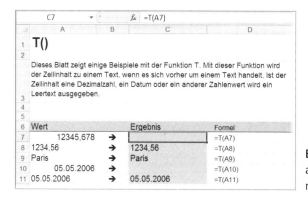

Bild 3.36: Die Funktion T macht aus Zahlen leere Zellen, Text wird nicht verändert.

3.18 TEIL

Gibt einen Teil eines Zellinhalts aus. Geben Sie dazu die Anfangsposition und die Länge des Textes an.

Syntax

```
=TEIL(Text; Erstes_Zeichen; Anzahl_Zeichen)
```

Parameter

Text	In diesem Feld steht die Zelladresse, deren Inhalt Sie teilweise sehen möchten.
Erstes_Zeichen	Ab welchem Zeichen soll der Inhalt gezeigt werden?
Anzahl_Zeichen	Hier geben Sie die Anzahl der Zeichen ein, die Sie sehen möchten.

Ähnliche Funktionen

RECHTS(), LINKS()

3.18.1 Nur einen Teil des Zellinhalts weiterbearbeiten

Das folgende Beispiel zeigt die Arbeitsweise der Funktion TEIL. In der Zelle A7 steht ein Text, von dem Sie aber nur einen Teil zur Weiterbearbeitung benötigen.

1. Öffnen Sie die Datei *TEIL.XLSX* und aktivieren Sie das Register *Teil_1*. Setzen Sie den Cursor in die Zelle C7.
2. Öffnen Sie den Funktions-Assistenten und starten Sie die Funktion TEIL.
3. Für das erste Feld *Text* markieren Sie die Zelle A7. Dort steht der Wert, den Sie in einen Text ändern möchten.
4. Im Feld *Erstes_Zeichen* geben Sie die Zelle B7 ein. In diesem Beispiel wollen wir ab der siebten Position den Inhalt von A7 sehen.
5. Die *Anzahl_Zeichen* stehen in Zelle C7. In diesem Beispiel wollen wir die nächsten sechs Zeichen sehen.
6. Bestätigen Sie mit *OK*.

Der Aufbau der Funktion lautet:

```
=TEIL(A7;B7;C7)
```

7. Kopieren Sie die Funktion nach unten.

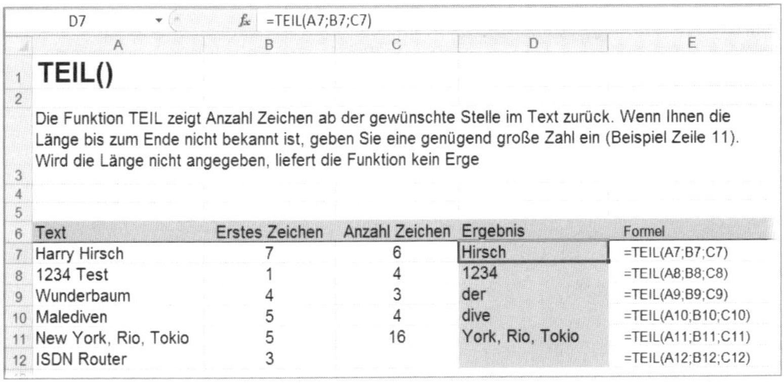

D7 =TEIL(A7;B7;C7)

TEIL()

Die Funktion TEIL zeigt Anzahl Zeichen ab der gewünschte Stelle im Text zurück. Wenn Ihnen die Länge bis zum Ende nicht bekannt ist, geben Sie eine genügend große Zahl ein (Beispiel Zeile 11). Wird die Länge nicht angegeben, liefert die Funktion kein Erge

Text	Erstes Zeichen	Anzahl Zeichen	Ergebnis	Formel
Harry Hirsch	7	6	Hirsch	=TEIL(A7;B7;C7)
1234 Test	1	4	1234	=TEIL(A8;B8;C8)
Wunderbaum	4	3	der	=TEIL(A9;B9;C9)
Malediven	5	4	dive	=TEIL(A10;B10;C10)
New York, Rio, Tokio	5	16	York, Rio, Tokio	=TEIL(A11;B11;C11)
ISDN Router	3			=TEIL(A12;B12;C12)

Bild 3.37: Nur einen Teil eines Zellinhalts weiterverarbeiten

Beachten Sie, dass alle drei Parameter ausgefüllt sein müssen.

3.18.2 Eine Artikelnummer wiederherstellen

Nehmen wir an, Sie haben eine Datei mit Artikeln erhalten. Ihre Artikelnummer ist normalerweise sechsstellig. Beim Import aus einem anderen System wurde vorne eine

108 *Kapitel 3: Mit Textfunktionen arbeiten*

Kennzeichnung xyz- angefügt und hinten -11 angehängt. Diese Kennzeichen benötigen Sie nicht. Sie möchten nur die ursprünglichen sechs Zeichen sehen.

Dieses Beispiel finden Sie auf dem Register *Teil_2*.

1. Setzen Sie den Cursor in die Zelle E2 und starten Sie die Funktion TEIL über den Funktions-Assistenten.

2. Geben Sie ins Feld *Text* die Zelladresse ein, deren Werte Sie sehen möchten. In diesem Beispiel ist es A2.

3. In das Feld *Erstes_Zeichen* kommt die Position des ersten Wertes. In diesem Beispiel ist es die Zahl 5. Ab dem fünften Zeichen ist es die Artikelnummer, die Sie als Ergebnis sehen möchten.

4. In das Feld *Anzahl_Zeichen* kommt die Anzahl der Zeichen, die Sie sehen möchten, also eine 6.

5. Bestätigen Sie Ihre Eingabe.

Der Aufbau der Funktion lautet:

```
=TEIL(A6;5;6)
```

6. Kopieren Sie die Formel nach unten.

	E6	▾	*fx*	=TEIL(A6;5;6)		
	A	B	C	D	E	F
1	**TEIL()**					
2						
3	Die Funktion wird genutzt, um aus einer Artikelnummer einen bestimmten Teil auszuschneiden. Dies ist manchmal der Fall, wenn Artikelnummern weitere Informationen als Zusatz mitführen.					
4						
5	Nummer	Name	Menge	Preis	Neue Nummer	Formel
6	XYZ-123456-111	Gummi Teddy	250	2,30 €	123456	=TEIL(A6;5;6)
7	XYZ-123455-111	Gummi Teddy	500	3,90 €	123455	
8	XYZ-123454-111	Gummi Teddy	750	5,80 €	123454	
9	XYZ-123789-111	Gummi Auto	250	2,40 €	123789	
10	XYZ-123788-111	Gummi Auto	500	4,10 €	123788	

Bild 3.38: Eine Artikelnummer mit der Funktion TEIL auslesen

Als Ergebnis sehen Sie jetzt nur noch die sechs Zeichen der Spalte *Neue Nummer*, die Sie für weitere Auswertungen benötigen.

3.18.3 Die Quersumme ermitteln

Die Quersumme ist die Summe der Ziffern, aus denen eine Zahl besteht. Die Quersumme von 22 ist 4. Das folgende Beispiel finden Sie auf dem Register *Teil_3*.

Geben Sie die folgende Funktion ein:

```
=TEIL(A5;1;1)+TEIL(A5;2;1)
```

Der erste Teil der Funktion nimmt die erste Ziffer der Zelle A5. Dann wird die zweite Ziffer der Zelle A5 addiert.

Tipp: Sie können diese Funktion beliebig erweitern.

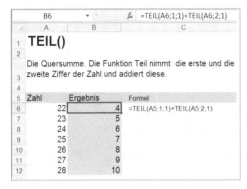

Bild 3.39: Die Quersumme kann mit der Funktion TEIL ermittelt werden.

Tipp: In **Kapitel 13** finden Sie ein Beispiel, wie Sie die Quersumme für unterschiedlich lange Zahlen ermitteln.

3.19 TEXT

Wandelt einen Zahlenwert in einen Text um und formatiert diesen über die Zellformatierung.

Syntax

=TEXT(Wert; Textformat)

Parameter

Wert	Eine Zelladresse, in der die Zahl steht, die in einen Text umgewandet werden soll.
Textformat	Eine Zeichenfolge, die das Anzeigeformat definiert. Tragen Sie die Formatangaben aus der benutzerdefinierten Zellformatierung ein. Am Ende dieses Abschnitts finden Sie eine Tabelle mit möglichen Formaten.

3.19.1 Einen Zellinhalt über eine Funktion gestalten

Im folgenden Beispiel zeigen wir Ihnen, wie Sie beim Umwandeln von Zahlen in Text auch das Format verändern können.

1. Öffnen Sie die Datei *TEXT.XLSX* und aktivieren Sie das Register *Text_1*. Setzen Sie den Cursor in die Zelle C7.
2. Öffnen Sie den Funktions-Assistenten und starten Sie die Funktion TEXT.

3. Für das erste Feld *Wert* markieren Sie die Zelle A7. Dort steht der Wert, den Sie in einen Text ändern möchten.

4. Im Feld *Textformat* geben Sie das gewünschte Format ein. Da wir in diesem Fall das Standardzahlenformat wünschen, geben Sie das Wort *Standard* ein. Im Folgenden finden Sie eine Tabelle mit Beispielen für Formate.

5. Bestätigen Sie mit *OK*.

Der Aufbau der Funktion lautet:

```
=TEXT(A7;"Standard")
```

6. Kopieren Sie die Funktion nach unten.

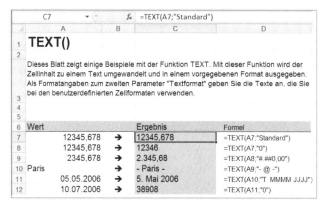

Bild 3.40: Zellinhalt mit der Funktion TEXT gestalten

Tipp: Ins Feld *Textformat* geben Sie das Zellformat ein, das Sie auch beim benutzerdefinierten Zahlenformat eingeben würden.

Textformat	Beispiel
0	5000
0,00	5000,00
#.##0	5.000
#.##0,00	5.000,00
#.##0,00_ ;[Rot]-#.##0,00	Negative Zahlen werden rot, positive Zahlen werden schwarz dargestellt.

3.20 VERKETTEN

Führt bis zu 255 unterschiedliche Zellinhalte in einer Zelle zusammen.

Syntax

```
=VERKETTEN(Text1; Text2;…)
```

Parameter

Text1; Text2;.. In diesem Feld steht die erste Zelladresse, die Sie mit anderen verbinden möchten. Sie können bis zu 255 Zeichenfolgen oder Zellbezüge angeben.

3.20.1 Mehrere Zellen zu einer zusammenführen

Sie haben nach einem Textimport eine Artikelnummer in drei verschiedenen Zellen stehen. Jetzt möchten Sie diese Inhalte wieder in einer Zelle sehen.

1. Öffnen Sie die Datei *VERKETTEN.XLSX* und aktivieren Sie das Register *Verketten_1*. Setzen Sie den Cursor in die Zelle D6.

2. Öffnen Sie den Funktions-Assistenten und starten Sie die Funktion VERKETTEN.

3. Für das erste Feld *Text1* markieren Sie die Zelle A6. Dort steht der Text, den Sie zusammenführen möchten.

4. Für das Feld *Text2* markieren Sie die Zelle B6.

5. Nachdem Sie ins Feld *Text2* geklickt haben, zeigt Excel Ihnen das Feld *Text3* an. Geben Sie dort die Zelle C6 ein.

6. Bestätigen Sie mit *OK*.

Der Aufbau der Funktion lautet:

```
=VERKETTEN(A6;B6;C6)
```

7. Kopieren Sie die Funktion nach unten.

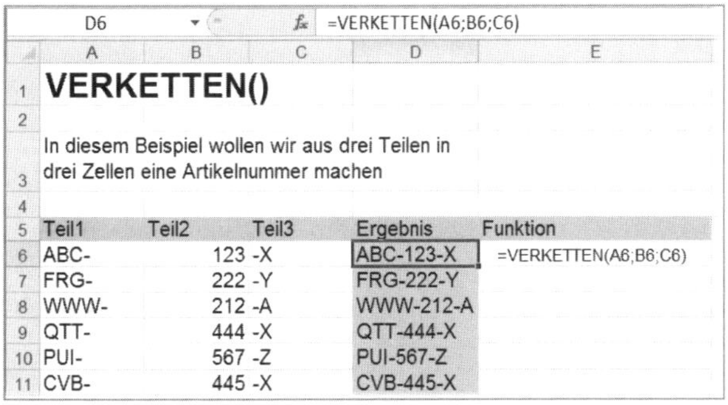

Bild 3.41: Aus mehreren Zellinhalten mit der Funktion VERKETTEN einen Wert machen

In der Zelle D6 steht jetzt die Artikelnummer wieder zusammen.

3.20.2 Texte mit Leerzeichen zusammenführen

Sie haben in unterschiedlichen Zellen Texte stehen. Diese Texte möchten Sie in einer Zelle zusammenführen. Dabei müssen Sie beachten, dass Sie auch Leerzeichen zwischen den Wörtern einfügen müssen. Dieses Beispiel finden Sie auf dem Register *Verketten_2*.

Die Funktion sieht folgendermaßen aus:

```
=VERKETTEN(A7;" ";B7;" ";C7)
```

Zuerst wird der Inhalt von A7 genommen, dann wird ein Leerzeichen angefügt und im Anschluss wird der Inhalt von B7 genommen. Vor dem dritten Wort in C7 wird noch einmal ein Leerzeichen eingefügt.

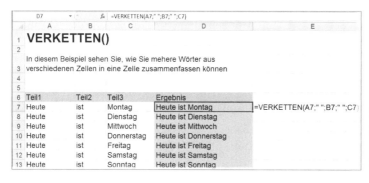

Bild 3.42: Mehrere Zellen und Leerzeichen zusammenführen

3.20.3 Zellinhalte manuell verketten

Es besteht auch die Möglichkeit, Zellinhalte ohne die Funktion VERKETTEN zusammenzuführen. Dazu setzen Sie das &-Zeichen ein.

Die Formel sieht folgendermaßen aus:

```
=A7&" "&B7&" "&C7
```

Zuerst wird der Inhalt von A7 genommen. Dieser Text wird mit einem Leerzeichen über das &-Zeichen verbunden. Hinter dem Leerzeichen wird jetzt wieder mit einem &-Zeichen der Inhalt der Zelle B7 verbunden.

Wichtig ist, dass Sie alle Zellen und alle Leerzeichen mit dem &-Zeichen verbinden. Konstanten, in diesem Beispiel das Leerzeichen, werden in Anführungszeichen gesetzt.

Der Unterschied zwischen der Funktion VERKETTEN und dem &-Zeichen liegt in der Menge der Parameter, die Sie zusammenführen. Mit der Funktion VERKETTEN können Sie maximal 255 Zellinhalte zusammenführen, mit dem &-Zeichen deutlich mehr.

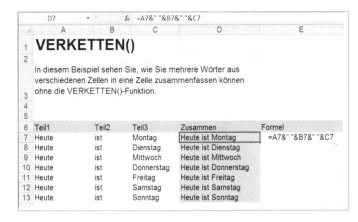

Bild 3.43:
Zellinhalte manuell mit dem &-Zeichen zusammenführen

3.21 WECHSELN

Wechselt in einer Zelle einen Text durch einen anderen Text aus.

Sie wollen einen Produktwechsel durchführen. Ein Produkt soll durch ein anderes ersetzt werden. Jetzt steht der Name des alten Produkts mitten im Text. Dann können Sie mithilfe der Funktion WECHSELN den alten Namen durch den neuen Namen ersetzen.

Syntax

=WECHSELN(Text; Alter_Text; Neuer_Text; Ntes_Auftreten)

Parameter

Text	Ein Text oder ein Zellbezug.
Alter_Text	Der gesuchte Text, der ersetzt werden soll.
Neuer_Text	Der neue Text, der anstelle von *Alter_Text* angezeigt werden soll.
Ntes_Auftreten	Wie oft soll *Alter_Text* durch *Neuer_Text* ersetzt werden?

Ähnliche Funktionen

ERSETZEN()

3.21.1 Einen Produktnamen automatisch durch einen anderen ersetzen

Im folgenden Beispiel soll der Name *Fervet* durch den Namen *Golibor* ersetzt werden. Der Arbeitsauftrag an die Funktion WECHSELN sieht folgendermaßen aus: Suche in A7 den Text aus C7 und ersetze ihn durch den Text in E7.

1. Öffnen Sie die Datei *WECHSELN.XLSX* und aktivieren Sie das Register *Wechseln_1*. Setzen Sie den Cursor in die Zelle D7.

2. Starten Sie über den Funktions-Assistenten die Funktion WECHSELN.
3. In das Feld *Text* geben Sie die Zelladresse A7 ein. In dieser Zelle steht der Text, der geändert werden soll.
4. Der Text, der den alten ersetzen soll, steht in Zelle B7. Geben Sie im Feld *Alter_Text* die Zelladresse B7 ein.
5. Für das Feld *Neuer_Text* markieren Sie die Zelle C7.
6. Das Feld *Ntes_Auftreten* bleibt leer.
7. Bestätigen Sie mit *OK*.

Die Funktion sieht jetzt so aus:

```
=WECHSELN(A7;C7;E7)
```

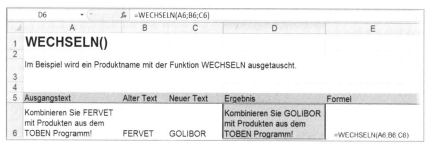

Bild 3.44: Mit der Funktion WECHSELN wird ein Text mit einem anderen Text überschrieben.

Im Ergebnis erkennen Sie jetzt, dass die beiden Produktnamen miteinander vertauscht wurden.

3.21.2 Punkte durch Kommas ersetzen

Sie haben, beispielsweise nach einem Import, Zahlen, in denen anstelle von Kommas Punkte stehen. Diese Zahlen werden von Excel als Text interpretiert. Jetzt möchten Sie aus jedem Punkt ein Komma machen. Dieses Beispiel finden Sie auf dem Register *Wechseln_2*.

Die Funktion lautet:

```
=WERT(WECHSELN(A7;".";","))
```

Der innere Teil

```
WECHSELN(A7;".";",")
```

vertauscht die Punkte mit den Kommas.

Der äußere Teil

```
WERT(
```

macht aus dem Ergebnis eine Zahl, mit der jetzt weiter gerechnet werden kann.

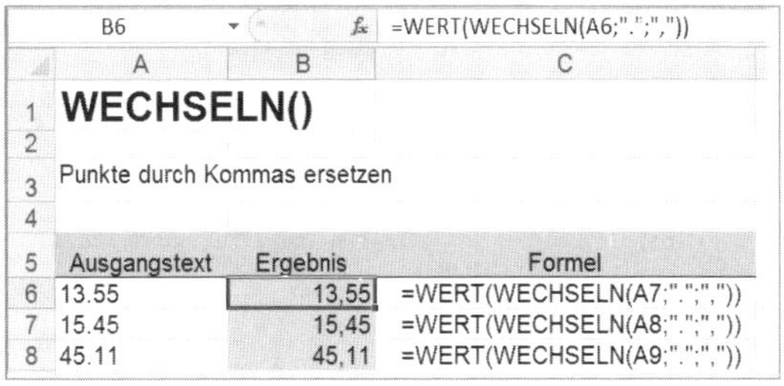

	B6	▼	f_x	=WERT(WECHSELN(A6;".";","))	

	A	B	C
1	**WECHSELN()**		
2			
3	Punkte durch Kommas ersetzen		
4			
5	Ausgangstext	Ergebnis	Formel
6	13.55	13,55	=WERT(WECHSELN(A7;".";","))
7	15.45	15,45	=WERT(WECHSELN(A8;".";","))
8	45.11	45,11	=WERT(WECHSELN(A9;".";","))

Bild 3.45: In Zahlen werden Punkte durch Kommas vertauscht, sodass mit dem Ergebnis weiter gerechnet werden kann.

3.21.3 Punkte und Kommas vertauschen

Nehmen wir an, Sie haben Zahlen erhalten, in denen Punkte und Kommas vertauscht sind. Dieses Beispiel finden Sie auf dem Register *Wechseln_3*.

So interpretiert Excel die Zahl 1,123.45 als Text. Wenn Sie jetzt, wie oben beschrieben, mit der Funktion WECHSELN aus den Punkten Kommas machen, dann ist das Ergebnis 1,123,45. Jetzt können Sie im zweiten Schritt nicht mehr aus den Kommas Punkte machen. Deshalb benötigen wir hier Zwischenschritte. Im ersten Schritt machen wir aus dem Komma ein Gatterzeichen.

```
=WECHSELN(A7;",";"#")
```

Das Ergebnis für die Beispielzahl von oben lautet: 1#123.45.

Im zweiten Schritt wird aus dem Punkt ein Komma gemacht:

```
=WECHSELN(B7;".";",")
```

Das Ergebnis lautet jetzt: 1#123,45.

Jetzt wird im letzten Schritt aus dem Gatter ein Punkt und gleichzeitig wird das Ergebnis in eine Zahl umgewandelt:

```
=WERT(WECHSELN(C7;"#";"."))
```

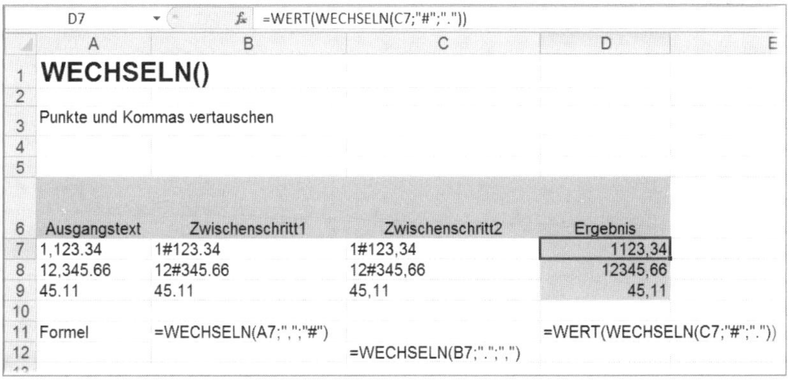

	D7	▼	f_x	=WERT(WECHSELN(C7;"#";"."))	

	A	B	C	D	E
1	**WECHSELN()**				
2					
3	Punkte und Kommas vertauschen				
4					
5					
6	Ausgangstext	Zwischenschritt1	Zwischenschritt2	Ergebnis	
7	1,123.34	1#123.34	1#123,34	1123,34	
8	12,345.66	12#345.66	12#345,66	12345,66	
9	45.11	45.11	45,11	45,11	
10					
11	Formel	=WECHSELN(A7;",";"#")		=WERT(WECHSELN(C7;"#";"."))	
12			=WECHSELN(B7;".";",")		

Bild 3.46: Punkte und Kommas mit der Funktion WECHSELN vertauschen

Mit dem Ergebnis in Spalte D können Sie weiterrechnen.

116 *Kapitel 3: Mit Textfunktionen arbeiten*

3.22 WERT

Wandelt einen Zellinhalt in einen Zahlenwert um, allerdings nur, wenn der Inhalt der Zelle eine Zahl ist.

Diese Funktion ist interessant, wenn die Zahlen mit dem Hochkomma eingegeben bzw. als Text formatiert wurden. Diese Funktion macht wieder Zahlen aus den Werten, mit denen man anschließend rechnen kann. Zusätzlich entfernt die Funktion WERT alle Zahlenformate der angegebenen Zelle.

Syntax
```
=WERT(Text)
```

Parameter

Text   In diesem Feld steht die Zelladresse, deren Inhalt in eine Zahl umgewandelt werden soll.

Ähnliche Funktionen
TEXT()

3.22.1 Die Funktion WERT

In der folgenden Abbildung sehen Sie ein paar Beispiele für den Einsatz der Funktion WERT.

1. Öffnen Sie die Datei *WERT.XLSX* und aktivieren Sie das Register *Wert_1*. Setzen Sie den Cursor in die Zelle C7.

2. Öffnen Sie den Funktions-Assistenten und starten Sie die Funktion WERT.

3. Für das Feld *Text* markieren Sie die Zelle A7. Dort steht der Text, der mit der Funktion bearbeitet werden soll.

4. Bestätigen Sie mit *OK*.

Der Aufbau der Funktion lautet:
```
=WERT(A7)
```

5. Kopieren Sie die Funktion nach unten.

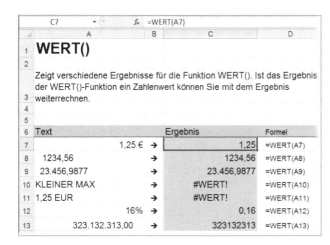

Bild 3.47: Mit der Funktion WERT lassen sich Zahlen, die als Text eingegeben wurden, wieder in Zahlen umwandeln.

In der Zelle A7 steht eine Zahl, die mit dem Währungsformat gestaltet ist. Durch die Funktion WERT wird das Zahlenformat entfernt. In A8 steht eine Zahl, die mit Hochkomma eingegeben, und in A9 steht eine Zahl, die als Text formatiert wurde. Auch hier macht die Funktion WERT wieder eine Zahl daraus und entfernt das Hochkomma bzw. das Textformat.

Sollte sich allerdings Text in der Zelle befinden, dann erscheint eine Fehlermeldung, wie in Zeile 10 und 11.

3.22.2 Zellen addieren, in denen Text steht

Sie haben eine Tabelle mit Zahlen erhalten und möchten diese Zahlen addieren. Leider steht in jeder Zelle neben der Zahl auch noch ein Text. In der folgenden Abbildung können Sie erkennen, dass in der Spalte A vor jeder Zahl der Text »Euro« steht. Dieses Beispiel finden Sie auf dem Register *Wert_2*.

Ziel ist es jetzt, die Texte zu entfernen, um die Addition durchführen zu können.

Der Aufbau der Funktion lautet:

```
=WERT(ERSETZEN(A7;1;5;""))
```

Der innere Teil der Funktion

```
ERSETZEN(A7;1;5;"")
```

entfernt die ersten fünf Zeichen in der Zelle. Aus diesem Ergebnis macht die Funktion WERT jetzt eine Zahl.

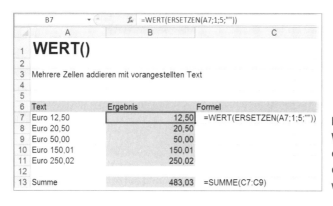

Bild 3.48: Die Funktionen WERT und ERSETZEN entfernen Texte aus Zellen, damit die Werte addiert werden können.

In der Spalte C liegt jetzt das Ergebnis vor. Diese Zahlen werden in Zelle C13 ohne Schwierigkeiten addiert.

3.23 WIEDERHOLEN

Zeigt den Zellinhalt einer anderen Zelle beliebig oft an.

Syntax

=WIEDERHOLEN(Text; Multiplikator)

Parameter

Text   In diesem Feld steht die Zelladresse, deren Inhalt wiederholt werden soll.

Multiplikator   Der Multiplikator gibt an, wie oft der Inhalt der im Feld TEXT angegebenen Zelle wiederholt wird.

3.23.1 Texte automatisch wiederholen

Sie können mithilfe der Funktion WIEDERHOLEN Zellinhalte beliebig oft wiederholen lassen. Stellen Sie sich vor, Sie möchten das Wort Bora in Zelle A7 zweimal hintereinander sehen.

1. Öffnen Sie die Datei *WIEDERHOLEN.XLSX* und aktivieren Sie das Register *Wiederholen_1*. Setzen Sie den Cursor in die Zelle C7.

2. Öffnen Sie den Funktions-Assistenten und starten Sie die Funktion WIEDERHOLEN.

3. Für das Feld *Text* markieren Sie die Zelle A7. Dort steht der Text, der wiederholt werden soll.

4. Ins Feld *Multiplikator* geben Sie eine 2 ein oder markieren die Zelle, in der die Anzahl der Wiederholungen steht. In diesem Beispiel ist es die Zelle B7.

5. Bestätigen Sie mit *OK*.

Der Aufbau der Funktion lautet:

=WIEDERHOLEN(A7;B7)

6. Kopieren Sie die Funktion nach unten.

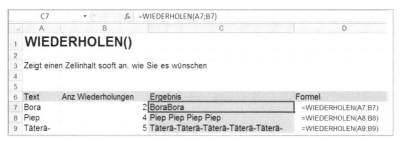

Bild 3.49: Einen Zellinhalt beliebig oft wiederholen mit der Funktion WIEDERHOLEN

In der vorherigen Abbildung wird der Text in der Zelle A7 zweimal wiederholt. In der Zelle A8 steht hinter dem Wort »Piep« noch ein Leerzeichen. Nach viermaligem Wiederholen sehen Sie das Ergebnis in Zelle C8.

3.23.2 Eine Artikelnummer automatisch auffüllen lassen

Sie haben Artikelnummern, die nicht gleich lang sind. Sie möchten, dass alle Artikelnummern aus sechs Stellen bestehen. Excel soll die, die aus weniger als sechs Zeichen bestehen, automatisch mit Nullen auffüllen. Das folgende Beispiel finden Sie auf dem Register *Wiederholen_2*. Der Aufbau der Funktion sieht folgendermaßen aus:

=WENN(LÄNGE(A2)<>6;A2&WIEDERHOLEN(0;6-LÄNGE(A2));A2)

Der erste Teil

=WENN (LÄNGE(A2)<>6;

prüft, ob die Länge ungleich 6 ist. Sollte dies zutreffen, wird der *Dann_Wert* ausgeführt:

A2&WIEDERHOLEN(0;6-LÄNGE(A2));

Der Inhalt der Zelle wird mit 0 aufgefüllt, und zwar so oft, wie Zeichen fehlen.

Der *Sonst_Wert* nimmt nur den Inhalt der Zelle

A2)

Nummer	Name	Menge	Preis	Auffüllen	
123456	Gummi Teddy	250	2,30 €	123456	=WENN(LÄNGE(A2)<>6;A2&WIEDERHOLEN(0;6-LÄNGE(A2));A2)
12345	Gummi Teddy	500	3,90 €	123450	
1234	Gummi Teddy	750	5,80 €	123400	
123	Gummi Auto	250	2,40 €	123000	

Bild 3.50: Eine Artikelnummer mit Nullen auffüllen

3.24 ZEICHEN

Erstellt aus einem angegeben Zeichencode das zugehörige Zeichen.

Zu jedem Zeichen, das Sie über die Tastatur eingeben, ist intern ein Zahlencode hinterlegt. Um das jetzt mit der Funktion ZEICHEN anzuzeigen, müssen Sie den Code kennen.

Syntax

=ZEICHEN(Zahl)

Parameter

Zahl   Die Nummer des Zeichens, das Sie sehen möchten.

3.24.1 Eine Zeichennummer finden

In diesem Beispiel zeigen wir Ihnen, wie Sie den Zahlencode für das @-Zeichen ermitteln.

1. Erstellen Sie eine neue leere Excel-Arbeitsmappe.
2. Klicken Sie auf dem Register *Einfügen* auf die Schaltfläche *Symbol*.
3. Im Feld *Schriftart* stellen Sie *Arial* ein.
4. Im Feld *Von* unten rechts wählen Sie *ASCII (Dezimal)* aus.
5. Markieren Sie jetzt das @-Zeichen.

Sie erkennen im Feld *Zeichencode*, dass der Zahlencode vom @-Zeichen 64 ist.

Bild 3.51: Ein Zeichen über die Nummer anzeigen

3.24.2 Aus einer Zahl ein Zeichen herstellen

Wenn Sie einen Zahlencode haben und sich jetzt das zugehörige Zeichen anzeigen lassen möchten, gehen Sie so vor:

1. Öffnen Sie die Datei *ZEICHEN.XLSX* und aktivieren Sie das Register *Zeichen_1*. Setzen Sie den Cursor in die Zelle C7.
2. Öffnen Sie den Funktions-Assistenten und starten Sie die Funktion ZEICHEN.
3. Für das Feld *Zahl* markieren Sie die Zelle A7. Dort steht der Zahlencode für das gesuchte Zeichen.
4. Bestätigen Sie mit *OK*.

5. Wenn Sie jetzt die Nummer eines Zeichens einer anderen Schriftart gewählt haben, müssen Sie die Schriftart der Zelle ändern.

Der Aufbau der Funktion lautet:

`=ZEICHEN(A7)`

6. Kopieren Sie die Funktion nach unten.

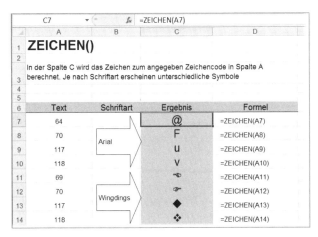

Bild 3.52: Die Zeichen, die hinter einem Zahlcode stehen, können durch die Funktion ZEICHEN dargestellt werden.

Alleine ist diese Funktion allerdings wenig sinnvoll, deshalb wird im folgenden Beispiel gezeigt, wie Sie die Funktion ZEICHEN in Verbindung mit der WENN-Funktion einsetzen.

3.24.3 Die Umsätze mit Sonderzeichen analysieren

Sie möchten vielleicht auf einen Blick sehen, wenn der Umsatz eine bestimmte Marke überschritten hat. Bei einem Umsatz über 100.000 Euro soll in der Zelle rechts daneben ein *Smiley* gezeigt werden. Wenn diese Umsatzmarke nicht erreicht ist, soll ein *Trauri* gezeigt werden.

Der Funktionsaufbau sieht folgendermaßen aus:

`=WENN(A7>100000;ZEICHEN(74);ZEICHEN(76))`

Nachdem Sie die Funktion eingegeben haben, weisen Sie der Zelle die Schriftart *Wingdings* zu und kopieren die Funktion nach unten.

Der erste Teil der Funktion

`WENN(A7>100000;`

prüft, ob das Umsatzziel erreicht ist. Wenn es erreicht ist, kommt der *Dann_Wert*.

`ZEICHEN(74);`

Die Funktion Zeichen(74) bringt den Smiley. Wenn das Umsatzziel nicht erreicht ist, wird der *Sonst-Wert* ausgeführt.

```
ZEICHEN(76))
```

Die Funktion Zeichen(76) bringt den Trauri.

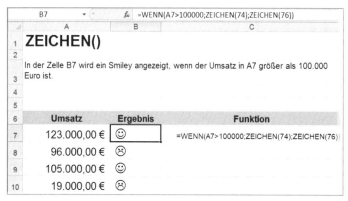

Bild 3.53: Ein Umsatzziel über Sonderzeichen mit den Funktionen WENN und ZEICHEN analysieren

4 Datums- und Zeitfunktionen

Berechnungen von Datums- und Uhrzeitwerten sind in vielen Arbeitsbereichen notwendig. Sollen beispielsweise Lieferungen oder Zahlungen kontrolliert werden, müssen von einem Datum aus bestimmte Termine berechnet werden. Bei Arbeits- oder Produktionszeiten innerhalb eines kurzen Zeitraums verwenden Sie die Uhrzeitfunktionen.

Hier helfen die integrierten Excel-Funktionen der Kategorie Datum und Uhrzeit.

▣ **Download-Link**

www.buch.cd

Hier finden Sie alle Beispieldateien übersichtlich nach Kapiteln geordnet.

> **Tipp:** Einige Funktionen sind nur bei aktivierten Add-Ins verfügbar. Beachten Sie dabei die entsprechende Spalte. Wie Sie die Add-Ins aktivieren, lesen Sie in Kapitel 2.9, »Add-Ins aktivieren«.

4.1 Rechnen mit Datum und Uhrzeit

Zuerst möchten wir Ihnen erläutern, wie in Excel Datum und Uhrzeiten gespeichert sind, um zu verstehen, wie die Berechnungen durchgeführt werden.

Die wichtigsten Tastenkombinationen bei der Arbeit mit dem Datum zeigen wir Ihnen gleich zu Beginn:

- `Strg` + `.` zeigt das aktuelle Datum.
- `Strg` + `Umschalt` + `.` zeigt die aktuelle Uhrzeit.

4.1.1 Anzahl der Tage zwischen zwei Daten

Wenn Sie wissen möchten, wie viele Tage zwischen zwei Daten liegen, gehen Sie so vor:

1. Geben Sie zwei Daten ein.
2. Setzen Sie den Cursor in die Zelle, in der Sie das Ergebnis sehen möchten.
3. Geben Sie die folgende Formel ein:

```
=B2-B1
```

4. Bestätigen Sie durch Drücken von (Eingabe).

5. Markieren Sie die Zelle wieder und weisen Sie ihr das Zahlenformat *Standard* zu.

	A	B	C
1	Anfang	01.01.2010	
2	Ende	05.08.2010	
3	Anzahl Tage	216	=B2-B1

Bild 4.1: Die Anzahl der Tage zwischen zwei Daten

Tipp: Seit dem 01.01.1900 nummeriert Excel die Tage fortlaufend durch. So können Sie die Anzahl der Tage zwischen zwei Daten berechnen.

4.1.2 Anzahl der Stunden

Was bei Datumswerten gilt, kann man bei Uhrzeitwerten fortführen. Sie können die Anzahl der Stunden berechnen, die zwischen zwei Uhrzeiten liegt. Dabei müssen Sie sich nur entscheiden, ob das Ergebnis als Dezimalzahl, z. B. 7,5 Stunden, oder als Uhrzeit in der Form 7:30 angezeigt werden soll.

Ergebnis als Dezimalzahl

1. Geben Sie zwei Uhrzeiten ein.

2. Klicken Sie in die Zelle, in der Sie das Ergebnis sehen möchten.

3. Geben Sie die folgende Formel ein:

   =(B4-B3)*24

4. Bestätigen Sie mit (Eingabe).

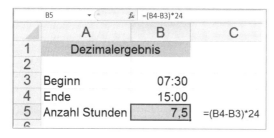

Bild 4.2: Der Rechenschritt, um die Differenz zwischen zwei Zeiten als Dezimalzahl zu erhalten

Das Ergebnis liegt bei 7,5 Stunden. Mit dieser Zahl können Sie weiterrechnen, beispielsweise einen Stundenlohn ermitteln.

Sollten Sie keine Dezimalzahl erhalten, aktivieren Sie das Register *Start* und wählen am Listenfeld *Zahlenformat* die Kategorie *Standard*.

Zeiten über Mitternacht

Bei Berechnungen über Mitternacht hinaus müssen Sie die folgende WENN-Funktion einsetzen:

```
=WENN(B4<B3;B4-B3+1;B4-B3)*24
```

4.1.3 Das Ergebnis im Uhrzeitformat

Wenn Sie das Ergebnis als Uhrzeit wünschen, führen Sie die folgenden Schritte durch:

1. Klicken Sie in die Zelle, in der Sie das Ergebnis sehen möchten.
2. Geben Sie die folgende Formel ein:

   ```
   =(B4-B3)
   ```

3. Bestätigen Sie mit ⌈Eingabe⌉.

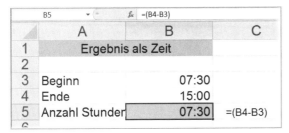

Bild 4.3: Die Differenz zwischen zwei Uhrzeiten als Zeit

Das Ergebnis, siebeneinhalb Stunden, wird jetzt als Uhrzeit angezeigt, sieben Stunden und dreißig Minuten wird jetzt als Zeit angezeigt.

4.2 ARBEITSTAG

Liefert das Datum vor oder nach einer bestimmten Anzahl von Tagen. Wochenenden sowie die Tage, die in der Liste *Freie_Tage* angegeben sind, werden nicht mitgezählt.

Syntax

```
=ARBEITSTAG(Ausgangsdatum; Tage; Freie_Tage)
```

Parameter

Ausgangsdatum	Die Zelladresse mit dem Datum, vom dem aus der gesuchte Tag berechnet wird. Das Ausgangsdatum wird in die Zählung einbezogen.
Tage	Die Anzahl der Tage, die zwischen dem Ausgangsdatum und dem gesuchten Enddatum liegen.
Freie_Tage	Eine Liste mit den Tagen, die nicht mitgezählt werden sollen.

4.2.1 Ein Datum in der Zukunft ermitteln

Vielleicht möchten Sie wissen, der Wievielte in 18 Tagen ist? Ein Lieferant hat Ihnen beispielsweise die Lieferung der Waren in 18 Tagen zugesichert. Die Funktion ARBEITSTAG liefert Ihnen das gewünschte Datum, zählt allerdings die Wochenenden nicht mit.

1. Öffnen Sie die Datei *ARBEITSTAG.XLSX* und aktivieren Sie das Register *Arbeitstag_1*. Markieren Sie die Zelle C10 und öffnen Sie über den Funktions-Assistenten die Funktion ARBEITSTAG.
2. Das Ausgangsdatum steht in der Zelle C6, es ist der 30.04.2010.
3. Die Anzahl der *Tage* steht in der Zelle C7.
4. Wenn Sie die Feiertage innerhalb des ermittelten Zeitraums mit berücksichtigen wollen, dann markieren Sie im dritten Schritt die Zellen, die die Daten der Feiertage enthalten, und bestätigen dann mit *OK*.

Die Funktion sieht folgendermaßen aus:

```
=ARBEITSTAG(C6;C7;F8:F10)
```

Bild 4.4: Die Funktion ARBEITSTAG ermittelt ein Datum auf Basis eines Startdatums und einer Zahl.

Als Ergebnis wird jetzt in C10 der *28.05.2010* als Lieferdatum ermittelt. In D10 werden die Feiertage nicht berücksichtigt. Dort ermittelt Excel als Liefertermin den *26.05.2010*. Innerhalb des betrachteten Zeitraums sind zwei Feiertage. Da der 01.Mai auf einen Samstag fällt, wird er nicht mit berücksichtigt.

4.2.2 Das Arbeitsenddatum ermitteln

Stellen Sie sich vor, Sie beschäftigen tageweise Aushilfen. Diese Aushilfen beginnen zu einem bestimmten Datum und arbeiten dann eine feste Anzahl von Tagen. Jetzt soll Excel Ihnen das Datum des letzten Arbeitstags ausrechnen.

1. Aktivieren Sie das Register *Arbeitstag_2* und markieren Sie die Zelle D7.
2. Geben Sie die folgende Funktion ein:

   `=ARBEITSTAG(B7;C7)`

3. Kopieren Sie die Funktion nach unten.

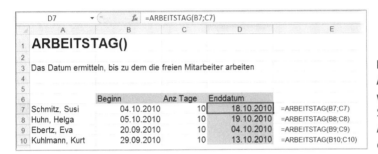

Bild 4.5: Das Arbeitsenddatum wird durch das Startdatum und die Anzahl Tage ermittelt.

4.3 ARBEITSTAG.INTL

Liefert das Datum vor oder nach einer bestimmten Anzahl von Tagen. Wochenenden, die Sie frei wählen können, sowie die Tage, die in der Liste *Freie_Tage* angegeben sind, werden nicht mitgezählt.

Syntax

`=ARBEITSTAG.INTL(Ausgangsdatum; Tage; Wochenende; Freie_Tage)`

Parameter

Ausgangsdatum	Die Zelladresse mit dem Datum, vom dem aus der gesuchte Tag berechnet wird. Das Ausgangsdatum wird in die Zählung einbezogen.
Tage	Die Anzahl der Tage, die zwischen dem Ausgangsdatum und dem gesuchten Enddatum liegen.
Wochenende	Eine Nummer, die das Wochenende repräsentiert.
Freie_Tage	Eine Liste mit den Tagen, die nicht mitgezählt werden sollen.

Nummer	Wochenende
1 oder nicht angegeben	Samstag und Sonntag
2	Sonntag und Montag
3	Montag und Dienstag
4	Dienstag und Mittwoch
5	Mittwoch und Donnerstag
6	Donnerstag und Freitag
7	Freitag und Samstag
11	Sonntag
12	Montag
13	Dienstag
14	Mittwoch
15	Donnerstag
16	Freitag
17	Samstag

4.3.1 Ein Datum in der Zukunft ermitteln

Ein Lieferant hat Ihnen beispielsweise die Lieferung der Waren in 18 Tagen zugesichert. Dabei liefert er an fünf Tagen in der Woche. Der Sonntag und der Montag sind arbeitsfrei. Jetzt wollen Sie wissen, an welchem Datum die Ware kommt.

1. Öffnen Sie die Datei *ARBEITSTAG.INTL.XLSX* und aktivieren Sie das Register *Arbeitstag.intl_1*. Markieren Sie die Zelle C11 und öffnen Sie über den Funktions-Assistenten die Funktion ARBEITSTAG.INTL.

2. Das Ausgangsdatum steht in der Zelle C6, es ist der 30.04.2010.

3. Die Anzahl der *Tage* steht in der Zelle C7.

4. Die freien Tage Sonntag und Montag werden durch den Code 2 in Zelle C8 gekennzeichnet.

5. Wenn Sie die Feiertage innerhalb des ermittelten Zeitraums mit berücksichtigen wollen, dann markieren Sie im vierten Schritt die Zellen, die die Daten der Feiertage enthalten, und bestätigen dann mit *OK*. Die Funktion sieht folgendermaßen aus:

```
=ARBEITSTAG.INTL(C6;C7;C8;F9:F11)
```

C11 =ARBEITSTAG.INTL(C6;C7;C8;F9:F11)

ARBEITSTAG.INTL()

Mit der Funktion ARBEITSTAG.INTL() wird im folgenden Beispiel der Tag berechnet, der 18 Tage nach dem Beispieldatum 30.04.2010 kommt. Wochenenden werden nicht mit gerechnet. Über den Parameter Wochenende werden die Tage angegebenen. Feiertage geben Sie in einer separaten Liste an.

		Mit Rücksicht auf Feiertage	Ohne Rücksicht auf Feiertage
Startdatum	Ausgangsdatum	30.04.2010	30.04.2010
Anzahl Tage	Tage	18	18
	Wochenende	2	2
	Freie_Tage		-
Gesuchtes Datum		28.05.2010	26.05.2010
		=ARBEITSTAG.INTL(C6;C7;C8;F9:F11)	=ARBEITSTAG.INTL(D6;D7;D8)

Liste der freien Tage
01.05.2010
13.05.2010
24.05.2010

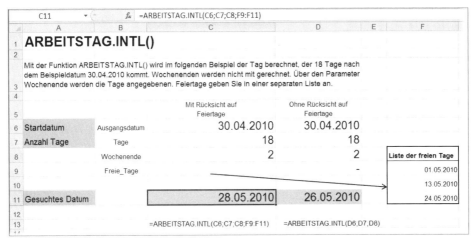

Bild 4.6: Die Funktion ARBEITSTAG.INTL ermittelt ein Datum auf Basis eines Startdatums und einer Zahl.

Das Ergebnis wird in C11 angezeigt. Die Ware wird am 28. Mai geliefert. Das ist das von Excel ermittelte Datum exklusive der Wochenenden (Sonntag und Montag) und exklusive der Feiertage.

4.3.2 Das Arbeitsenddatum ermitteln

Ihre Aushilfen sollen von Montag bis einschließlich Samstag arbeiten. Also soll nur der Sonntag als freier Tag berücksichtigt werden. Excel 2010 bietet Ihnen eine neue Funktion: ARBEITSTAG.INTL.

1. Aktivieren Sie das Register *Arbeitstag_2* und markieren Sie die Zelle D7.
2. Geben Sie die folgende Funktion ein:

```
=ARBEITSTAG.INTL(B7;C7;11)
```

3. Kopieren Sie die Funktion nach unten.

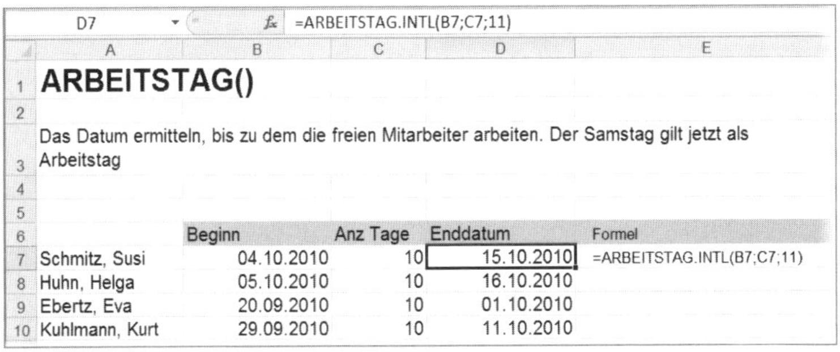
D7 =ARBEITSTAG.INTL(B7;C7;11)

ARBEITSTAG()

Das Datum ermitteln, bis zu dem die freien Mitarbeiter arbeiten. Der Samstag gilt jetzt als Arbeitstag

	Beginn	Anz Tage	Enddatum	Formel
Schmitz, Susi	04.10.2010	10	15.10.2010	=ARBEITSTAG.INTL(B7;C7;11)
Huhn, Helga	05.10.2010	10	16.10.2010	
Ebertz, Eva	20.09.2010	10	01.10.2010	
Kuhlmann, Kurt	29.09.2010	10	11.10.2010	

Bild 4.7: Arbeitszeiten berechnen

Der erste Mitarbeiter arbeitet also bis zum 15. Oktober, wenn man von einer Sechstagewoche ausgeht.

130 *Kapitel 4: Datums- und Zeitfunktionen*

Der Parameter 11 steht für den Sonntag als Wochenende. Bei Frisören beispielsweise wäre der Parameter 2 die Wahl. Frisöre arbeiten meist von Dienstag bis Samstag. Also gelten Sonntag und Montag als Wochenende.

Als vierten Parameter können Sie wieder die Liste mit den Feiertagen markieren.

4.4   BRTEILJAHRE

Berechnet den Anteil des Zeitraums zwischen zwei Datumsangaben, wenn das Jahr auf 360 Tagen (12 x 30 Tage) basiert.

Syntax

```
=BRTEILJAHRE(Ausgangsdatum; Enddatum; Basis)
```

Parameter

Ausgangsdatum   Die Zelladresse, in der das Datum steht, ab dem gerechnet wird.

Enddatum   Die Zelladresse, in der das Datum steht, bis zu dem gerechnet wird.

Basis   Methode für die Berechnung. Hinter den Zahlen 0 bis 4 verbergen sich unterschiedliche Rechenmodi.

Basis	Beschreibung
0 oder leer	USA (NASD) 30/360
1	Taggenau/taggenau
2	Taggenau/360
3	Taggenau/365 (Zinsberechnung)
4	Europa 30/360

4.4.1   Ein Beispiel für die Funktion BRTEILJAHRE

Wenn auf Basis von 360 Tagen pro Jahr gerechnet wird, ist zwischen dem 1.1.2010 und dem 1.7.2010 genau ein halbes Jahr vergangen.

1. Öffnen Sie die Datei *BRTEILJAHRE.XLSX* und aktivieren Sie das Register *Brteiljahre_1*. Setzen Sie den Cursor in die Zelle C8.

2. Rufen Sie den Funktions-Assistenten auf und starten Sie die Funktion BRTEILJAHRE.

3. Das *Anfangsdatum* steht in Zelle C5.

4. Das *Enddatum* steht in Zelle C6.

5. Als Basis haben wir hier die 4 gewählt, also für Europa 30/360. Bestätigen Sie mit *OK*.

Die Funktion sieht folgendermaßen aus:

```
=BRTEILJAHRE(C5;C6;4)
```

4.4 BRTEILJAHRE

Bild 4.8: BRTEILJAHRE berechnet den Anteil eines Jahres.

Der Anteil am gesamten Jahr ist also 0,5.

4.4.2 Anteil am Jahr

Sie haben drei Projekte, die unterschiedlich lang laufen. Jetzt soll ein Geldbetrag auf die Dauer der einzelnen Projekte verteilt werden.

1. Aktivieren Sie das Register *Brteiljahre_2*.
2. Setzen Sie den Cursor in die Zelle D10 und geben Sie folgende Formel ein:

   `=BRTEILJAHRE(B10;C10;3)`

3. Da im aktuellen Beispiel eine taggenaue Berechnung gewünscht wird, muss der Parameter 3 eingegeben werden.
4. Kopieren Sie die Formel nach unten.
5. Bilden Sie in D13 die Summe der Anteile.
6. Um die Beträge pro Projekt zu ermitteln, klicken Sie in G10 und geben die folgende Formel ein:

   `=D10/$D$13*$B$7`

7. Gestalten Sie das Ergebnis in Euro und kopieren Sie die Formel nach unten.

	A	B	C	D	E	F	G	H
1	**BRTEILJAHRE()**							
3	Einen Projekttopf gleichmäßig auf die Dauer der Projekte verteilen.							
7	Projekttopf	50.000,00 €						
9		Start	Ende	Anteil/Jahr	Formel		Euro	Formel
10	Alpha	02.01.2010	31.10.2010	0,827397	=BRTEILJAHRE(B10;C10;3)		32.196,16 €	=D10/$D$13*$B$7
11	Beta	05.05.2010	20.07.2010	0,208219			8.102,35 €	
12	Gamma	01.03.2010	31.05.2010	0,249315			9.701,49 €	
13				1,284932	=SUMME(D10:D12)			

Bild 4.9: BRTEILJAHRE liefert die Grundlage zum Verteilen von Geldern.

132 *Kapitel 4: Datums- und Zeitfunktionen*

4.5   DATEDIF

Zeigt je nach Wunsch die Anzahl der Tage, Monate oder Jahre zwischen zwei Daten an.

Tipp: Diese Funktion finden Sie nicht im Funktions-Assistenten.

Syntax

```
=DATEDIF(1_Parameter; 2_Parameter; 3_Parameter)
```

Parameter

1_Parameter	Die Zelle mit dem Ausgangsdatum, ab dem gezählt werden soll.
2_Parameter	Die Zelle mit dem Enddatum, bis zu dem gezählt werden soll.
3_Parameter	Der anzuzeigende Wert. In der folgenden Tabelle sind die Kürzel aufgelistet, die in den dritten Parameter eingegeben werden können.

3_Parameter	Bedeutung
"d"	Anzahl Tage
"m"	Anzahl Monate
"y"	Anzahl Jahre

4.5.1   Aus einem Text ein Datum erstellen

Wenn Sie wissen möchten, wie viele Monate zwischen zwei Daten liegen, gehen Sie so vor:

1. Öffnen Sie die Datei *DATEDIF.XLSX* und aktivieren Sie das Register *Datedif_1*. Setzen Sie den Cursor in die Zelle C6.

2. Diese Funktion wird nicht im Funktions-Assistenten angezeigt, deshalb müssen Sie die Funktion eintippen.

    ```
    =DATEDIF(A6;B6;"Y")
    ```

3. Bestätigen Sie durch Drücken der ⌈Eingabe⌋-Taste.

4. Kopieren Sie die Formel nach unten.

5. Geben Sie in den Zellen C11 und C16 nacheinander die folgenden zwei Funktionen ein und kopieren Sie sie auch nach unten:

    ```
    =DATEDIF(A11;B11;"M")
    DATEDIF(A16;B16;"D")
    ```

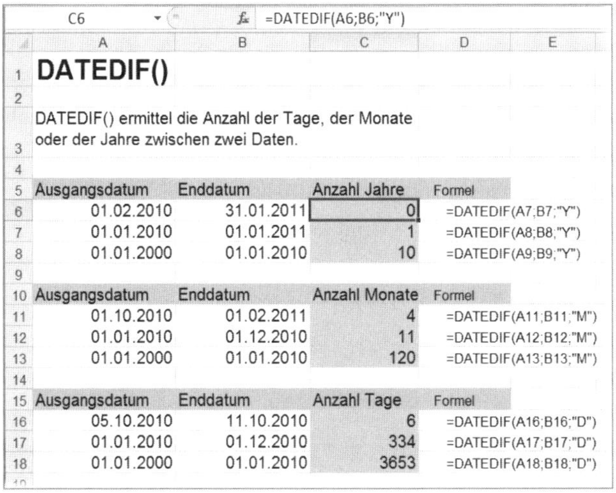

4.5 DATEDIF 133

	C6			f_x	=DATEDIF(A6;B6;"Y")	
	A	B	C	D	E	

	A	B	C	D	E
1	**DATEDIF()**				
2					
3	DATEDIF() ermittel die Anzahl der Tage, der Monate oder der Jahre zwischen zwei Daten.				
4					
5	Ausgangsdatum	Enddatum	Anzahl Jahre	Formel	
6	01.02.2010	31.01.2011	0	=DATEDIF(A7;B7;"Y")	
7	01.01.2010	01.01.2011	1	=DATEDIF(A8;B8;"Y")	
8	01.01.2000	01.01.2010	10	=DATEDIF(A9;B9;"Y")	
9					
10	Ausgangsdatum	Enddatum	Anzahl Monate	Formel	
11	01.10.2010	01.02.2011	4	=DATEDIF(A11;B11;"M")	
12	01.01.2010	01.12.2010	11	=DATEDIF(A12;B12;"M")	
13	01.01.2000	01.01.2010	120	=DATEDIF(A13;B13;"M")	
14					
15	Ausgangsdatum	Enddatum	Anzahl Tage	Formel	
16	05.10.2010	11.10.2010	6	=DATEDIF(A16;B16;"D")	
17	01.01.2010	01.12.2010	334	=DATEDIF(A17;B17;"D")	
18	01.01.2000	01.01.2010	3653	=DATEDIF(A18;B18;"D")	

Bild 4.10: Die Anzahl der Tage, der Monate und der Jahre zwischen zwei Daten wird mit der Funktion DATEDIF gezählt.

4.5.2 Das Alter ermitteln

Aus einer Liste mit Namen und Geburtsdaten wollen Sie das Alter jeder Person berechnen.

1. Aktivieren Sie das Register *Datedif_2* und setzen Sie den Cursor in die Zelle C6.

2. Geben Sie die folgende Funktion ein:

```
=(DATEDIF(B6:B17;HEUTE();"Y")
```

3. Drücken Sie zum Abschluss ⌨Eingabe⌨.

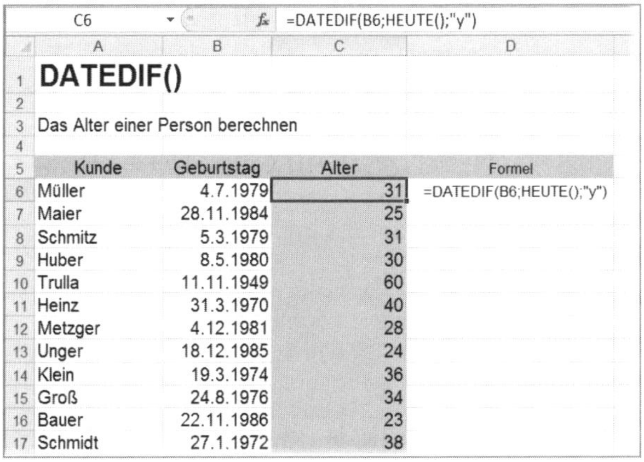

	C6			f_x	=DATEDIF(B6;HEUTE();"y")
	A	B	C	D	

	A	B	C	D
1	**DATEDIF()**			
2				
3	Das Alter einer Person berechnen			
4				
5	Kunde	Geburtstag	Alter	Formel
6	Müller	4.7.1979	31	=DATEDIF(B6;HEUTE();"y")
7	Maier	28.11.1984	25	
8	Schmitz	5.3.1979	31	
9	Huber	8.5.1980	30	
10	Trulla	11.11.1949	60	
11	Heinz	31.3.1970	40	
12	Metzger	4.12.1981	28	
13	Unger	18.12.1985	24	
14	Klein	19.3.1974	36	
15	Groß	24.8.1976	34	
16	Bauer	22.11.1986	23	
17	Schmidt	27.1.1972	38	

Bild 4.11:
Das Alter jeder Person

Da als zweiter Parameter die Funktion HEUTE() angegeben wurde, wird bei jedem Start der Mappe das Alter neu berechnet und gegebenenfalls aktualisiert.

134 *Kapitel 4: Datums- und Zeitfunktionen*

4.6 DATUM

Erstellt aus den drei Angaben Jahr, Monat und Tag einen Datumswert. Mithilfe dieser Funktion können Sie mit einfachen Methoden ermitteln, wer im nächsten Monat Geburtstag hat.

Die Berechnung DATUM(2010; 13; 4) führt zu keiner Fehlermeldung. Die Funktion addiert auf den 01.01.2010 13 Monate plus drei Tage und ermittelt daher den 4.1.2011.

Syntax

```
=Datum(Jahr; Monat; Tag)
```

Parameter

Jahr
Eine Zelladresse mit einer gültigen Jahreszahl ab 1900 bis maximal 9999.

Monat
Eine Zelladresse mit einer gültigen Monatzahl zwischen 1 und 12.

Tag
Eine Zelladresse mit einer gültigen Tageszahl zwischen 1 und 31, in Abhängigkeit des Monats.

Ähnliche Funktionen

DATWERT()

4.6.1 Ein Datum zusammensetzen

Von einem anderen Computersystem erhalten Sie ein Datum, das in seine Bestandteile, also Tag, Monat und Jahr, zerpflückt wurde. Alle drei Informationen stehen in separaten Zellen und Sie möchten daraus wieder ein richtiges Datum herstellen.

Im folgenden Beispiel stehen die Angaben in den Zellen B6 bis B8.

Wenn Sie die Funktion DATUM starten, müssen Sie nur darauf achten, dass die Reihenfolge

```
Jahr;Monat;Tag
```

befolgt wird. Mit dem Ergebnis können Sie jetzt weitere Berechnungen durchführen.

1. Öffnen Sie die Datei *DATUM.XLSX* und aktivieren Sie das Register *Datum_1*. Setzen Sie den Cursor in die Zelle B10.

2. Öffnen Sie den Funktions-Assistenten und starten Sie die Funktion DATUM.

3. Für das Feld *Jahr* markieren Sie die Zelle B6.

4. Für das Feld *Monat* markieren Sie die Zelle B7.

5. Für das Feld *Tag* markieren Sie die Zelle B8.

6. Bestätigen Sie mit *OK*.

Die Funktion sieht folgendermaßen aus:

```
=DATUM(B6;B7;B8)
```

Bild 4.12: Das Beispiel für ein aus drei Parametern zusammengesetztes Datum

4.6.2 Ein Datum wiederherstellen

Sie haben eine Auswertung erhalten, in der der Monat als einzelne Zahl steht. So steht in einer Zelle eine 5. Sie wissen, dass dies der Monat Mai ist, aber Excel erkennt dies nicht auf Anhieb.

In der folgenden Abbildung steht in der Spalte A jeweils nur eine Zahl zwischen 1 und 12. Wenn Sie nur diese Angabe haben und aus dieser Zahl ein Datum machen möchten, müssen Sie entscheiden, welcher Tag und welches Jahr mit angezeigt werden.

In diesem Beispiel wollen wir immer den Ersten des Monats und das Jahr 2010 sehen. So lautet die Formel:

```
=DATUM(2010;A2;1)
```

Das Ergebnis sehen Sie in der folgenden Abbildung in der Spalte B.

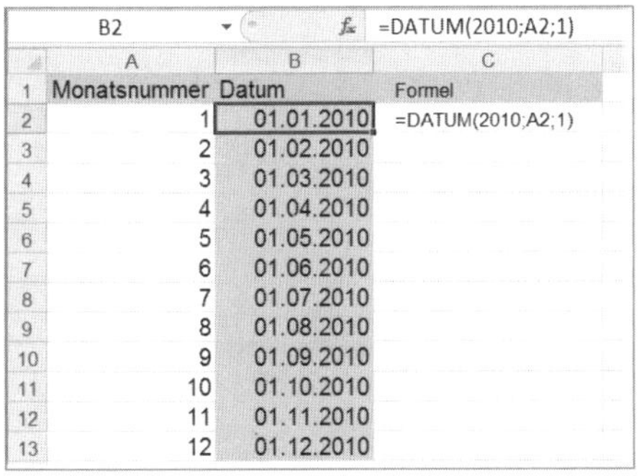

Bild 4.13: Ein zusammengesetztes Datum mit festen Werten

Wenn Sie aus der Monatsnummer in Spalte A den ausgeschriebenen Monatsnamen wünschen, müssen Sie die oben beschriebene Berechnung erzeugen. Formatieren Sie dann die Zellen mit dem benutzerdefinierten Zahlenformat:

```
MMMM
```

136 *Kapitel 4: Datums- und Zeitfunktionen*

So lassen Sie sich den Monatsnamen ausgeschrieben anzeigen.

	B2	▼	*fx*	=DATUM(2010;A2;1)	
	A	B	C	
1	Monatsnummer	Datum	Format	
2	1	Januar	MMMM	
3	2	Februar		
4	3	März		
5	4	April		
6	5	Mai		
7	6	Juni		
8	7	Juli		
9	8	August		
10	9	September		
11	10	Oktober		
12	11	November		
13	12	Dezember		

Bild 4.14: Ein zusammengesetztes Datum mit festen Werten und einer benutzerdefinierten Formatierung

Tipp: In Kapitel 1 wurden die benutzerdefinierten Zahlenformate beschrieben.

4.6.3   Wer hat nächsten Monat Geburtstag?

Sie haben eine Geburtsgagsliste und möchten wissen, wer im ersten Halbjahr Geburtstag feiert.

Eine mögliche Lösung besteht darin, zu ermitteln, wann die Person in diesem Jahr feiert, also das Geburtsjahr in das aktuelle Jahr umwandeln zu lassen und danach mit dem benutzerdefinierten AutoFilter den gewünschten Zeitbereich zu durchsuchen.

Die Funktion lautet:

```
=DATUM(JAHR(HEUTE());MONAT(C3);TAG(C3))
```

Der Teil

```
=DATUM(JAHR(HEUTE());
```

ermittelt immer das aktuelle Jahr.

Der restliche Teil

```
MONAT(C3);TAG(C3))
```

fügt den Monat und den Tag des Geburtsdatums hinzu.

Die folgende Abbildung zeigt das Ergebnis.

	D2	▼	*fx*	=DATUM(JAHR(HEUTE());MONAT(C2);TAG(C2))	
	A	B	C	D	E
1	Vorname	Nachname	Geburtstag	GebTagDiesesJahr	Formel
2	Oskar	Waalkes	11.01.1955	11.01.2010	=DATUM(JAHR(HEUTE());MONAT(C2);TAG(C2))
3	Susi	Sorglos	21.01.1963	21.01.2010	
4	Gisela	Mueller	10.10.1949	10.10.2010	
5	Frank	Gruen	27.01.1972	27.01.2010	

Bild 4.15: Wann feiert die Person in diesem Jahr Geburtstag?

Jetzt kann über den AutoFilter ein Bereich, der gezeigt werden soll, ausgewählt werden. In diesem Beispiel sollen alle Personen gezeigt werden, die im März Geburtstag haben.

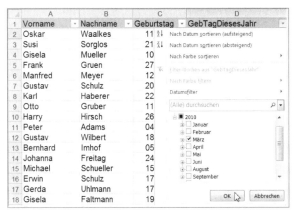

Bild 4.16: Der AutoFilter zeigt nur die gewünschten Geburtstage.

Nachdem Sie den AutoFilter mit *OK* bestätigt haben, werden nur die Personen angezeigt, die im gewählten Zeitraum Geburtstag feiern.

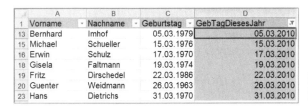

Bild 4.17: Diese sieben Personen feiern im März Geburtstag

4.7 DATWERT

Konvertiert einen Text in ein Datum.

Syntax
=DATWERT(Datumstext)

Parameter
Datumstext   Eine Zelladresse, in der ein Datum steht, das als Text erfasst wurde.

Ähnliche Funktionen
DATUM()

4.7.1 Aus einem Text ein Datum erstellen

Sie haben von einem anderen Computersystem ein Datum erhalten und Excel interpretiert dieses Datum als Text. Dann kann die Funktion DATWERT daraus wieder ein Datum erstellen, mit dem Sie weitere Auswertungen anfertigen können.

1. Öffnen Sie die Datei *DATWERT.XLSX* und aktivieren Sie das Register *Datewert_1*. Setzen Sie den Cursor in die Zelle C7.
2. Öffnen Sie den Funktions-Assistenten und starten Sie die Funktion DATWERT.
3. Für das Feld *Datumstext* markieren Sie die Zelle A7.
4. Bestätigen Sie mit *OK*.

Die Funktion sieht folgendermaßen aus:

```
=DATWERT(A7)
```

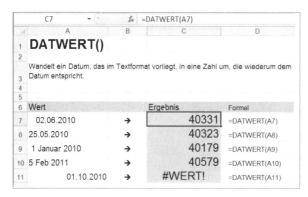

Bild 4.18: Ein Text wird zum Datum umgewandelt

Die ersten vier Beispiele in C7 bis C10 verweisen auf Zellen, in denen ein Datum jeweils als Text steht. Das Ergebnis ist eine Zahl, mit der weiter gerechnet werden kann. Im nächsten Schritt werden diese vier Zahlen als Datum formatiert.

Im Beispiel wurde in die Zelle A11 ein korrektes Datum eingegeben. Die Funktion DATWERT liefert einen Fehler.

Wenn Sie jetzt alle Ergebniszellen markieren und das Datumsformat zuweisen, dann haben Sie aus Texten gültige Daten gemacht – bis auf die Zelle C11, da der Ausgangswert bereits ein gültiges Datum war.

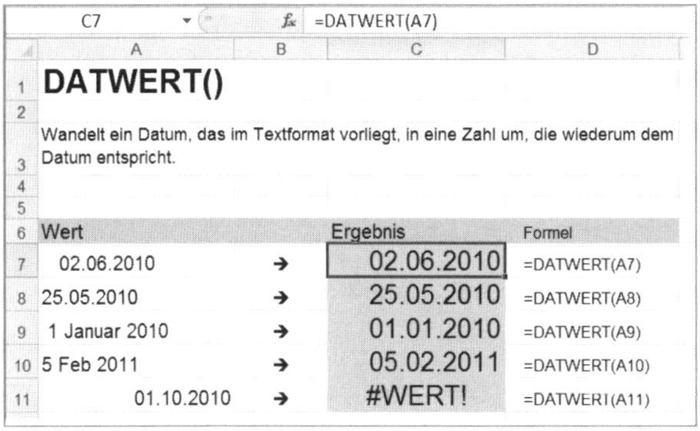

4.7 DATWERT **139**

Bild 4.19: Das Ergebnis wird jetzt noch im Datumsformat gestaltet.

Angenommen, Sie möchten in der Spalte C immer ein Datum sehen. Dann müssen Sie die Formel in C7 etwas erweitern und nach unten kopieren.

```
=WENN(ISTFEHLER(DATWERT(A7));A7;DATWERT(A7))
```

Die Funktion ISTFEHLER prüft nur, ob ein Fehler vorliegt oder nicht. Sie gibt nur das Ergebnis WAHR oder FALSCH aus. Der Teil der Formel

```
ISTFEHLER(DATWERT(A7))
```

prüft, ob die Funktion DATWERT einen Fehler findet. Dann steht in der geprüften Zelle ein Datum, welches dann genommen wird. Sonst wird die Funktion DATWERT ausgeführt.

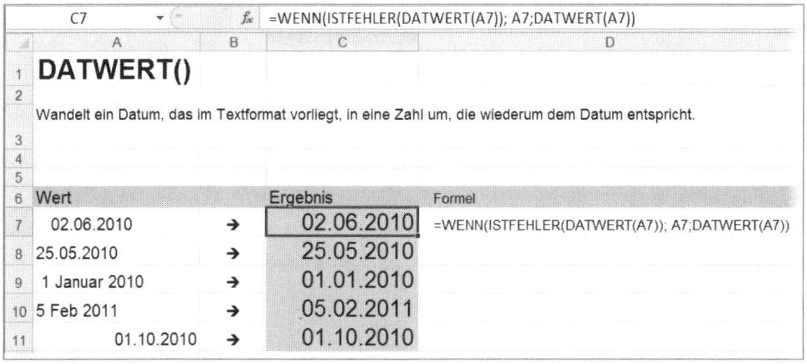

Bild 4.20: Alle Werte als Datum

4.7.2 Ein Datum wiederherstellen

In einer Auswertung steht der Monat als einzelne Zahl. So steht in einer Zelle eine 7. Sie wissen, dass dies der Monat Juli ist, aber Excel erkennt dies nicht auf Anhieb.

In der folgenden Abbildung steht in der Spalte A jeweils nur eine Zahl zwischen 1 und 12. Wenn Sie nur diese Angabe haben und aus dieser Zahl ein Datum machen möchten, müssen Sie entscheiden, welcher Tag und welches Jahr mit angezeigt werden.

In diesem Beispiel wollen wir immer den Ersten des Monats und das Jahr 2010 sehen. So lautet die Formel:

```
=DATWERT("01."&A2&".2010")
```

Der erste Teil

```
=DATWERT("01."& A2
```

schreibt immer 01. und verknüpft dann den Inhalt der Zelle A2.

Der zweite Teil

```
&".2010")
```

verknüpft den ersten Teil mit dem festen Wert 2010. Formatieren Sie das Ergebnis jetzt nur noch mit einem Datumsformat.

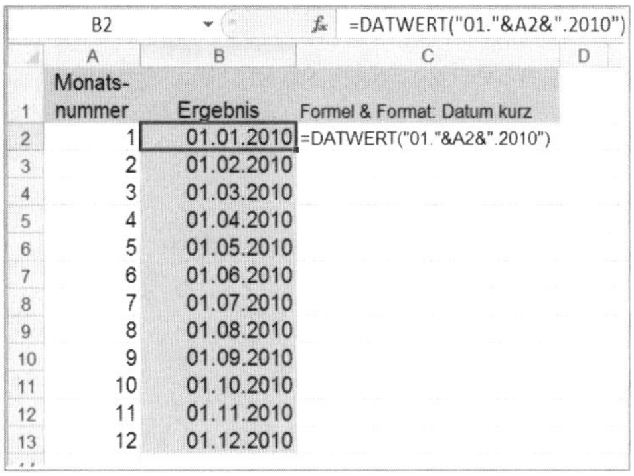

	A	B	C	D
	B2	▾	fx	=DATWERT("01."&A2&".2010")
1	Monats-nummer	Ergebnis	Formel & Format: Datum kurz	
2	1	01.01.2010	=DATWERT("01."&A2&".2010")	
3	2	01.02.2010		
4	3	01.03.2010		
5	4	01.04.2010		
6	5	01.05.2010		
7	6	01.06.2010		
8	7	01.07.2010		
9	8	01.08.2010		
10	9	01.09.2010		
11	10	01.10.2010		
12	11	01.11.2010		
13	12	01.12.2010		

Bild 4.21: Ein zusammengesetztes Datum mit festen Werten

4.8   EDATUM

Liefert das Datum, das eine bestimmte Anzahl von Monaten nach dem gegebenen Ausgangsdatum liegt.

Syntax

```
=EDATUM(Ausgangsdatum; Monate)
```

Parameter

Ausgangsdatum	Eine Zelladresse mit einem gültigen Datum.
Monate	Die Anzahl der Monate, die zum *Ausgangsdatum* addiert werden sollen.

Ähnliche Funktionen

ARBEITSTAG()

4.8.1 Wann kommt die Ware?

Wenn ein Lieferant Ihnen zusichert, die Ware in drei Monaten zu liefern, berechnet die Funktion EDATUM das voraussichtliche Lieferdatum.

1. Öffnen Sie die Datei *EDATUM.XLSX* und aktivieren Sie das Register *Edatum_1*. Setzen Sie den Cursor in die Zelle C9.
2. Öffnen Sie den Funktions-Assistenten und starten Sie die Funktion EDATUM.
3. In diesem Beispiel haben wir in die Zelle C6 das *Ausgangsdatum*, den 28.02.2010, geschrieben.
4. Die voraussichtliche Lieferung erfolgt in drei Monaten. Diese Zahl haben wir in die Zelle C7 geschrieben. Fügen Sie die Zelladresse ins Feld *Monate* ein.
5. Bestätigen Sie mit *OK*.

Die Funktion sieht folgendermaßen aus:

`=EDATUM(C6;C7)`

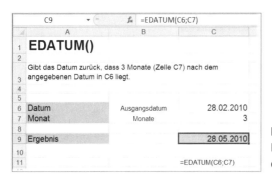

Bild 4.22: Der voraussichtliche Liefertermin für die Ware, die in drei Monaten kommen soll.

Excel errechnet uns jetzt den 28.05.2010 als Liefertermin für die Ware.

Sie können auch »rückwärtsrechnen«, indem Sie einen negativen Wert eingeben. Die folgende Abbildung zeigt das Beispiel:

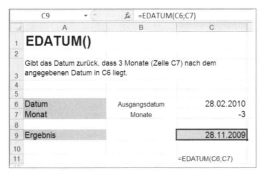

Bild 4.23: Vor drei Monaten war der 28.11.2009.

4.9 HEUTE

Liefert das aktuelle Tagesdatum. Die Funktion benötigt keine Parameter.

Syntax

=HEUTE()

Ähnliche Funktionen

JETZT()

4.9.1 Die Anzahl der Tage zwischen heute und einem Datum

Vielleicht interessiert es Sie, wie viele Tage Sie schon gelebt haben oder wie viele Tage es noch bis Weihnachten sind?

Da sich diese Ergebnisse mit jedem Tag verändern, benötigen Sie immer das aktuelle Datum.

1. Öffnen Sie die Datei *HEUTE.XLSX* und aktivieren Sie das Register *Heute_1*.
2. In der Zelle A5 haben wir die Funktion HEUTE eingesetzt.
3. In B5 wurde ein Geburtsdatum eingetragen.
4. In C5 haben wir den Inhalt der Zelle mit dem heutigen Datum das Geburtsdatum abgezogen. Das Ergebnis haben wir als Standard formatiert.

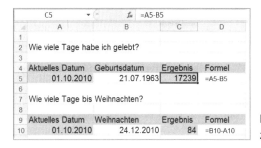

Bild 4.24: Anzahl der Tage zwischen zwei Daten

Am 01.10.2010 hat unsere Person also bereits 17239 Tage gelebt.

4.10 JAHR

Liefert die Jahreszahl aus einem Datum.

Syntax

=JAHR(Zahl)

Parameter

Zahl   Eine Zelladresse mit einem gültigen Datum.

Ähnliche Funktionen

TAG(), MONAT()

4.11 JETZT

Liefert das aktuelle Tagesdatum und die aktuelle Uhrzeit. Die Funktion benötigt, wie HEUTE(), keine Parameter.

Syntax

=JETZT()

Ähnliche Funktionen

HEUTE()

4.11.1 Die Funktion JETZT mit Formaten

Die Funktion JETZT zeigt Ihnen das aktuelle Datum und die aktuelle Uhrzeit.

1. Öffnen Sie die Datei *JETZT.XLSX* und aktivieren Sie das Register *Jetzt_1*. Setzen Sie den Cursor in die Zelle C6.
2. Rufen Sie den Funktions-Assistenten auf und starten Sie die Funktion JETZT.
3. Bestätigen Sie mit *OK*.

Die Funktion sieht folgendermaßen aus:

=JETZT()

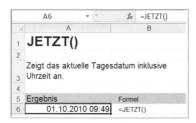

Bild 4.25: Die Funktion JETZT

Die folgende Abbildung zeigt die Funktion JETZT mit verschiedenen Formatierungen.

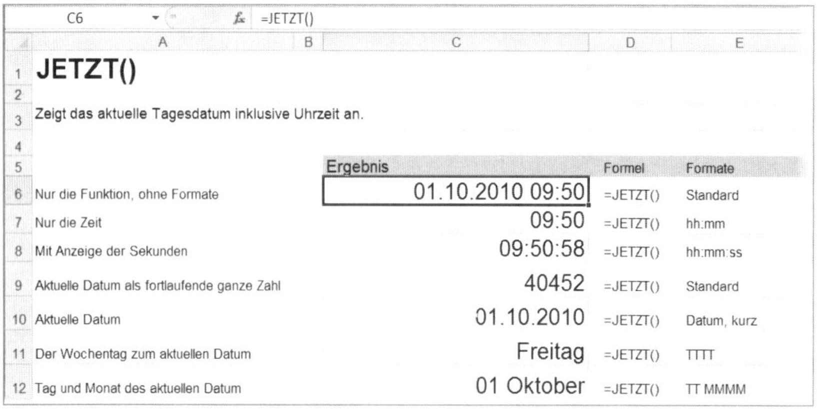

144 *Kapitel 4: Datums- und Zeitfunktionen*

Bild 4.26: Die Funktion JETZT mit verschiedenen Formaten

Tipp: Mit der Funktion JETZT ermitteln Sie die aktuelle Uhrzeit.

4.12 KALENDERWOCHE

Mit der Funktion KALENDERWOCHE wird die Nummer der aktuellen Woche angezeigt.

Syntax

```
=KALENDERWOCHE(Fortlaufende_Zahl; Zahl_Typ)
```

Parameter

Fortlaufende_Zahl Die Zelladresse mit dem Datum, aus dem Sie die Wochennummer
ermitteln möchten.

Zahl_Typ Tag, an dem die Woche beginnt. Nach Eingabe des Semikolons
erscheint die Liste der Tage mit zugehöriger Nummer, die den
Wochenbeginn repräsentiert.

4.12.1 Die Nummer der Woche finden

Für ein bestimmtes Datum möchten Sie die Nummer der Woche ermitteln.

1. Öffnen Sie die Datei *KALENDERWOCHE.XLSX* und aktivieren Sie das Register
Kalenderwoche_1. Öffnen Sie über den Funktions-Assistenten die Funktion
KALENDERWOCHE.

2. Das *Datum* steht in der Zelle A6.

3. Der Rückgabewert ist 2, da die Woche an einem Montag beginnt.

4. Bestätigen Sie mit *OK*.

Die Funktion sieht folgendermaßen aus:

=KALENDERWOCHE(A6;2)

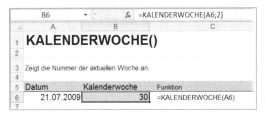

Bild 4.27: Die Nummer der Woche wird durch die Funktion KALENDERWOCHE angezeigt.

Der 21. Juli 2009 liegt in der 30. Kalenderwoche.

4.13 MINUTE

Liefert die Minute(n) aus einer Uhrzeit.

Syntax
=MINUTE(Zahl)

Parameter
Zahl   Eine Zelladresse mit einer gültigen Uhrzeit.

Ähnliche Funktionen
STUNDE(), SEKUNDE()

4.14 MONAT

Liefert die Monatszahl aus einem Datum.

Syntax
=MONAT(Zahl)

Parameter
Zahl   Eine Zelladresse mit einem gültigen Datum.

Ähnliche Funktionen
TAG(), JAHR()

4.14.1 Die Funktion MONAT

Vielleicht benötigen Sie von einem Datum nur die Monatsangabe.

1. Öffnen Sie die Datei *MONAT.XLSX* und aktivieren Sie das Register *Monat_1*. Setzen Sie den Cursor in die Zelle B6.
2. Öffnen Sie den Funktions-Assistenten und starten Sie die Funktion MONAT.
3. Ins Feld *Zahl* kommt die Zelladresse der Zelle, aus der Sie den Monat extrahieren möchten. In diesem Beispiel ist es die Zelle A6.
4. Bestätigen Sie mit *OK*.

Die Funktion sieht folgendermaßen aus:

```
=MONAT(A6)
```

5. Kopieren Sie die Funktion mit einem Doppelklick nach unten.

Bild 4.28: Der extrahierte Monat aus einem Datum

4.14.2 Die Anzahl der neuen Kunden pro Monat

Nun möchten Sie herausfinden, wie viele neue Kunden Sie pro Monat bekommen haben. Sie habe eine Liste, in der Sie zu jedem Kunden das Datum des ersten Kontakts gepflegt haben. Über die Funktion MONAT haben Sie bereits die Monatsnummer extrahiert.

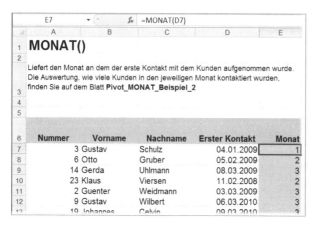

Bild 4.29: Die Liste der Kunden mit dem Datum und dem Monat des ersten Kontakts

Jetzt können Sie über eine Pivot-Tabelle ermitteln, in welchem Monat Sie wie viele neue Kunden bekommen haben.

1. Setzen Sie den Cursor in die Liste.
2. Aktivieren Sie das Register *Einfügen* und wählen Sie über die Schaltfläche *PivotTable* den Eintrag *PivotTable*.
3. Kontrollieren Sie die Zellen, die zur Erstellung der Pivot-Tabelle notwendig sind.

Bild 4.30: Die Zellen bestimmen, die zur Erstellung der Pivot-Tabelle notwendig sind

4. Bestätigen Sie mit *OK*.
5. Ziehen Sie jetzt aus der Feldliste den *Monat* in das Feld *Zeilenbeschriftungen*.
6. Ziehen Sie jetzt aus der Feldliste das Feld *Nachname* in das Feld *Werte*.

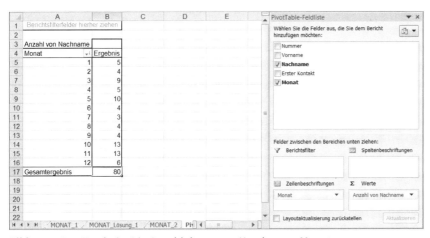

Bild 4.31: Das Ergebnis: Die Anzahl der neuen Kunden pro Monat

Sie erkennen an diesem Beispiel, dass Sie im Oktober und im November die meisten neuen Kunden gewonnen haben.

4.15 MONATSENDE

Liefert für ein Datum den letzten Tag im angegebenen Monat als Datum.

148 Kapitel 4: Datums- und Zeitfunktionen

Syntax

```
=MONATSENDE(Ausgangsdatum; Monate)
```

Parameter

Ausgangsdatum	Die Zelladresse mit einem gültigen Datum.
Monate	Anzahl der Monate vor oder nach dem Ausgangsdatum.

4.15.1 Der letzte Tag im angegebenen Monat

Im folgenden Beispiel liefert die Funktion MONATSENDE den letzten Tag des Monats für die Anzahl der angegebenen Monate. Im Beispiel ist für den Parameter *Monat* der Wert 0 angegeben, sodass der letzte Tag des aktuellen Monats ausgerechnet wird.

1. Öffnen Sie die Datei *MONATSENDE.XLSX* und aktivieren Sie das Register *Monatsende_1*. Setzen Sie den Cursor in die Zelle B6.

2. Öffnen Sie den Funktions-Assistenten und starten Sie die Funktion MONATSENDE.

3. In diesem Beispiel haben wir in die Zelle A6 das *Ausgangsdatum*, den 28.02.2010, geschrieben.

4. Sie wollen den letzten Tag des aktuellen Monats sehen. Deshalb geben Sie eine 0 ins Feld *Monate* ein.

5. Bestätigen Sie mit *OK*.

Die Funktion sieht folgendermaßen aus:

```
=MONATSENDE(A6;0)
```

6. Kopieren Sie die Funktion nach unten.

Das Ergebnis müssen Sie gegebenenfalls im Datumsformat gestalten.

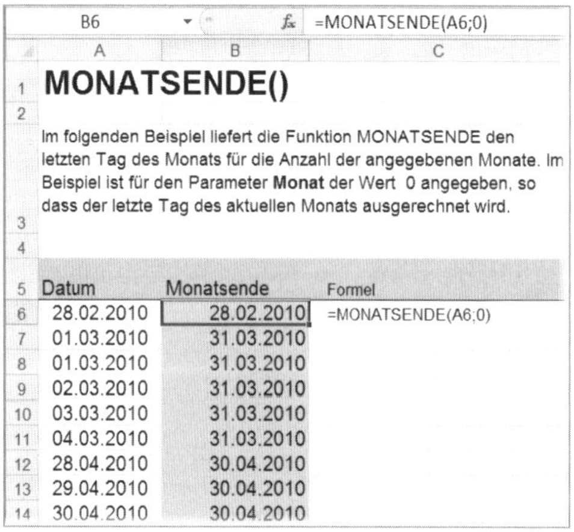

Bild 4.32: Der letzte Tag des aktuellen Monats

Wenn Sie im Parameter *Monate* eine Zahl, beispielsweise eine 5, eintippen, dann werden zum genannten Monat fünf Monate hinzuaddiert und vom Ergebnis der letzte Tag gezeigt. Für den 05.06.2010 und der Zahl 5 wird der 30.11.2010 als Ergebnis geliefert.

Die folgende Abbildung zeigt ein paar Beispiele mit dem Parameter *Monate*.

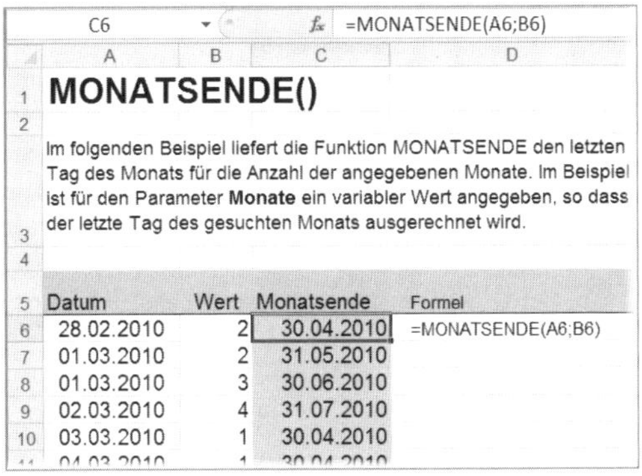

Bild 4.33: Der letzte Tag des gesuchten Monats

4.16   NETTOARBEITSTAGE

Wenn Sie nur die Anzahl der Arbeitstage zwischen zwei Daten wünschen, müssen Sie die Funktion NETTOARBEITSTAGE einsetzen. Diese Funktion geht also von einer Fünftagewoche aus.

In dieser Funktion können Sie zusätzlich die Feiertage angeben, sodass diese nicht in die Berechnung einfließen.

Syntax

```
=NETTOARBEITSTAGE(Ausgangsdatum; Enddatum; Freie_Tage)
```

Parameter

Ausgangsdatum	Die Zelladresse mit dem Datum, ab dem gezählt werden soll.
Enddatum	Die Zelladresse mit dem Datum, bis zu dem die Zählung gehen soll.
Freie_Tage	Die Liste der Feiertage bzw. die Tage, die nicht mitgezählt werden sollen.

4.16.1   Die Anzahl der Arbeitstage eines Monats ermitteln

Sie wissen zwar, wie viele Tage der Mai 2010 hat, möchten aber die Anzahl der Tage ohne die Wochenenden wissen. Im zweiten Teil möchten Sie wissen, wie viele Tage der Mai abzüglich Wochenenden und Feiertage hat.

Zu dem Zweck brauchen Sie eine Liste der Feiertage. Auf dem Register *Feiertage* finden Sie eine Liste. Die Zellen von A2 bis A17 haben den Bereichsnamen *Feiertage*.

1. Öffnen Sie die Datei *NETTOARBEITSTAGE.XLSX* und aktivieren Sie das Register *Nettoarbeitstage_1*.

2. Setzen Sie den Cursor in die Zelle, in der Sie das Ergebnis sehen möchten. In diesem Beispiel ist es die Zelle C7.

3. Starten Sie den Funktions-Assistenten und suchen Sie die Funktion NETTOARBEITSTAGE.

4. Ins Feld *Ausgangsdatum* geben Sie die Zelladresse ein, in der das erste Datum, also der Startwert steht. In diesem Beispiel ist es die Zelle A7.

5. Die Zelladresse des Bis-Datums kommt ins Feld *Enddatum*. In diesem Beispiel ist es die Zelle B7.

6. Bestätigen Sie mit *OK*.

In der Zelle C7 steht nun folgende Funktion:

```
=NETTOARBEITSTAGE(A7;B7)
```

7. Setzen Sie den Cursor in die Zelle C12 und starten Sie die Funktion NETTOARBEITSTAGE über den Funktions-Assistenten.

8. Geben Sie ins Feld *Ausgangsdatum* die Zelle A12 ein.

9. Ins Feld *Enddatum* geben Sie B12 ein.

10. Ins Feld *Freie_Tage* geben Sie den Bereichsnamen *Feiertage* ein.

11. Bestätigen Sie mit *OK*.

In der Zelle C12 steht nun folgende Funktion:

```
=NETTOARBEITSTAGE(A12;B12;Feiertage)
```

Bild 4.34: Die Anzahl der Tage zwischen zwei Daten

4.16.2 Die Anzahl der Arbeitstage zwischen zwei Daten ermitteln

Nun möchten Sie die Anzahl der Arbeitstage zwischen zwei Daten ermitteln. Sie wollen herausbekommen, wie viele Tage zwischen dem Beschwerdedatum und dem Lösungsdatum liegen.

1. Aktivieren Sie das Register *Nettoarbeitstage_2* und setzen Sie den Cursor in die Zelle F6.
2. Geben Sie die folgende Funktion ein:

   `=NETTOARBEITSTAGE(D6;E6;Feiertage)`

3. Kopieren Sie die Funktion nach unten.

Jetzt möchten Sie alle Werte hervorheben, die über einem bestimmten Wert liegen.

4. Markieren Sie die Zellen mit den Ergebnissen.
5. Wählen Sie über das Register *Start* und die Befehlsfolge *Bedingte Formatierung* und *Regeln zum Hervorheben von Zellen* den Eintrag *Größer als*.

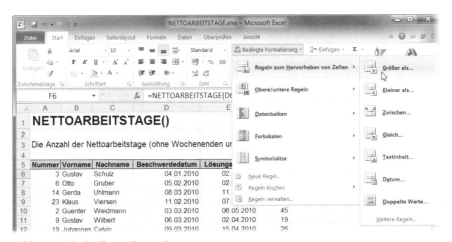

Bild 4.35: Die *bedingte Formatierung*

6. Geben Sie im Fenster *Größer als* den gewünschten Wert ein. In diesem Beispiel wollen wir alle Werte hervorheben, die größer als 20 sind.

Bild 4.36: Die Bedingung

7. Bestätigen Sie mit *OK*.
8. Kopieren Sie mit dem Pinsel die Formate auf die anderen Zellen.

152 Kapitel 4: Datums- und Zeitfunktionen

	A	B	C	D	E	F	G
1	**NETTOARBEITSTAGE()**						
2							
3	Die Anzahl der Nettoarbeitstage (ohne Wochenenden und ohne Feiertage) finden.						
4							
5	Nummer	Vorname	Nachname	Beschwerdedatum	Lösungsdatum	Anz Tage	
6	3	Gustav	Schulz	04.01.2010	02.02.2010	22	=NETTOARBEITSTAGE(D6;E6;Feiertage)
7	6	Otto	Gruber	05.02.2010	02.03.2010	18	
8	14	Gerda	Uhlmann	08.03.2010	11.04.2010	23	
9	23	Klaus	Viersen	11.02.2010	07.04.2010	38	
10	2	Guenter	Weidmann	03.03.2010	06.05.2010	45	
11	9	Gustav	Wilbert	06.03.2010	02.04.2010	19	
12	19	Johannes	Celvin	09.03.2010	15.04.2010	26	

Bild 4.37: Das Ergebnis: Die Anzahl der Arbeitstage und das Hervorheben bestimmter Werte

Die Feiertage erfassen

Wenn Sie sich entschieden haben, die Feiertage aus der Anzahl der Tage herauszunehmen, benötigen Sie eine Liste aller Feiertage.

> **Tipp:** Beachten Sie, dass diese Liste nicht vollständig ist, da viele Feiertage länderabhängig sind.

Wenn Sie die Liste der Feiertage haben, können Sie den Zellen mit den Daten einen Bereichsnamen geben.

1. Markieren Sie die Zellen mit dem Datum. Im aktuellen Beispiel sind es die Zellen A2 bis A17.
2. Aktivieren Sie das Register *Formeln* und wählen Sie *Namen definieren*.
3. Geben Sie den markierten Zellen einen Namen, z. B. *Feiertage*.

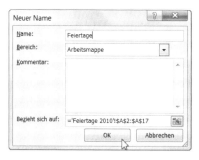

Bild 4.38: Einen Bereichsnamen vergeben

4. Bestätigen Sie mit *OK*.

> **Tipp:** In Kapitel 2 wird das Thema Bereichsnamen behandelt.

4.17 NETTOARBEITSTAGE.INTL

Wenn Sie die Anzahl der Arbeitstage zwischen zwei Daten wünschen, müssen Sie die Funktion NETTOARBEITSTAGE.INTL einsetzen. Sie können das Wochenende frei bestimmen.

In dieser Funktion können Sie zusätzlich die Feiertage angeben, sodass diese nicht in die Berechnung einfließen.

Syntax

```
=NETTOARBEITSTAGE.INTL(Ausgangsdatum; Enddatum; Wochenende; Freie_Tage)
```

Parameter

Ausgangsdatum — Die Zelladresse mit dem Datum, ab dem gezählt werden soll.

Enddatum — Die Zelladresse mit dem Datum, bis zu dem die Zählung gehen soll.

Wochenende — Eine Nummer, die das Wochenende repräsentiert.

Freie_Tage — Die Liste der Feiertage bzw. die Tage, die nicht mitgezählt werden sollen.

Die folgende Tabelle gibt Aufschluss über die Definition der Tage, die das Wochenende darstellen. Wird der Parameter nicht angegeben, gelten Samstag und Sonntag als Wochenende.

Nummer	Wochenende
1 oder nicht angegeben	Samstag & Sonntag
2	Sonntag & Montag
3	Montag & Dienstag
4	Dienstag & Mittwoch
5	Mittwoch & Donnerstag
6	Donnerstag & Freitag
7	Freitag & Samstag
11	Nur Sonntag
12	Nur Montag
13	Nur Dienstag
14	Nur Mittwoch
15	Nur Donnerstag
16	Nur Freitag
17	Nur Samstag

4.17.1 Die Anzahl der Arbeitstage ermitteln

Sie möchten wissen, wie viele Tage der Mai 2010 hat, allerdings ohne die Sonntage. Im zweiten Teil möchten Sie wissen, wie viele Tage der Mai abzüglich der Sonntage und der Feiertage hat.

Zu dem Zweck brauchen Sie eine Liste der Feiertage. Auf dem Register *Feiertage* finden Sie eine Liste. Die Zellen von A2 bis A17 haben den Bereichsnamen *Feiertage*.

1. Öffnen Sie die Datei *NETTOARBEITSTAGE.INTL.XLSX* und aktivieren Sie das Register *Nettoarbeitstage.intl_1*.

2. Setzen Sie den Cursor in die Zelle, in der Sie das Ergebnis sehen möchten. In diesem Beispiel ist es die Zelle C7.

3. Starten Sie den Funktions-Assistenten und suchen Sie die Funktion NETTOARBEITSTAGE.INTL.

4. Ins Feld *Ausgangsdatum* geben Sie die Zelladresse ein, in der das erste Datum, also der Startwert steht. In diesem Beispiel ist es die Zelle A7.

5. Die Zelladresse des Bis-Datums kommt ins Feld *Enddatum*. In diesem Beispiel ist es die Zelle B7.

6. Bestätigen Sie mit *OK*.

In der Zelle C7 steht nun folgende Funktion:

```
=NETTOARBEITSTAGE.INTL(A7;B7;11)
```

7. Setzen Sie den Cursor in die Zelle C12 und starten Sie die Funktion NETTOARBEITSTAGE über den Funktions-Assistenten.

8. Geben Sie ins Feld *Ausgangsdatum* die Zelle A12 ein.

9. Ins Feld *Enddatum* geben Sie B12 ein.

10. Ins Feld *Freie_Tage* geben Sie den Bereichnamen *Feiertage* ein.

11. Bestätigen Sie mit *OK*.

In der Zelle C12 steht nun folgende Funktion.

```
=NETTOARBEITSTAGE.INTL(A12;B12;11;Feiertage)
```

Bild 4.39: Die Anzahl der Tage zwischen zwei Daten

4.18 SEKUNDE

Liefert die Sekunde(n) aus einer Uhrzeit.

Syntax

=SEKUNDE(Zahl)

Parameter

Zahl   Eine Zelladresse mit einer gültigen Uhrzeit.

Ähnliche Funktionen

STUNDE(), MINUTE()

4.19 STUNDE

Liefert die Stunde(n) aus einer Uhrzeit.

Syntax

=STUNDE(Zahl)

Parameter

Zahl   Eine Zelladresse mit einer gültigen Uhrzeit.

Ähnliche Funktionen

SEKUNDE(), MINUTE()

4.19.1 Die Funktion STUNDE

Sie benötigen aus einer Uhrzeit die Stunde.

1. Öffnen Sie die Datei *STUNDE.XLSX* und aktivieren Sie das Register *Stunde_1*. Setzen Sie den Cursor in die Zelle B6.
2. Rufen Sie den Funktions-Assistenten auf und starten Sie die Funktion STUNDE.
3. Ins Feld *Zahl* kommt die Zelladresse der Zelle, aus der Sie die Stunde extrahieren möchten. In diesem Beispiel ist es die Zelle A6.
4. Bestätigen Sie mit *OK*.

Die Funktion sieht folgendermaßen aus:

```
=STUNDE(A6)
```

5. Kopieren Sie die Funktion mit einem Doppelklick nach unten.

B6 =STUNDE(A6)

STUNDE()

Liefert den Stundenwert zu einer Uhrzeit.

Uhrzeit	Stunde	Formel
00:05:01	0	=STUNDE(A6)
01:06:02	1	
02:07:03	2	
03:08:04	3	
04:09:05	4	
05:10:06	5	

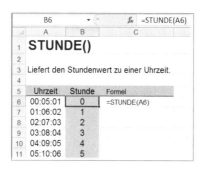

Bild 4.40: Die extrahierten Stunden aus einer Uhrzeit

4.19.2 Die Anzahl der Anrufe

Sie betreiben ein Callcenter und zur Personalplanung möchten Sie wissen, zu welcher Stunde Sie die meisten Anrufe erreichen. Sie haben in den vergangenen Wochen jeden Anruf und die Uhrzeit dokumentiert. Jetzt lassen Sie sich über die Funktion STUNDE die Stunde anzeigen, in der der Anruf einging.

E7 =STUNDE(D7)

STUNDE()

Liefert die Stunde in der der Anruf angekommen ist. Die Auswertung, wie viele Kunden in der jeweiligen Stunde angerufen haben, finden Sie auf dem Blatt **Pivot_STUNDE_Beispiel_2**

Nummer	Vorname	Nachname	Anruf	Stunde
3	Gustav	Schulz	20:12	20
6	Otto	Gruber	21:13	21
14	Gerda	Uhlmann	20:15	20
23	Klaus	Viersen	23:13	23

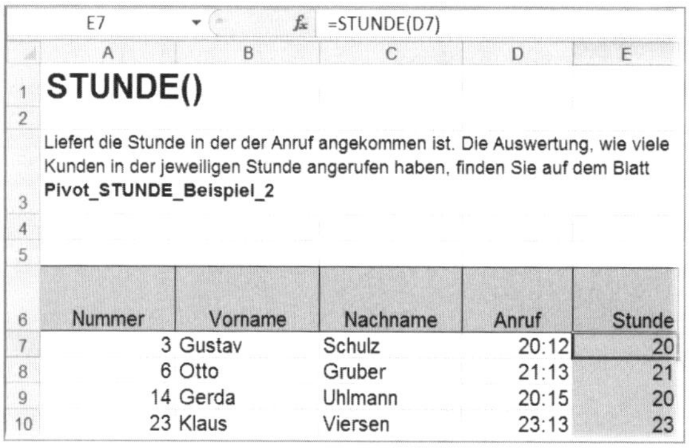

Bild 4.41: Die Liste mit den Uhrzeiten der Anrufe

Jetzt können Sie über eine Pivot-Tabelle ermitteln, zu welcher Stunde Sie wie viele Anrufe bekommen haben.

1. Setzen Sie den Cursor in die Liste.
2. Aktivieren Sie das Register *Einfügen* und wählen Sie über die Schaltfläche *PivotTable* den Eintrag *PivotTable*.
3. Kontrollieren Sie die Zellen, die zur Erstellung der Pivot-Tabelle notwendig sind.

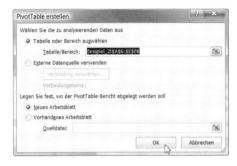

Bild 4.42: Die Zellen bestimmen, die zur Erstellung der Pivot-Tabelle notwendig sind

4. Bestätigen Sie mit *OK*.

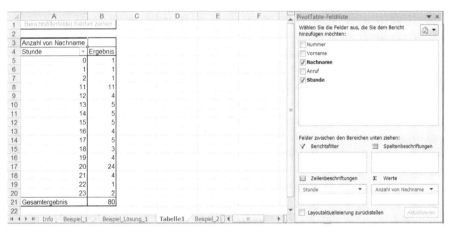

Bild 4.43: Das Ergebnis: Die Anzahl der Anrufe pro Stunde

5. Ziehen Sie jetzt aus der Feldliste das Feld *Stunde* auf das Feld *Zeilenfelder hierher ziehen*.
6. Ziehen Sie jetzt aus der Feldliste das Feld *Nachname* auf das Feld *Datenfelder hierher ziehen*.

Sie erkennen an diesem Beispiel, dass Sie um 20 Uhr die meisten Anrufe erhalten haben.

4.19.3 Die Filmlänge berechnen

Für ein weiteres Beispiel zum Rechnen mit Uhrzeiten benötigen Sie die drei Funktionen nicht. Stellen Sie sich vor, Sie haben die Anfangs- und Endzeiten eines Films und möchten jetzt wissen, wie viele Minuten der Film läuft.

Die Anfangs- bzw. die Endzeit stehen in den Zellen C3 und C4. Als Erstes berechnen wir die Dauer in Stunden, also wie viele Stunden der Film läuft. Dazu ziehen wir die Anfangszeit von der Endzeit ab und multiplizieren das Ergebnis mit 24.

```
=(C9-C8)*24
```

Um die Laufzeit in Minuten zu ermitteln, müssen Sie den Rechenschritt wie oben noch einmal durchführen und zusätzlich mit 60 multiplizieren.

```
=(C9-C8)*24*60
```

Um die Laufzeit in Sekunden zu ermitteln, müssen Sie den Rechenschritt wie bei den Minuten durchführen und zusätzlich mit 60 multiplizieren.

```
=(C9-C8)*24*60*60
```

Das Beispiel finden Sie auf dem Register *Beispiel_3*.

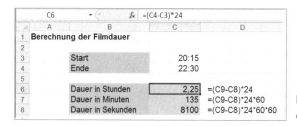

Bild 4.44: Die Länge des Films berechnen

4.19.4 Die Filmlänge über Mitternacht hinaus berechnen

Wenn der Film über Mitternacht hinaus läuft, müssen Sie Berechnung um eine WENN-Funktion erweitern.

Wenn das Ende kleiner ist als der Anfang, dann rechne 1 hinzu.

Für die Berechnung der Minuten lautet die Formel:

```
=WENN(C7<C6;((C7-C6)+1)*24*60;(C7-C6)*24*60)
```

Das Beispiel finden Sie auf dem Register *Beispiel_4*.

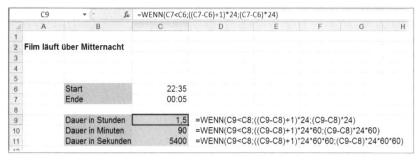

Bild 4.45: Die Länge des Films berechnen, wenn er über Mitternacht hinaus läuft

4.20 TAG

Liefert die Tageszahl aus einem Datum.

Syntax

=TAG(Zahl)

Parameter

Zahl   Eine Zelladresse mit einem gültigen Datum.

Ähnliche Funktionen

MONAT(), JAHR()

4.20.1 Die Funktion TAG

Nehmen wir an, Sie benötigen von einem Datum nur die Tagesangabe.

1. Öffnen Sie die Datei *TAG.XLSX* und aktivieren Sie das Register *Tag_1*. Setzen Sie den Cursor in die Zelle B6.
2. Öffnen Sie den Funktions-Assistenten und starten Sie die Funktion TAG.
3. Ins Feld *Zahl* kommt die Zelladresse B6, aus der Sie den Tag extrahieren möchten.
4. Bestätigen Sie mit *OK*.

Die Funktion sieht folgendermaßen aus:

=TAG(A6)

5. Kopieren Sie die Funktion mit einem Doppelklick nach unten.

Bild 4.46: Der extrahierte Tag aus einem Datum

4.21 TAGE360

Mit dieser Funktion ermitteln Sie die Anzahl der Tage zwischen zwei Daten. Dabei geht diese Funktion davon aus, dass jeder Monat 30 Tage hat.

Syntax

=TAGE360(Ausgangsdatum; Enddatum; Methode)

Parameter

Ausgangsdatum   Die Zelladresse mit dem Datum, vom dem aus die Anzahl der gesuchten Tage berechnet wird.

Enddatum   Die Zelladresse mit dem Datum, bis zu dem die Anzahl der gesuchten Tage berechnet wird.

Methode   Ein Wahrheitswert. Bei *Falsch* wird die amerikanische Methode genommen, bei *Wahr* die europäische.

Methode	Beschreibung
Wahr	Europäisch
	Der 31. eines Monats wird zum 30.
Falsch	Amerikanisch
	Hier wird in Abhängigkeit vom Anfangsdatum gerechnet. Wenn das Anfangsdatum vor dem 30. eines Monats liegt, wird der 31. zum 1. des folgenden Monats. In den anderen Fällen wird der 31. eines Monats zum 30.

4.21.1 Die Anzahl der Tage zwischen zwei Daten

Manchmal möchte man wissen, wie viele Tage zwischen zwei Daten liegen.

1. Öffnen Sie die Datei *TAGE360.XLSX* und aktivieren Sie das Register *Tage360_1*. Öffnen Sie über den Funktions-Assistenten die Funktion TAGE360.

2. Das *Anfangsdatum* steht in der Zelle C5, es ist der 01.01.2010.

3. Das *Enddatum* steht in Zelle C6.
4. Geben Sie ins Feld *Methode* das Wort *Wahr* ein, um die europäische Methode auszuwählen.

Die Funktion sieht folgendermaßen aus:

=TAGE360(C5;C6;WAHR)

Bild 4.47:
Datumsdifferenzen mit der Funktion TAGE360 ermitteln

Sie erkennen, dass die Differenz zwischen den beiden Daten aus der oberen Abbildung mit der Funktion TAGE360 genau 360 Tage sind. Die tatsächliche Differenz wird in Zelle D9 ermittelt, es sind 365 Tage.

4.22 WOCHENTAG

Die Funktion WOCHENTAG zeigt anhand eines Datums die Nummer des aktuellen Wochentags, wobei der Sonntag die Nummer 1, der Montag die Nummer 2 usw. annehmen kann.

Über einen Parameter kann die Nummernvergabe angepasst werden.

Syntax

=WOCHENTAG(Zahl; Typ)

Parameter

Zahl   Die Zelladresse mit dem Datum, dessen Wochentagsnummer ermittelt werden soll.

Typ   Der Typ steht für eine Zahl von 1 bis 3. Die folgende Tabelle gibt Aufschluss über die Zahlen.

Typ	Beschreibung
1	1 für Sonntag bis 7 für Samstag
2	1 für Montag bis 7 für Sonntag
3	0 für Montag bis 6 für Sonntag

4.22.1 Die Nummer des Wochentags ermitteln

Sie haben ein Datum und möchten die Nummer des Wochentags ermitteln.

1. Öffnen Sie die Datei *WOCHENTAG.XLSX* und aktivieren Sie das Register *Wochentag_1*. Öffnen Sie über den Funktions-Assistenten die Funktion WOCHENTAG.
2. Die *Zahl* steht in der Zelle C5 und ist ein Datum. Es ist der 21.07.2010.
3. Der *Typ* steht in Zelle C6. In diesem Beispiel ist es die 2.
4. Bestätigen Sie mit *OK*.

Die Funktion sieht folgendermaßen aus:

=WOCHENTAG(C5;C6)

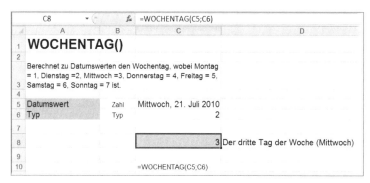

Bild 4.48: Die Funktion WOCHENTAG ermittelt die Nummer des Tages.

In diesem Beispiel ist das Ergebnis 3. Also ist der 21.07.2010 ein Mittwoch.

4.22.2 Wochenenden farbig gestalten

In einer Monatsliste möchten Sie die Wochenenden farbig hervorheben.

1. Markieren Sie die erste Zelle mit einem Datum.
2. Wählen Sie über das Register *Start* und den Befehl *Bedingte Formatierung* den Eintrag *Neue Regel*.
3. Markieren Sie die Zeile *Formel zur Ermittlung der zu formatierenden Zellen verwenden* und geben Sie ins Feld darunter die folgende Funktion ein:

=WOCHENTAG(A8;2)=6

Wenn der Wochentag 6 ist, also Samstag, führe die unten angezeigte Formatierung durch.

4. Klicken Sie auf die Schaltfläche *Format* und stellen Sie die gewünschte Formatierung ein.

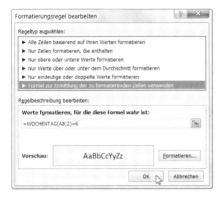

Bild 4.49: Die erste Bedingung färbt die Samstage ein.

5. Erstellen Sie nun noch eine weitere neue Regel mit der folgenden Funktion:

   `=WOCHENTAG(A8;2)=7`

   Wenn der Wochentag eine 7 ist, also Sonntag, dann führe eine andere Formatierung durch.

6. Klicken Sie auf die Schaltfläche *Format* und stellen Sie die gewünschte Formatierung ein.

Bild 4.50: Das Ergebnis: Die Wochenenden werden hervorgehoben.

Wenn die beiden Tage der Wochenenden in einer Farbe gestaltet werden sollen, dann geben Sie die folgende Funktion ein:

`=ODER(WOCHENTAG(A8;2)=6;WOCHENTAG(A8;2)=7)`

Wenn der Wochentag der Zelle entweder 6 oder 7 ist, dann führe die unten angezeigte Formatierung durch.

Bild 4.51: Mittels der bedingten Formatierung werden die Wochenenden farbig dargestellt.

Die bedingte Formatierung und die Funktion WOCHENTAG zusammen färben die Wochenenden ein.

4.22.3 Zuschläge für den Samstag ermitteln

Sie verwalten einige Stundenkräfte, die, wenn sie an einem Samstag arbeiten, einen anderen Stundensatz als den Rest der Woche erhalten.

1. Der Stundensatz für einen Werktag steht in Zelle C7, der für einen Samstag steht in Zelle C8.

2. Geben Sie die folgende Funktion ein:

   ```
   =WENN(WOCHENTAG(A11;2)=6;B11*$C$8;B11*$C$7)
   ```

Wenn der Wochentag ein Samstag ist, dann werden die gearbeiteten Stunden in B11 mit der Zelle C8 multipliziert. Wenn der Wochentag kein Samstag ist, dann werden die gearbeiteten Stunden in B11 mit der Zelle C7 multipliziert.

3. Kopieren Sie die Funktion nach unten.

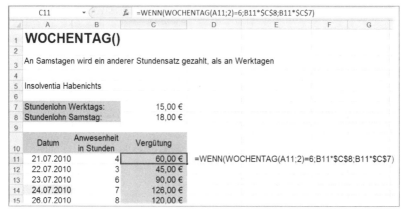

Bild 4.52: Je nach Wochentag wird ein unterschiedlicher Tagessatz zur Berechnung herangezogen.

Wenn Ihre Stundenkräfte an beiden Wochenendtagen arbeiten, dann sieht die Funktion folgendermaßen aus:

```
=WENN(ODER(WOCHENTAG(A11;2)=6;WOCHENTAG(A11;2)=7);B11*$C$8;B11*$C$7)
```

4.23 ZEIT

Erstellt aus den drei Angaben Stunde, Minute und Sekunde einen Zeitwert. Die Kombination muss eine gültige Uhrzeit ergeben, sonst wird ein Fehler ausgegeben.

Syntax
```
=ZEIT(Stunde; Minute; Sekunde)
```

Parameter

Stunde	Die Zelladresse mit der Angabe für die Stunde.
Minute	Die Zelladresse mit der Angabe für die Minute.
Sekunde	Die Zelladresse mit der Angabe für die Sekunde.

4.23.1 Eine Uhrzeit zusammensetzen

Von einem anderen Computersystem erhalten Sie eine Uhrzeit, die in ihre Bestandteile, also Stunde, Minute und Sekunde zerpflückt wurde. Alle drei Informationen stehen in separaten Zellen und Sie möchten daraus wieder eine richtige Zeit herstellen, mit der Sie weiterrechnen können.

Im folgenden Beispiel stehen die Angaben in den Zellen C6 bis C8.

1. Öffnen Sie die Datei *ZEIT.XLSX* und aktivieren Sie das Register *Zeit_1*. Öffnen Sie über den Funktions-Assistenten die Funktion ZEIT.

2. Die Angabe zur *Stunde* steht in der Zelle C6, die Angabe zur *Minute* steht in der Zelle C7 und die Angabe zur *Sekunde* steht in der Zelle C8.

3. Bestätigen Sie dann mit *OK*.

Die Funktion sieht folgendermaßen aus:

```
=ZEIT(C6;C7;C8)
```

Gegebenenfalls müssen Sie die Uhrzeit noch für Ihre Bedürfnisse formatieren.

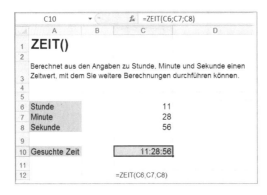

Bild 4.53: Das Beispiel für eine aus drei Parametern zusammengesetzte Zeit

Das Ergebnis ist jetzt die Uhrzeit 11:28:56. Wenn Sie die Funktion ZEIT starten, müssen Sie nur darauf achten, dass die Reihenfolge

`Stunde;Minute;Sekunde`

beachtet wird. Mit dem Ergebnis können Sie jetzt weitere Berechnungen durchführen.

Tipp: Wenn Sie nur die Stunde und die Minute haben und mit *OK* bestätigen, dann erscheint eine Fehlermeldung, weil die Sekunden fehlen. Sollten Sie keine Angaben haben, tippen Sie dort 00 ein.

4.24 ZEITWERT

Konvertiert einen Text in eine Uhrzeit. Falls ein Text eine Zeit darstellt, wird der Zeitwert des Textes ermittelt, wobei 0:00 Uhr den Zeitwert 0, 12:00 den Zeitwert 0,5 und 24:00 den Wert 1 darstellt. Wenn Sie die Zelle im Uhrzeitformat darstellen, wird daraus wieder eine Uhrzeit.

Syntax

`=ZEITWERT(Zeit)`

Parameter

Zeit   Die Zelladresse mit der Uhrzeit, die als Text erfasst wurde.

4.24.1 Aus einem Text ein Datum erstellen

Eine Uhrzeit, die Sie von einem anderen Computersystem erhalten haben, interpretiert Excel als Text. Dann kann die Funktion ZEITWERT daraus wieder eine gültige Uhrzeit erstellen.

Im folgenden Beispiel steht in der Zelle C6 eine Uhrzeit, die von Excel als Text interpretiert wird. Um daraus wieder eine Uhrzeit zu machen, setzen Sie die Funktion ZEITWERT ein.

1. Öffnen Sie die Datei *ZEITWERT.XLSX* und aktivieren Sie das *Register Zeitwert_1*. Öffnen Sie über den Funktions-Assistenten die Funktion ZEITWERT.

2. Die Zeit, die als Text erfasst wurde, befindet sich in der Zelle C6.

3. Bestätigen Sie mit *OK*.

Die Funktion sieht folgendermaßen aus:

=ZEITWERT(C6)

Bild 4.54: Ein Text wird in eine Uhrzeit umgewandelt.

Wir haben in diesem Beispiel zwei Schritte gezeigt. Zum einen haben wir in Zelle C8 den Einsatz und das Ergebnis der Funktion ZEITWERT gezeigt. In der Zelle C10 haben wir das Ergebnis von ZEITWERT durch eine Formatierung wieder in eine gültige Uhrzeit formatiert.

5 Logische Funktionen

Wenn im Leben alles perfekt wäre, bräuchte man keine logischen Funktionen. Um jedoch Entscheidungen zu treffen, bilden die Funktionen dieser Kategorie eine wichtige Grundlage, Ihre Daten auszuwerten.

▣ Download-Link

www.buch.cd

Hier finden Sie alle Beispieldateien übersichtlich nach Kapiteln geordnet.

5.1 FALSCH

Diese Funktion liefert den Wahrheitswert *Falsch*. Die Funktion benötigt keinen Parameter.

Syntax
=FALSCH()

Ähnliche Funktionen
WAHR()

5.1.1 Die Funktion FALSCH

In der folgenden Abbildung sehen Sie, dass die Funktion FALSCH nur den Wahrheitswert *Falsch* liefert.

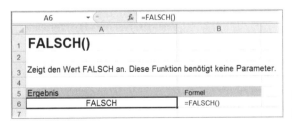

Bild 5.1: Das Ergebnis der Funktion FALSCH

5.2 NICHT

Negiert einen logischen Wert.

> **Tipp:** Alleine ist die Funktion NICHT nicht so nützlich. In Verbindung mit der Funktion WENN ist sie allerdings recht produktiv.

Syntax

```
=NICHT(Wahrheitswert)
```

Parameter

Wahrheitswert   Eine Zelladresse, in dem ein Wahrheitswert steht, der negiert werden soll.

5.2.1 Aus FALSCH wird WAHR und umgekehrt

In der folgenden Abbildung sehen Sie, dass die beiden Werte in A6 und A7 durch die Funktion NICHT negiert werden. In B8 und B9 wird zusätzlich eine Prüfung durchgeführt. Das Ergebnis wird wieder negiert.

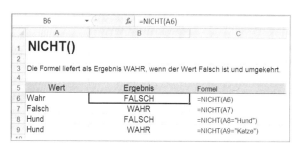

Bild 5.2: Das Ergebnis der Funktion NICHT

5.2.2 Eine Liste addieren, wenn der Status FERTIG ist

Sie haben eine Liste mit Werten, die nicht addiert werden sollen, solange der Status auf *In Arbeit* steht.

1. Aktivieren Sie das Register *Nicht_Beispiel_2* und setzen Sie den Cursor in die Zelle B16.
2. Geben Sie die folgende Funktion ein:

   ```
   =SUMME(NICHT(B5="In Arbeit");SUMME(B8:B14);"")
   ```

3. Bestätigen Sie mit `Eingabe`.

Jetzt wird die Summe gebildet, wenn nicht *In Arbeit* in der Zelle B5 steht.

4. Kopieren Sie die Formel nach rechts.

	B16	▾	f_x	=WENN(NICHT(B5="In Arbeit");SUMME(B8:B14);"")		
	A	B	C	D	E	

	A	B	C	D	E
1	**NICHT()**				
2					
3	Nur dann die Beträge addieren, wenn der Bearbeitungsstatus FERTIG ist				
4					
5	Bearbeitungsstatus	In Arbeit	Fertig	Fast Fertig	In Arbeit
6					
7					
8	Karaffe mit Henkel Blau	555,00 €	555,00 €	88,00 €	100,00 €
9	Karaffe mit Henkel Rot	888,00 €	888,00 €	99,00 €	500,00 €
10	Karaffe mit Henkel Grün	950,00 €	950,00 €	46,00 €	600,00 €
11	Karaffe mit Henkel Gelb		60,00 €	23,00 €	800,00 €
12	Karaffe mit Henkel Weiß	225,00 €	225,00 €	55,00 €	200,00 €
13	Karaffe mit Henkel Schwarz	320,00 €	320,00 €	77,00 €	400,00 €
14	Karaffe mit Henkel Braun		400,00 €		222,00 €
15					
16	Bearbeitungsstaus FERTIG		3.398,00 €	388,00 €	
17					
18		=WENN(NICHT(B5="In Arbeit");SUMME(B8:B14);"")			

Bild 5.3: Die Summe wird nur bei einem Schlüsselbegriff gebildet.

5.3 ODER

Liefert das Ergebnis WAHR, wenn mindestens eine der angegebenen Bedingungen zutrifft. Eine Bedingung kann beispielsweise A1>20 sein. Das bedeutet, wenn die Bedingung zutrifft, erscheint das Ergebnis *Wahr*, ansonsten das Ergebnis *Falsch*.

Es können maximal 255 unterschiedliche Bedingungen formuliert werden.

> **Tipp:** Alleine bringt die Funktion ODER nicht so viel an Information. In Verbindung mit der WENN-Funktion liefert sie allerdings sehr aussagekräftige Informationen. Lesen Sie deshalb auch den Abschnitt 5.6 zur WENN-Funktion.

Syntax

```
=ODER(Wahrheitswert1; Wahrheitswert2;…)
```

Parameter

Wahrheitswert1   Eine Zelladresse, deren Inhalt geprüft wird, und die zugehörige Bedingung. Also z. B. A1>1000.

Wahrheitswert2   Eine weitere Zelladresse, deren Inhalt geprüft wird, und die zugehörige Bedingung. Also z. B. B1>2000.

usw.

5.3.1 Den Inhalt von zwei Zellen mit der Funktion ODER abfragen

Das folgende Beispiel zeigt den Aufbau der Funktion ODER. Stellen Sie sich vor, Sie möchten den Wert von zwei Zellen abfragen. Sie möchten wissen, ob in den Zellen A6 bzw. B6 Werte größer als 0 stehen.

172 *Kapitel 5: Logische Funktionen*

1. Öffnen Sie die Datei *ODER.XLSX* und aktivieren Sie das Register *Oder_1*. Setzen Sie den Cursor in die Zelle C6.

2. Öffnen Sie den Funktions-Assistenten und starten Sie die Funktion *Oder*.

3. Setzen Sie den Cursor ins Feld *Wahrheitswert1* und geben Sie dort die erste Prüfung ein. In unserem Beispiel:

   ```
   A6>0
   ```

4. Setzen Sie den Cursor ins Feld *Wahrheitswert2* und geben Sie dort die zweite Prüfung ein. In unserem Beispiel:

   ```
   B6>0
   ```

5. Bestätigen Sie mit *OK*.

Der Funktionsaufbau ist recht einfach:

```
=ODER(A6>0; B6>0)
```

6. Kopieren Sie die Funktion nach unten.

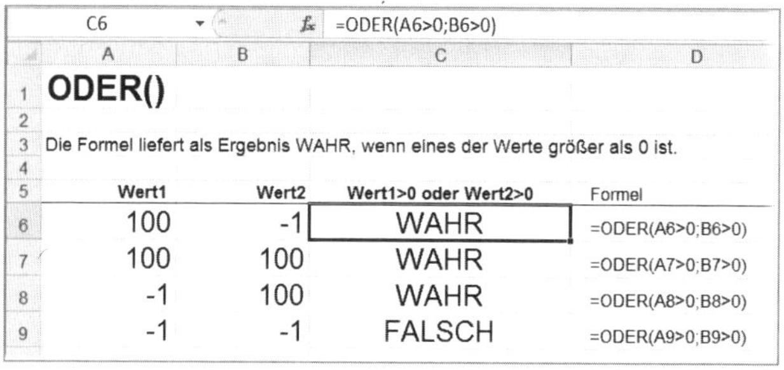

	A	B	C	D
1	**ODER()**			
2				
3	Die Formel liefert als Ergebnis WAHR, wenn eines der Werte größer als 0 ist.			
4				
5	Wert1	Wert2	Wert1>0 oder Wert2>0	Formel
6	100	-1	WAHR	=ODER(A6>0;B6>0)
7	100	100	WAHR	=ODER(A7>0;B7>0)
8	-1	100	WAHR	=ODER(A8>0;B8>0)
9	-1	-1	FALSCH	=ODER(A9>0;B9>0)

C6 | fx =ODER(A6>0;B6>0)

Bild 5.4: Das Ergebnis der Funktion ODER

In diesem Beispiel sehen Sie, dass in den Zeilen 6 bis 8 jeweils Werte stehen, in denen mindestens einer größer 0 ist. Deshalb liefert die Funktion ODER das Ergebnis *Wahr*. In der Zeile 9 sind beide Werte nicht größer als 0, deshalb erscheint hier der Wert *Falsch*.

> **Tipp:** Im oberen Beispiel haben wir zwei Zellen abgefragt. Mit der Funktion ODER können Sie bis zu 255 Zellen abfragen.

5.4 UND

Liefert das Ergebnis *WAHR*, wenn alle der angegebenen Bedingungen zutreffen. Eine Bedingung kann beispielsweise A1>100 sein. Das bedeutet, wenn die Bedingung zutrifft, erscheint das Ergebnis *Wahr*, andernfalls das Ergebnis *Falsch*.

Es können maximal 255 unterschiedliche Bedingungen formuliert werden.

> **Tipp:** Alleine bringt die Funktion UND nicht so viel an Information. In Verbindung mit der WENN-Funktion liefert sie allerdings sehr aussagekräftige Informationen. Lesen Sie deshalb auch den Abschnitt 5.6 zur WENN-Funktion.

Syntax

```
=UND(Wahrheitswert1; Wahrheitswert2;…)
```

Parameter

Wahrheitswert1	Eine Zelladresse, deren Inhalt geprüft wird, und die zugehörige Bedingung. Also z. B. A1>1000.
Wahrheitswert2	Eine weitere Zelladresse, deren Inhalt geprüft wird, und die zugehörige Bedingung. Also z. B. B1>2000.

usw.

5.4.1 Den Inhalt von zwei Zellen mit der Funktion UND abfragen

Das folgende Beispiel zeigt den Aufbau der Funktion UND. Stellen Sie sich vor, Sie möchten den Wert von zwei Zellen abfragen. Sie möchten wissen, ob in den Zellen A6 und B6 Werte größer als 0 stehen.

1. Öffnen Sie die Datei *UND.XLSX* und aktivieren Sie das Register *Und_1*. Setzen Sie den Cursor in die Zelle C6.

2. Öffnen Sie den Funktions-Assistenten und starten Sie die Funktion UND.

3. Setzen Sie den Cursor ins Feld *Wahrheitswert1* und geben Sie dort die erste Prüfung ein. In unserem Beispiel:

   ```
   A6>0
   ```

4. Setzen Sie den Cursor ins Feld *Wahrheitswert2* und geben Sie dort die zweite Prüfung ein. In unserem Beispiel:

   ```
   B6>0
   ```

5. Bestätigen Sie mit *OK*.

Der Funktionsaufbau ist recht einfach:

```
=UND(A6>0; B6>0)
```

6. Kopieren Sie die Funktion nach unten.

	A	B	C	D
1	**UND()**			
2				
3	Die Formel liefert als Ergebnis WAHR, wenn beide Werte (Wert1 und Wert2) größer als 0 sind.			
4				
5	Wert1	Wert2	Wert1>0 oder Wert2>0	Formel
6	-1	-1	FALSCH	=UND(A6>0;B6>0)
7	100	-1	FALSCH	=UND(A7>0;B7>0)
8	-1	100	FALSCH	=UND(A8>0;B8>0)
9	100	200	WAHR	=UND(A9>0;B9>0)

Bild 5.5: Das Ergebnis der Funktion UND

In diesem Beispiel sehen Sie, dass in den Zeilen 7 und 8 jeweils Werte stehen, in denen mindestens einer größer 0 ist. Deshalb liefert die Funktion UND das Ergebnis *Falsch*.

In der Zeile 9 sind beide Werte größer als 0, deshalb erscheint hier der Wert *Wahr*.

Tipp: Im oberen Beispiel haben wir nur zwei Zellen abgefragt. Mit der Funktion UND können Sie bis zu 255 Zellen abfragen.

5.5 WAHR

Diese Funktion liefert den Wahrheitswert *Wahr*. Die Funktion benötigt keine Parameter.

Syntax

=WAHR()

Ähnliche Funktionen

FALSCH()

5.5.1 Die Funktion WAHR

In der folgenden Abbildung sehen Sie, dass die Funktion WAHR nur den Wahrheitswert *Wahr* liefert.

Bild 5.6: Das Ergebnis der Funktion WAHR

5.6 WENN

Mit der Funktion WENN erstellen Sie eine Art Weiche, indem Sie eine Bedingung formulieren. Wenn die Bedingung zutrifft, dann wird etwas ausgeführt, wenn die Bedingung nicht zutrifft, wird etwas anderes ausgeführt.

Syntax

```
=WENN(Prüfung; Dann_Wert; Sonst_Wert)
```

Parameter

Prüfung Die Prüfung bezieht sich auf den Inhalt einer Zelle, also beispielsweise, ob der Inhalt der Zelle A1 größer ist als 100.

Dann_Wert Wenn das Ergebnis der Prüfung positiv ist, also der Zellinhalt vom oberen Beispiel größer als 100, dann wird der *Dann_Wert* ausgeführt.

Sonst_Wert Wenn die Prüfung nicht zutrifft, dann wird der *Sonst_Wert* ausgeführt.

> **Tipp:** Die Felder *Dann_Wert* und *Sonst_Wert* sind optional. Wenn sie nicht ausgefüllt werden, liefert die Funktion WENN als Ergebnis *Wahr* oder *Falsch*, je nachdem, auf welches Ergebnis die Prüfung gekommen ist.

5.6.1 Umsatzgröße prüfen

Im ersten Beispiel möchten Sie prüfen, ob der Umsatz der Abteilungen über 5.000.000 Euro liegt. Wenn das Umsatzziel erreicht bzw. überschritten ist, dann soll das Wort *Mallorca* in der Zelle stehen. Wenn die Umsatzgrenze nicht erreicht ist, soll das Wort *Schade* erscheinen.

1. Öffnen Sie die Datei *WENN.XSLX* und aktivieren Sie das Register *Wenn_1*. Setzen Sie den Cursor in diesem Beispiel in die Zelle C6.

2. Starten Sie den Funktions-Assistenten und aktivieren Sie die Funktion WENN.

3. Geben Sie ins Feld *Prüfung* die folgende Bedingung ein:

```
B6>5000000
```

4. Ins Feld *Dann_Wert* kommt das Wort *Mallorca*. Wenn Sie mit dem Cursor ins nächste Feld springen, setzt Excel Anführungszeichen um den Text.

5. Das Feld *Sonst_Wert* erhält den Text *Schade*. Auch hier erhalten Sie die Anführungszeichen.

6. Bestätigen Sie mit *OK*.

Die Formel sieht nun folgendermaßen aus:

```
=WENN(B6>=5000000;"Mallorca";"Schade")
```

7. Kopieren Sie die Formel für die anderen Abteilungen nach unten.

Tipp: Wenn Sie die Funktion manuell eintippen, dann müssen Sie die Anführungszeichen mit eintippen, sonst erscheint eine Fehlermeldung.

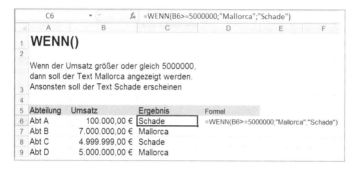

Bild 5.7: Die Funktion WENN ermittelt, welche Abteilung nach Mallorca fährt.

Die Abteilungen B und D erfüllen die Vorgaben. Abteilung B liegt deutlich darüber und Abteilung D erfüllt sie auch, wenn auch knapp. Die Abteilungen A und C erfüllen die Vorgaben nicht.

Tipp: Die Bedingung im Feld *Prüfung* enthält die Konstante 5.000.000. Wenn sich dieser Wert jetzt ändert, müssen Sie in die Formel klicken, die Änderung vornehmen und die Formel wieder nach unten kopieren. Das ist lästig. Im nächsten Beispiel sehen Sie, wie Sie die Konstanten als Zelladressen nutzen.

5.6.2 Eintrittspreise anhand vom Alter ermitteln

Im zweiten Beispiel möchten Sie Eintrittspreise für Kinder ermitteln. Diese Preise hängen vom Alter der Kinder ab. Bis einschließlich 11 Jahre zahlt das Kind 5 Euro, darüber 8 Euro.

1. Aktivieren Sie das Register *WENN_2*. Setzen Sie den Cursor in diesem Beispiel in die Zelle C10.

2. Starten Sie den Funktions-Assistenten und aktivieren Sie die Funktion WENN.

3. Geben Sie ins Feld *Prüfung* die folgende Bedingung ein:

   B10<=B5

4. Da Sie die Formel später nach unten kopieren, müssen Sie die Zelladresse mit F4 festmachen.

   B6<=$B$5

5. Ins Feld *Dann_Wert* kommt der Wert B6. Da Sie die Formel später nach unten kopieren, müssen Sie die Zelladresse mit F4 festmachen.

6. Das Feld *Sonst_Wert* erhält den Wert B7. Auch hier müssen Sie die Zelladresse mit ⌊F4⌋ festmachen.

7. Bestätigen Sie mit *OK*.

Die Funktion sieht nun folgendermaßen aus:

=WENN(B10<=$B$5;$B$6;$B$7)

8. Kopieren Sie die Funktion für die anderen Kinder nach unten.

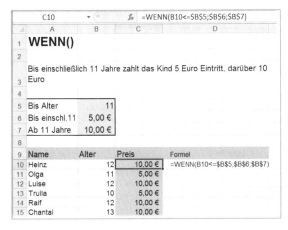

Bild 5.8: Die Funktion WENN ermittelt, welches Kind welchen Eintritt zahlt.

Nachdem Sie die Formel nach unten kopiert haben, sehen Sie die Eintrittspreise für jedes Kind.

5.6.3 Gestaffelte Eintrittspreise

Wenn die Eintrittspreise noch weiter gestaffelt sind, dann müssen Sie eine verschachtelte WENN-Funktion einsetzen.

Gehen wir davon aus, dass alle Kinder bis einschließlich 11 Jahre einen Preis von 5 Euro zahlen müssen. Alle Kinder, die 14 Jahre oder älter sind, müssen 10 Euro zahlen. Die Kinder dazwischen, also die 12-13-Jährigen, müssen 8 Euro zahlen.

Wir machen uns diese Arbeit recht einfach: Wir fragen zu Beginn ab, wer 11 Jahre oder jünger ist, dann fragen wir ab, wer 14 oder älter ist. Wenn keines zutrifft, dann ist das Kind 12 oder 13 Jahre alt.

1. Aktivieren Sie das Register *Wenn_3*. Setzen Sie den Cursor in die Zelle C6.

2. Starten Sie den Funktions-Assistenten und aktivieren Sie die Funktion WENN.

3. Geben Sie ins Feld *Prüfung* die folgende Bedingung ein:

   B12<=$B$5

4. Ins Feld *Dann_Wert* kommt der Wert $B$7.

5. Setzen Sie den Cursor ins Feld *Sonst_Wert* und starten Sie links oben die Funktion WENN erneut.

6. Jetzt steht der Cursor im Feld *Prüfung*. Dies ist der Teil für die zweite Prüfung. Hier geben Sie ein:

```
B12>=$B$6
```

7. Ins Feld *Dann_Wert* geben Sie ein $B$8.

8. In das Feld *Sonst_Wert* kommt jetzt der Teil, wenn keine der beiden Bedingungen zutrifft, nämlich $B$9.

9. Bestätigen Sie mit *OK*.

Die Funktion sieht nun folgendermaßen aus:

```
=WENN(B12<=$B$5;$B$7;WENN(B12>=$B$6;$B$8;$B$9))
```

10. Kopieren Sie die Funktion für die anderen Kinder nach unten.

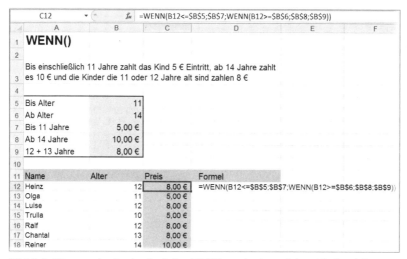

Bild 5.9: Die verschachtelte Funktion WENN ermittelt, welches Kind welchen Eintritt zahlt.

Im Folgenden wird der Aufbau der Funktion noch einmal ausführlich beschrieben:

```
=WENN(B12<=$B$5;$B$7;WENN(B12>=$B$6;$B$8;$B$9))
```

Der erste Teil der Funktion

```
=WENN(B12<=$B$5;$B$7;
```

fragt, ob die Person 11 Jahre oder jünger ist. Wenn dies zutrifft, dann wird in die aktuelle Zelle eine 5 geschrieben und die Formel ist beendet.

```
WENN(B12>=$B$6;$B$8;
```

Der zweite Teil der Formel wird durchlaufen, wenn der erste nicht zutrifft. Jetzt wird geprüft, ob das Kind 14 Jahre oder älter ist, dann wird 10 in die aktuelle Zelle geschrieben.

```
;$B$9))
```

Wenn nichts zutrifft, dann wird eine 8 geschrieben.

5.6.4 Eine Mitarbeiterprovision erstellen

Sie möchten für Ihre Mitarbeiter eine Provisionstabelle abhängig vom Umsatz erstellen. Wenn der Umsatz größer oder gleich 50.000 Euro ist, dann sollen 10% vom Umsatz gezahlt werden. Andernfalls, also wenn der Umsatz kleiner als 50.000 Euro ist, soll nichts gezahlt werden.

In der folgenden Abbildung sehen Sie die Tabelle. Dabei sind die variablen Werte in separate Zellen geschrieben. Dass bedeutet, sie können bei Bedarf schnell geändert werden.

1. Aktivieren Sie das Register *Wenn_4*. Setzen Sie den Cursor in die Zelle C10.
2. Starten Sie den Funktions-Assistenten und aktivieren Sie die Funktion WENN.
3. Geben Sie ins Feld *Prüfung* die folgende Bedingung ein:

   `B10>=$C$5`

4. Ins Feld *Dann_Wert* kommt die folgende Formel:

   `B10*$C$7`

5. Setzen Sie den Cursor ins Feld *Sonst_Wert* und geben Sie hier eine 0 ein.
6. Bestätigen Sie mit *OK*.

Die Funktion sieht nun folgendermaßen aus:

`=WENN(B10>$C$5;B10*$C$7;0)`

7. Kopieren Sie die Funktion für die anderen Mitarbeiter nach unten.

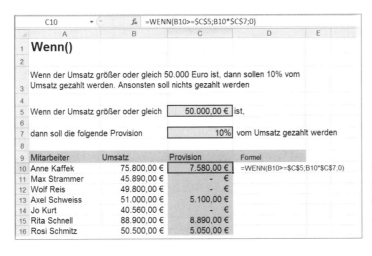

Bild 5.10: Die Funktion WENN ermittelt, welcher Mitarbeiter welche Provision erhält.

5.6.5 Verschachtelte WENN-Funktion

In einer differenzierten Provisionsanalyse möchten Sie festlegen, dass wenn der Umsatz kleiner oder gleich 50.000 Euro ist, 2% vom Umsatz gezahlt werden, wenn der Umsatz kleiner oder gleich 70.000 Euro ist, dann sollen 4% vom Umsatz gezahlt werden. Wenn

180 *Kapitel 5: Logische Funktionen*

der Umsatz kleiner 100.000 Euro ist, dann sollen 7% vom Umsatz gezahlt werden. Jeder, der mit seinem Umsatz über 100.000 Euro liegt, erhält 10% von seinem Umsatz.

Die folgende Abbildung zeigt die Lösung:

| | C11 | | *fx* | =WENN(B11<=$C$4;B11*$E$4;WENN(B11<=$C$5;B11*$E$5;WENN(B11>=$C$6;B11*$E$6; | | | |
| | | | | $B$11*$E$7))) | | | |

	A	B	C	D	E	F
1	**Provisionen der Mitarbeiter**					
2						
3						
4	Wenn der Umsatz kleiner oder gleich		50.000,00 €	ist, dann sollen	2%	vom Umsatz gezahlt werden
5	Wenn der Umsatz kleiner oder gleich		70.000,00 €	ist, dann sollen	5%	vom Umsatz gezahlt werden
6	Wenn der Umsatz kleiner oder gleich		100.000,00 €	ist, dann sollen	7%	vom Umsatz gezahlt werden
7	Wenn der Umsatz größer als 100.000 Euro ist, dann sollen				10%	vom Umsatz gezahlt werden
8						
9						
10	Mitarbeiter	Umsatz	Provision			
11	Anne Kaffek	75.800,00 €	7.580,00 €			
12	Max Strammer	45.890,00 €	917,80 €			
13	Wolf Reis	49.800,00 €	996,00 €			
14	Axel Schweiss	51.000,00 €	2.550,00 €			
15	Jo Kurt	40.560,00 €	811,20 €			
16	Rita Schnell	88.900,00 €	7.580,00 €			
17	Rosi Schmitz	150.000,00 €	10.500,00 €			
18						
19	Inhalt der Zelle C11:					
20	=WENN(B11<=$C$4;B11*$E$4;WENN(B11<=$C$5;B11*$E$5;WENN(B11>=$C$6;B11*$E$6;$B$11*$E$7)))					

Bild 5.11: Eine dreifach verschachtelte WENN-Funktion

Die Funktion sieht folgendermaßen aus:

```
=WENN(B11<=$C$4;B11*$E$4;WENN(B11<=$C$5;B11*$E$5;WENN(B11>=$C$6;B11*$E$6;$B$
11*$E$7)))
```

Wenn Sie diese Funktion in die vier Teile zerlegen, lässt sie sich leichter lesen.

```
=WENN(B11<=$C$4;B11*$E$4;
```

Wenn der Umsatz kleiner oder gleich der Zahl in Zelle C4 ist, dann soll der Umsatz mit dem Inhalt der Zelle E4 multipliziert werden.

```
WENN(B11<=$C$5;B11*$E$5
```

Wenn der Umsatz kleiner oder gleich der Zahl in Zelle C5 ist, dann soll der Umsatz mit dem Inhalt der Zelle E5 multipliziert werden.

```
WENN(B11>=$C$6;B11*$E$6;
```

Wenn der Umsatz kleiner oder gleich der Zahl in Zelle C6 ist, dann soll der Umsatz mit dem Inhalt der Zelle E6 multipliziert werden.

```
$B$11*$E$7)))
```

Der *Sonst_Wert* greift in diesem Beispiel, wenn der Umsatz über 100.00 Euro liegt.

Tipp: Sie können in Excel 2010 eine WENN-Funktion bis zu 64 Mal ineinander verschachteln.

5.7   WENN & ODER

Die Funktion ODER findet in Verbindung mit der WENN-Funktion häufig Einsatz in Excel-Funktionen.

Ihre Provisionsverteilung sieht vor, dass der Verkäufer 500 Euro Prämie erhalten soll, wenn er mehr als 11.000 Euro Umsatz gemacht hat oder mehr als 50 Kundenkontakte hatte.

1. Öffnen Sie die Datei *WENN_ODER.XLSX*. Setzen Sie den Cursor in die Zelle E10.

2. Starten Sie den Funktions-Assistenten und aktivieren Sie die Funktion WENN.

3. Wenn der Cursor im Feld *Prüfung* steht, klappen Sie oben links das Funktionen-Feld auf und wählen den Eintrag ODER. Sollte er dort nicht stehen, wählen Sie den Eintrag *Weitere Funktionen* und dann die Funktion ODER aus der Auswahl des Funktions-Assistenten.

4. Jetzt steht der Cursor im Feld *Wahrheitswert1*. Dort geben Sie ein:

```
C10>$B$7
```

Ins Feld *Wahrheitswert2* geben Sie ein:

```
D10>$C$7
```

5. Um jetzt wieder in die WENN-Funktion zu gelangen, klicken Sie in der Bearbeitungsleiste auf das Wort WENN.

6. Setzen Sie nun den Cursor ins Feld *Dann_Wert* und klicken Sie in die Zelle D7.

7. Ins Feld *Sonst_Wert* geben Sie " " ein.

8. Bestätigen Sie mit *OK* und kopieren Sie die Formel nach unten.

Der Aufbau der Funktion lautet folgendermaßen:

```
=WENN(ODER(C10>$B$7;D10>$C$7);$D$7;"")
```

	E10	▼ (゜	ƒx	=WENN(ODER(C10>$B$7;D10>$C$7);$D$7;"")					
◢	A	B	C	D	E	F	G	H	I
1	**WENN-ODER-Funktionen**								
2									
3	Wenn der Umsatz über 11.000 Euro liegt, oder der Verkäufer								
4	mehr als 50 Kundenkontakte hat, soll er 500 Euro Prämie erhalten, sonst nichts.								
5									
6		**Vorgabe**	**Vorgabe**	**Prämie**					
7		11.000,00 €	50	500,00 €					
8									
9	**Vorname**	**Nachname**	**Umsatz**	**Anz Kontakte**	**Prämie**	Formel			
10	Susi	Sorglos	12.110,00 €	140	500,00 €	=WENN(ODER(C10>$B$7;D10>$C$7),$D$7;"")			
11	Harry	Hirsch	12.520,00 €	25	500,00 €				
12	Anne	Kaffek	8.499,00 €	45					
13	Rita	Wüste	10.500,00 €	2					
14	Axel	Schweiß	5.000,00 €	123	500,00 €				
15	Max	Strammer	14.450,00 €	33	500,00 €				
16	Helga	Schmitz	12.240,00 €	60	500,00 €				

Bild 5.12: Die Funktionen WENN und ODER ermitteln, welcher Verkäufer eine Provision erhält.

182 *Kapitel 5: Logische Funktionen*

5.8 WENN & UND

Die Funktion UND findet in Verbindung mit der WENN-Funktion häufig Einsatz in Excel-Funktionen.

Bei Ihrer Provisionsverteilung soll der Verkäufer 500 Euro Prämie erhalten, wenn er mehr als 11.000 Euro Umsatz gemacht hat und mehr als 50 Kundenkontakte hatte.

1. Öffnen Sie die Datei *WENN_UND.XLSX*. Setzen Sie den Cursor in die Zelle E10.

2. Starten Sie den Funktions-Assistenten und aktivieren Sie die Funktion WENN.

3. Wenn der Cursor im Feld *Prüfung* steht, klappen Sie oben links das Funktionen-Feld auf und wählen den Eintrag UND. Sollte er dort nicht stehen, wählen Sie den Eintrag *Weitere Funktionen* und dann die Funktion UND aus der Auswahl des Funktions-Assistenten.

4. Jetzt steht der Cursor im Feld *Wahrheitswert1*. Dort geben Sie ein:

```
C10>$B$7
```

Ins Feld *Wahrheitswert2* geben Sie ein:

```
D10>$C$7
```

5. Um jetzt wieder in die WENN-Funktion zu gelangen, klicken Sie in der Bearbeitungsleiste auf das Wort WENN.

6. Setzen Sie nun den Cursor ins Feld *Dann_Wert* und klicken Sie in die Zelle D7.

7. Ins Feld *Sonst_Wert* geben Sie "" ein.

8. Bestätigen Sie mit *OK* und kopieren Sie die Formel nach unten.

Der Aufbau der Funktion lautet folgendermaßen:

```
=WENN(UND(C10>$B$7;D10>$C$7);$D$7;"")
```

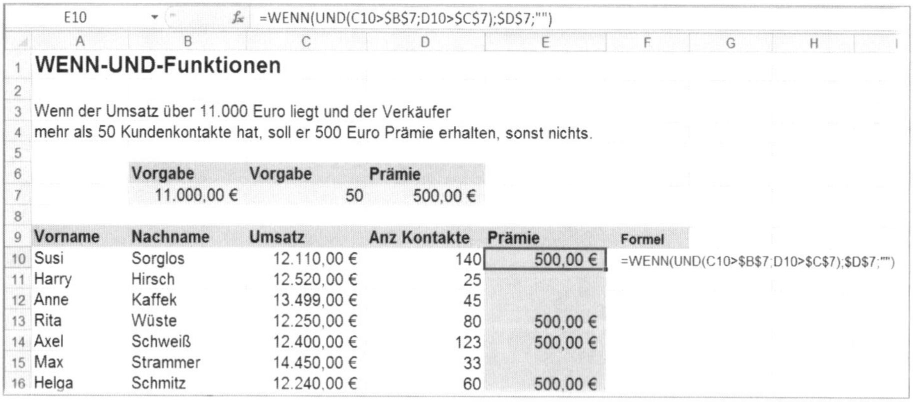

Bild 5.13: Die Funktionen WENN und UND ermitteln, welcher Verkäufer eine Provision erhält.

5.9 WENNFEHLER

Mit der Funktion WENNFEHLER lassen Sie eine Berechnung nur dann durchführen, wenn kein Fehler auftritt. Ansonsten können Sie einen Hinweis anzeigen lassen.

Syntax
```
=WENNFEHLER(Wert; Wert_falls_Fehler)
```

Parameter

Wert   Ein Rechenschritt, der eventuell einen Fehler bringen kann.

Wert_falls_Fehler   Der Test oder der Wert, der angezeigt werden soll, wenn ein Fehler erscheinen soll.

5.9.1 Eine Fehlermeldung unterdrücken

Sie möchten ermitteln, wie viel Umsatz jeder Kunde im Durchschnitt pro Abteilung gemacht hat. Sie haben bereits die Umsatzzahlen, die Anzahl der Kunden wird später nachgeliefert.

1. Öffnen Sie die Datei *WENNFEHLER.XLSX*, aktivieren Sie das Tabellenregister *Wennfehler_1* und markieren Sie die Zelle D6.

2. Starten Sie den Funktions-Assistenten und aktivieren Sie die Funktion WENNFEHLER.

3. Geben Sie ins Feld *Wert* den folgenden Rechenschritt ein:
   ```
   B6/C6
   ```

4. Klicken Sie ins Feld *Wert_falls_Fehler* und geben Sie dort zwei Anführungszeichen ein.
   ```
   =WENNFEHLER(B6/C6;"")
   ```

5. Kopieren Sie die Formel nach unten.

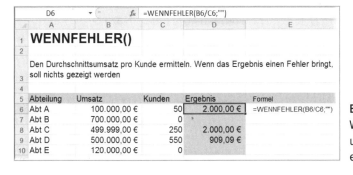

Bild 5.14: Die Funktion WENNFEHLER unterdrückt die Anzeige eines Fehlers.

In den Zeilen 7 und 10 liegt die Anzahl der Kunden noch nicht vor. Wenn Sie hier nur den Rechenschritt B7/C7 durchführen würden, käme die Fehlermeldung #DIV/0. Die

Funktion WENNFEHLER merkt, dass ein Fehler erscheint, und bringt dann das Leerzeichen. Sobald in C7 eine Zahl ungleich 0 eingegeben wird, erscheint das Ergebnis.

5.9.2 Eine Nummer ist nicht vorhanden

Sie müssen mit der Funktion SVERWEIS nach Nummern suchen. Sollte eine Nummer nicht in der Suchmatrix sein, liefert SVERWEIS das Ergebnis #NV. In Verbindung mit der Funktion WENNFEHLER können Sie die Fehlermeldung unterdrücken.

1. Öffnen Sie die Datei *WENNFEHLER.XLSX*, aktivieren Sie das Tabellenregister *Wennfehler_2* und markieren Sie die Zelle F6.

2. Starten Sie den Funktions-Assistenten und aktivieren Sie die Funktion WENNFEHLER.

3. Geben Sie ins Feld *Wert* den folgenden Rechenschritt ein:

   ```
   SVERWEIS(E6;$A$6:$C$21;2;0)
   ```

4. Klicken Sie ins Feld *Wert_falls_Fehler* und geben Sie dort den Text *"Nummer nicht in der Liste"* ein.

   ```
   =WENNFEHLER(SVERWEIS(E6;$A$6:$C$21;2;0);" Nummer nicht in der Liste")
   ```

5. Kopieren Sie die Formel nach unten.

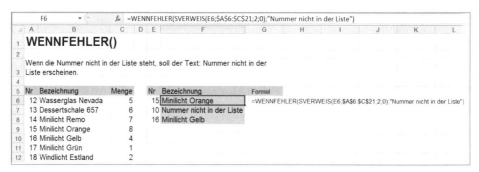

Bild 5.15: Die Funktion WENNFEHLER unterdrückt die Anzeige des #NV-Fehlers.

Die Nummer 10 ist nicht in der Liste der Nummern vorhanden. Normalerweise würde die SVERWEIS-Funktion als Ergebnis #NV liefern. Durch die WENNFEHLER-Funktion wird der Text *"Nummer nicht in der Liste"* angezeigt.

6 Informationsfunktionen

Wenn Sie wissen möchten, ob in einer bestimmten Zelle eine Zahl steht oder ob sie leer ist, dann setzen Sie die Informationsfunktionen ein.

Alle Funktionen, die einen möglichen Zustand in einer Zelle beschreiben, beginnen mit dem Wort IST. So liefert beispielsweise die Funktion ISTZAHL den Wert *Wahr*, wenn eine Zahl in der gewählten Zelle steht.

Erwähnenswert ist hier die Funktion INFO, mit der Sie unter anderem Angaben aus der Betriebssystemumgebung erhalten.

▣ Download-Link

www.buch.cd

Hier finden Sie alle Beispieldateien übersichtlich nach Kapiteln geordnet.

6.1 FEHLER.TYP

Gibt zu einer Fehlermeldung die jeweils zugeordnete Zahl aus.

Syntax

```
=FEHLER.TYP(Fehlerwert)
```

Parameter

Fehler   Die Zelle, für die geprüft werden soll, ob sie einen Fehler enthält, und wenn ja, welchen.

Die folgende Tabelle gibt Aufschluss über die Bedeutung:

Fehler	Nummer
#NULL!	1
#DIV/0!	2
#WERT!	3
#BEZUG!	4
#NAME?	5
#ZAHL!	6
#NV	7
#GETTING_DATA	8
Bei allen anderen Werten, die keine Fehler sind	#NV

6.1.1 Fehler auswerten

Das folgende Beispiel zeigt einige Beispiele zur Funktion FEHLER.TYP.

1. Öffnen Sie die Datei *FEHLER.TYP.XLSX* und aktivieren Sie das Register *Fehler.Typ_1*. Setzen Sie den Cursor in die Zelle B7.
2. Öffnen Sie den Funktions-Assistenten und starten Sie die Funktion FEHLER.TYP.
3. Für das Feld *Fehler* markieren Sie die Zelle, die eine Fehlermeldung enthalten kann, in diesem Beispiel A7.
4. Bestätigen Sie mit *OK*.

Die Funktion sieht folgendermaßen aus:

```
=FEHLER.TYP(A7)
```

5. Kopieren Sie die Funktion nach unten.

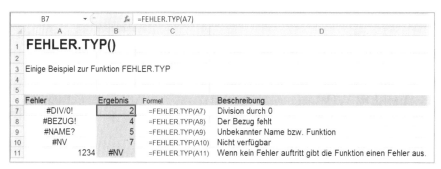

Bild 6.1: Anhand der Zahlen können Sie jetzt erkennen, welcher Fehler in den angegebenen Zellen steht.

In der Zelle A7 steht die Fehlermeldung *#DIV/0!*. Also zeigt die Funktion FEHLER.TYP als Ergebnis den Wert 2.

6.1.2 Bestimmte Fehlermeldungen hervorheben

Sie möchten die Zellen, die die Fehlermeldung *#DIV/0* enthalten, farbig hervorheben.

Das Beispiel finden Sie auf dem Register *Fehler.Typ_2*.

1. Markieren Sie die erste Zelle, die die Division und eventuell die Fehlermeldung *#DIV/0!* enthält.
2. Aktivieren Sie auf dem Register *Start* die Schaltfläche *Bedingte Formatierung*. Wählen Sie dort den Eintrag *Neue Regel*.
3. Markieren Sie im Fenster *Neue Formatierungsregel* den Eintrag *Formel zur Ermittlung der zu formatierenden Zellen verwenden*.
4. Geben Sie die folgende Funktion ins Eingabefeld darunter ein:

```
=FEHLER.TYP(B5)=2
```

5. Klicken Sie anschließend auf die Schaltfläche *Format* und stellen Sie das gewünschte Format ein.

Bild 6.2: Die bedingte Formatierung wird alle Zellen, die die Fehlermeldung #DIV/0 enthalten, mit einem roten Zellhintergrund gestalten.

6. Bestätigen Sie mit *OK*.
7. Kopieren Sie die Funktion mit der bedingten Formatierung in die anderen Zellen.

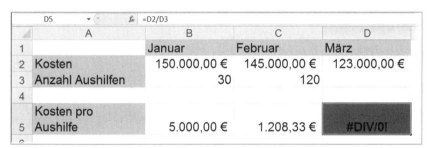

Bild 6.3: Alle Zellen mit dem Inhalt #DIV/0 werden mit rotem Hintergrund gestaltet.

6.2 INFO

Liefert System- und Umgebungsinformationen zur aktuellen Datei.

Syntax
`=INFO(Typ)`

Parameter
Typ   Die folgende Tabelle gibt Aufschluss über die Werte, die ins Feld *Typ* eingegeben werden können:

Typ	Bedeutung
Berechne	Gibt an, welcher Neuberechnungsmodus eingestellt ist: *Automatisch* oder *Manuell*.
Dateienzahl	Die Anzahl aktiver Arbeitsblätter in allen geöffneten Arbeitsmappen.
System	Der Name des Betriebssystems.
Sysversion	Version des aktuellen Betriebssystems als Text.
Ursprung	Gibt den Bezug der sichtbaren obersten linken Zelle im aktuellen Fensterbereich als absoluten Bezug zurück.
Version	Die Versionsnummer von Excel.
Verzeichnis	Der eingestellte Standardpfad.

6.2.1 Systeminformationen auswerten

Das folgende Beispiel zeigt alle Typen. Dabei haben wir alle Typen ab der Zelle A7 untereinander geschrieben.

1. Öffnen Sie die Datei *TYP.XLSX* und aktivieren Sie das Register *Typ_1*. Setzen Sie den Cursor in die Zelle B7.
2. Öffnen Sie den Funktions-Assistenten und starten Sie die Funktion INFO.
3. Für das Feld *Typ* markieren Sie die Zelle A7.

Tipp: Sie können das Wort *Version* auch manuell eintippen. Dann müssen Sie es in Anführungszeichen setzen.

4. Bestätigen Sie mit *OK*.

Die Funktion sieht folgendermaßen aus:

=INFO(A7)

5. Kopieren Sie die Funktion nach unten.

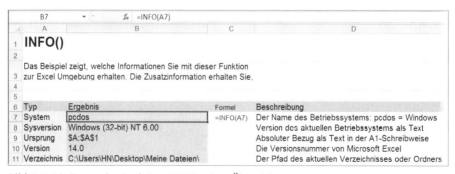

Bild 6.4: Die Typen der Funktion INFO in einer Übersicht

System
Der Name des Betriebssystems: Windows = pcdos, Macintosh = mac.

Sysversion
Versionsbezeichnung des aktuellen Betriebssystems. Windows 7 liefert beispielsweise *Windows (32 bit) NT 6.01*.

Ursprung
Zeigt die Zelladresse, die als erste im Bildschirmausschnitt links oben sichtbar ist.

Version
Zeigt die Versionsnummer von Excel.

Verzeichnis
Zeigt den eingestellten Standardspeicherort. Über *Extras / Optionen* können Sie auf dem Register *Allgemein* im Feld *Standardspeicherort* das Ergebnis überprüfen.

6.2.2 Informationen zur Versionsnummer von Excel anzeigen

Wenn Sie wissen möchten, ob Sie mit Excel 2010 arbeiten, geben Sie die folgende WENN-Funktion ein:

```
=WENN(INFO("Version")="14.0";"Gratuliere, Sie arbeiten mit Excel 2010";"Sie
arbeiten mit einer älteren Excel-Version")
```

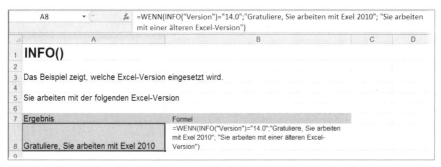

Bild 6.5: Die Anzeige der aktuellen Excel-Version mit der Funktion INFO

In diesem Beispiel wird die Excel-Version 2010 eingesetzt.

6.3 ISTBEZUG

Diese Funktion prüft, ob in der Formel ein Zellbezug oder eine Konstante angegeben wurde. Bei einem Zellbezug wird der Wert *Wahr* ausgegeben. Bei einem konstanten

Wert, wie beispielsweise einem Datum, einer Zahl oder einem Text wird als Ergebnis der Text *Falsch* angezeigt.

Syntax

```
=ISTBEZUG(Wert)
```

Parameter

Wert   Der Wert, der geprüft werden soll.

6.3.1 Wird ein Zellbezug oder eine Konstante eingesetzt?

Das folgende Beispiel zeigt die Funktion ISTBEZUG im Einsatz.

1. Öffnen Sie die Datei *ISTBEZUG.XLSX* und aktivieren Sie das Register *ISTBEZUG_1*. Setzen Sie den Cursor in die Zelle B7.

2. Öffnen Sie den Funktions-Assistenten und starten Sie die Funktion ISTBEZUG.

3. Für das Feld *Wert* markieren Sie die Zelle A7.

4. Bestätigen Sie mit *OK* und kopieren Sie die Funktion nach unten.

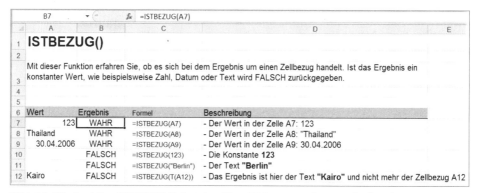

Bild 6.6: Die Funktion ISTBEZUG liefert den Wert *Wahr*, wenn der Wert in der Klammer eine Zelladresse ist.

6.4 ISTFEHL

Die Funktion gibt das Ergebnis *Wahr* aus, wenn in der angegebenen Zelle eine der Fehlermeldungen #DIV/0!, #NAME!, #NULL!, #NUM!, #REF! Oder #WERT! auftritt. Die Fehlermeldung #NV wird ignoriert.

Syntax

```
=ISTFEHL(Wert)
```

Parameter

Wert   Ein fest angegebener Wert oder ein Zellbezug, mit dem ermittelt werden soll, ob in der Zelle einer der oben angegebenen Fehlerwerte steht.

6.4.1 Steht ein Fehler in der Zelle?

Das folgende Beispiel zeigt die Reaktion der Funktion ISTFEHL für die angegebenen Zellen.

1. Öffnen Sie die Datei *ISTFEHL.XLSX* und aktivieren Sie das Register *Istfehl_1*. Setzen Sie den Cursor in die Zelle B7.
2. Öffnen Sie den Funktions-Assistenten und starten Sie die Funktion ISTFEHL.
3. Setzen Sie den Cursor ins Feld *Wert* und markieren Sie die Zelle A7. Dort steht ein Fehler.
4. Bestätigen Sie mit *OK*.

Der Aufbau der Funktion lautet:

```
=ISTFEHL(A7)
```

5. Kopieren Sie die Funktion nach unten.

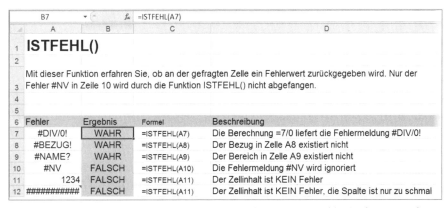

Bild 6.7: Die Funktion ISTFEHL liefert den Wert *Wahr*, wenn ein Fehler in der angegebenen Zelle steht.

In der Abbildung erkennen Sie, dass in den Zellen A7 bis A9 Fehler stehen. Die Fehlermeldung *#NV* wird durch diese Funktion nicht beachtet.

Tipp: Wenn Sie #NV ermitteln möchten, setzen Sie die Funktion ISTFEHLER() oder ISTNV() ein.

192 *Kapitel 6: Informationsfunktionen*

6.4.2 Bei einer Fehlermeldung wird nicht gerechnet

Im folgenden Beispiel möchten Sie die Division nur dann durchführen, wenn das Ergebnis der Division keine Fehlermeldung ist. Sie finden dieses Beispiel auf dem Register *Istfehl_2*.

Geben Sie die folgende Funktion ein:

```
=WENN(ISTFEHL(B2/B3);"";B2/B3)
```

Wenn das Ergebnis der Division B2/B3 eine Fehlermeldung ergibt, dann soll die Zelle leer bleiben. Wenn das Ergebnis keine Fehlermeldung produziert, dann soll das Ergebnis der Division gezeigt werden.

	D5	▾	f_x	=WENN(ISTFEHL(D2/D3);"";D2/D3)	
	A	B		C	D
1		Januar		Februar	März
2	Kosten	150.000,00 €		145.000,00 €	123.000,00 €
3	Anzahl Aushilfen	30		120	
4					
5	Kosten pro Aushilfe	5.000,00 €		1.208,33 €	
6					
7		=WENN(ISTFEHL(B2/B3);"";B2/B3)			

Bild 6.8: Mit einer WENN-Funktion wird ein möglicher Fehler abgefangen und nicht angezeigt.

Sobald in die Zelle D3 ein Wert eingegeben wird, wird das Ergebnis in D5 angezeigt.

6.5 ISTFEHLER

Die Funktion gibt das Ergebnis *Wahr* aus, wenn in der angegebenen Zelle eine Fehlermeldung auftritt. Ansonsten wird der Wert *Falsch* ausgegeben.

Syntax
```
=ISTFEHLER(Wert)
```

Parameter

Wert   Ein fest angegebener Wert oder ein Zellbezug, mit dem ermittelt werden soll, ob in der Zelle eine Fehlermeldung steht.

6.5.1 Steht ein Fehler in der Zelle?

Das folgende Beispiel zeigt die Reaktion der Funktion ISTFEHLER für die angegebenen Zellen.

1. Öffnen Sie die Datei *ISTFEHLER.XLSX* und aktivieren Sie das Register *Istfehler_1*. Setzen Sie den Cursor in die Zelle B7.

2. Öffnen Sie den Funktions-Assistenten und starten Sie die Funktion ISTFEHLER.

3. Setzen Sie den Cursor ins Feld *Wert* und markieren Sie die Zelle A7. Dort steht ein Fehler.

4. Bestätigen Sie mit *OK*.

Der Aufbau der Funktion lautet:

```
=ISTFEHLER(A7)
```

5. Kopieren Sie die Funktion nach unten.

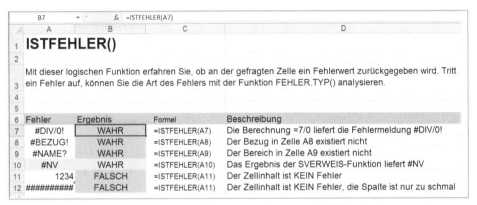

Bild 6.9: Die Funktion ISTFEHLER liefert den Wert *Wahr*, wenn ein Fehler in der angegebenen Zelle steht.

In der Abbildung erkennen Sie, dass in den Zellen A7 bis A10 Fehler stehen.

6.5.2 Eine Fehlermeldung zeitweise ausblenden

Stellen Sie sich vor, Sie haben eine Tabelle, in der Sie bereits Formeln eingegeben haben. Die Werte werden später eingegeben. Bei manchen Formeln erscheint eine Fehlermeldung, wenn sie nicht vollständig sind. So meldet Excel z. B. den Fehler #DIV/0, wenn bei der Division der Nenner fehlt.

Um solche Meldungen auszublenden, können Sie die bedingte Formatierung einsetzen und den Zellen mit einer Fehlermeldung die Schriftfarbe Weiß zuweisen. Wenn die notwendigen Zellen dann mit Werten gefüllt werden, erscheint das Ergebnis. Sie erstellen das bedingte Format für eine Zelle, in der eventuell ein Fehler auftreten kann, und übertragen das Format dann auf alle anderen Zellen.

Setzen Sie den Cursor in die Zelle, in der ein Fehler auftreten kann. In unserem Beispiel ist dies die Zelle D5.

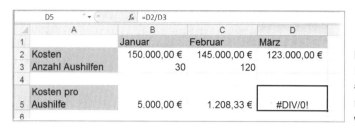

Bild 6.10:
Die Fehlermeldung #DIV/0 meldet, dass nicht durch 0 geteilt werden darf.

1. Aktivieren Sie das Register *Istfehler_2*.

2. Aktivieren Sie auf dem Register *Start* die Schaltfläche *Bedingte Formatierung*. Wählen Sie dort den Eintrag *Neue Regel*.

3. Markieren Sie im Fenster *Neue Formatierungsregel* den Eintrag *Formel zur Ermittlung der zu formatierenden Zellen verwenden*.

4. Geben Sie die folgende Funktion ins Eingabefeld darunter ein:

=ISTFEHLER(D5)

Die Zelladresse darf nicht fest sein. Sollte Excel Ihnen Dollarzeichen um die Zelladresse herum zeigen, entfernen Sie diese.

5. Klicken Sie auf die Schaltfläche *Format*. Stellen Sie auf dem Register *Schrift* im Feld *Farbe* die Schriftfarbe *Weiß* ein und bestätigen Sie mit *OK*.

Bild 6.11: Die Formatierungsregel wird bearbeitet, so dass einem Fehler in der Zelle B5 weiße Schriftfarbe zugewiesen wird.

6. Bestätigen Sie Ihre Einstellungen jetzt mit *OK*.

Der Fehler wird nicht mehr angezeigt. Übertragen Sie jetzt das Format auf alle anderen Zellen, in denen Fehlermeldungen erscheinen könnten.

1. Lassen Sie dazu die Zelle markiert und doppelklicken Sie auf die Schaltfläche mit dem Pinsel (*Format übertragen*) auf dem Register *Start*.

2. Klicken Sie jetzt auf alle Zellen. Damit übertragen Sie das bedingte Format.

3. Um den Pinsel wieder loszuwerden, drücken Sie [Esc] oder klicken erneut auf die Schaltfläche mit dem Pinsel.

Jetzt erscheinen alle Zellen leer, in denen Fehlermeldungen stehen. Sobald allerdings Zahlen eingegeben werden, kommt die Formel auf ein Ergebnis. Dann gilt die Bedingung nicht mehr und das Ergebnis wird angezeigt.

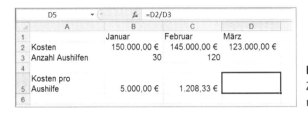

Bild 6.12: Das Ergebnis: Die Zellen mit einem Fehler werden mit weißer Schrift gestaltet.

6.5.3 Bei einer Fehlermeldung wird nicht gerechnet

Im folgenden Beispiel möchten Sie die Division nur dann durchführen, wenn das Ergebnis der Division keine Fehlermeldung ist.

Dieses Beispiel finden Sie auf dem Register *Istfehler_3*.

Geben Sie die folgende Funktion ein:

```
=WENN(ISTFEHLER(B2/B3);"";B2/B3)
```

Wenn das Ergebnis der Division B2/B3 eine Fehlermeldung ergibt, dann soll die Zelle leer bleiben. Wenn das Ergebnis keine Fehlermeldung produziert, dann soll das Ergebnis der Division gezeigt werden.

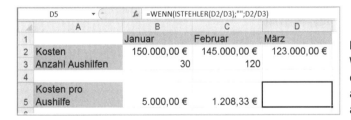

Bild 6.13: Mit der WENN-Funktion wird ein möglicher Fehler abgefangen und nicht angezeigt.

Sobald in die Zelle D3 ein Wert eingegeben wird, wird das Ergebnis in D5 angezeigt.

6.6 ISTGERADE

Prüft, ob in der Zelle eine gerade Zahl eingetragen ist. Alle Nachkommastellen werden nicht berücksichtigt, Datumswerte werden als fortlaufende Zahl interpretiert, auch wenn sie als Datum oder Uhrzeit angezeigt werden. Für Texte oder leere Zellen wird der Fehlerwert *#WERT!* ausgegeben.

Syntax

```
=ISTGERADE(Zahl)
```

196 *Kapitel 6: Informationsfunktionen*

Parameter

Zahl   Ein fest angegebener Wert oder ein Zellbezug, mit dem ermittelt werden soll, ob in der Zelle eine gerade Zahl steht.

6.6.1   Ist die Zahl in der Zelle gerade?

Das folgende Beispiel zeigt einige Beispiele zur Funktion ISTGERADE.

1. Öffnen Sie die Datei *ISTGERADE.XLSX* und aktivieren Sie das *Register Istgerade_1*. Setzen Sie den Cursor in die Zelle B7.

2. Öffnen Sie den Funktions-Assistenten und starten Sie die Funktion ISTGERADE.

3. Für das Feld *Zahl* markieren Sie die Zelle A7.

4. Bestätigen Sie mit *OK*.

Die Funktion sieht folgendermaßen aus:

```
=ISTGERADE(A7)
```

5. Kopieren Sie die Funktion nach unten.

Bild 6.14: Die Beispiele der Funktion ISTGERADE in einer Übersicht

Die beiden untersten Beispiele beziehen sich auf die aktuelle Zeilennummer. Sie wird über die Funktion *Zeile* abgefragt. Für die Zeile 16 wird das Ergebnis *Wahr* und für die Zeile 17 wird das Ergebnis *Falsch* angezeigt.

6.6.2   Jede gerade Zeile mit einem Smiley beginnen

Sie möchten in der ersten Spalte in jeder geraden Zelle ein Sonderzeichen einfügen, in diesem Beispiel einen Smiley.

1. Aktivieren Sie das Register *Istgerade_2*.

2. Markieren Sie in der Spalte A die erste Zelle.

3. Geben Sie die folgende Funktion ein:

   `=WENN(ISTGERADE(ZEILE());ZEICHEN(74);"")`

4. Markieren Sie die Zelle erneut und weisen Sie der Zelle die Schriftart *Wingdings* zu.

5. Kopieren Sie die Funktion nach unten.

Der erste Teil der Funktion

`WENN(ISTGERADE(ZEILE());`

prüft, ob die aktuelle Zeile gerade ist.

Wenn die Zeile eine gerade Zahl besitzt, dann wird der Teil

`ZEICHEN(74)`

ausgeführt. Die Nummer 74 ist bei *Wingdings* der Smiley. Wenn die Zeile eine ungerade Nummer besitzt, wird ein Leerzeichen eingefügt.

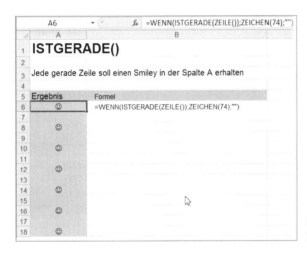

Bild 6.15: Jede gerade Zeile beginnt mit einem Smiley.

6.6.3 Jede gerade Zeile einfärben

Im nächsten Beispiel möchten Sie alle geraden Zeilen einfärben.

1. Markieren Sie eine Zeile.

2. Aktivieren Sie auf dem Register *Start* die Schaltfläche *Bedingte Formatierung*. Wählen Sie dort den Eintrag *Neue Regel*.

3. Markieren Sie im Fenster *Neue Formatierungsregel* den Eintrag *Formel zur Ermittlung der zu formatierenden Zellen verwenden*.

4. Geben Sie die folgende Funktion ins Eingabefeld darunter ein:

   `=ISTGERADE(ZEILE())`

5. Klicken Sie anschließend auf die Schaltfläche *Format* und wählen Sie auf dem Register *Ausfüllen* die gewünschte Farbe.

6. Bestätigen Sie das Fenster *Zellen formatieren* mit *OK*.

Bild 6.16: Mithilfe der bedingten Formatierung wird jede gerade Zeile automatisch eingefärbt.

7. Bestätigen Sie jetzt auch das Fenster *Formatierungsregel bearbeiten* mit *OK*.

8. Übertragen Sie nun mit dem Pinsel das Format der aktuellen Zeile auf die anderen Zeilen.

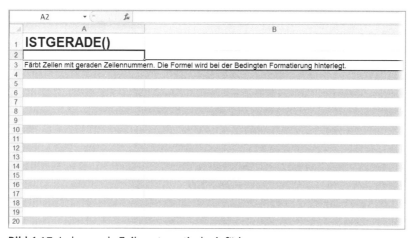

Bild 6.17: Jede gerade Zeile automatisch einfärben

6.7 ISTKTEXT

Prüft, ob in der Zelle *kein* Text eingetragen ist. Bei Zahlen oder Datumswerten, die keinen Text darstellen, wird *Wahr* ausgegeben. Bei Texten, auch bei Zahlen, die als Text eingegeben wurden, beispielsweise mit einem Hochkomma, wird der Wert *Falsch* angezeigt.

> **Tipp:** Die Funktion ISTTEXT prüft, ob ein Text in der Zelle steht.

Syntax
```
=ISTKTEXT(Wert)
```

Parameter
Wert   Ein fest angegebener Wert oder ein Zellbezug, mit dem ermittelt werden soll, ob in der Zelle kein Text steht.

6.7.1 Steht kein Text in der Zelle – ja oder nein?

Das folgende Beispiel zeigt den Aufbau der Funktion ISTKTEXT, die prüft, ob in der Zelle kein Text steht.

1. Öffnen Sie die Datei *ISTKTEXT.XLSX* und aktivieren Sie das Register *Istktext_1*. Setzen Sie den Cursor in die Zelle B7.
2. Öffnen Sie den Funktions-Assistenten und starten Sie die Funktion ISTKTEXT.
3. Für das Feld *Wert* markieren Sie die Zelle A7. Dort steht der Inhalt, der geprüft wird.
4. Bestätigen Sie mit *OK*.

Der Aufbau der Funktion lautet:
```
=ISTKTEXT(A7)
```

5. Kopieren Sie die Funktion nach unten.

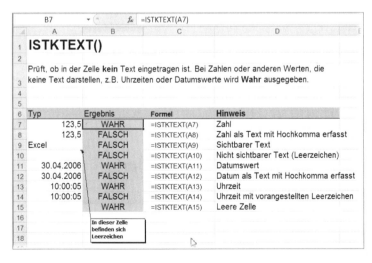

Bild 6.18: Die Beispiele der Funktion ISTKTEXT in einer Übersicht

In der folgenden Abbildung erkennen Sie, dass in den Zellen, in denen kein Text steht, also eine Zahl oder ein Datum, der Wert *Wahr* ausgegeben wird.

6.8 ISTLEER

Liefert den Wert *Wahr*, wenn die Zelle leer ist, ansonsten den Wert *Falsch*.

Syntax

=ISTLEER(Wert)

Parameter

Wert   Ein fest angegebener Wert oder ein Zellbezug, mit dem ermittelt werden soll, ob Text in der Zelle steht oder nicht.

6.8.1 Ist die Zelle leer – ja oder nein?

Das folgende Beispiel zeigt den Aufbau der Funktion ISTLEER, die prüft, ob in der Zelle ein Wert steht oder nicht.

1. Öffnen Sie die Datei *ISTLEER.XLSX* und aktivieren Sie das Register *Istleer_1*. Setzen Sie den Cursor in die Zelle B7.
2. Öffnen Sie den Funktions-Assistenten und starten Sie die Funktion ISTLEER.
3. Für das Feld *Wert* markieren Sie die Zelle A7. Diese Zelle soll jetzt geprüft werden.
4. Bestätigen Sie mit *OK*.

Der Aufbau der Funktion lautet:

=ISTLEER(A7)

5. Kopieren Sie die Funktion nach unten.

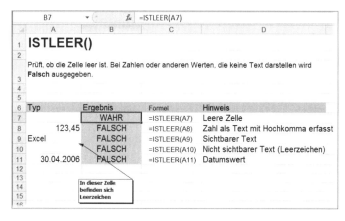

Bild 6.19: Die Funktion ISTLEER bringt nur dann das Ergebnis *Wahr*, wenn die Zelle leer ist.

In der Abbildung erkennen Sie, dass nur die Zelle B7 das Ergebnis *Wahr* liefert, weil nur A7 leer ist. In allen anderen Zellen steht ein Text, eine Zahl, ein Datum oder ein Leerzeichen.

6.8.2 Die Fehlermeldung #DIV/0! unterdrücken

In einer Liste nehmen Sie auf, wie lange jeder Kunde durchschnittlich in Ihrem Laden verweilt hat. Sie erfassen sowohl die Minuten als auch die Anzahl der Kunden. Allerdings erhalten Sie die Minuten immer vor der Anzahl der Kunden.

In Spalte B stehen die gesamten Minuten für den Tag, in Spalte D steht auch schon die Berechnung. Nur einige Werte für die Spalte C kommen erst später:

```
=B6/C6
```

Nachdem die Formel nach unten kopiert wurde, sehen Sie die Fehlermeldung.

D6 =B6/C6

ISTLEER()

Die Anzahl der Besucher sollen durch die durchschnittliche Verweildauer in Minuten geteilt werden. Allerdings wird diese Tabelle immer schon im Vorraus erstellt. So kann es passieren, dass Fehlermeldungen erscheinen. Dies soll mit der Funktion ISTLEER unterdrückt werden.

Datum	Gesamt Minuten	Anzahl Besucher	Ergebnis
11.07.2006	8000	250	32
12.07.2006	32000	400	80
13.07.2006	78		#DIV/0!
14.07.2006	23000	560	41,07142857
15.07.2006	7990	340	23,5
16.07.2006	3800		#DIV/0!

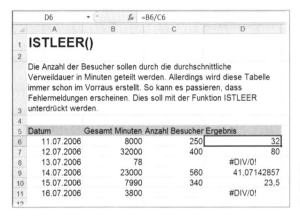

Bild 6.20: Wenn bestimmte Daten noch fehlen, erscheinen Fehlermeldungen in der Tabelle.

Diese Fehlermeldung könnte man umgehen, wenn man die Division in eine WENN-Funktion einbaut. Wenn die Zelle C6 leer ist, dann schreibe eine 0, ansonsten teile B6 durch C6. Der Aufbau dieser Funktion:

```
=WENN(ISTLEER(C6);0;B6/C6)
```

Im ersten Teil der WENN-Funktion brauchen Sie keinen Vergleich mehr, da die Funktion ISTLEER ja nur den Wert *Wahr* oder *Falsch* liefert. Also je nach Ergebnis nimmt die WENN-Funktion den *Wahr*-Teil, die 0 oder den *Falsch*-Teil B6/C6.

D6 =WENN(ISTLEER(C6);0;B6/C6)

ISTLEER()

Die Anzahl der Besucher sollen durch die durchschnittliche Verweildauer in Minuten geteilt werden. Allerdings wird diese Tabelle immer schon im Vorraus erstellt. So kann es passieren, dass Fehlermeldungen erscheinen. Dies soll mit der Funktion ISTLEER unterdrückt werden.

Datum	Gesamt Minuten	Anzahl Besucher	Ergebnis	Formel
11.07.2006	8000	250	32	=WENN(ISTLEER(C6);0;B6/C6)
12.07.2006	32000	400	80	
13.07.2006	78		0	
14.07.2006	23000	560	41,07142857	
15.07.2006	7990	340	23,5	
16.07.2006	3800		0	

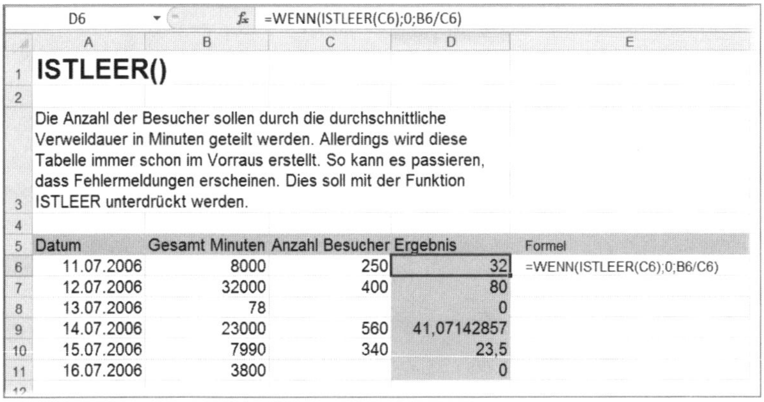

Bild 6.21: Die Lösung: Es wird nur dann geteilt, wenn der Inhalt der Spalte C nicht leer ist.

Der Rechenschritt wird nur dann ausgeführt, wenn die Anzahl der Besucher bekannt ist.

6.8.3 Leere Zellen einfärben

In einer umfangreichen Liste mit Informationen möchten Sie sofort sehen, wenn eine Zelle leer ist. Hier setzen Sie die *Bedingte Formatierung* ein.

1. Aktivieren Sie das Register *Istleer_3*.
2. Markieren Sie nun alle Zellen, die Sie untersuchen möchten.
3. Aktivieren Sie auf dem Register *Start* die Schaltfläche *Bedingte Formatierung*. Wählen Sie dort den Eintrag *Neue Regel*.
4. Markieren Sie im Fenster *Neue Formatierungsregel* den Eintrag *Formel zur Ermittlung der zu formatierenden Zellen verwenden*.
5. Geben Sie die folgende Funktion ins Eingabefeld darunter ein:

   ```
   = ISTLEER(A5)
   ```

   Stellen Sie sicher, dass die Zelladresse nicht fest ist. Es sollte die erste Zelle des markierten Bereichs sein.
6. Klicken Sie auf die Schaltfläche *Format* und stellen Sie die gewünschte Formatierung der Zellen ein.

Bild 6.22: Bearbeiten der Formatierungsregel: Alle leeren Zellen werden jetzt gelb eingefärbt.

7. Bestätigen Sie mit *OK*.

Bild 6.23: Alle leeren Zellen sind mit der *bedingten Formatierung* und der Funktion ISTLEER eingefärbt.

Jetzt sind alle leeren Zellen auf einen Blick zu erkennen.

6.8.4 Leere Zellen finden ohne eine Funktion

Excel bietet Ihnen neben der Funktion ISTLEER auch einen Befehl, um in einer Tabelle alle leeren Zellen zu markieren.

1. Setzen Sie den Cursor in die Tabelle, die Sie auf leere Zellen hin durchsuchen möchten.
2. Aktivieren Sie das Register *Start* und wählen Sie über die Schaltfläche *Suchen und Auswählen* den Eintrag *Gehe zu*.
3. Klicken Sie im Fenster *Gehe zu* auf die Schaltfläche *Inhalte*.
4. Aktivieren Sie hier die Option *Leerzellen*.

Bild 6.24: Die Option *Leerzellen* markiert gleich alle leeren Zellen.

5. Bestätigen Sie mit *OK*.

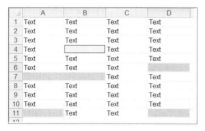

Bild 6.25: Alle leeren Zellen sind nun markiert.

Was Sie jetzt tun, bleibt Ihnen überlassen. In diesem Beispiel haben wir die Zellen über den Befehl *Füllfarbe* mit einer Hintergrundfarbe eingefärbt und zusätzlich haben wir in alle Zellen eine 0 geschrieben.

Um in einem Schritt in eine markierte Zelle etwas zu schreiben, müssen Sie den gewünschten Text tippen und mit [Strg] + [Eingabe] bestätigen.

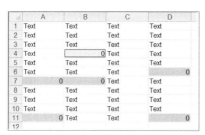

Bild 6.26: Alle vorher leeren Zellen sind nun in einem Schritt gestaltet und mit Text gefüllt worden.

6.9 ISTLOG

Prüft, ob es sich bei dem Zellinhalt um einen logischen Wert handelt. Es werden nur die Werte *Wahr* oder *Falsch* als logische Werte interpretiert.

Syntax

=ISTLOG(Wert)

Parameter

Wert   Ein fest angegebener Wert oder ein Zellbezug, mit dem ermittelt werden soll, ob in der Zelle ein logischer Wert steht.

6.9.1 Steht in der Zelle ein logischer Wert – ja oder nein?

In der folgenden Abbildung erkennen Sie, dass in den Zellen A7 und A8 die beiden Wahrheitswerte stehen, daher das Ergebnis *Wahr*. In A9 und A10 stehen die Texte mit Hochkomma. Diese werden nicht als Wahrheitswerte erkannt.

Bild 6.27: Die Beispiele der Funktion ISTLOG in einer Übersicht

6.10 ISTNV

Die Funktion gibt das Ergebnis *Wahr* aus, wenn in der Zelle der Fehler *#NV* auftritt. Die Funktion wird häufig benutzt, um fehlende Werte bei der SVERWEIS-Funktion abzufangen.

Syntax

```
=ISTNV(Wert)
```

Parameter

Wert   Ein fest angegebener Wert oder ein Zellbezug, mit dem ermittelt werden soll, ob in der Zelle die gesuchte Fehlermeldung steht.

6.10.1 Steht in der Zelle #NV – ja oder nein?

Das folgende Beispiel zeigt den Aufbau der Funktion ISTNV.

1. Öffnen Sie die Datei *ISTNV.XLSX* und aktivieren Sie das Register *Istnv_1*. Setzen Sie den Cursor in die Zelle B7.
2. Öffnen Sie den Funktions-Assistenten und starten Sie die Funktion ISTNV.
3. Für das Feld *Wert* markieren Sie die Zelle A7. Diese Zelle soll jetzt geprüft werden.
4. Bestätigen Sie mit *OK*.

Der Aufbau der Funktion lautet:

```
=ISTNV(A7)
```

206 *Kapitel 6: Informationsfunktionen*

5. Kopieren Sie die Funktion nach unten.

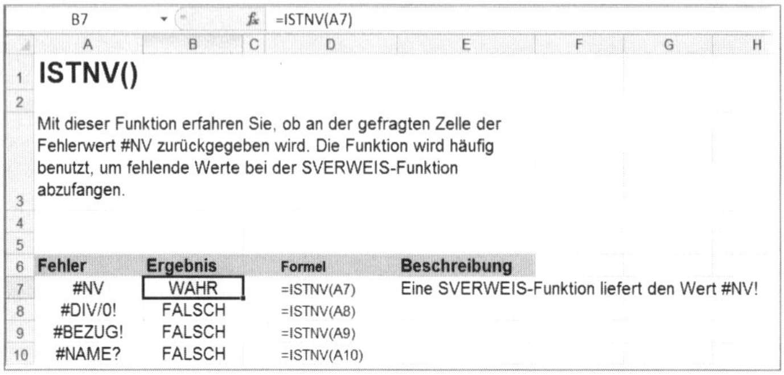

Bild 6.28: Ein paar Beispiele für die Funktion ISTNV

In der folgenden Abbildung erkennen Sie, dass nur in der Zelle A7 die Fehlermeldung *#NV* steht, daher ist das Ergebnis *Wahr*.

6.10.2 Die Fehlermeldung #NV unterdrücken

Die folgende Abbildung zeigt die Situation, dass nach Eingabe einer Personalnummer, die nicht in der Liste existiert, die Fehlermeldung *#NV* angezeigt wird. Dies können Sie mit einer Kombination der Funktionen WENN und ISTNV abfangen.

Bild 6.29: Wenn es die Personalnummer nicht gibt, erscheint die Fehlermeldung #NV.

Um diese Meldung zu unterdrücken, fangen Sie sie mit einer WENN-Funktion ab. Wenn die SVERWEIS-Funktion den Fehler #NV liefert, dann schreibe den Text *Bitte gültige P-Nummern eingeben*, ansonsten zeige den Nachnamen an.

```
=WENN(ISTNV(SVERWEIS(F7;$A$1:$D$8;3;FALSCH));"Bitte gültige P-Nummern
eingeben";SVERWEIS(F7;$A$1:$D$8;3;FALSCH))
```

Im ersten Teil der WENN-Funktion

```
WENN(ISTNV(SVERWEIS(F7;$A$1:$D$8;3;FALSCH));
```

wird geprüft, ob die Funktion SVERWEIS die Fehlermeldung #NV liefert.

Wenn dies zutrifft, wird der folgende Text angezeigt:

```
"Bitte gültige P-Nummern eingeben";
```

Ansonsten wird die SVERWEIS-Funktion ausgeführt.

```
SVERWEIS(F7;$A$1:$D$8;3;FALSCH))
```

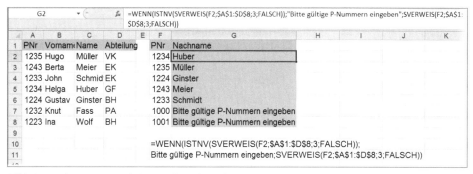

Bild 6.30: Die WENN-Funktion stellt sicher, dass eine verständliche Meldung erscheint.

6.11 ISTTEXT

Liefert das Ergebnis *Wahr*, wenn es sich bei dem Zellinhalt um einen Text handelt, ansonsten wird das Ergebnis *Falsch* ausgegeben.

Syntax

```
=ISTTEXT(Wert)
```

Parameter

Wert   Ein fest angegebener Wert oder ein Zellbezug, mit dem ermittelt werden soll, ob in der Zelle Text steht.

6.11.1 Steht in der Zelle ein Text – ja oder nein?

Sie möchten nur prüfen, ob das, was Sie in der Zelle sehen, ein Text oder eine Zahl ist. Excel kann das für Sie mit der Funktion ISTTEXT erledigen.

Das folgende Beispiel zeigt den Aufbau der Funktion ISTTEXT.

1. Öffnen Sie die Datei *ISTTEXT.XLSX* und aktivieren Sie das Register *Isttext_1*. Setzen Sie den Cursor in die Zelle B7.
2. Öffnen Sie den Funktions-Assistenten und starten Sie die Funktion ISTTEXT.
3. Setzen Sie den Cursor ins Feld *Wert* und markieren Sie die Zelle A7. Dort soll geprüft werden, ob Text in der Zelle steht oder nicht.
4. Bestätigen Sie mit *OK*.
5. Kopieren Sie die Funktion nach unten.

Der Funktionsaufbau ist recht einfach:

```
=ISTTEXT(A7)
```

In der folgenden Abbildung sehen beispielsweise die Inhalte der Zellen A8 und A12 aus wie eine Zahl bzw. ein Datum. Da sie aber mit einem Hochkomma erfasst wurden, sind sie Texte. Das Leerzeichen in A10 wird auch als Text interpretiert.

Bild 6.31: Die Beispiele der Funktion ISTTEXT in einer Übersicht

6.11.2 Die Fehlermeldung #WERT! unterdrücken

In einer Umsatzliste erfassen Sie sowohl die Umätze als auch die Anzahl der Kunden, mit denen Sie diese Umsätze gemacht haben. Allerdings erhalten Sie die Umsatzzahlen immer vor der Anzahl der Kunden. Wenn Sie Ihre Tabelle dann soweit fertig haben, erscheint eine Fehlermeldung.

In Spalte B ist der Umsatz bereits da, in Spalte D steht auch schon die Berechnung:

=B6/C6

Nachdem die Formel nach unten kopiert wurde, sehen Sie die Fehlermeldung.

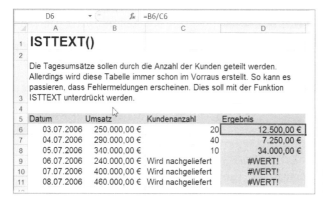

Bild 6.32: Wenn bestimmte Daten noch fehlen, erscheinen Fehlermeldungen in der Tabelle.

Diese Fehlermeldung könnte man umgehen, wenn man die Division in eine WENN-Funktion einbaut.

Wenn in der Zelle C6 ein Text steht, dann schreibe eine 0, ansonsten teile B6 durch C6. Der Aufbau der Funktion:

```
=WENN(ISTTEXT(C6);0;B6/C6)
```

Im ersten Teil der WENN-Funktion brauchen Sie keinen Vergleich mehr, da die Funktion ISTTEXT ja nur den Wert *Wahr* oder *Falsch* liefert. Also je nach Ergebnis nimmt die WENN-Funktion den *Wahr*-Teil, die 0 oder den *Falsch*-Teil B6/C6.

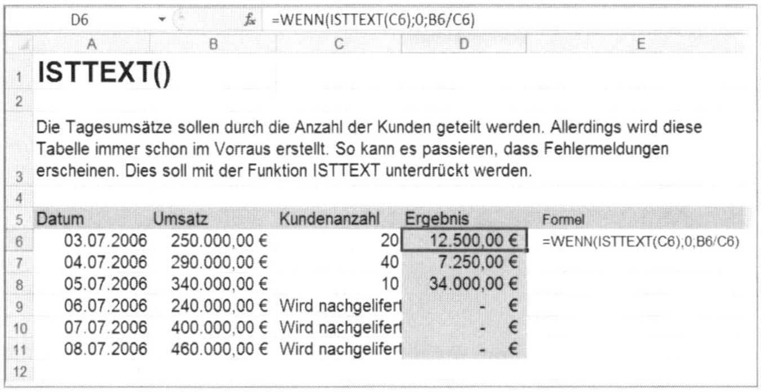

D6 =WENN(ISTTEXT(C6);0;B6/C6)

ISTTEXT()

Die Tagesumsätze sollen durch die Anzahl der Kunden geteilt werden. Allerdings wird diese Tabelle immer schon im Vorraus erstellt. So kann es passieren, dass Fehlermeldungen erscheinen. Dies soll mit der Funktion ISTTEXT unterdrückt werden.

Datum	Umsatz	Kundenanzahl	Ergebnis	Formel
03.07.2006	250.000,00 €	20	12.500,00 €	=WENN(ISTTEXT(C6);0;B6/C6)
04.07.2006	290.000,00 €	40	7.250,00 €	
05.07.2006	340.000,00 €	10	34.000,00 €	
06.07.2006	240.000,00 €	Wird nachgelifert	- €	
07.07.2006	400.000,00 €	Wird nachgelifert	- €	
08.07.2006	460.000,00 €	Wird nachgelifert	- €	

Bild 6.33: Die Lösung: Es wird nur dann dividiert, wenn der Inhalt der Spalte C kein Text ist.

6.11.3 Als Text formatierte Zahlen erkennen

Sie haben nach einem Import das Gefühl, dass nicht alle Zahlen, die Sie in den Zellen sehen, von Excel auch als Zahlen interpretiert werden.

Die folgende Abbildung zeigt das Dilemma:

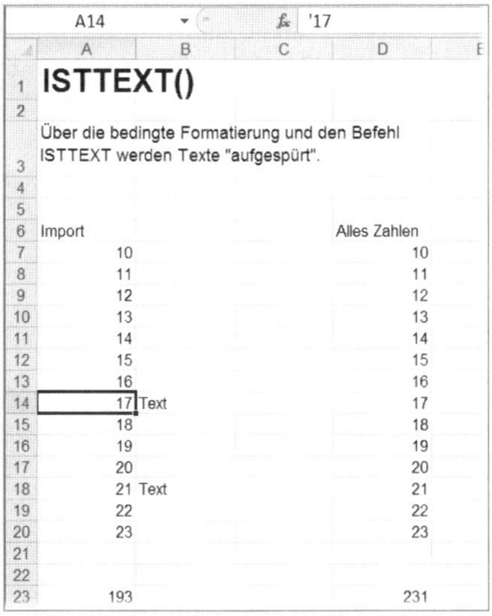

A14 '17

ISTTEXT()

Über die bedingte Formatierung und den Befehl ISTTEXT werden Texte "aufgespürt".

Import			Alles Zahlen
10			10
11			11
12			12
13			13
14			14
15			15
16			16
17	Text		17
18			18
19			19
20			20
21	Text		21
22			22
23			23
193			231

Bild 6.34: In der Beispieltabelle ist zu erkennen, wo Texte stehen.

In der Spalte A sind in den Zellen A14 und A18 zwar vordergründig Zahlen zu erkennen, nur interpretiert Excel diese als Text. Sie erkennen dies an der Kontrollsumme in A23 bzw. D23.

1. Markieren Sie nun alle Zellen, die Sie untersuchen möchten.
2. Aktivieren Sie auf dem Register *Start* die Schaltfläche *Bedingte Formatierung*. Wählen Sie dort den Eintrag *Neue Regel*.
3. Markieren Sie im Fenster *Neue Formatierungsregel* den Eintrag *Formel zur Ermittlung der zu formatierenden Zellen verwenden*.
4. Geben Sie die folgende Funktion ins Eingabefeld darunter ein:

   =ISTTEXT(A7)

5. Stellen Sie sicher, dass die Zelladresse nicht fest ist. Es sollte die erste Zelle des markierten Bereichs sein.
6. Klicken Sie auf die Schaltfläche *Format* und stellen Sie die gewünschte Formatierung der Zellen ein.

Bild 6.35: Der Befehl *Bedingte Formatierung* zeigt alle Zellen, die nicht Zahlen sind.

7. Bestätigen Sie mit *OK*.

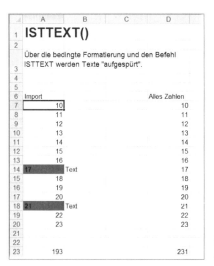

Bild 6.36: Alle Zellen, die Texte enthalten, werden eingefärbt.

Jetzt sind alle Zellen, in denen Texte stehen, farbig gekennzeichnet.

6.12 ISTUNGERADE

Prüft, ob in der Zelle eine ungerade Zahl eingetragen ist. Alle Nachkommastellen werden nicht berücksichtigt, Datumswerte werden als fortlaufende Zahl interpretiert, auch wenn sie als Datum oder Uhrzeit angezeigt werden. Für Texte oder leere Zellen wird der Fehlerwert #WERT! ausgegeben.

Syntax
```
=ISTUNGERADE(Zahl)
```

Parameter

Zahl   Ein fest angegebener Wert oder ein Zellbezug, mit dem ermittelt werden soll, ob in der Zelle eine gerade Zahl steht.

6.12.1 Ist die Zahl in der Zelle ungerade – ja oder nein?

Das folgende Beispiel zeigt einige Beispiele zur Funktion ISTUNGERADE.

1. Öffnen Sie die Datei *ISTUNGERADE.XLSX* und aktivieren Sie das Register *Istungerade_1*. Setzen Sie den Cursor in die Zelle B7.
2. Öffnen Sie den Funktions-Assistenten und starten Sie die Funktion ISTUNGERADE.
3. Für das Feld *Zahl* markieren Sie die Zelle A7.
4. Bestätigen Sie mit *OK*.

Die Funktion sieht folgendermaßen aus:

```
=ISTUNGERADE(A7)
```

5. Kopieren Sie die Funktion nach unten.

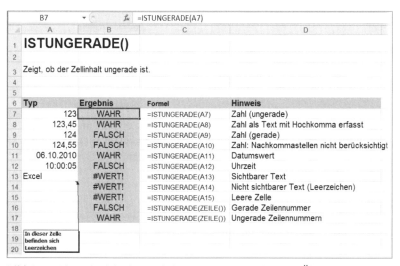

Bild 6.37: Die Beispiele der Funktion ISTUNGERADE in einer Übersicht

Die beiden unteren Beispiele beziehen sich auf die aktuelle Zeilennummer. Sie wird über die Funktion *Zeile* abgefragt. Für die Zeile 16 wird das Ergebnis *Falsch* und für die Zeile 17 wird das Ergebnis *Wahr* angezeigt.

6.12.2 Jede ungerade Zeile mit einem Briefumschlag beginnen

Stellen Sie sich vor, Sie möchten in der ersten Spalte in jeder ungeraden Zelle ein Sonderzeichen einfügen, in diesem Beispiel einen Briefumschlag.

1. Markieren Sie in der Spalte A die erste Zelle.
2. Geben Sie die folgende Funktion ein:

```
=WENN(ISTGERADE(ZEILE());ZEICHEN(42);"")
```

3. Markieren Sie die Zelle erneut und weisen Sie der Zelle die Schriftart *Wingdings* zu.
4. Kopieren Sie die Funktion nach unten.

Der erste Teil der Funktion

```
WENN(ISTUNGERADE(ZEILE());
```

prüft, ob die aktuelle Zeile gerade ist.

Wenn die Zeile eine ungerade Zahl besitzt, dann wird der Teil

```
ZEICHEN(42)
```

ausgeführt. Die Nummer 42 ist bei *Wingdings* der Briefumschlag. Wenn die Zeile eine gerade Nummer besitzt, wird ein Leerzeichen eingefügt.

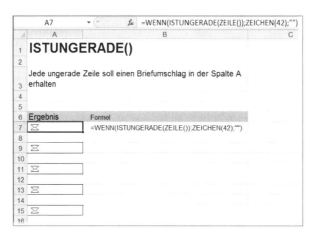

Bild 6.38: Jede ungerade Zeile beginnt mit einem Briefumschlag-Symbol.

6.12.3 Jede ungerade Zeile automatisch einfärben

Im nächsten Beispiel möchten Sie alle ungeraden Zeilen einfärben.

1. Markieren Sie eine Zeile.

2. Aktivieren Sie auf dem Register *Start* die Schaltfläche *Bedingte Formatierung*. Wählen Sie dort den Eintrag *Neue Regel*.

3. Markieren Sie im Fenster *Neue Formatierungsregel* den Eintrag *Formel zur Ermittlung der zu formatierenden Zellen verwenden*.

4. Geben Sie die folgende Funktion ins Eingabefeld darunter ein:

   `=ISTUNGERADE(ZEILE())`

5. Klicken Sie anschließend auf die Schaltfläche *Format* und wählen Sie auf dem Register *Ausfüllen* die gewünschte Farbe.

6. Bestätigen Sie das Fenster *Zellen formatieren* mit *OK*.

Bild 6.39: Bearbeiten der Formatierungsregel: Mithilfe der bedingten Formatierung wird jede ungerade Zeile automatisch eingefärbt.

7. Bestätigen Sie jetzt auch das Fenster *Formatierungsregel bearbeiten* mit *OK*.

8. Übertragen Sie nun mit dem Pinsel das Format der aktuellen Zeile auf die anderen Zeilen.

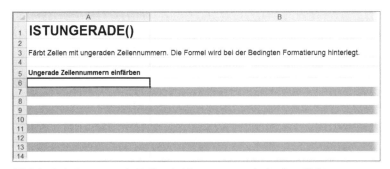

Bild 6.40: Jede ungerade Zeile wird jetzt automatisch eingefärbt.

6.13 ISTZAHL

Prüft, ob in der Zelle eine Zahl eingetragen ist. Bei Texten oder anderen Werten wird *Falsch* ausgegeben.

Syntax

```
=ISTZAHL(Wert)
```

Parameter

Wert   Ein fest angegebener Wert oder ein Zellbezug, mit dem ermittelt werden soll, ob in der Zelle eine Zahl steht.

6.13.1 Steht in der Zelle eine Zahl – ja oder nein?

Nun möchten Sie prüfen, ob das, was Sie in der Zelle sehen, eine Zahl oder ein Text ist. Excel kann das für Sie mit der Funktion ISTZAHL erledigen.

Das folgende Beispiel zeigt den Aufbau der Funktion ISTZAHL.

1. Öffnen Sie die Datei *ISTZAHL.XLSX* und aktivieren Sie das Register *Istzahl_1*. Setzen Sie den Cursor in die Zelle B7.

2. Öffnen Sie den Funktions-Assistenten und starten Sie die Funktion ISTZAHL.

3. Setzen Sie den Cursor ins Feld *Wert* und markieren Sie die Zelle A7. Dort soll geprüft werden, ob eine Zahl in der Zelle steht oder nicht.

4. Bestätigen Sie mit *OK*.

Der Funktionsaufbau ist recht einfach:

```
=ISTZAHL(A7)
```

5. Kopieren Sie die Funktion nach unten.

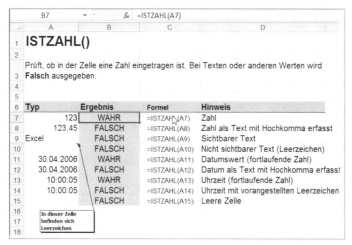

Bild 6.41:
Die Beispiele der Funktion ISTZAHL in einer Übersicht

In der Abbildung erkennen Sie, dass nur in den Zellen das Ergebnis *Wahr* steht, wenn eine Zahl in der Zelle steht.

6.13.2 Nur dann addieren, wenn Zahlen in der Liste stehen

Die Werte einer Liste sollen nur dann addiert werden, wenn die Liste vollständig ist und wenn sichergestellt ist, dass es tatsächlich Zahlen sind.

1. Setzen Sie den Cursor in die Zelle B12 auf dem Registerblatt ISTZAHL_2.
2. Geben Sie die folgende Funktion ein:

   ```
   =WENN(UND(ISTZAHL(B7);ISTZAHL(B8);ISTZAHL(B9);ISTZAHL(B10));
   SUMME(B7:B10);"")
   ```

3. Kopieren Sie die Formel nach rechts.

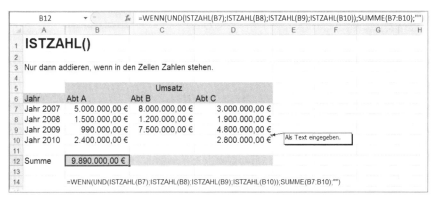

Bild 6.42: Die Werte werden nur addiert, wenn es Zahlen sind.

Wenn in allen vier Zellen eine Zahl steht, wird die Funktion SUMME ausgeführt.

6.14 Die Funktion N

Diese Funktion wandelt einen Text in die Zahl 0 um. Datumswerte werden in ihre seriellen Zahlenwerte umgewandelt, Wahrheitswerte in 1 (WAHR) und 0 (FALSCH). Zahlen werden nicht verändert.

Syntax

```
=N(Wert)
```

Parameter

Wert   Der Wert oder Zellbezug, der geprüft werden soll.

6.14.1 Beispiel zur Funktion N

Das folgende Beispiel zeigt einige Beispiele zur Funktion N.

1. Öffnen Sie die Datei *N.XLSX* und aktivieren Sie das Register *N_1*. Setzen Sie den Cursor in die Zelle C7.

2. Öffnen Sie den Funktions-Assistenten und starten Sie die Funktion N.

3. Für das Feld *Wert* markieren Sie die Zelle A7.

4. Bestätigen Sie mit *OK*.

Die Funktion sieht folgendermaßen aus:

```
=N(A7)
```

5. Kopieren Sie die Funktion nach unten.

Bild 6.43: Die Beispiele der Funktion N in einer Übersicht

Sie erkennen, dass alle Texte in die 0 umgewandelt werden. Das Datum in Zelle A10 wird als serielle Zahl angezeigt. Die Zahl in Zelle A7 bleibt unverändert.

6.15 Die Funktion NV

Mit dieser Funktion schreiben Sie in die aktive Zelle den Fehlerwert #NV. Die Funktion benötigt keine Parameter.

Syntax

```
=NV()
```

6.15.1 Beispiel zur Funktion NV

Das folgende Beispiel zeigt die Funktion NV.

1. Öffnen Sie die Datei *NV.XLSX* und aktivieren Sie das Register *NV_1*. Setzen Sie den Cursor in die Zelle C7.

2. Öffnen Sie den Funktions-Assistenten und starten Sie die Funktion NV.

Bild 6.44: Die Funktion NV braucht keine Parameter.

3. Bestätigen Sie mit *OK*.

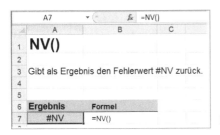

Bild 6.45: Das Beispiel der Funktion NV

6.15.2 Die Funktion NV zum Testen anderer Funktionen einsetzen

Sie möchten einige Funktionen testen, die weiter vorne in diesem Kapitel beschrieben wurden. Für die Funktionen ISTNV, ISTFEHLER, ISTFEHL und FEHLER.TYP benötigen Sie die Fehlermeldung #NV.

Die folgende Abbildung zeigt das Ergebnis:

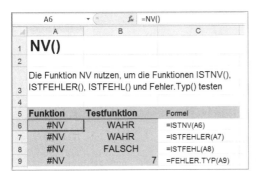

Bild 6.46: Die Funktion NV testet andere Funktionen.

6.16 TYP

Gibt für einen Wert oder Zellinhalt den Datentyp aus. Das Ergebnis ist eine Zahl, die den Datentyp darstellt. Die unten aufgeführte Tabelle zeigt, welche Zahl welchen Datentyp darstellt.

Syntax

=TYP(Wert)

Parameter

Wert   Der Wert oder Zellbezug, der geprüft werden soll.

6.16.1 Die Funktion TYP

Die folgende Erläuterung zeigt einige Beispiele zur Funktion TYP.

1. Öffnen Sie die Datei *TYP.XLSX* und aktivieren Sie das Register *Typ_1*. Setzen Sie den Cursor in die Zelle B7.
2. Öffnen Sie den Funktions-Assistenten und starten Sie die Funktion TYP.
3. Für das Feld *Wert* markieren Sie die Zelle A7.
4. Bestätigen Sie mit *OK*.

Die Funktion sieht folgendermaßen aus:

=TYP(A7)

5. Kopieren Sie die Funktion nach unten.

Die Funktion liefert fünf unterschiedliche Zahlen. Die folgende Tabelle gibt Aufschluss über die Bedeutung:

Ergebnis	Datentyp
1	Zahl
2	Text
4	Wahrheitswert
16	Fehlerwert
64	Matrix

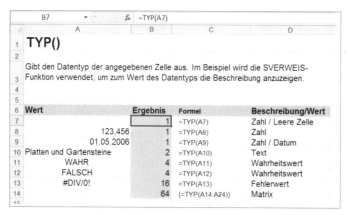

Bild 6.47: Die Beispiele der Funktion TYP in einer Übersicht

6.16.2 Als Text formatierte Zahlen erkennen

Sie haben nach einem Import das Gefühl, nicht alle Zahlen, die Sie in den Zellen sehen, werden von Excel auch als Zahlen interpretiert.

Die folgende Abbildung zeigt das Dilemma:

In der Spalte A sind in den Zellen A14 und A18 zwar vordergründig Zahlen zu erkennen, aber Excel interpretiert sie als Text. Sie erkennen dies an der Kontrollsumme in A23 bzw. D23.

	A	B	C	D
1	**TYP()**			
2				
3	Die Texte in den Zellen A14 und A21 sind nicht erkennbar			
4				
5				
6	Import			Alles Zahlen
7	10			10
8	11			11
9	12			12
10	13			13
11	14			14
12	15			15
13	16			16
14	17 Text			17
15	18			18
16	19			19
17	20			20
18	21 Text			21
19	22			22
20	23			23
21				
22				
23	193			231

Bild 6.48: In der Beispieltabelle ist zu erkennen, wo Texte stehen.

1. Markieren Sie nun alle Zellen, die Sie untersuchen möchten.

2. Aktivieren Sie auf dem Register *Start* die Schaltfläche *Bedingte Formatierung.* Wählen Sie dort den Eintrag *Neue Regel.*

3. Markieren Sie im Fenster *Neue Formatierungsregel* den Eintrag *Formel zur Ermittlung der zu formatierenden Zellen verwenden.*

4. Geben Sie die folgende Funktion ins Eingabefeld darunter ein:

```
=TYP(A9)=2
```

Stellen Sie sicher, dass die Zelladresse nicht fest ist. Es sollte die erste Zelle des markierten Bereichs sein.

5. Klicken Sie auf die Schaltfläche *Format* und stellen Sie die gewünschte Formatierung der Zellen ein.

Bild 6.49: Der Befehl *Bedingte Formatierung* färbt alle Zellen, die Text enthalten.

6. Bestätigen Sie mit *OK*.

7. Übertragen Sie nun mit dem Pinsel das Format auf die anderen Zellen in der Spalte A.

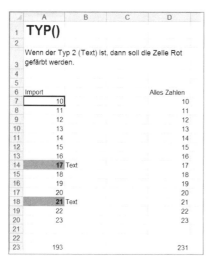

Bild 6.50: Alle Zellen, die Texte enthalten, werden eingefärbt.

Jetzt sind alle Zellen, in denen Texte stehen, farbig gekennzeichnet.

6.16.3 Zellen mit Texten gelb, Zellen mit Zahlen rot einfärben

Zu den eben eingefärbten Zellen mit Zahlen möchten Sie im gleichen Schritt auch alle Zellen mit Texten mit einer anderen Farbe färben.

1. Markieren Sie die Zellen, die Sie eben markiert haben.

2. Aktivieren Sie auf dem Register *Start* die Schaltfläche *Bedingte Formatierung*. Wählen Sie dort den Eintrag *Neue Regel*.

3. Markieren Sie im Fenster *Neue Formatierungsregel* den Eintrag *Formel zur Ermittlung der zu formatierenden Zellen verwenden*.

4. Geben Sie die folgende Funktion ins Eingabefeld darunter ein:

   =TYP(A11)=1

5. Klicken Sie anschließend auf die Schaltfläche *Format* und wählen Sie auf dem Register *Ausfüllen* die Farbe *Gelb* aus.

6. Bestätigen Sie zweimal mit *OK*.

Um nun zu kontrollieren, ob die Zellen jetzt zwei Bedingungen enthalten, führen Sie den folgenden Schritt durch:

Aktivieren Sie auf dem Register *Start* die Schaltfläche *Bedingte Formatierung*. Wählen Sie dort den Eintrag *Regel verwalten*.

Bild 6.51: Alle Textzellen werden jetzt gelb und alle Zahlenzellen werden rot eingefärbt.

7. Bestätigen Sie mit *OK*.

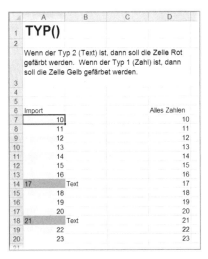

Bild 6.52: Je nach Zellinhalt werden die Zahlen jetzt unterschiedlich gefärbt.

222 *Kapitel 6: Informationsfunktionen*

6.17 ZELLE

Liefert Angaben zur Formatierung und zum Inhalt einer Zelle.

Syntax

```
=ZELLE(Infotyp; Bezug)
```

Parameter

Infotyp   Die folgende Tabelle gibt Aufschluss über die verschiedenen Infotypen, die Sie sich zu einer Zelle anzeigen lassen können.

Bezug   Die Zelle, zu der Sie sich eine Information anzeigen lassen wollen.

Infotyp	Beschreibung
Adresse	Zelladdresse in der absoluten Schreibweise.
Breite	Wie viele Zeichen werden angezeigt?
Dateiname	Zeigt den Pfad und den Dateinamen an.
Farbe	1, wenn die Zelle für negative Werte rot formatiert ist, ansonsten 0.
Format	Gibt das Format der Zelle als Kürzel wieder. Weiter unten in diesem Kapitel finden Sie eine Tabelle, die eine Erläuterung der Kürzel enthält.
Inhalt	Wiederholt den Inhalt der Zelle.
Klammern	1, wenn die Zelle mit Klammern für negative Zahlenwerte zeigt.
Präfix	Infos zur Ausrichtung des Textes in der Zelle.
Schutz	0, wenn die Zelle nicht gesperrt ist; 1, wenn die Zelle gesperrt ist.
Spalte	Gibt die Spaltennummer an.
Typ	Beschreibt den Wert, der in der Zelle steht.
Zeile	Gibt die Zeilennummer an.

6.17.1 Die Funktion ZELLE

Das folgende Beispiel zeigt alle Infotypen zur Beispielzelle A6. Dabei haben wir alle Infotypen ab der Zelle A9 untereinander geschrieben.

1. Öffnen Sie die Datei *ZELLE.XLSX* und aktivieren Sie das Register *Zelle_1*. Setzen Sie den Cursor in die Zelle B9.

2. Öffnen Sie den Funktions-Assistenten und starten Sie die Funktion ZELLE.

3. Für das Feld *Infotyp* markieren Sie die Zelle A9.

4. Der *Bereich* ist die Zelle, zu der Sie die Information wünschen. In diesem Beispiel ist es die Zelle A6. Setzen Sie sie mit der Taste F4 fest.

5. Bestätigen Sie mit *OK*.

Die Funktion sieht folgendermaßen aus:

```
=ZELLE(A9;$A$6)
```

6. Kopieren Sie die Funktion nach unten.

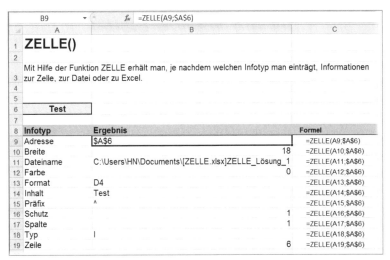

Bild 6.53: Die Infotypen der Funktion ZELLE in einer Übersicht

Infotyp Adresse

Der Infotyp *Adresse* zeigt die absolute Zelladresse der markierten Zelle. Wenn Sie mehrere Zellen markiert haben, wird die erste Zelladresse gezeigt.

Infotyp Breite

Der Infotyp *Breite* zeigt die Anzahl der Zeichen an, die ungefähr in dieser Zelle angezeigt werden können. Sie können diesen Wert auch über *Format / Spalte / Breite* finden.

Infotyp Dateiname

Der Infotyp *Dateiname* zeigt den Dateinamen und den zugehörigen Pfad. Sollten Sie die Datei noch nicht gespeichert haben, bleibt die Zelle leer. Um nach dem Speichern den Dateinamen und den Pfad zu sehen, drücken Sie die Taste F9. Damit berechnen Sie alle Funktionen neu.

Infotyp Farbe

Wenn die Zelle mit dem Format – negative Zahlen rot – gestaltet ist, wird eine 1, ansonsten eine 0 angezeigt.

Infotyp Format

Der Infotyp *Format* gibt das Format der Zelle als Kürzel wieder. Die folgende Tabelle zeigt die Kürzel:

Excel-Format	Beispiel	Kürzel
Standard	5555	S
0	5555	F0
#.##0	5.555	0.0
0,00	5555,55	F2
#.##0,00	5.555,55	.2
#.##0_€;- #.##0_€	5.555 €	.0
#.##0_€;[Rot]-#.##0_€	5.555 €	F3-
#.##0,00_€;-#.##0,00_€	5.555,00 €	F5
#.##0,00_€;[Rot]-#.##0,00_€	5.555,00 €	F5-
0%	5%	P0
0,00%	5,55%	P2
0,00E+00	5,56E+03	E2
# ?/?	5555 5/9	S
TT.MM.JJJJ	01.01.2008	D1

Infotyp Inhalt

Der Infotyp *Inhalt* zeigt den Inhalt der Zelle an.

Infotyp Präfix

Der Infotyp *Präfix* gibt Hinweise zur Ausrichtung des Wertes in der Zelle.

Zeichen	Beschreibung
,	Linksbündig
^	Zentriert
„	Rechtsbündig
	Alle anderen Formate

Infotyp Schutz

Der Infotyp *Schutz* zeigt eine 0, wenn die Zelle nicht geschützt ist. Wenn die Zelle geschützt ist, wird eine 1 angezeigt. Über das Fenster *Zellen formatieren* und das Register *Schutz* können Sie Zellen vom Schutz ausnehmen, Den Schutz aktivieren bzw. deaktivieren Sie über *Überprüfen / Blatt schützen* und *OK*. Im Folgenden gibt es dazu ein kleines Beispiel.

Infotyp Spalte

Die Nummer der *Spalte*, in der die Zelle steht.

Infotyp Typ

Infotyp *Typ* zeigt, welchen Wert eine Zelle enthält.

Zeichen	Beschreibung
b	Leere Zelle, kein Wert
l	Text
w	Sonstige Werte, z. B. Zahlen

Infotyp Zeile

Die Nummer der *Zeile*, in der die Zelle steht.

6.17.2 Die Zellen gestalten, die vom Schutz ausgenommen sind

Sie haben von Ihrem Kollegen eine Tabelle bekommen, in der, bei eingeschaltetem Schutz, einige Zellen vor Bearbeitung ungeschützt sind.

Sie wollen jetzt diese Zellen automatisch einfärben.

Das Prinzip des Schutzes

Bevor wir die Lösung beschreiben, hier einige Erklärungen zum Schutz.

Wenn Sie ein ganzes Blatt schützen möchten, das heißt, keine Zelle verändert werden darf, dann wählen Sie auf dem Register *Überprüfen* den Befehl *Blatt schützen*. Nachdem Sie das Kennwort eingegeben haben, ist das ganze Blatt vor Veränderung geschützt.

Wenn Sie einige Zellen vom Schutz ausnehmen möchten, dann markieren Sie die Zellen und öffnen das Fenster *Zellen formatieren* über die Tastenkombination [Strg] + [1]. Aktivieren Sie das Register *Schutz* und deaktivieren Sie die Option *Gesperrt*.

Sie möchten jetzt die Zellen, die vom Schutz ausgenommen sind, automatisch einfärben.

1. Markieren Sie die Tabelle.

2. Aktivieren Sie das Register *Start*, klicken Sie auf die Schaltfläche *Bedingte Formatierung* und wählen Sie den Eintrag *Neue Regel*.

3. Markieren Sie den Eintrag *Formel zur Ermittlung der zu formatierenden Zellen verwenden* und geben Sie die folgende Funktion ins Eingabefeld ein:

```
=ZELLE("Schutz";A7)=0
```

Der zweite Parameter, in diesem Beispiel A7, ist die erste Zelladresse der markierten Tabelle – also dem Bereich, in dem Sie ungesperrte Zellen vermuten.

4. Klicken Sie auf die Schaltfläche *Format* und stellen Sie auf dem Register *Ausfüllen* die gewünschte Farbe ein.

226 Kapitel 6: Informationsfunktionen

Bild 6.54: Der Infotyp *Schutz* für die Funktion ZELLE

5. Bestätigen Sie mit *OK*.

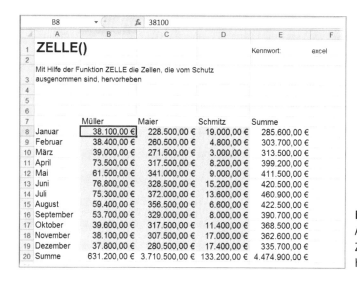

Bild 6.55: Alle ungeschützten Zellen sind jetzt hervorgehoben.

6.17.3 Die Zellen hervorheben, die nicht das Zahlenformat *Standard* haben

Sie möchten alle Zellen auf einen Blick erkennen, die nicht das Zahlenformat *Standard* haben.

1. Markieren Sie die ganze Tabelle.

2. Aktivieren Sie das Register *Start*, klicken Sie auf die Schaltfläche *Bedingte Formatierung* und wählen Sie den Eintrag *Neue Regel*.

3. Markieren Sie den Eintrag *Formel zur Ermittlung der zu formatierenden Zellen verwenden* und geben Sie die folgende Funktion ins Eingabefeld ein:

```
=ZELLE("Format";A6)="S"
```

Der zweite Parameter, in diesem Beispiel A6, ist die erste Zelladresse der markierten Tabelle – also des Bereichs, in dem Sie ungesperrte Zellen vermuten.

4. Klicken Sie auf die Schaltfläche *Format* und stellen Sie auf dem Register *Ausfüllen* die gewünschte Farbe ein.

Bild 6.56: Alle Zellen, die nicht das Zahlenformat *Standard* haben, sollen hervorgehoben werden.

5. Bestätigen Sie mit *OK*.

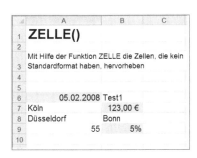

Bild 6.57: Die Zellen, die nicht das Standardzahlenformat haben, sind jetzt erkennbar.

7 Matrixfunktionen

Viele Funktionen dieser Kategorie beschäftigen sich mit der Zelladresse. Sie setzen sie ein, wenn sich die Zelladresse erst während der Berechnung ergibt.

Die Suchfunktionen SVERWEIS, WVERVEIS oder INDEX liefern ein Ergebnis, wenn die Suche nach dem Kriterium erfolgreich war.

▣ Download-Link

www.buch.cd

Hier finden Sie alle Beispieldateien übersichtlich nach Kapiteln geordnet.

7.1 ADRESSE

Zeigt nach Angabe einer Zeilen- und einer Spaltennummer die daraus resultierende Zelladresse an.

Syntax

```
=ADRESSE(Zeile;Spalte;Abs;A1;Tabellenname)
```

Parameter

Zeile	Dies ist die Nummer der Zeile.
Spalte	Dies ist die Nummer der Spalte.
Abs	Legen Sie fest, wie die Zelladresse angegeben wird. Dieser Parameter ist optional.
	1 = absolute Adresse (Zeile und Spalte)
	2 = absolute Zeile / relative Spalte
	3 = relative Zeile / absolute Spalte
	4 = relative Zeile / relative Spalte
	Wird nichts angegeben, wird der absolute Bezug genommen, also die $-Symbole verwendet.
A1	Wenn Sie das Feld leer lassen bzw. *Wahr* eingeben, dann wird der Zellbezug in der Schreibweise A1 angenommen. Wenn Sie das Wort *Falsch* eingeben, dann wird der Bezug in der Schreibweise S1Z1 angenommen.

230 *Kapitel 7: Matrixfunktionen*

Tabellenname   Wenn hier ein Text eingegeben wird, wird er der Zelladresse mit einem Ausrufezeichen vorangestellt. Wenn Sie die Funktion manuell eintippen, muss der Name in Anführungszeichen gesetzt werden, z. B. `"Tabelle1"` oder `"[ADRESSE.XLSX]Tabelle1"`.

Ähnliche Funktionen

SPALTE(), ZEILE().

7.1.1 Die Funktion ADRESSE

Das erste Beispiel soll die Arbeitsweise der Funktion ADRESSE verdeutlichen. Wir möchten aus zwei Zahlen eine Zelladresse erzeugen.

1. Öffnen Sie die Datei *ADRESSE.XLSX* und aktivieren Sie das Register *Adresse_1*. Markieren Sie die Zelle C7.

2. Starten Sie den Funktions-Assistenten und öffnen Sie die Funktion ADRESSE.

3. Geben Sie ins Feld *Zeile* die Zelladresse A7 ein.

4. Geben Sie ins Feld *Spalte* die Zelladresse B7 ein

5. Bestätigen Sie mit *OK*.

Die Funktion sieht nun so aus:

```
=ADRESSE(A7;B7)
```

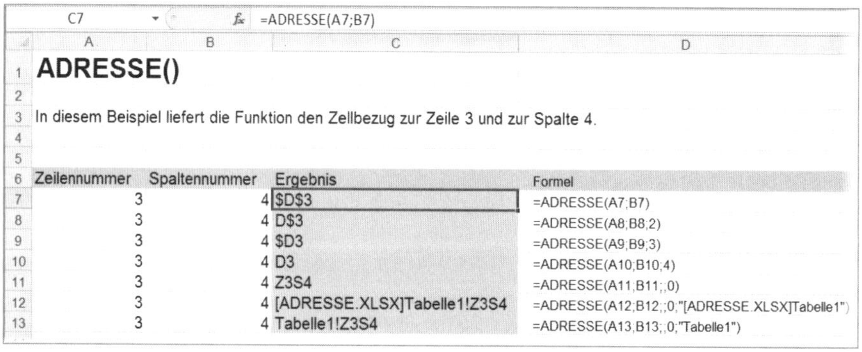

Bild 7.1: Die Funktion ADRESSE macht aus Zeilen- und Spaltennummern Zelladressen.

Als erstes Ergebnis wird die Zelladresse D3 in der absoluten Schreibweise $D$3 gezeigt. D3 liegt in der dritten Zeile und in der vierten Spalte.

Wenn Sie die folgende Syntax eingegeben hätten, dann wäre das Ergebnis D3.

```
=ADRESSE(A7;B7;4)
```

Das dritte Funktionsargument (4) sagt an, dass das Ergebnis in der relativen Schreibweise gezeigt werden soll.

Wenn Sie lieber die Schreibweise Z3S5 haben möchten, dann geben Sie die folgende Syntax ein:

```
=ADRESSE(A7;B7;;0)
```

Das vierte Funktionsargument (0) gibt die Anweisung, dass die Z1S1-Bezugsart als Ergebnis gezeigt werden soll.

7.1.2   Die Zelladresse mit dem größten Umsatz finden

Sie haben eine Umsatzliste und möchten wissen, in welcher Zelle der größte Umsatz steht.

Zuerst müssen Sie mit der Funktion MAX() in der Zelle E6 den größten Umsatz ermitteln. Denn im Anschluss werden mit der Funktion VERGLEICH() die Zellinhalte verglichen.

Geben Sie die folgende Funktion ein:

```
=ADRESSE(5+VERGLEICH(E6;B6:B18;0);2)
```

Der Teil mit der Funktion VERGLEICH() arbeitet folgendermaßen:

```
5+VERGLEICH(E6;B6:B18;0)
```

Das Ergebnis ist im folgenden Beispiel 14. In der Zeile 14 steht der größte Wert. Der Inhalt von E6 wird mit den Zellen B6 bis B18 verglichen. Da im folgenden Beispiel fünf Zeilen mit Überschriften zu berücksichtigen sind, muss zum Ergebnis der Vergleichsfunktion eine 5 addiert werden.

Sie können dies testen, indem Sie die folgende Funktion eingeben.

```
=VERGLEICH(E6;B6:B18;0)
```

Innerhalb der markierten Zellen ist die neunte Zelle die mit dem größten Wert. Wenn wir dies so lassen würden, dann wäre das Ergebnis 9.

Da wir die fünf Überschriftzeilen addieren, ermittelt Excel nun als Ergebnis die 14. Das ist die Zelle, in der der größte Wert steht.

Jetzt sieht die Funktion so aus:

```
=ADRESSE(14;2)
```

Die 2 steht für die Spalte B, die wir manuell eingegeben haben. Weitere Parameter müssen nicht angegeben werden.

232 Kapitel 7: Matrixfunktionen

	E7	▼	fx	=ADRESSE(5+VERGLEICH(E6;B6:B18;0);2)				
	A	B	C	D	E	F	G	H
1	**ADRESSE() & VERGLEICH() & MAX()**							
2								
3	Findet die Zelladresse mit dem größten Umsatz							
4								
5	**Kunde**	**Umsatz**			**Ergebnis**	**Formel**		
6	Schubert	10.500,00 €		Größter Umsatz:	13.350,00 €	=MAX(B6:B18)		
7	Maier	9.450,00 €		Zelladresse	**$B$14**	=ADRESSE(5+VERGLEICH(B20;B6:B18;0);2)		
8	Müller	10.600,00 €						
9	Schmitz	10.320,00 €						
10	Huber	10.250,00 €						
11	Trulla	10.300,00 €						
12	Heinz	12.499,00 €						
13	Metzger	10.250,00 €						
14	Unger	13.350,00 €						
15	Klein	10.400,00 €						

Bild 7.2: Die Zelladresse der Zelle, die den größten Umsatz enthält, wird mit den Funktionen MAX, VERGLEICH und ADRESSE gefunden.

Zurzeit enthält die Zelle B14 den größten Umsatz der Liste.

7.1.3 Die letzte beschriftete Zelle finden

In einer Liste von Zahlen wollen Sie sich die Zelladresse der letzten beschrifteten Zelle anzeigen lassen. Dabei werden leere Zellen nicht berücksichtigt.

```
{=ADRESSE (MAX ((A6:A1400<>"")*ZEILE (A6:A1400));1)}
```

Drücken Sie zur Bestätigung ⌈Strg⌉ + ⌈Umschalt⌉ + ⌈Eingabe⌉.

> **Tipp:** Geben Sie einen genügend großen Bereich für die Suche ein. Ändern Sie daher gegebenenfalls den Bereich A6:A1400 auf maximal A6:A1048576.

Das Ergebnis ist die Zelladresse A18. Dies ist die letzte beschriftete Zelle in diesem Beispiel.

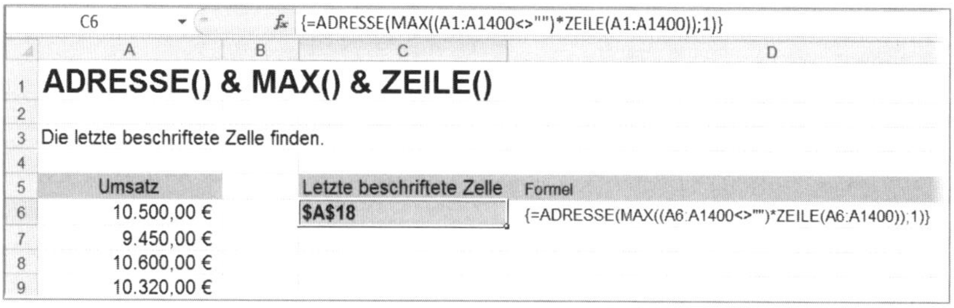

	C6	▼	fx	{=ADRESSE(MAX((A1:A1400<>"")*ZEILE(A1:A1400));1)}	
	A	B	C	D	
1	**ADRESSE() & MAX() & ZEILE()**				
2					
3	Die letzte beschriftete Zelle finden.				
4					
5	Umsatz		Letzte beschriftete Zelle	Formel	
6	10.500,00 €		**$A$18**	{=ADRESSE(MAX((A6:A1400<>"")*ZEILE(A6:A1400));1)}	
7	9.450,00 €				
8	10.600,00 €				
9	10.320,00 €				

Bild 7.3: Die Funktion ADRESSE kann auch die letzte beschriftete Zelladresse anzeigen.

7.1.4 Die Summe bis zur letzten beschrifteten Zelle bilden

Es soll eine Summe gebildet werden, die Anzahl der zu addierenden Zellen ist aber variabel. Dann geben Sie die folgende Funktion ein:

```
=SUMME(A6:INDIREKT(C6))
```

	C9	▾	f_x	=SUMME(A6:INDIREKT(C6))	
	A	B	C		D
1	**ADRESSE() & MAX() & ZEILE(), SUMME() & INDIREKT()**				
2					
3	Die letzte beschriftete Zelle finden. Aus dieser Information eine Summe bilden				
4					
5	**Umsatz**		Letzte beschriftete Zelle:	Formel	
6	10.500,00 €		$A$18	{=ADRESSE(MAX((A1:A1400<>"")*ZEILE(A1:A1400));1)}	
7	9.450,00 €				
8	10.600,00 €		Die Summe der Zellen:		
9	10.320,00 €		140.329,00 €	=SUMME(A6:INDIREKT(C6))	
10	10.250,00 €				
11	10.300,00 €				
12	12.499,00 €				
13	10.250,00 €				
14	13.350,00 €				
15	10.400,00 €				
16	10.500,00 €				
17	10.510,00 €				
18	11.400,00 €				

Bild 7.4: Die Funktion ADRESSE kann auch die letzte beschriftete Zelladresse anzeigen.

Die Summe der Zellen von A6 bis A18 ist zurzeit 140.329 Euro. Wenn jetzt eine Zahl an die Liste angehängt wird, ändert sich die Adresse in C6 und somit auch die Summe in C9.

7.2 BEREICH.VERSCHIEBEN

Mit dieser Funktion können Sie Zellinhalte unter Angabe der Zeilen- und Spaltennummer ausgeben. Zusätzlich können Sie auch Zellbereiche benennen und die Werte in Verbindung mit der Funktion SUMME addieren. Der Funktionsname besteht hier aus den zwei Wörtern BEREICH und VERSCHIEBEN, getrennt durch einen Punkt.

Syntax

```
=BEREICH.VERSCHIEBEN(Bezug; Zeilen; Spalten; Höhe; Breite)
```

Parameter

Bezug	Die erste Zelle der Tabelle, ab der durchsucht werden soll.
Zeilen	Die Anzahl der Zeilen, um die der Bereich, ab dem *Bezug*, nach unten erweitert werden soll. Bei Eingabe einer negativen Zahl wird der Bereich nach oben erweitert.
Spalten	Die Anzahl der Spalten, um die der Bereich, ab dem *Bezug*, nach rechts erweitert werden soll. Bei Eingabe einer negativen Zahl wird der Bereich nach links erweitert.

Höhe	Die ersten drei Parameter haben eine Zelle gefunden. Ab dieser Zelle geben Sie jetzt die Anzahl der folgenden Zeilen nach unten an. Dieser Parameter ist optional.
Breite (Optional)	Die ersten drei Parameter haben eine Zelle gefunden. Ab dieser Zelle geben Sie jetzt die Anzahl der folgenden Spalten nach rechts an. Dieser Parameter ist optional.

Ähnliche Funktionen

SVERWEIS(), WVERWEIS(), INDEX()

7.2.1   Die Funktion BEREICH.VERSCHIEBEN

Das erste Beispiel soll die Arbeitsweise der Funktion BEREICH.VERSCHIEBEN verdeutlichen.

Sie haben eine Tabelle mit Informationen und möchten den Inhalt einer bestimmten Zelle sehen. Zu Beginn geben Sie die erste Zelle der Tabelle an, die durchsucht werden soll. Danach müssen Sie die Anzahl der Zeilen und die Anzahl der Spalten vor der gewünschten Zelle angeben.

> **Tipp:** Über die Funktion INDEX geben Sie direkt die Nummern der Zeile und der Spalte ein.

In diesem Beispiel wollen wir den Inhalt der Zelle sehen, die nach zwei Zeilen und drei Spalten kommt.

1. Öffnen Sie die Datei *BEREICH.VERSCHIEBEN.XLSX* und aktivieren Sie das Register *Bereich.Verschieben_1*. Setzen Sie den Cursor in die Zelle H6.

2. Starten Sie den Funktions-Assistenten und öffnen Sie die Funktion BEREICH. VERSCHIEBEN.

3. Der *Bezug* ist die Zelle, ab der die Werte durchsucht werden sollen. In diesem Beispiel ist es die Zelle B6.

4. Ins Feld *Zeilen* geben Sie eine 2 ein.

5. Ins Feld *Spalten* geben Sie eine 3 ein.

6. Bestätigen Sie mit *OK*.

Die Funktion sieht folgendermaßen aus:

```
=BEREICH.VERSCHIEBEN(B6;2;3)
```

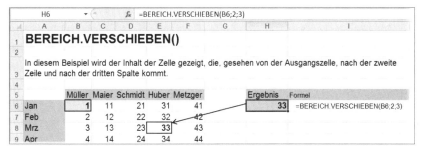

Bild 7.5: Die Funktion BEREICH.VERSCHIEBEN liefert den Inhalt einer Zelle.

Als Ergebnis sehen Sie jetzt die Zahl 33. Sie befindet sich in der Zelle, die zwei Zeilen und drei Spalten nach der Ausgangszelle B6 steht.

7.2.2 Summen bilden mit BEREICH.VERSCHIEBEN

In diesem Beispiel wollen wir den Inhalt mehrerer Zellen addieren. Die erste der Zellen wird wieder über die Felder *Bezug*, *Zeilen* und *Spalten* definiert. Die weiteren Zellen werden dann über die Felder *Höhe* und *Breite* angegeben.

Jetzt wollen wir die Zellen addieren, die nach der dritten Zeile und nach der zweiten Spalte beginnen. Das Ganze wird dann fünf Zeilen nach unten und zwei Spalten nach rechts verschoben.

1. Aktivieren Sie das Register *Bereich.Verschieben_2* und setzen Sie den Cursor in die Zelle H6.

2. Starten Sie die Funktion SUMME über die Schaltfläche *Summe*.

3. Wählen Sie links oben am *Namenfeld* die Funktion BEREICH.VERSCHIEBEN aus. Wenn sie nicht in der Liste steht, aktivieren Sie den Eintrag *Weitere Funktionen* und wählen Sie im Fenster des Funktions-Assistenten die Funktion BEREICH.VERSCHIEBEN.

4. Der *Bezug* ist die Zelle, ab der die Werte angezeigt werden sollen. In diesem Beispiel ist es die Zelle B6.

5. Ins Feld *Zeilen* geben Sie eine 3 ein.

6. Ins Feld *Spalten* geben Sie eine 2 ein.

7. Die *Höhe* gibt die Anzahl der folgenden Zeilen an, in diesem Beispiel 5.

8. Die *Breite* gibt die Anzahl der folgenden Spalten an, in diesem Beispiel 2.

9. Bestätigen Sie mit *OK*.

Der Aufbau der Funktion:

```
=SUMME(BEREICH.VERSCHIEBEN(B6;3;2;5;2))
```

236 *Kapitel 7: Matrixfunktionen*

	H6		▾		f_x	=SUMME(BEREICH.VERSCHIEBEN(B6;3;2;5;2))		
	A	B	C	D	E	F	G	H	I

	A	B	C	D	E	F	G	H	I
1	**BEREICH.VERSCHIEBEN & SUMME**								
2									
3	In diesem Beispiel sollen mehrere Zellen								
4									
5		Müller	Maier	Schmidt	Huber	Metzger		Ergebnis	Formel
6	Jan	1	11	21	31	41		310	=SUMME(BEREICH.VERSCHIEBEN(B6;3;2;5;2))
7	Feb	2	12	22	32	42			
8	Mrz	3	13	23	33	43			
9	Apr	4	14	24	34	44			
10	Mai	5	15	25	35	45			
11	Jun	6	16	26	36	46			
12	Jul	7	17	27	37	47			
13	Aug	8	18	28	38	48			
14	Sep	9	19	29	39	49			
15	Okt	10	20	30	40	50			

Bild 7.6: Die Funktion BEREICH.VERSCHIEBEN liefert die Summe mehrerer Zellen.

Die Summe der 10 angegebenen Zellen liefert zusammen das Ergebnis 310.

7.3   BEREICHE

Die Funktion liefert die Anzahl der Zellbereiche, die Sie markiert haben. Ein Zellbereich kann eine oder mehrere Zellen beinhalten.

Syntax

```
=BEREICHE(Bezug)
```

Parameter

Bezug   Die markierten Zellbereiche.

7.3.1   Die Funktion BEREICHE

Dieses Beispiel soll die Arbeitsweise der Funktion BEREICHE verdeutlichen.

Im folgenden Beispiel haben wir die Zellbereiche markiert, die wir gleich in der Funktion angeben.

1. Öffnen Sie die Datei *BEREICHE.XLSX* und aktivieren Sie das Register Ber*eiche_1*. Markieren Sie eine Zelle auf dem Tabellenblatt.

2. Starten Sie den Funktions-Assistenten und öffnen Sie die Funktion BEREICHE.

3. Geben Sie ins Feld *Bezug* nun die gewünschten Zellbereiche durch ein Semikolon getrennt ein, beispielsweise die farbig gekennzeichneten Zellen.

4. Bevor Sie auf *OK* klicken, fügen Sie um alle Zelladressen noch Klammern ein.

5. Bestätigen Sie mit *OK*.

Die Funktion sieht nun folgendermaßen aus:

```
=BEREICHE((B5:B9;C1:C2;E4;Test))
```

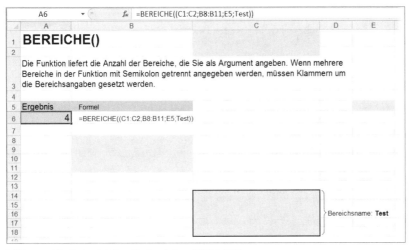

Bild 7.7: Ein Beispiel für die Funktion BEREICHE

Im aktuellen Beispiel sind vier Bereiche gekennzeichnet.

7.4 HYPERLINK

Über diese Funktion können Sie mit einem Klick auf eine bestimmte Webseite ins Internet springen. Zum anderen können Sie diese Funktion aber auch einsetzen, um auf eine bestimmte Zelle in der Mappe zu gelangen.

Syntax

```
=HYPERLINK(Hyperlink_Adresse; Freundlicher_Name)
```

Parameter

Hyperlink_Adresse   In dieses Feld geben Sie die URL, also die Webadresse ein.

Freundlicher_Name   Wenn Sie dieses Feld leer lassen, wird die URL angezeigt. Ansonsten wird der Text gezeigt, der in diesem Feld steht.

7.4.1 Verweise in das Internet mit der Funktion HYPERLINK

Dieses Beispiel soll die Arbeitsweise der Funktion HYPERLINK verdeutlichen.

1. Öffnen Sie die Tabelle *HYPERLINK.XLSX* und aktivieren Sie die Zelle B6.
2. Starten Sie den Funktions-Assistenten und öffnen Sie die Funktion HYPERLINK.
3. Geben Sie ins Feld *Hyperlink_Adresse* nun die gewünschte URL ein. In diesem Beispiel ist es die Webadresse.

    ```
    http://www.franzis.de.
    ```

4. Tippen Sie nun ins Feld *Freundlicher_Name* einen Text ein, der angibt, was passiert, wenn auf diese Zelle geklickt wird. In diesem Beispiel haben wir den folgenden Text eingetippt.

```
Schauen Sie doch einmal vorbei bei: Franzis.de
```

5. Bestätigen Sie mit *OK*.

Die Funktion sieht nun folgendermaßen aus:

```
=HYPERLINK("http://www.franzis.de";"Schauen Sie doch einmal vorbei bei: Franzis.de")
```

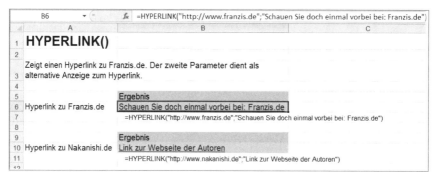

Bild 7.8: Ein Beispiel für die Funktion HYPERLINK

Wenn Sie jetzt auf eine Zelle mit einem Hyperlink klicken, wird Ihr Standardbrowser gestartet und die angegebene Webseite geöffnet.

7.4.2 Sprung zu einer bestimmten Zelle in Excel

Wenn Sie immer eine bestimmte Zelle anzeigen lassen möchten, erzeugen Sie am oberen Tabellenrand einen Hyperlink, der zu der angegebenen Zelle springt.

Geben Sie die folgende Funktion ein:

```
=HYPERLINK("[Hyperlink.xls]HYPERLINK_2!F25";"Gesamtsumme")
```

Sie müssen den kompletten Dateinamen, den Tabellenblattnamen und die Zelladresse in Anführungszeichen eingeben. Den *Freundlichen_Namen* haben wir auch in Anführungszeichen eingegeben.

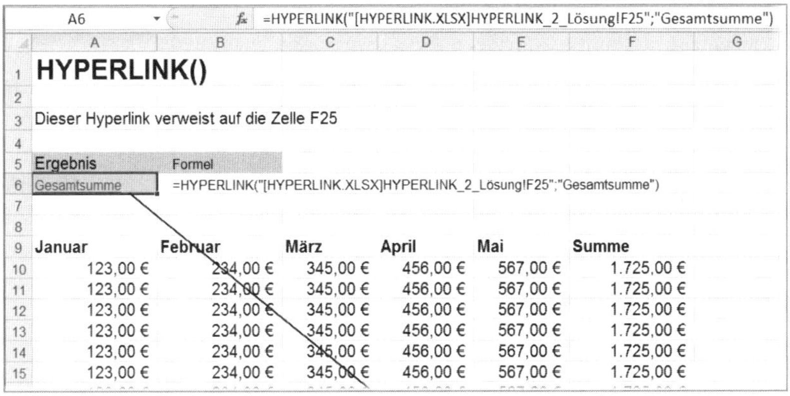

7.4 HYPERLINK **239**

A6		f_x	=HYPERLINK("[HYPERLINK.XLSX]HYPERLINK_2_Lösung!F25";"Gesamtsumme")				
	A	B	C	D	E	F	G

	A	B	C	D	E	F	G
1	**HYPERLINK()**						
2							
3	Dieser Hyperlink verweist auf die Zelle F25						
4							
5	Ergebnis	Formel					
6	Gesamtsumme	=HYPERLINK("[HYPERLINK.XLSX]HYPERLINK_2_Lösung!F25";"Gesamtsumme")					
7							
8							
9	Januar	Februar	März	April	Mai	Summe	
10	123,00 €	234,00 €	345,00 €	456,00 €	567,00 €	1.725,00 €	
11	123,00 €	234,00 €	345,00 €	456,00 €	567,00 €	1.725,00 €	
12	123,00 €	234,00 €	345,00 €	456,00 €	567,00 €	1.725,00 €	
13	123,00 €	234,00 €	345,00 €	456,00 €	567,00 €	1.725,00 €	
14	123,00 €	234,00 €	345,00 €	456,00 €	567,00 €	1.725,00 €	
15	123,00 €	234,00 €	345,00 €	456,00 €	567,00 €	1.725,00 €	

Bild 7.9: Der Hyperlink in der Zelle A5 springt zur Zelle F25.

7.4.3 Zur letzten beschrifteten Zelle springen

Sie möchten nun per Hyperlink zur letzten beschrifteten Zelle springen. Dabei kann die Zelladresse je nach Datenstand differieren.

Zuerst müssen Sie die letzte beschriftete Zelle ermitteln, Dies machen Sie mit den Funktionen ADRESSE, MAX und ZEILE. Diese Berechnung wurde bereits beschrieben.

In diesem Beispiel haben wir die Zelladresse der letzten beschrifteten Zelle in der Zelle A6 ermittelt. Die letzte Zelle der Liste ist A270.

1. Setzen Sie den Cursor in A8 und geben Sie die folgende Funktion ein:

```
=HYPERLINK("[Hyperlink.xlsx]Hyperlink_3!"&A5;"Letzte Zelle")
```

2. Bestätigen Sie durch Drücken der [Eingabe]-Taste.

Jetzt wird die letzte beschriftete Zelle der Datenliste angezeigt.

A8		f_x	=HYPERLINK("[HYPERLINK.XLSX]HYPERLINK_3_Lösung!"&A6;"Letzte Zelle")					
	A	B	C	D	E	F	G	H

	A	B	C	D	E	F	G	H
1	**HYPERLINK()**							
2								
3	Dieser Hyperlink verweist auf die letzte beschriftete Zelle der Spalte A							
4								
5	Ergebnis	Formel						
6	A270	=ADRESSE(MAX((A9:A1402<>"")*ZEILE(A9:A1402));1;4)						
7								
8	Letzte Zelle	=HYPERLINK("[HYPERLINK.XLSX]HYPERLINK_3_Lösung!"&A6;"Letzte Zelle")						
9								
10	Januar							
11	123,00 €							
12	123,00 €							
13	123,00 €							
14	123,00 €							
15	123,00 €							

Bild 7.10: Der Hyperlink in der Zelle A7 springt zur letzten beschrifteten Zelle.

> Tipp: In der Beispieldatei finden Sie weitere Beispiele zu den Hyperlinks.

7.5 INDEX

INDEX liefert den Inhalt einer bestimmten Zelle. Die Funktion INDEX wird dann genutzt, wenn die Funktion SVERWEIS nicht einsetzbar ist.

Syntax1

```
=INDEX(Matrix; Zeile; Spalte)
```

Parameter

Matrix	Die Zellen, die durchsucht werden sollen.
Zeile	Die Nummer der Zeile, deren Inhalt gezeigt werden soll.
Spalte	Die Nummer der Spalte, deren Inhalt gezeigt werden soll.

Syntax2

```
=INDEX(Bezug; Zeile; Spalte; Bereich)
```

Parameter

Bezug	Der Zellbereich, der durchsucht werden soll.
Zeile	Die Nummer der Zeile, deren Inhalt gezeigt werden soll.
Spalte	Die Nummer der Spalte, deren Inhalt gezeigt werden soll.
Bereich	Gibt den anderen Bereich an, in dem gesucht wird.

Ähnliche Funktionen

SVERWEIS(), WVERWEIS().

7.5.1 Die Funktion INDEX

Das erste Beispiel soll die Arbeitsweise der Funktion INDEX verdeutlichen. Sie haben eine Tabelle mit Informationen und möchten den Inhalt einer bestimmten Zelle sehen. Diese Zelle müssen Sie über ihre Zeilen- und Spaltennummer angeben.

In diesem Beispiel wollen wir den Inhalt der zweiten Zeile und der vierten Spalte der zuvor definierten Matrix sehen.

1. Öffnen Sie die Datei *INDEX.XLSX* und aktivieren Sie das Register *Index_1*. Setzen Sie den Cursor in die Zelle H6.

2. Starten Sie den Funktions-Assistenten und öffnen Sie die Funktion INDEX.

Bild 7.11: Die Index-Funktion wählen

3. Die *Matrix* sind Zellen, die durchsucht werden und aus denen gleich der Inhalt einer Zelle gezeigt wird, A6 bis D16.

4. Ins Feld *Zeile* geben Sie F6 ein, denn dort steht die Zeilennummer.

5. Ins Feld *Spalte* geben Sie G6 ein, denn dort steht die Spaltennummer.

6. Bestätigen Sie mit *OK*.

In der Zelle H6 steht nun die folgende Funktion

=INDEX(A6:D16; F6:G6)

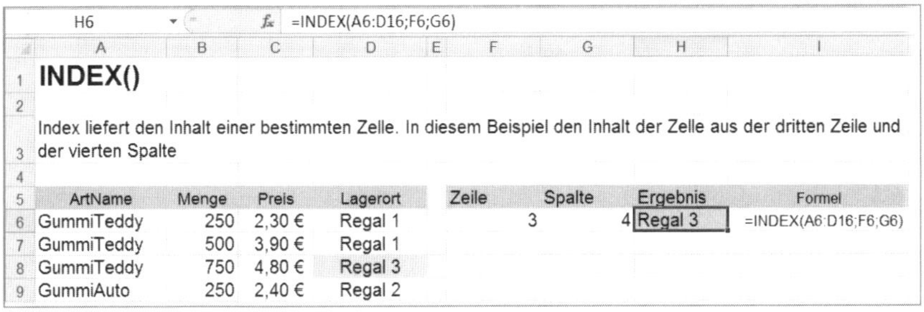

Bild 7.12: Die Funktion INDEX liefert den Inhalt einer Zelle.

Als Ergebnis sehen Sie jetzt den Text *Regal 3*. Er steht in der dritten Zeile und vierten Spalte der Matrix (A6 bis D16). Es ist die Zelle D8.

7.5.2 Ein Land nach seiner Nummer suchen

In einer Liste mit Ländern hat jedes Land eine eindeutige Nummer. Sie möchten jetzt eine Nummer eingeben und Excel zeigt Ihnen das dazugehörige Land an.

1. Aktivieren Sie das Register *Index_2* und setzen Sie den Cursor in die Zelle E6.

2. Starten Sie den Funktions-Assistenten und öffnen Sie die Funktion INDEX.

3. Die *Matrix* sind Zellen, die durchsucht werden und aus denen gleich der Inhalt einer Zelle gezeigt wird, A6 bis A14.

4. Ins Feld *Zeile* geben Sie die Zelle D6 ein. Dort steht die Nummer des Landes, das Sie sehen möchten.

5. Das Feld *Spalte* lassen Sie leer.

6. Bestätigen Sie mit *OK*.

242 *Kapitel 7: Matrixfunktionen*

Die folgende Funktion zeigt das gesuchte Land:

```
=INDEX(A6:A14;D6)
```

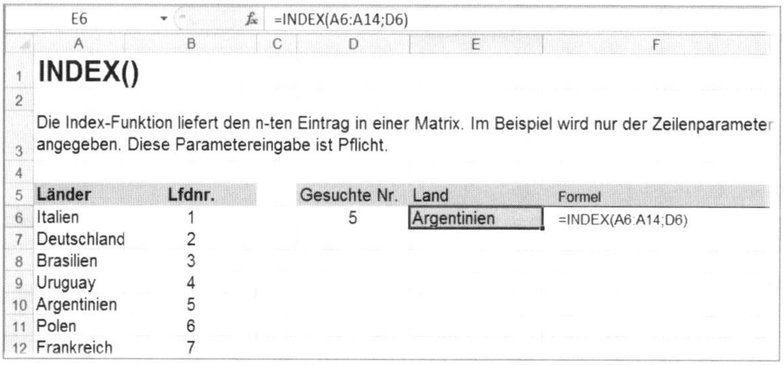

	E6	▼		*fx*	=INDEX(A6:A14;D6)	
	A	B	C	D	E	F
1	**INDEX()**					
2						
3	Die Index-Funktion liefert den n-ten Eintrag in einer Matrix. Im Beispiel wird nur der Zeilenparameter angegeben. Diese Parametereingabe ist Pflicht.					
4						
5	**Länder**	**Lfdnr.**		Gesuchte Nr.	Land	Formel
6	Italien	1		5	Argentinien	=INDEX(A6:A14;D6)
7	Deutschland	2				
8	Brasilien	3				
9	Uruguay	4				
10	Argentinien	5				
11	Polen	6				
12	Frankreich	7				

Bild 7.13: Die Funktion INDEX liefert den Zeilenindex.

7.5.3 Den Lagerort eines Artikels finden

Der Lagerort eines bestimmten Artikels soll gefunden werden. Sie geben den Artikelnamen ein und Excel zeigt Ihnen die zugehörige Lagernummer an. Diese erhalten Sie, wenn Sie die Funktionen INDEX und VERGLEICH gemeinsam einsetzen.

1. Aktivieren Sie das Register *Index_3*.

2. Nachdem Sie einen Artikelnamen in Zelle G6 eingegeben haben, setzen Sie den Cursor in die Zelle H6.

3. Starten Sie den Funktions-Assistenten und öffnen Sie die Funktion INDEX.

4. Die *Matrix* sind Zellen, die durchsucht werden und aus denen gleich der Inhalt einer Zelle gezeigt wird, A6 bis E17.

5. Klicken Sie ins Feld *Zeile* und starten Sie über das Listenfeld links in der Bearbeitungsleiste die Funktion VERGLEICH.

6. Das *Suchkriterium* ist die Zelle, in der der Name des Artikels steht, dessen Lagerort Sie suchen. In diesem Beispiel ist es die Zelle G6.

7. Die *Suchmatrix* sind die Zellen, die durchsucht werden, B6 bis B17.

8. Im Feld *Vergleichstyp* geben Sie eine 0 ein. Dann wird der erste übereinstimmende Eintrag genommen.

9. Klicken Sie jetzt wieder in der Bearbeitungsleiste auf den Funktionsnamen INDEX und setzen Sie den Cursor ins Feld *Spalte*. Geben Sie hier eine 5 ein, da in der fünften Spalte die Lagerorte stehen.

10. Bestätigen Sie mit *OK*.

Die Funktion sieht nun folgendermaßen aus:

```
=INDEX(A6:E17;VERGLEICH(G6;B6:B17;0);5)
```

7.5 INDEX

	A	B	C	D	E	F	G	H	I
1	**INDEX()**								
2									
3	Der Lagerort eines bestimmten Artikels soll angezeigt werden.								
4									
5	Nr	Name	Menge	Preis	Lagerort		ArtName	Ergebnis	Formel
6	123	GummiTeddy rot	250	2,30 €	Regal 1		Gummiauto rot	Regal 2	=INDEX(A6:E17;VERGLEICH(G6;B6:B17;0);5)
7	123	GummiTeddy gelb	500	3,90 €	Regal 1				
8	123	GummiTeddy grün	750	4,80 €	Regal 3				
9	123	GummiAuto rot	250	2,40 €	Regal 2				
10	123	GummiAuto gelb	500	4,10 €	Regal 4				
11	123	GummiAuto grün	750	6,10 €	Regal 1				

Bild 7.14: Den Lagerort eines bestimmten Artikels finden

Der Artikel *GummiAuto rot* steht im Regal 2.

> **Tipp:** In der Beispieldatei finden Sie ein weiteres Beispiel zur Funktion INDEX.

7.5.4 Den Lagerort eines Artikels finden II

Im folgenden Beispiel wird das eben beschriebene Beispiel mit der zweiten Index-Funktion beschrieben.

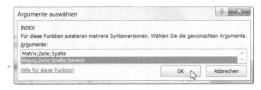

Bild 7.15: Die zweite Funktion INDEX

1. Aktivieren Sie das Register *Index_4*.

2. Nachdem Sie einen Artikelnamen in Zelle I6 eingegeben haben, setzen Sie den Cursor in die Zelle J6.

3. Starten Sie den Funktions-Assistenten und öffnen Sie die zweite Funktion INDEX.

4. Die *Matrix* sind Zellen, die durchsucht werden und aus denen gleich der Inhalt einer Zelle gezeigt wird, A6 bis D17 und G6 bis G17. Geben Sie zuerst eine öffnende Klammer ein. Dann markieren Sie die Zellen von A6 bis D17. Halten Sie nun die ⌈Strg⌉-Taste gedrückt und markieren Sie die Zellen G6 bis G17. Tippen Sie nun noch die schließende Klammer. In der Zelle steht nun:

   `(A6:D17;G6:G17)`

5. Klicken Sie ins Feld *Zeile* und starten Sie über das Listenfeld links in der Bearbeitungsleiste die Funktion VERGLEICH.

6. Das *Suchkriterium* ist die Zelle, in der der Artikelname steht, dessen Lagerort Sie suchen. In diesem Beispiel ist es die Zelle I6.

7. Die *Suchmatrix* sind die Zellen, die durchsucht werden, B6 bis B17.

244 *Kapitel 7: Matrixfunktionen*

8. Im Feld *Vergleichstyp* geben Sie eine 0 ein. Dann wird der erste übereinstimmende Eintrag genommen.

9. Klicken Sie jetzt wieder in der Bearbeitungsleiste auf den Funktionsnamen INDEX und setzen Sie den Cursor ins Feld *Spalte*. Geben Sie hier eine 1 ein, da in der ersten Spalte die Lagerorte stehen.

10. Da die Lagerorte im zweiten Bereich stehen, geben Sie ins Feld *Bereich* eine 2 ein.

11. Bestätigen Sie mit *OK*.

Die Funktion sieht nun folgendermaßen aus:

```
=INDEX((A6:D17;G6:G17);VERGLEICH(I6;B6:B17;0);1;2)
```

	J6		▾	f_x	=INDEX((A6:D17;G6:G17);VERGLEICH(I6;B6:B17;0);1;2)					
	A	B	C	D	E F	G	H	I	J	K	L
1	**INDEX()**									
2										
3	Der Lagerort eines bestimmten Artikels soll angezeigt werden, auch wenn der Lagerort nicht innerhalb der Artikeltabelle ist.									
4										
5	Nr	Name	Menge	Preis		Lagerort		Name	Ergebnis	
6	123 GummiTeddy rot		250	2,30 €		Regal 1		Gummiteddy gelb	Regal 1	
7	123 GummiTeddy gelb		500	3,90 €		Regal 1				
8	123 GummiTeddy grün		750	4,80 €		Regal 3		Formel		
9	123 GummiAuto rot		250	2,40 €		Regal 2		=INDEX((A6:D17;G6:G17);VERGLEICH(I6;B6:B17;0);1;2)		
10	123 GummiAuto gelb		500	4,10 €		Regal 4				
11	123 GummiAuto grün		750	6,10 €		Regal 1				
12	123 GummiFlugzeug rot		250	2,20 €		Regal 3				
13	123 GummiFlugzeug gelb		500	3,50 €		Regal 2				

Bild 7.16: Den Lagerort eines bestimmten Artikels finden

7.6 INDIREKT

Die Funktion INDIREKT liefert über einen Text einen Zellbezug.

Syntax

```
=INDIREKT(Bezug; A1)
```

Parameter

Bezug   Die Zelladresse bzw. der Bereichsname, der gezeigt werden soll.

A1   Wenn Sie das Feld leer lassen bzw. *Wahr* eingeben, dann wird der Zellbezug in der Schreibweise A1 angenommen, wenn Sie das Wort *Falsch* eingeben, dann wird der Bezug in der Schreibweise S1Z1 angenommen.

Ähnliche Funktionen

SVERWEIS(), WVERWEIS(), INDEX(), BEREICH.VERSCHIEBEN()

7.6.1 Die Funktion INDIREKT

Das erste Beispiel soll die Arbeitsweise der Funktion INDIREKT verdeutlichen. Sie haben mehrere Tabellen mit unterschiedlichen Informationen. Nun möchten Sie an einer anderen Stelle auswählen, welche der Tabellen gezeigt werden soll. In diesem Beispiel haben Sie vier unterschiedliche Tabellen. Der Übersichtlichkeit wegen haben wir sie auf einem Tabellenblatt angezeigt.

In die Zelle B21 soll das gesuchte Jahr eingegeben werden. Ab der Zeile 23 soll dann eine der vier Tabellen gezeigt werden.

	A	B	C	D	E	F	G	H	I
1	**INDIREKT()**								
2									
3	Ab der Zeile 23 soll eine der vier Tabelle gezeigt werden. Die Angabe, welche Tabelle gezeigt werden soll wird in Zelle B21 gemacht.								
4									
5	Umsatz 2007					Umsatz 2008			
6		Müller	Maier	Schmitz			Müller	Maier	Schmitz
7	Produkt A	20.000,00 €	88.000,00 €	12.000,00 €		Produkt A	10.124,00 €	10.987,00 €	10.032,00 €
8	Produkt B	23.000,00 €	65.000,00 €	32.000,00 €		Produkt B	10.345,00 €	10.654,00 €	10.765,00 €
9	Produkt C	45.000,00 €	34.000,00 €	54.000,00 €		Produkt C	10.321,00 €	10.345,00 €	10.165,00 €
10	Produkt D	67.000,00 €	56.000,00 €	89.000,00 €		Produkt D	10.100,00 €	10.123,00 €	10.134,00 €
11									
12									
13	Umsatz 2009					2010			
14		Müller	Maier	Schmitz			Huber	Metzger	Baum
15	Produkt A	10.987,00 €	10.678,00 €	10.567,00 €		Produkt A	1.078.000,00 €	1.098.000,00 €	1.090.000,00 €
16	Produkt B	10.767,00 €	10.999,00 €	10.678,00 €		Produkt B	1.098.000,00 €	1.067.000,00 €	1.080.000,00 €
17	Produkt C	10.567,00 €	10.888,00 €	10.765,00 €		Produkt C	1.078.000,00 €	1.087.000,00 €	1.070.000,00 €
18	Produkt D	10.087,00 €	10.789,00 €	10.087,00 €		Produkt D	1.088.000,00 €	1.088.000,00 €	1.067.000,00 €
19									
20									
21	Jahr:								
22									
23									
24									

Bild 7.17: Die Grundlagen für die Funktion INDIREKT

Zuerst müssen Sie den Tabellen Bereichsnamen geben.

- Der Bereichsname der Zellen A6 bis D10 heißt *Umsatz2007*.

- Der Bereichsname der Zellen F6 bis I10 heißt *Umsatz2008*.

- Der Bereichsname der Zellen A14 bis D18 heißt *Umsatz2009*.

- Der Bereichsname der Zellen F14 bis I18 heißt *Umsatz2010*.

1. Dazu markieren Sie die gewünschten Zellen, klicken ins Namenfeld und tippen den gewünschten Namen ein.

2. Drücken Sie zur Bestätigung ⌈Eingabe⌋.

	A	B	C	D
4				
5	Umsatz 2007			
6		Müller	Maier	Schmitz
7	Produkt A	20.000,00 €	88.000,00 €	12.000,00 €
8	Produkt B	23.000,00 €	65.000,00 €	32.000,00 €
9	Produkt C	45.000,00 €	34.000,00 €	54.000,00 €
10	Produkt D	67.000,00 €	56.000,00 €	89.000,00 €
11				

Bild 7.18: Den markierten Zellen einen Bereichsnamen geben

Tipp: Die Tabellen können sich natürlich auch auf anderen Blättern befinden.

Nun kommt die Funktion INDIREKT zum Einsatz:

1. Geben Sie zuerst in die Zelle B21 einen der vier Bereichsnamen ein.
2. Markieren Sie die Zellen, in denen Sie jetzt eine der vier Tabellen sehen möchten. In diesem Beispiel sind es die Zellen A23 bis D27.
3. Starten Sie den Funktions-Assistenten und öffnen Sie die Funktion INDIREKT.
4. Der *Bezug* ist die Zelle, in der der Bereichsname der Tabelle steht, die Sie sehen möchten. In diesem Beispiel ist es die Zelle B21.
5. Da die Zelladresse in der Form A1 und nicht Z1S1 eingegeben wurde, lassen Sie das Feld *A1* leer.
6. Bestätigen Sie mit [Strg] + [Umschalt] + [Eingabe].

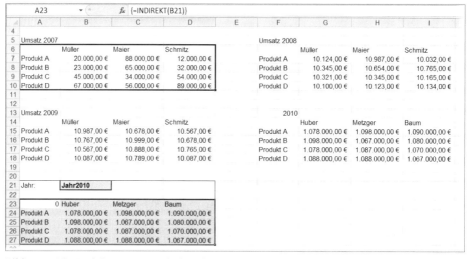

Bild 7.19: Die Funktion INDIREKT liefert den Inhalt benannter Zellen.

Je nachdem, welches Jahr Sie in die Zelle B21 eingeben, werden die entsprechenden Zellen angezeigt.

Die Eingabe der Jahre vereinfachen

Wenn es Ihnen zu lästig ist, in die Zelle B21 immer einen Bereichsnamen einzugeben, dann machen Sie ein Listenfeld daraus.

1. Setzen Sie den Cursor in die Zelle B21 und aktivieren Sie das Register *Daten*. Wählen Sie an der Schaltfläche *Datenüberprüfung* den Eintrag *Datenüberprüfung*.
2. Wählen Sie am Feld *Zulassen* den Eintrag *Liste* aus.
3. Geben Sie ins Feld *Quelle* jetzt die Bereichsnamen getrennt durch Semikolon ein.

Bild 7.20: Die Gültigkeitsprüfung zeigt ein Listenfeld

4. Bestätigen Sie mit *OK*.

5. Jetzt können Sie einen der Namen aus der Liste auswählen, und sofort wird die entsprechende Tabelle angezeigt.

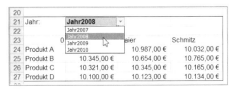

Bild 7.21: Eine Tabelle über ein Listenfeld wählen

Jetzt ist die Auswahl der verschiedenen Namen noch einfacher.

7.6.2 Bestimmte Zellen addieren

Sie haben eine Liste von Zahlen, möchten aber nur eine bestimmte Anzahl von Zellen addieren. Diese Anzahl geben Sie in eine Zelle ein.

1. Im folgenden Beispiel geben Sie die Anzahl der zu addierenden Zellen in die Zelle E6 ein. Für diesen Übungsschritt geben Sie eine 7 ein.

2. Setzen Sie den Cursor in die Zelle E7 und starten Sie die Funktion SUMME.

3. Wählen Sie links oben am Namenfeld die Funktion INDIREKT aus. Wenn sie nicht in der Liste steht, aktivieren Sie den Eintrag *Weitere Funktionen* und wählen Sie im Fenster des Funktions-Assistenten die Funktion INDIREKT.

4. Geben Sie in das Feld *Bezug* die folgenden Werte ein:

```
"D11:D" & E6+10
```

In E6 steht die Anzahl der Zelle, beispielsweise 5. Dazu werden die 10 Zeilen addiert, die in diesem Beispiel als Überschriften dienen. Das Ergebnis ist 15. Jetzt steht also D11:D15 im Feld *Bezug*.

5. Drücken Sie zur Bestätigung [Eingabe].

```
=SUMME(INDIREKT("D11:D" & E6+10))
```

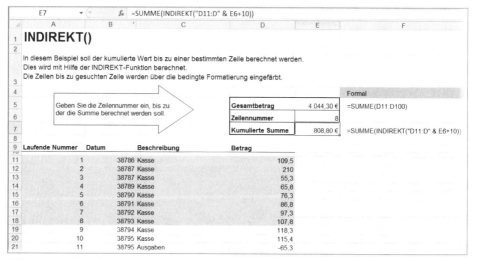

Bild 7.22: Nur bestimmte Zellen addieren

Wenn Sie jetzt eine andere Zahl in die Zelle E6 eingeben, werden die Inhalte der Zellen addiert.

7.6.3 Die addierten Zellen einfärben

Wenn Sie jetzt noch erkennen wollen, welche Zeilen addiert werden, dann setzen Sie die bedingte Formatierung ein.

1. Markieren Sie die Zelle A11.

2. Aktivieren Sie das Register *Start*, wählen Sie über die Schaltfläche *Bedingte Formatierung* den Eintrag *Neue Regel*.

3. Aktivieren Sie den Eintrag *Formel zur Ermittlung der zu formatierenden Zellen verwenden*.

4. Geben Sie im Eingabefeld darunter die folgende Formel ein:

```
=$A11<=$E$6
```

Bild 7.23: Die Zellen einfärben, die addiert werden

5. Klicken Sie nun auf die Schaltfläche *Format* und stellen Sie über das Register *Ausfüllen* die gewünschte Farbe ein.

6. Bestätigen Sie zweimal mit *OK*.

7. Übertragen Sie jetzt das Format mit dem Pinsel auf die restlichen Zellen der Liste.

7.6.4 Listen mit zellabhängigen Werten

Sie haben eine Liste mit Abteilungen erstellt. In einem zweiten Listenfeld möchten Sie jetzt nur die Mitarbeiternamen sehen, die in der gewählten Abteilung arbeiten.

In unserem Beispiel haben wir vier Abteilungen und pro Abteilung unterschiedlich viele Mitarbeiter.

Als ersten Schritt erfassen Sie die Namen der Abteilungen in einer Liste. Dieser Liste müssen Sie einen Namen geben. In unserem Beispiel ist es *Abteilung*.

Dann geben Sie die Namen der Mitarbeiter ein. Die Namen müssen pro Abteilung zusammengefasst sein.

Pro Abteilung müssen jetzt die Zellen wieder Bereichsnamen erhalten. Dabei ist es wichtig, dass der Name der Zellen in der ersten Liste vorkommt. In unserem Beispiel erkennen Sie, dass die Zellen der vier Mitarbeiter aus der Abteilung *Nord* den Namen *Nord* bekommen haben.

Die folgende Abbildung zeigt unser Beispiel:

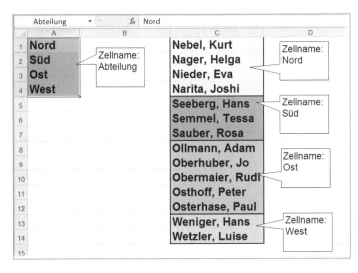

Bild 7.24: Die Listen, die gleich miteinander verbunden werden

1. Setzen Sie nun den Cursor in die Zelle, in der Sie die erste Liste mit den Abteilungen erzeugen möchten.

2. Aktivieren Sie das Register *Daten* und wählen Sie über die Schaltfläche *Datenüberprüfung* den Befehl *Datenüberprüfung*.

3. Wählen Sie im Feld *Zulassen* den Eintrag *Liste* und geben Sie im Feld *Quelle* Folgendes ein:

```
=Abteilung
```

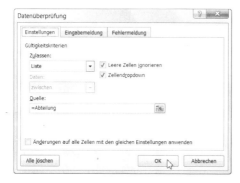

Bild 7.25: Die Gültigkeitsprüfung für die Abteilungen

4. Bestätigen Sie Ihre Eingabe mit *OK*.

Die erste Liste ist nun fertig. Wählen Sie jetzt einen Eintrag aus.

Bild 7.26: Die erste Liste ist fertig und der erste Abteilungsname kann ausgewählt werden.

5. Für das zweite Listenfeld setzen Sie den Cursor in die Zelle rechts neben der ersten Zelle, in unserem Beispiel die Zelle C2.

6. Öffnen Sie wieder das Fenster *Datenüberprüfung*, wählen Sie im Feld *Zulassen* den Eintrag *Liste* und geben Sie im Feld *Quelle* Folgendes ein:

```
=INDIREKT(INDIREKT("zs(-1)";FALSCH))
```

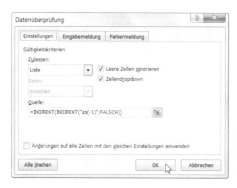

Bild 7.27: Die geschachtelte INDIREKT-Funktion greift auf die Zelle mit den Abteilungsnamen zu.

Die Funktion INDIREKT setzt einen Text in einen Zellbezug um. Das bedeutet: Da wir den Zellbereichen verschiedene Namen gegeben haben, greift die Funktion INDIREKT auf diese Bereiche zu.

Der Funktionsaufbau

Der innere Teil der INDIREKT-Funktion

`INDIREKT("zs(-1)";`

stellt den Bereichnamen der Liste dar. Dieser Teil holt sich aus der Zelle daneben den Bereichsnamen.

Die Angabe

`ZS(-1)`

bedeutet dieselbe Zeile und eine Spalte nach links.

> **Tipp:** Am Ende dieses Abschnitts ist ein Beispiel für diese Art der Adressierung beschrieben.

Die äußere INDIREKT-Funktion nimmt sich den jetzt gefundenen Bereichsnamen und zeigt die Werte an.

7. Bestätigen Sie Ihre Eingabe mit *OK*.

Jetzt können Sie am zweiten Listenpfeil nur die Namen der Personen auswählen, die in der zuvor gewählten Abteilung arbeiten.

Bild 7.28: Durch die geschachtelte INDIREKT-Funktion steht das zweite Feld in Abhängigkeit vom ersten.

Ein Beispiel zur Adressierung

Wir erstellen nun dieses Beispiel für die Zelle B7. Steht die erste Liste mit den Abteilungen in D12, dann lautet die Zelladresse

`Z(5)S(2)`

fünf Zeilen nach unten und zwei Spalten nach rechts.

Erstellen Sie dieses Beispiel für die Zelle D5 und steht die erste Liste mit den Abteilungen in D2, dann lautet die Zelladresse

`Z(-3)S`

drei Zeilen nach oben und dieselbe Spalte.

> **Tipp:** In der Beispieldatei finden Sie ein weiteres Beispiel zu INDIREKT.

7.7 MTRANS

Transponiert den angegebenen Zellbereich. Unter Transponieren versteht man das Vertauschen von Zeilen und Spalten.

Tipp: Diese Funktion macht das Gleiche wie *Start /Einfügen / Inhalte einfügen / Transponieren.*

Syntax

```
{=MTRANS(Matrix )}
```

Parameter

Matrix   Die Zellen, die transponiert werden sollen.

7.7.1 Transponieren mit MTRANS

Das erste Beispiel soll die Arbeitsweise der Funktion MTRANS verdeutlichen. Nehmen wir an, Sie haben eine Tabelle erstellt. Als Spaltentitel dienen die Monatsnamen. Die Zeilentitel sind die Regionsnamen. Nachdem Sie die Tabelle mit Daten gefüllt haben, gefällt Ihnen der Aufbau nicht mehr. Sie hätten jetzt lieber die Monatsnamen und -daten in den Zeilen und die Regionsnamen und -daten in den Spalten.

1. Öffnen Sie die Datei *MTRANS.XLSX.*

2. Markieren Sie exakt die Zellen, in denen die transponierte Tabelle erscheinen soll. Da die Ursprungstabelle aus sieben Spalten und fünf Zeilen besteht, markieren Sie jetzt fünf Spalten und sieben Zeilen.

3. Starten Sie den Funktions-Assistenten und öffnen Sie die Funktion MTRANS.

4. Die Matrix sind Zellen, die transponiert werden sollen. In diesem Beispiel B8 bis H12.

5. Bestätigen Sie mit [Strg] + [Umschalt] + [Eingabe].

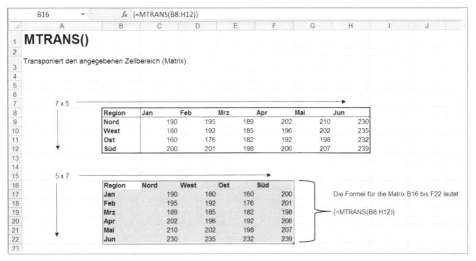

Bild 7.29: Die Funktion MTRANS vertauscht Zeilen und Spalten.

Als Ergebnis sehen Sie jetzt die vertauschten Spalten und Zeilen.

> **Tipp:** Häufig gibt es leere Zellen in einer Tabelle, die transponiert wird. In der Ergebnistabelle würde anstelle einer leeren Zelle dort eine 0 erscheinen. Über die bedingte Formatierung können Sie die Nullen zeitweise ausblenden.

Wenn Sie im ersten Schritt zu viele Zellen markiert haben, die durch das Transponieren nicht gefüllt werden, erscheint dort die Meldung #NV. Wenn Sie dies stört, blenden Sie sie zeitweise über die *bedingte Formatierung* aus.

7.8 PIVOTDATENZUORDNEN

Die Funktion PIVOTDATENZUORDNEN liest einen Wert aus einer Pivot-Tabelle.

Syntax

```
=PIVOTDATENZUORDNUNG(Datenfeld; PivotTable; Feld1; Element1;…)
```

Parameter

Datenfeld	Der Name des Datenfeldes.
PivotTable	Der Zellbezug, der auf die Pivot-Tabelle zeigt.
Feld1	Der Name des ersten Feldes.
Element1	Der Zellbezug in der Pivot-Tabelle, passend zum Feld1.

Sie können weitere Feld- und Element-Paare als Bedingung angeben.

7.8.1 Einen Wert aus einer Pivot-Tabelle auslesen

Im folgenden Beispiel wurde aus der Datenliste in den Zellen von A7 bis E347 eine Pivot-Tabelle erstellt.

Um einen Datenwert auszulesen, wurden die Niederlassung in I7 und die Produktnummer in I8 eingegeben. Nach diesen Parametern wird jetzt in der Pivot-Tabelle gesucht.

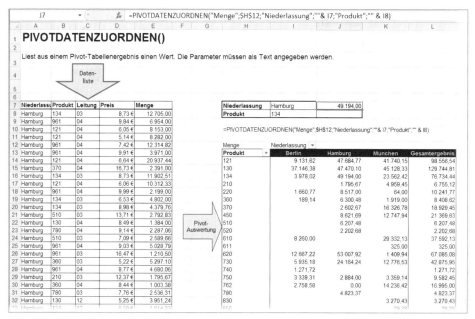

Bild 7.30: Ein Wert aus einer Pivot-Tabelle

7.9 Die Funktion RTD

Empfängt Echtzeitdaten von einer Anwendung, die COM-Automatisierung unterstützt.

Syntax

=RTD(ProgID; Server; Topic1; Topic2;…)

Parameter

ProgID	Der Name der ProgrammID eines registrierten COM-Automatisierungsobjekts.
Server	Der Name des Servers.
Topic1; Topic2;..	Parameter für die aufgerufene Anwendung. Sie können bis zu 38 Parameter mitgeben.

7.10 SPALTE

Die Funktion gibt die Spaltennummer aus, für die der Bezug angegeben wird. Wird kein Bezug angegeben, wird die Spaltennummer angegeben, in der sich die Formel befindet.

Syntax

=SPALTE(Bezug)

Parameter

Bezug   Die Zelladresse, aus der Sie die Spaltennummer ermitteln möchten. Wenn das Feld leer bleibt, wird die Nummer der Spalte angezeigt, in der sich die Funktion befindet.

Ähnliche Funktionen

ZEILE(), SPALTEN(), ZEILEN()

7.10.1 Die Spaltennummer ermitteln

Das erste Beispiel soll die Arbeitsweise der Funktion SPALTE verdeutlichen.

1. Öffnen Sie die Datei *SPALTE.XLSX*. Markieren Sie eine Zelle auf dem Tabellenblatt.
2. Starten Sie den Funktions-Assistenten und öffnen Sie die Funktion SPALTE.
3. Geben Sie ins Feld *Bezug* die Zelladresse F1 ein.
4. Bestätigen Sie mit *OK*.

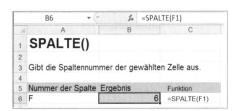

Bild 7.31: Die Funktion SPALTE gibt die Nummer der Spalte aus.

Als Ergebnis wird die Spaltennummer 6 für die Zelle F1 ausgegeben.

7.10.2 Die aktuelle Spaltennummer ermitteln

Wenn Sie die Spaltennummern sehen möchten, in denen der Cursor zurzeit steht, dann geben Sie die folgende Syntax ein:

=SPALTE()

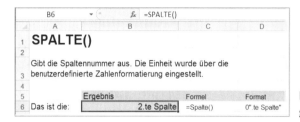

Bild 7.32: Die Funktion SPALTE gibt die Nummer der Spalte aus.

Wenn Sie jetzt noch eine sprechende Formatierung wünschen, dann markieren Sie die Zelle.

1. Öffnen Sie mit ⌈Strg⌉ + ⌈1⌉ das Fenster *Zellen formatieren* und aktivieren Sie das Register *Zahlen*.
2. Markieren Sie die Kategorie *Benutzerdefiniert*.
3. Geben Sie ins Feld *Typ* den folgenden Code ein:

```
0".te Spalte"
```

Bild 7.33: Die *benutzerdefinierte Formatierung* für die Spalte

4. Bestätigen Sie mit *OK*.

Jetzt wird die Zelle mit dem gewünschten Format angezeigt.

7.11 SPALTEN

Die Funktion gibt die Anzahl der markierten Spalten aus.

Syntax
```
=SPALTEN(Matrix)
```

Parameter

Matrix — Die Zellen, aus denen Sie die Anzahl der Spalten ermitteln möchten.

Ähnliche Funktionen

BEREICHE(), ZEILEN()

7.11.1 Die Anzahl der Spalten in einem Bereich ermitteln

Das erste Beispiel soll die Arbeitsweise der Funktion SPALTEN verdeutlichen.

1. Öffnen Sie die Datei *SPALTEN.XLSX* und aktivieren Sie das Register *Spalten_1*. Markieren Sie die Zelle C6 auf dem Tabellenblatt.
2. Starten Sie den Funktions-Assistenten und öffnen Sie die Funktion SPALTEN.
3. Geben Sie ins Feld *Matrix* beispielsweise C16:D24 ein.
4. Bestätigen Sie mit *OK*.

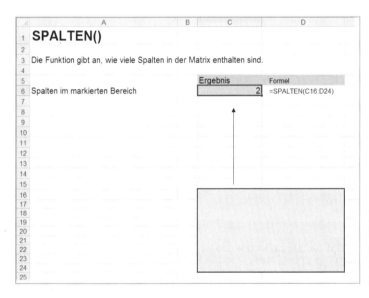

Bild 7.34: Die Funktion SPALTEN gibt die Anzahl der markierten Spalten zurück.

Als Ergebnis wird die Zahl 2 für die Anzahl der markierten Spalten angezeigt.

7.12 SVERWEIS

Mithilfe der SVERWEIS-Funktion können Sie Daten aus einer Tabelle auslesen und an einer anderen Stelle wieder einfügen. Diese Funktion vergleicht einen Parameter und zeigt dann den entsprechenden Wert an.

258 *Kapitel 7: Matrixfunktionen*

Syntax

```
=SVERWEIS(Suchkriterium; Matrix; Spaltenindex; Bereich_Verweis)
```

Parameter

Suchkriterium	Der Wert, den Sie in der ersten Spalte der Matrix von oben nach unten suchen.
Matrix	Die Zellen, die durchsucht werden. In der ersten Spalte muss der Wert stehen, der mit dem Suchkriterium verglichen wird.
Spaltenindex	Die Nummer der Spalte aus der Matrix, deren Inhalt Sie sehen möchten.
Bereich_Verweis	*Falsch* = findet nur exakte Übereinstimmungen. Sollte der Wert nicht gefunden werden, erscheint die Meldung #NV. Die erste Spalte der Matrix muss dabei nicht sortiert sein. *Wahr* oder Leer = sollte das Suchkriterium nicht gefunden werden, wird der nächstkleinere Wert gezeigt. Außerdem muss die erste Spalte der Matrix sortiert sein.

Ähnliche Funktionen

INDEX(), WVERWEIS()

7.12.1 Suche nach Personalnummern

In einer Personalliste stehen in der ersten Spalte die Personalnummern. In einer anderen Liste haben Sie nur die Personalnummern in unsortierter Reihenfolge. Sie möchten jetzt die Nachnamen der Mitarbeiter erhalten.

1. Öffnen Sie die Datei *SVERWEIS.XLSX*. Um in G6 den Namen des Mitarbeiters zu sehen, markieren Sie die Zelle.

2. Öffnen Sie den Funktions-Assistenten und starten Sie die Funktion *Sverweis*.

3. Im ersten Feld markieren Sie die Zelle, die den zu suchenden Wert erhält. In diesem Beispiel ist es die Zelle A2.

4. Die Matrix ist die Tabelle, die alle Daten enthält. Nachdem Sie die Zellen markiert haben, drücken Sie F4 , da Sie die Formel kopieren möchten.

5. Der Spaltenindex ist die Nummer der Spalte, deren Inhalt Sie sehen möchten. In unserem Beispiel steht in der Spalte C der Nachname. Geben Sie hier die Nummer der Spalte ein.

6. Geben Sie im letzten Feld das Wort *Falsch* ein. Dann werden nur Übereinstimmungen gezeigt.

7. Bestätigen Sie mit *OK*.

8. Kopieren Sie die Formel nach unten.

Die Funktion ist nun folgendermaßen aufgebaut:

```
=SVERWEIS(F6;$A$6:$D$12;3;FALSCH)
```

	G6	▼	f_x	=SVERWEIS(F6;$A$6:$D$12;3;FALSCH)				
	A	B	C	D	E	F	G	H
1	**SVERWEIS()**							
2								
3	Der Name des Kollgen zur Nummer soll angezeigt werden							
4								
5	**PNr**	**Vorname**	**Name**	**Abteilung**		**Nummer**	**Name**	Formel
6	1235	Hugo	Müller	VK		1243	Meier	=SVERWEIS(F6;$A$6:$D$12;3;FALSCH)
7	1243	Berta	Meier	EK		1234	Huber	
8	1233	John	Schmidt	EK		1233	Schmidt	
9	1234	Helga	Huber	GF		1223	Wolf	
10	1224	Gustav	Ginster	BH		1224	Ginster	
11	1232	Knut	Fass	PA		1232	Fass	
12	1223	Ina	Wolf	BH		1235	Müller	

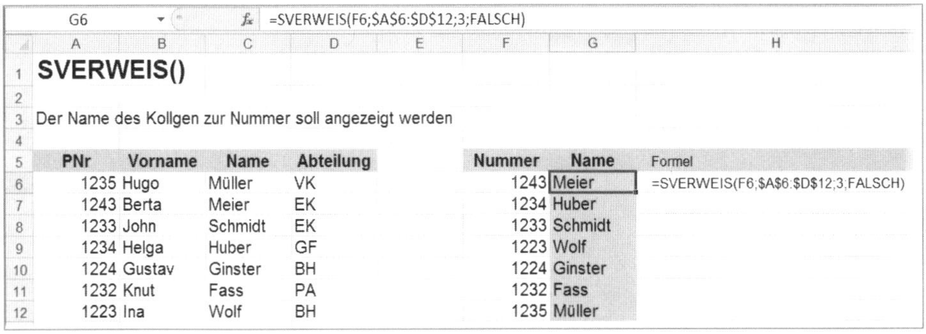

Bild 7.35: Die Namen der Mitarbeiter, die die Funktion SVERWEIS gefunden hat.

Tipp: In diesem Beispiel haben Sie nach exakten Übereinstimmungen gesucht, deshalb haben Sie im letzten Feld der SVERWEIS-Funktion den Wert *Falsch* eingegeben.

7.12.2 Fehler der SVERWEIS mit ISTNV abfangen

Wenn Sie eine Nummer eingeben, die nicht in der Liste steht, und den Wert *Falsch* im Feld *Bereich_Verweis* haben, dann erscheint der Hinweis: *#NV*, nicht vorhanden.

Tipp: Wenn Sie den Wert *Wahr* ins Feld *Bereich_Verweis* eingeben, dann wird in der Zelle G8 der nächstkleinere Wert, also Meier angezeigt.

	G8	▼	f_x	=SVERWEIS(F8;$A$6:$D$12;3;FALSCH)						
	A	B	C	D	E	F	G	H	I	J
1	**SVERWEIS()**									
2										
3	Der Name des Kollgen zur Nummer soll angezeigt werden									
4										
5	**PNr**	**Vorname**	**Name**	**Abteilung**		**Nummer**	**Name**			
6	1235	Hugo	Müller	VK		1243	Meier	=SVERWEIS(F6;$A$6:$D$12;3;FALSCH)		
7	1243	Berta	Meier	EK		1234	Huber			
8	1233	John	Schmidt	EK		1555	#NV			
9	1234	Helga	Huber	GF		1223	Wolf			
10	1224	Gustav	Ginster	BH		1224	Ginster			
11	1232	Knut	Fass	PA		1232	Fass			
12	1223	Ina	Wolf	BH		1235	Müller			

Bild 7.36: Die Funktion SVERWEIS meldet, dass die Personalnummer 1555 in der Matrix nicht vorhanden ist.

Um nun diese Meldung zu unterdrücken, können Sie die WENNFEHLER-Funktion um die SVERWEIS-Funktion herum bilden.

260 *Kapitel 7: Matrixfunktionen*

Geben Sie die folgende Funktion ein:

```
=WENNFEHLER(SVERWEIS(F6;$A$6:$D$12;3;FALSCH);"Name nicht vorhanden")
```

Der erste Teil der Funktion ist die Prüfung der WENNFEHLER-Funktion:

```
=WENNFEHLER(SVERWEIS(F6;$A$6:$D$12;3;FALSCH)
```

Wenn dieser Teil einen Fehler liefert, dann wird der zweite Teil ausgeführt.

```
"Name nicht vorhanden")
```

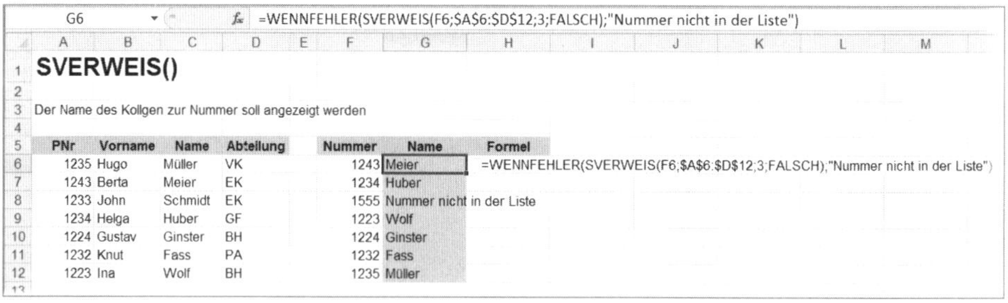

Bild 7.37: Mit der WENNFEHLER-Funktion wird ein Fehler unterdrückt.

7.12.3 Der Aufbau der SVERWEIS-Funktion

Das folgende Beispiel zeigt die Arbeitsweise der SVERWEIS-Funktion.

Suchkriterium

Das *Suchkriterium* ist der Wert, nach dem in der Matrix gesucht wird. In der folgenden Abbildung steht es in der Zelle G20. Es wird eingegeben, um sich die Kontobezeichnung anzeigen zu lassen.

Matrix

Die *Matrix* ist die Tabelle, in der alle Informationen stehen. In der Matrix müssen die Werte, die im Feld *Suchkriterium* eingegeben werden, in der ersten Spalte stehen. In diesem Beispiel sind es die Zellen B6 bis E13.

Spaltenindex

Sie müssen die Nummer der Spalte angeben, deren Inhalt Sie sehen möchten. Die Nummer ist immer in Abhängigkeit von der Matrix zu zählen. Sie möchten die entsprechende Kontobezeichnung zum eingegebenen Suchkriterium sehen. Innerhalb der Matrix steht diese Information in der zweiten Spalte, deshalb die 2.

Bereich_Verweis

Da Sie hier nur exakte Übereinstimmungen suchen, geben Sie den Wert *Falsch* ein. Sollten Sie jetzt ins Feld *Suchkriterium* eine Nummer eingeben, die es in der Matrix nicht gibt, erscheint die Meldung #NV.

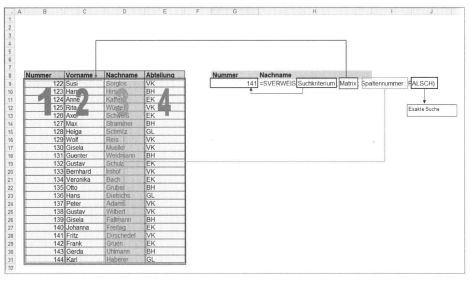

Bild 7.38: Ein Schaubild zur Arbeitsweise der SVERWEIS-Funktion

7.12.4 Staffelpreise mit der Funktion SVERWEIS ermitteln

Im nächsten Beispiel haben Sie eine Prämienabrechnung für Autoren. Je nach geschriebener Seitenzahl soll der Autor einen Betrag bekommen. Da Sie nicht für jede Zahl einen Betrag hinterlegen möchten, geben Sie eine Staffelliste in den Zellen C6 bis D13 ein.

Der Aufbau der Funktion sieht folgendermaßen aus:

```
=SVERWEIS(C17;$C$6:$D$13;2;WAHR)
```

Damit die SVERWEIS-Funktion, wenn sie keine exakte Übereinstimmung findet, den nächstkleineren Wert nimmt, geben Sie ins Feld *Bereich_Verweis* den Wert *Wahr* ein.

262 *Kapitel 7: Matrixfunktionen*

D17	▼	*fx*	=SVERWEIS(C17;$C$6:$D$13;2;WAHR)	

	A	B	C	D	E
1	**SVERWEIS()**				
2					
3	Eine Prämienabrechnung für Autoren. Für die geschriebenen Seiten gibt es eine Staffelung.				
4					
5			**Anz Seiten**	**Prämie**	
6			0	5,00 €	
7			100	12,00 €	
8			250	24,00 €	
9			500	50,00 €	
10			750	90,00 €	
11			1.000	120,00 €	
12			2.500	300,00 €	
13			5.000	450,00 €	
14					
15					
16	Vorname	Nachname	Anz Seiten	Prämie	Formel
17	Susi	Sorglos	250	24,00 €	=SVERWEIS(C17;$C$6:$D$13;2;WAHR)
18	Harry	Hirsch	101	12,00 €	
19	Anne	Kaffek	500	50,00 €	
20	Rita	Wüste	750	90,00 €	
21	Axel	Schweiß	22	5,00 €	
22	Max	Strammer	2.289	120,00 €	
23	Helga	Schmitz	895	90,00 €	
24	Wolf	Reis	2.232	120,00 €	
25	Gisela	Mueller	218	12,00 €	
26	Guenter	Weidmann	224	12,00 €	
27	Gustav	Schulz	2.600	300,00 €	

Bild 7.39:
Staffelpreise mit der
Funktion SVERWEIS
ermitteln

Wenn die Anzahl der Seiten nicht in der Liste steht, wird der nächstkleinere Wert genommen.

7.13 VERGLEICH

Die Funktion VERGLEICH liefert die Positionsnummer eines zu vergleichenden Wertes.

Syntax

```
=VERGLEICH(Suchkriterium; Suchmatrix; Vergleichstyp)
```

Parameter

Suchkriterium   Die Zelle, in der der zu vergleichende Wert steht.

Suchmatrix   Die Zellen, die durchsucht werden.

Vergleichstyp   Die folgende Tabelle gibt Aufschluss über die drei Vergleichstypen.

Vergleichstyp	Bedeutung
1 oder leer	Gibt den nächstgrößeren Wert nach dem Suchkriterium an. Die Werte der Suchmatrix müssen aufsteigend sortiert sein.
0	Das erste gefundene Suchkriterium wird angezeigt.
-1	Gibt den nächstgrößeren Wert nach dem Suchkriterium an. Die Werte der Suchmatrix müssen absteigend sortiert sein.

Ähnliche Funktionen
SVERWEIS(), WVERWEIS()

7.13.1 Eine Position in einer Suchmatrix ermitteln

Das erste Beispiel soll die Arbeitsweise der Funktion VERGLEICH verdeutlichen.

1. Öffnen Sie die Datei *VERGLEICH.XLSX* und aktivieren Sie das Register *Vergleich_1*. Markieren Sie eine Zelle auf dem Tabellenblatt, in diesem Beispiel ist es die Zelle C7.
2. Starten Sie den Funktions-Assistenten und öffnen Sie die Funktion VERGLEICH.
3. Geben Sie ins Feld *Suchkriterium* die Zelle ein, in der der zu vergleichende Wert steht. In diesem Beispiel ist es die Zelle B7.
4. Ins Feld *Suchmatrix* geben Sie die Zellen ein, die durchsucht werden sollen.
5. Geben Sie ins Feld *Vergleichstyp* eine 0 ein. Dann wird die Positionsnummer des ersten gefundenen Wertes angezeigt.
6. Bestätigen Sie mit *OK*.

Die Funktion sieht so aus:

```
=VERGLEICH(B7;B13:B31;0)
```

Bild 7.40: Die Funktion VERGLEICH zeigt die Positionsnummern eines Wertes.

Für den Namen *Gruber* in Zelle B7 wird die Zahl 7 ausgegeben. Innerhalb der markierten Suchmatrix steht der Name *Gruber* an der siebten Position.

7.13.2 Fehler mit WENNFEHLER abfangen

Wenn Sie einen Namen eingeben, der nicht in der Liste steht, dann erscheint der Hinweis: *#NV*, nicht vorhanden.

Bild 7.41: Die Funktion VERGLEICH liefert das Ergebnis #NV, wenn es den Namen nicht in der Liste gibt.

Geben Sie in die Zelle C7 die folgende Funktion ein, wenn Sie die lesbare Meldung wünschen, dass der Name nicht in der Liste steht.

```
=WENNFEHLER(VERGLEICH(B7;B13:B31;0); "Nicht vorhanden")
```

Bild 7.42: Mit der WENNFEHLER-Funktion wird die Meldung *#NV* unterdrückt.

7.14 VERWEIS

Diese Funktion gibt es in zwei Syntaxvarianten. Die erste Version sucht in einem Vektor und liefert zu der gefundenen Position den Wert aus dem zweiten Vektor.

Syntax1

```
=VERGLEICH(Suchkriterium; Suchvektor; Ergebnisvektor)
```

Parameter

Suchkriterium	Die Zelle, in der der zu vergleichende Wert steht.
Suchvektor	Der Bereich (Zeile oder Spalte) für die Suche.
Ergebnisvektor	Der Bereich (Zeile oder Spalte) mit den Ergebnissen.

Die zweite Variante sucht in einer Matrix und liefert zu der gefundenen Position den Wert.

Syntax2

```
=VERGLEICH(Suchkriterium; Matrix)
```

Parameter

Suchkriterium	Die Zelle, in der der zu vergleichende Wert steht.
Matrix	Die rechteckige Matrix mit den Such- und Ergebniswerten.

7.15 WAHL

Wählt aus einer Liste (maximal 254 Einträge) den x-ten Eintrag aus.

Syntax

```
=WAHL(Index; Wert1; Wert2;…)
```

Parameter

Index	Die Zelle, in der die Nummer der entsprechenden Wahl steht.
Wert1; Wert2;..	Die Auswahlmöglichkeiten.

7.15.1 WAHL statt der WENN-Funktion einsetzen

Das erste Beispiel soll die Arbeitsweise der Funktion WAHL verdeutlichen.

Sie möchten eine Zahl zwischen 1 und 12 eingeben und Excel soll Ihnen in einer anderen Zelle den entsprechenden Monatsnamen anzeigen.

1. Öffnen Sie die Datei *WAHL.XLSX*. Markieren Sie eine Zelle auf dem Tabellenblatt, in diesem Beispiel ist es die Zelle B7.
2. Starten Sie den Funktions-Assistenten und öffnen Sie die Funktion WAHL.
3. Geben Sie ins Feld *Index* die Zelle ein, in der der zu vergleichende Wert eingegeben wird.
4. Geben Sie nun der Reihenfolge nach die einzelnen Monate in die Felder *Wert1*, *Wert2* usw.
5. Bestätigen Sie mit *OK*.

Die Funktion ist folgendermaßen aufgebaut:

```
=WAHL(A7;"Januar";"Februar";"März";"April";"Mai";"Juni";"Juli";"August";
"September";"Oktober";"November";"Dezember")
```

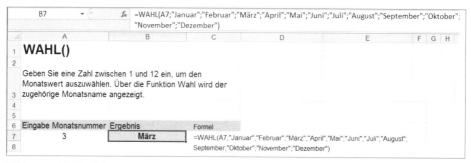

Bild 7.43: Die Funktion WAHL zeigt Werte nach der Reihe ihres Vorkommens.

Als Ergebnis wird die Zahl 3, der Monat März angezeigt.

7.15.2 Die Monatsnummern auswählen

Wenn Sie beim oberen Beispiel eine Zahl größer als 12 eintippen, erscheint eine Fehlermeldung. In diesem Beispiel erzeugen wir eine Auswahlliste mit den Zahlen von 1 bis 12.

1. Erfassen Sie auf dem Tabellenblatt die Zahlen von 1 bis 12 untereinander.
2. Markieren Sie die Zelle B6. Aktivieren Sie das Register *Daten* und wählen Sie über die Schaltfläche *Datenüberprüfung* den Befehl *Datenüberprüfung*.
3. Wählen Sie im Feld *Zulassen* den Eintrag *Liste*.
4. Klicken Sie ins Feld *Quelle* und markieren Sie die 12 Zellen mit den Zahlen.
5. Bestätigen Sie mit *OK*.

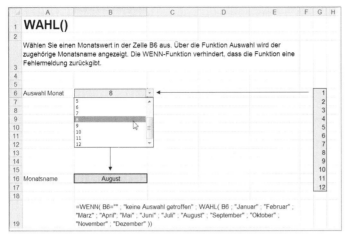

Bild 7.44: Die Monatsnummern auswählen

Jetzt können Sie die Monatsnummern auswählen und es kann keine Fehleingabe mehr passieren.

7.15.3 Die Schulnoten ausschreiben

Im folgenden Beispiel sollen die Schulnoten ausgeschrieben werden. Zusätzlich soll das Ergebnis *k.A.* erscheinen, wenn die zu prüfende Zelle leer ist.

1. Markieren Sie die Zelle B16 und geben Sie die folgende Funktion ein:

```
=WENN(B6="";"k.A.";WAHL(B6;"Sehr
gut";"gut";"befriedigend";"ausreichend";"mangelhaft";"ungenügend"))
```

Der erste Teil der Funktion

```
=WENN(B6="";"k.A.";
```

prüft, ob B6 leer ist, dann wird der Text *k.A.* geschrieben.

Der zweite Teil

```
WAHL(B6;"Sehr
gut";"gut";"befriedigend";"ausreichend";"mangelhaft";"ungenügend")
```

schreibt je nach Note den entsprechenden Text in die Zelle B16.

2. Bestätigen Sie durch Drücken von [Eingabe].

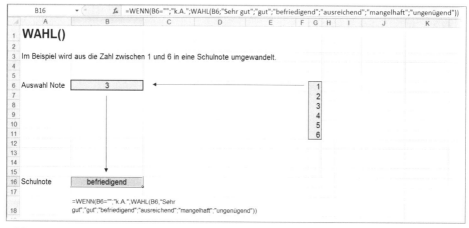

Bild 7.45: Die Schulnoten ausschreiben

7.15.4 Den Umsatz des gewählten Monats anzeigen

Wenn Sie den Umsatz eines bestimmten Monats sehen möchten, gehen Sie folgendermaßen vor:

1. Aktivieren Sie das Register *Wahl_4* und markieren Sie die Zelle N9.

2. Geben Sie die folgende Funktion ein:

   `=WAHL($B$6;B9;C9;D9;E9;F9;G9;H9;I9;J9;K9;L9;M9)`

3. Bestätigen Sie mit ⌈Eingabe⌋.

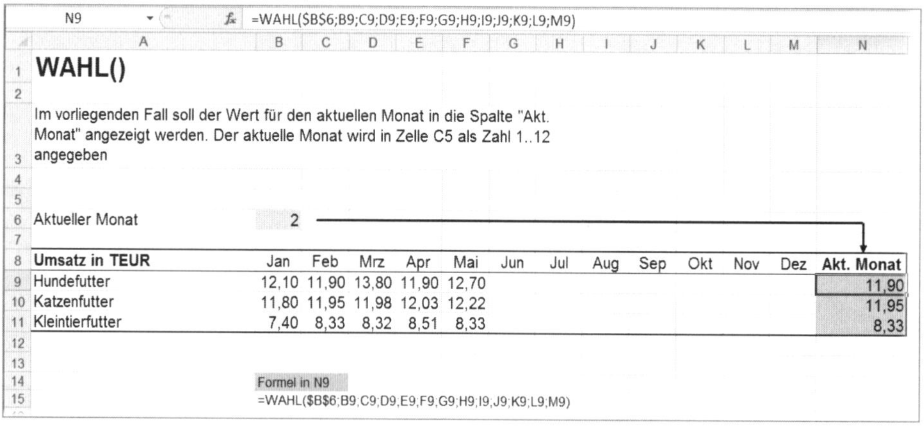

Bild 7.46: Den Umsatz eines bestimmten Monats anzeigen

Wenn Sie jetzt in die Zelle B6 eine Zahl eingeben, dann wird der Umsatz des entsprechenden Monats gezeigt.

7.15.5 Den kumulierten Umsatz anzeigen

Sie möchten wissen, wie viel Umsatz Sie bis zu einem bestimmten Monat gemacht haben.

1. Aktivieren Sie das Register *Wahl_5* und markieren Sie die Zelle N9.

2. Geben Sie die folgende Funktion ein:

```
=WAHL($B$6;B9;SUMME(B9:C9);SUMME(B9:D9);SUMME(B9:E9);SUMME(B9:F9);
SUMME(B9:G9);SUMME(B9:H9);SUMME(B9:I9);SUMME(B9:J9);SUMME(B9:K9);
SUMME(B9:L9);SUMME(B9:M9))
```

3. Bestätigen Sie mit Eingabe .

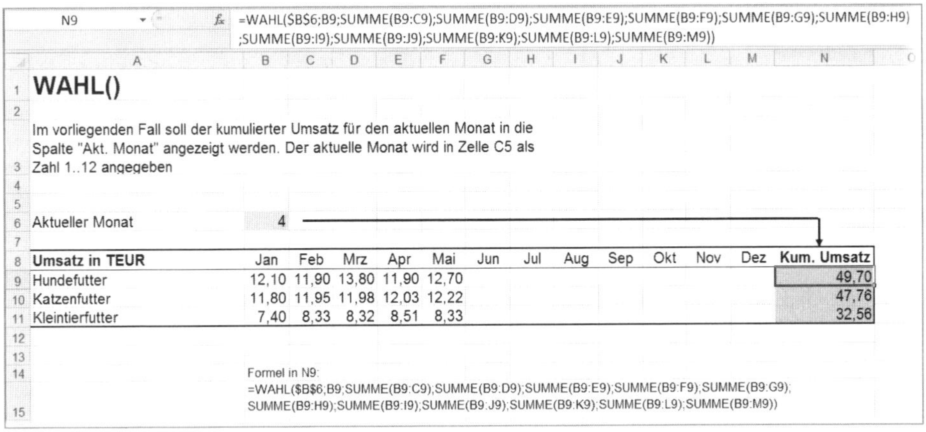

Bild 7.47: Der kumulierte Umsatz

Jetzt sehen Sie den Umsatz, der bis einschließlich des gewählten Monats gemacht wurde.

> **Tipp:** In der Beispieldatei finden Sie ein weiteres Beispiel zur Funktion WAHL.

7.16 WVERWEIS

Mithilfe der WVERWEIS-Funktion können Sie Daten aus einer Tabelle auslesen und an einer anderen Stelle wieder einfügen. Diese Funktion vergleicht einen Parameter und zeigt dann den entsprechenden Wert an.

Syntax

```
=WVERWEIS(Suchkriterium; Matrix; Zeilenindex; Bereich_Verweis)
```

Parameter

Suchkriterium — Der Wert, den Sie in der ersten Spalte der Matrix von oben nach unten suchen.

270 *Kapitel 7: Matrixfunktionen*

Matrix Die Zellen, die durchsucht werden.

Zeilenindex Die Nummer der Spalte aus der Matrix, deren Inhalt Sie sehen möchten.

Bereich_Verweis *Falsch* = findet nur exakte Übereinstimmungen. Sollte der Wert nicht gefunden werden, erscheint die Meldung #NV. Die erste Spalte der Matrix muss dabei nicht sortiert sein.
Wahr oder Leer = sollte das Suchkriterium nicht gefunden werden, wird der nächstkleinere Wert gezeigt. Außerdem muss die erste Spalte der Matrix sortiert sein.

Ähnliche Funktionen

INDEX(), SVERWEIS(), INDIREKT()

7.16.1 Suche nach Werten in Spalten

In einer Personalliste stehen in der ersten Zeile die Personalnummern. In eine Zelle, in diesem Beispiel A13, geben Sie die Personalnummer ein und rechts daneben möchten Sie den Nachnamen des Mitarbeiters erhalten.

1. Öffnen Sie die Datei *WVERWEIS.XLSX*. Um in B13 den Namen des Mitarbeiters zu sehen, markieren Sie die Zelle.

2. Öffnen Sie den Funktions-Assistenten und starten Sie die Funktion WVERWEIS.

3. Im ersten Feld markieren Sie die Zelle, die den zu suchenden Wert erhält. In diesem Beispiel ist es die Zelle A13.

4. Die *Matrix* ist die Tabelle, die alle Daten enthält. In diesem Beispiel sind es die Zellen A5 bis H8.

5. Der *Zeilenindex* ist die Nummer der Zeile, deren Inhalt Sie sehen möchten. Im Beispiel steht der Nachname in der dritten Zeile. Geben Sie daher die Zahl 3 ein.

6. Geben Sie im letzten Feld das Wort *Falsch* ein. Dann werden nur Übereinstimmungen gezeigt.

7. Bestätigen Sie mit *OK*.

8. Kopieren Sie die Formel nach unten.

Die Funktion ist nun folgendermaßen aufgebaut:

```
=WVERWEIS(A13;A5:H8;3;FALSCH)
```

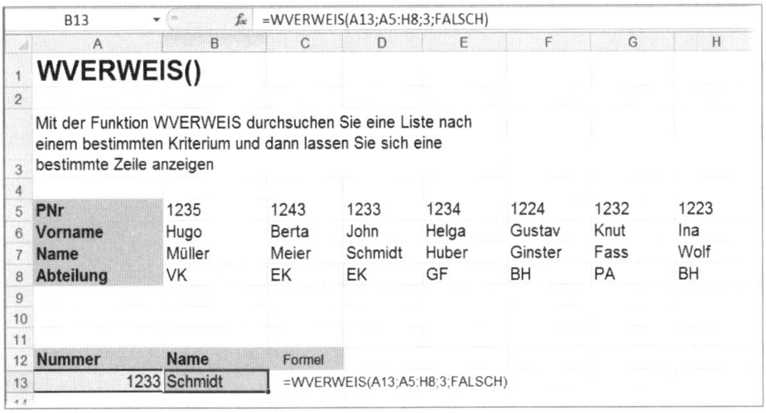

7.16 WVERWEIS

Bild 7.48: Der Name des Mitarbeiters, den die Funktion *Wverweis* gefunden hat

7.16.2 Staffelpreise mit der Funktion WVERWEIS ermitteln

Im nächsten Beispiel haben Sie eine Preisliste mit Staffelpreisen. 1 bis 4 Stück kosten 12,00 Euro. 5 bis 12 Stück kosten 10,00 Euro. 13 bis 17 Stück kosten 8,00 Euro und alles ab 18 Stück kostet 6,00 Euro.

Der Aufbau der Funktion sieht folgendermaßen aus:

```
=WVERWEIS(A11;B6:E7;2;WAHR)
```

Damit die WVERWEIS-Funktion, wenn sie keine exakte Übereinstimmung findet, den nächstkleineren Wert nimmt, geben Sie ins Feld *Bereich_Verweis* den Wert *Wahr* ein.

Bild 7.49: Staffelpreise mit der Funktion WVERWEIS ermitteln

7.16.3 Ein Dauerkalender für den Monatsersten

Das folgende Beispiel zeigt einen Kalender, in dem seit 1900 jeder Tag des Monats-Ersten angezeigt wird. Die folgende Funktion steht in der Zelle B10.

```
=WVERWEIS(WOCHENTAG(DATUM($A116;H$9;1);2);$B$5:$H$6;2;0)
```

Dann wird sie nach unten kopiert.

272 *Kapitel 7: Matrixfunktionen*

	B10		▼	*f*x	=WVERWEIS(WOCHENTAG(DATUM($A10;B$9;1);2);$B$5:$H$6;2;0)							

1 2		A	B	C	D	E	F	G	H	I	J	K	L	M
	1	**WVERWEIS()**												
	2													
	3	In dem folgenden Dauerkalender sind die Wochentage für den Monatsersten ab dem Jahr 1900 aufgeführt. Über die WVERWEIS-Funktion werden die Nummern der Wochentage in kurze Wochentagsbezeichnungen umgestellt.												
	4													
	5		1	2	3	4	5	6	7					
	6		Mo	Di	Mi	Do	Fr	Sa	So					
	7													
	8	Jahr	Jan	Feb	Mrz	Apr	Mai	Jun	Jul	Aug	Sep	Okt	Nov	Dez
	10	1900	So	Mi	Do	So	Di	Fr	So	Mi	Sa	Mo	Do	Sa
	11	1901	Di	Fr	Fr	Mo	Mi	Sa	Mo	Do	So	Di	Fr	So
	12	1902	Mi	Sa	Sa	Di	Do	So	Di	Fr	Mo	Mi	Sa	Mo
	13	1903	Do	So	So	Mi	Fr	Mo	Mi	Sa	Di	Do	So	Di
	14	1904	Fr	Mo	Di	Fr	So	Mi	Fr	Mo	Do	Sa	Di	Do
	15	1905	So	Mi	Mi	Sa	Mo	Do	Sa	Di	Fr	So	Mi	Fr
	16	1906	Mo	Do	Do	So	Di	Fr	So	Mi	Sa	Mo	Do	Sa
	17	1907	Di	Fr	Fr	Mo	Mi	Sa	Mo	Do	So	Di	Fr	So
	18	1908	Mi	Sa	So	Mi	Fr	Mo	Mi	Sa	Di	Do	So	Di
	19	1909	Fr	Mo	Mo	Do	Sa	Di	Do	So	Mi	Fr	Mo	Mi
	20	1910	Sa	Di	Di	Fr	So	Mi	Fr	Mo	Do	Sa	Di	Do

Bild 7.50: Der Erste jeden Monats seit Januar 1900

7.17 ZEILE

Die Funktion gibt die Zeilennummer aus, für die der Bezug angegeben wird. Wird kein Bezug angegeben, wird die Zeilennummer angegeben, in der sich die Formel befindet.

Syntax

```
=ZEILE(Bezug)
```

Parameter

Bezug   Die Zelladresse, aus der Sie die Zeilennummer ermitteln möchten. Wenn das Feld leer bleibt, wird die Nummer der Zeile angezeigt, in der sich die Funktion befindet.

7.17.1 Die Zeilennummer ausgeben

Das erste Beispiel soll die Arbeitsweise der Funktion ZEILE verdeutlichen.

1. Öffnen Sie die Datei *ZEILE.XLSX*. Markieren Sie eine Zelle auf dem Tabellenblatt.

2. Starten Sie den Funktions-Assistenten und öffnen Sie die Funktion ZEILE.

3. Geben Sie ins Feld *Bezug* die Zelladresse, z. B. A6 ein.

4. Bestätigen Sie mit *OK*.

Der Aufbau sieht folgendermaßen aus:

```
=ZEILE(A6)
```

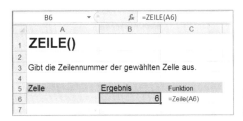

Bild 7.51: Die Funktion ZEILE gibt die Nummer der Zeile aus.

Als Ergebnis wird die Zeilennummer 6 für die Zelle A6 ausgegeben.

7.17.2 Die aktuelle Zeilennummer ermitteln

Wenn Sie die Nummer der Zeile sehen möchten, in der der Cursor zurzeit steht, dann geben Sie die folgende Syntax ein:

```
=ZEILE()
```

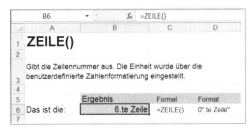

Bild 7.52: Die Funktion ZEILE gibt die Nummer der Zeile aus.

Wenn Sie jetzt noch eine sprechende Formatierung wünschen, dann markieren Sie die Zelle.

1. Öffnen Sie mit [Strg] + [1] das Fenster *Zellen formatieren* und aktivieren Sie das Register *Zahlen*.

2. Markieren Sie die Kategorie *Benutzerdefiniert*.

3. Geben Sie ins Feld *Typ* den folgenden Code ein:

```
0".te Zeile"
```

Bild 7.53: Die *benutzerdefinierte Formatierung* für die Zeile

4. Bestätigen Sie mit *OK*.

Jetzt wird die Zelle mit dem gewünschten Format angezeigt.

7.17.3 Zeilen mit geraden Nummern einfärben

Der Hintergrund aller Zeilen mit geraden Nummern soll eingefärbt werden.

1. Markieren Sie die Zellen, über die das Einfärben laufen soll.
2. Aktivieren Sie das Register *Start* und wählen Sie über die Schaltfläche *Bedingte Formatierung* den Eintrag *Neue Regel*.
3. Markieren Sie den Eintrag *Formel* zur Ermittlung der zu formatierenden Zellen.
4. Geben Sie ins Feld darunter folgende Funktion ein:

```
=REST(ZEILE();2)=0
```

5. Klicken Sie auf die Schaltfläche *Format* und wählen Sie über das Register *Ausfüllen* eine Füllfarbe aus.

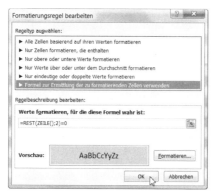

Bild 7.54: Die Funktionen REST & ZEILE färben alle geraden Zeilen ein.

6. Bestätigen Sie mit *OK*.

Jetzt werden alle Zellen mit geraden Zellnummern eingefärbt.

Tipp: Zum weiteren Umgang mit der bedingten Formatierung lesen Sie das Kapitel 1, »Excel-Grundlagen«.

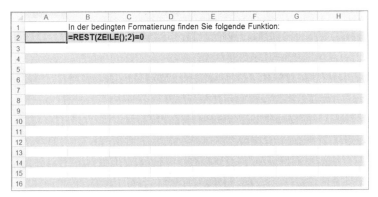

Bild 7.55: Jede gerade Zeile ist nun eingefärbt.

Tipp: In der Beispieldatei werden noch andere Funktionen vorgestellt, um Zeilen automatisch einzufärben.

7.18 ZEILEN

Die Funktion gibt die Anzahl der markierten Zeilen aus.

Syntax
=ZEILEN(Matrix)

Parameter
Matrix   Die Zellen, aus denen Sie die Anzahl der Zeilen ermitteln möchten.

Ähnliche Funktionen
SPALTEN(), BEREICH()

7.18.1 Die Anzahl der Zeilen in einem Bereich

Das erste Beispiel soll die Arbeitsweise der Funktion ZEILEN verdeutlichen.

1. Öffnen Sie die Datei *ZEILEN.XLSX*. Markieren Sie eine Zelle auf dem Tabellenblatt.

2. Starten Sie den Funktions-Assistenten und öffnen Sie die Funktion ZEILEN.
3. Geben Sie ins Feld *Matrix* beispielsweise C16:D24 ein und bestätigen Sie mit *OK*. Die Funktion sieht folgendermaßen aus:

=ZEILEN(C16:D24)

Bild 7.56: Die Funktion ZEILEN gibt die Anzahl der markierten Zeilen zurück.

Als Ergebnis wird die Zahl 9 für die Anzahl der markierten Zeilen angezeigt.

8 Datenbankfunktionen

Viele Listen werden in Excel geführt. Wenn Sie zum Beispiel wissen möchten, wie viel Umsatz Sie mit den Hamburger Kunden gemacht haben, liefern Ihnen die Datenbankfunktionen das gewünschte Ergebnis.

▣ Download-Link

www.buch.cd

Hier finden Sie alle Beispieldateien übersichtlich nach Kapiteln geordnet.

Sie benötigen lediglich einen Kriterienbereich, in den Sie die zu suchenden Begriffe eingeben.

Für die Datenbankfunktionen DBSUMME, DBANZAHL2, DBAUSZUG, DBANZAHL, DBMITTELWERT, DBMAX UND DBMIN haben wir die folgenden Daten auf dem Register *Datenliste1* in der Datei *DATENBANKFUNKTIONEN.XLSX* vorbereitet.

	A	B	C	D	E	F
1	Vorname	Nachname	Straße	Plz	Ort	Umsatz
2	Gisela	Mueller	Moorweg 44	13509	Berlin	840,00 €
3	Guenter	Weidmann	Hauptstr. 1	50431	Köln	261,00 €
4	Gustav	Schulz	Tivolistr. 1	50732	Köln	1.290,00 €
5	Bernhard	Imhof	Gaertnerstr. 9	13509	Berlin	233,00 €
6	Veronika	Bach	Schadowstr. 42	40213	Düsseldorf	1.140,00 €
7	Otto	Gruber	Mozartstr. 29	13509	Berlin	855,00 €
8	Hans	Dietrichs	Elbuferstrasse 63	20457	Hamburg	212,00 €
9	Peter	Adams	Bergstr. 15	80667	Muenchen	170,00 €
10	Gustav	Wilbert	Kölnerstr. 35	13509	Berlin	600,00 €
11	Gisela	Faltmann	Daeumlingsweg 8	50431	Köln	198,00 €
12	Johanna	Freitag	Muenchbergstr. 854	50732	Köln	870,00 €
13	Fritz	Dirschedel	Magnolienweg 20	13509	Berlin	690,00 €
14	Frank	Gruen	Ottostr. 3	13509	Berlin	1.020,00 €
15	Gerda	Uhlmann	Am Alpenrand 24	13509	Berlin	128,00 €
16	Karl	Haberer	Teufelsweg 13	13509	Berlin	1.275,00 €
17	Manfred	Meyer	Melchiorstr. 12	50431	Köln	780,00 €

Bild 8.1: Die Beispieltabelle für die Datenbankfunktionen DBSUMME, DBANZAHL2, DBAUSZUG, DBANZAHL, DBMITTELWERT, DBMAX UND DBMIN

Diese Daten bestehen aus 99 Datenzeilen. Wir werden dort verschiedene Auswertungen nach Orten und nach Umsatzgrößen erstellen.

Wir haben der ganzen Tabelle, also den Zellen A1 bis F100, den Bereichnamen *Liste1* gegeben.

Auf dem Register *Kriterien* werden die Auswertungen zu den einzelnen Funktionen besprochen. Dabei ist der Aufbau immer gleich: Die Überschrift der Liste wurde kopiert. Darunter wird dann das gewünschte Kriterium eingegeben.

Im folgenden Beispiel werden alle Datensätze gefunden, bei denen im Feld *Ort* das Wort *Bonn* steht.

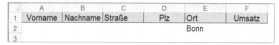

Bild 8.2: Ein Beispiel für den Kriterienbereich für die Datenbankfunktionen mit einem Kriterium

Je nachdem, welche Datenbankfunktion Sie gewählt haben, werden beispielsweise alle Bonner Kunden gezählt.

Im nächsten Beispiel werden alle Kunden, deren Umsatz größer ist als 1000 Euro, bzw. alle Berliner gefunden.

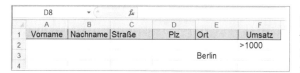

Bild 8.3: Ein weiteres Beispiel für den Kriterienbereich für die Datenbankfunktionen mit mehreren ODER-Kriterien

Wenn Sie hier z. B. die Funktion DBANZAHL gewählt haben, sehen Sie als Ergebnis die Zahl der Kunden, auf die eines der beiden Kriterien zutrifft.

Im nächsten Beispiel werden alle Kölner Kunden gefunden, deren Umsatz kleiner ist als 500 Euro.

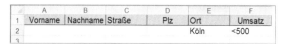

Bild 8.4: Ein Beispiel für den Kriterienbereich für die Datenbankfunktionen mit mehreren UND-Kriterien

Wenn Sie die Kriterien ändern, werden alle Ergebnisse der Datenbankfunktionen geändert.

8.1 DBANZAHL / DBANZAHL2

Die Funktion DBANZAHL zählt in einer Liste die Zellen, in denen Zahlen stehen, wenn ein zuvor bestimmtes Kriterium zutrifft. Leere Zellen und Zellen mit Text werden ignoriert. DBANZAHL2 zählt alle Zellen, in denen ein Wert steht, egal ob Zahl oder Text. Allerdings muss auch hier ein zuvor definiertes Kriterium zutreffen.

Sie möchten nun wissen, wie viele Kunden Sie in Berlin haben, deren Umsatz kleiner als 700 Euro ist.

Syntax

```
=DBANZAHL(Datenbank; Datenbankfeld; Suchkriterien)
=DBANZAHL2(Datenbank; Datenbankfeld; Suchkriterien)
```

Parameter

Datenbank — In diesem Feld müssen die Zellen stehen, die durchsucht werden. Sie benötigen auch die Überschriften.

Datenbankfeld — Die Überschrift der Spalte, in der gezählt werden soll.

Suchkriterien — Sind immer zwei Zeilen: In der ersten steht der Name der Überschrift, nach der gesucht wird, z. B. ORT. In der zweiten Zeile darunter steht der zu suchende Wert, z. B. BERLIN.

Tipp: Die beiden Zellen vom Feld *Suchkriterien* müssen in einer bestimmten Reihenfolge stehen: zuerst das Feld mit dem Namen der Überschrift und darunter der zu suchende Wert.

Ähnliche Funktionen

ZÄHLENWENN(), ANZAHL(), ANZAHL2()

8.1.1 Wie viele Berliner Kunden haben weniger als 700 Euro umgesetzt?

Sie haben eine umfangreiche Liste mit Daten und möchten wissen, wie viele Berliner Kunden Sie haben, deren Umsatz weniger als 700 Euro beträgt.

1. Öffnen Sie die Datei *DBANZAHL.XLSX*, aktivieren Sie das Register *DBANZAHL_1* und markieren Sie die Zelle F5.

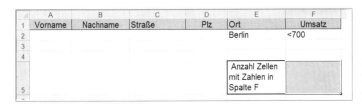

Bild 8.5: Die Kriterien für die nächste Funktion

2. Starten Sie über den Funktions-Assistenten die Funktion DBANZAHL.
3. Ins Feld *Datenbank* kommt der Name des Zellbereichs, in diesem Beispiel *Liste1*.
4. Das *Datenbankfeld* ist das Feld, in dem bzw. mit dem gerechnet wird. In diesem Beispiel ist es die Spaltenüberschrift *Umsatz*.
5. Die *Suchkriterien* sind die Zellen mit der kopierten Überschrift und den Kriterien. Je nachdem, aus wie vielen Zeilen Ihr Kriterium besteht, müssen Sie diesen Bereich anpassen.

Bild 8.6: Der Aufbau der Funktion DBANZAHL, um die Berliner Kunden zu zählen, die weniger als 700 Euro umgesetzt haben.

6. Bestätigen Sie mit *OK*.

Führen Sie diese Schritte jetzt noch einmal für die Zelle F8 mit der Funktion *DBANZAHL2* durch. Geben Sie hier im Feld *Datenbankfeld* den Eintrag *Nachname* ein.

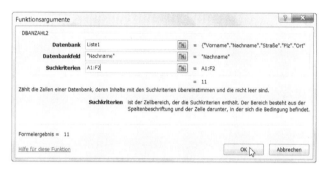

Bild 8.7: Der Aufbau der Funktion DBANZAHL2, um die Berliner Kunden zu zählen, die weniger als 700 Euro umgesetzt haben.

Die folgende Abbildung zeigt die beiden Ergebnisse:

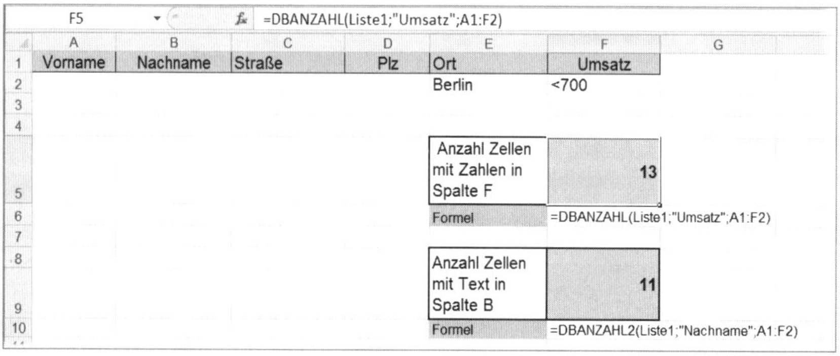

Bild 8.8: Die Ergebnisse der beiden Funktionen DBANZAHL und DBANZAHL2

Sie haben 13 Kunden, bei denen die Kriterien zutreffen, wenn wir davon ausgehen, dass alle Felder in der Spalte *Umsatz* mit Werten gefüllt sind. In der Spalte *Nachname* fehlen zwei Namen, da die Funktion hier nur auf 11 gekommen ist.

Sobald Sie jetzt die Kriterien ändern, wird automatisch das Ergebnis angepasst.

Wenn Sie mehr Kriterien für die Suche eingeben möchten, erweitern Sie den Zellbereich des Parameters *Suchkriterien*, beispielsweise A1:F3.

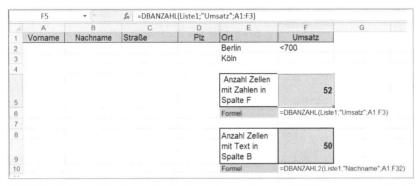

Bild 8.9: Mehrere Kriterien: alle Berliner, die weniger als 700 Euro umgesetzt haben, und alle Kölner.

8.2 DBAUSZUG

Diese Funktion zeigt Ihnen den Inhalt einer bestimmten Zelle, wenn ein zuvor bestimmtes Kriterium zutrifft.

Sollten die Kriterien als Ergebnis mehrere Datenzeilen finden, erscheint die Meldung *#Zahl*. Wenn nichts zutrifft, wird die Meldung *#Wert* angezeigt.

Nun möchten Sie den Umsatz eines bestimmten Kunden sehen.

Syntax
```
=DBAUSZUG(Datenbank; Datenbankfeld; Suchkriterien)
```

Parameter

Datenbank   In diesem Feld müssen die Zellen stehen, die durchsucht werden. Sie benötigen auch die Überschriften.

Datenbankfeld   Die Überschrift der Spalte, deren Wert angezeigt werden soll.

Suchkriterien   Sind immer zwei Zeilen: In der ersten steht der Name der Überschrift, nach der gesucht wird, z. B. ORT. In der zweiten Zeile darunter steht der zu suchende Wert, z. B. BERLIN.

Tipp: Die beiden Zellen vom Feld *Suchkriterien* müssen in einer bestimmten Reihenfolge stehen: zuerst das Feld mit dem Namen der Überschrift und darunter der zu suchende Wert.

8.2.1 Einen bestimmten Kunden suchen

Es soll nun der Umsatz des Kunden Mueller aus Berlin gefunden werden.

1. Öffnen Sie die Datei *DBAUSZUG.XLSX* und aktivieren Sie das Register *DbAuszug*.
2. Setzen Sie den Cursor in die Zelle C59 und starten Sie über den Funktions-Assistenten die Funktion DBAUSZUG.
3. Ins Feld *Datenbank* kommt der Name des Zellbereichs, in diesem Beispiel *Liste1*.
4. Das *Datenbankfeld* ist das Feld, welches angezeigt werden soll. In diesem Beispiel ist es die Spaltenüberschrift *Umsatz*.
5. Die *Suchkriterien* sind die Zellen mit der kopierten Überschrift und den Kriterien. Je nachdem, aus wie vielen Zeilen Ihr Kriterium besteht, müssen Sie diesen Bereich anpassen. In diesem Beispiel sind es die Zellen A1:C2.

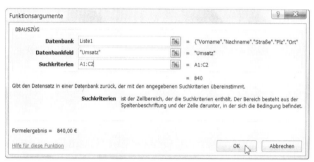

Bild 8.10: Die Funktion DBAUSZUG

6. Bestätigen Sie mit *OK*.

Der Kunde Müller aus Berlin hat 840,00 Euro Umsatz gemacht.

Bild 8.11: Das Ergebnis der Funktion DBAUSZUG

Sobald Sie jetzt die Kriterien ändern, wird automatisch das Ergebnis angepasst.

> **Tipp:** Erweitern Sie den Kriterienbereich mit dem Parameter *Suchkriterien*, wenn Sie mehrere Suchkriterien für Ihre Suche eingeben möchten.

8.3   DBMAX / DBMIN / DBMITTELWERT

Die Funktion DBMAX findet in einer Liste mit Werten den größten, wenn die eingegebenen Kriterien zutreffen. Analog dazu findet DBMIN den kleinsten Wert und DBMITTELWERT erstellt den Mittelwert. Voraussetzung dafür ist immer, dass die Kriterien stimmen.

Syntax

```
=DBMAX(Datenbank; Datenbankfeld; Suchkriterien)
=DBMIN(Datenbank; Datenbankfeld; Suchkriterien)
=DBMITTELWERT(Datenbank; Datenbankfeld; Suchkriterien)
```

Parameter

Datenbank	In diesem Feld müssen die Zellen stehen, die durchsucht werden. Sie benötigen auch die Überschriften.
Datenbankfeld	Die Überschrift der Spalte, in der das gesuchte Ergebnis ermittelt werden soll.
Suchkriterien	Sind immer zwei Zeilen: In der ersten steht der Name der Überschrift, nach der gesucht wird, z. B. ORT. In der zweiten Zeile darunter steht der zu suchende Wert, z. B. BERLIN.

Tipp: Die beiden Zeilen vom Feld *Suchkriterien* müssen in einer bestimmten Reihenfolge stehen: zuerst das Feld mit dem Namen der Überschrift und darunter der zu suchende Wert.

Ähnliche Funktionen

MAX(), MIN(), MITTELWERT(), KGRÖSSTE(), KKLEINSTE()

8.3.1   Wie hoch ist der größte Umsatz, den ein Berliner gemacht hat?

Nun soll ermittelt werden, wie hoch der größte Umsatz ist, den ein Berliner gemacht hat.

1. Öffnen Sie die Datei *DBMAX.XLSX* und aktivieren Sie das Register *DBMax*.

2. Setzen Sie den Cursor in die Zelle F6 und starten Sie über den Funktions-Assistenten die Funktion DBMAX.

3. Ins Feld *Datenbank* kommt der Name des Zellbereichs, in diesem Beispiel *Liste1*.

4. Das *Datenbankfeld* ist das Feld, in dem bzw. mit dem gerechnet wird. In diesem Beispiel ist es die Spaltenüberschrift *Umsatz*.

5. Die *Suchkriterien* sind die Zellen mit der kopierten Überschrift und den Kriterien. Je nachdem, aus wie vielen Zeilen Ihr Kriterium besteht, müssen Sie diesen Bereich anpassen.

Bild 8.12: Der Aufbau der Funktion DBMAX

6. Bestätigen Sie mit *OK*.

Führen Sie diese Schritte jetzt noch einmal für die Zelle F9 mit der Funktion DBMIN durch, und in F12 erstellen Sie die Funktion DBMITTELWERT.

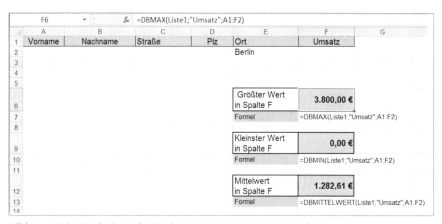

Bild 8.13: Die Ergebnisse der Funktionen DBMAX, DBMIN und DBMITTELWERT

Der größte Umsatz mit einem Berliner Kunden liegt bei 3.800, der kleinste Wert liegt bei 0 Euro. Durchschnittlich hat jeder Berliner 1.282,61 Euro bei Ihnen gelassen.

Sobald Sie jetzt die Kriterien ändern, wird automatisch das Ergebnis angepasst.

8.4 DBPODUKT

Mit der Funktion DBPRODUKT können Sie einen Wert aller gefundenen Datensätze multiplizieren.

Syntax

=DBPRODUKT(Datenbank; Datenbankfeld; Suchkriterien)

Parameter

Datenbank	In diesem Feld müssen die Zellen stehen, die durchsucht werden. Sie benötigen auch die Überschriften.
Datenbankfeld	Die Überschrift der Spalte, deren Werte summiert werden sollen.
Suchkriterien	Sind immer zwei Zeilen: In der ersten steht der Name der Überschrift, nach der gesucht wird, z. B. ORT. In der zweiten Zeile darunter steht der zu suchende Wert, z. B. MAẞE.

Tipp: Die beiden Zeilen vom Feld *Suchkriterien* müssen in einer bestimmten Reihenfolge stehen: zuerst das Feld mit dem Namen der Überschrift und darunter der zu suchende Wert.

Ähnliche Funktionen

PRODUKT()

8.4.1 Grundstücksgröße berechnen

Die folgende Abbildung zeigt eine Liste mit Maßangaben:

	A	B	C	D
1	Straße	Ort	Maße	Einheit
2	Am Bahndamm	Berlin	5	Länge
3	Am Bahndamm	Berlin	20	Breite
4	Hauptstraße	Köln	7	Länge
5	Hauptstraße	Köln	11	Breite
6	Sonnenallee	Düsseldorf	10	Länge
7	Sonnenallee	Düsseldorf	5	Breite
8	Veilchenweg	Hamburg	23	Länge
9	Veilchenweg	Hamburg	6	Breite
10	Waldrand	Muenchen	20	Länge
11	Waldrand	Muenchen	6	Breite

Bild 8.14: Eine Grundstücksliste

Jetzt möchten Sie wissen, wie groß das Berliner Grundstück ist.

1. Öffnen Sie die Datei *DBPRODUKT.XLSX* und aktivieren Sie das Register *DBProdukt.*
2. Setzen Sie den Cursor in die Zelle C6 und starten Sie über den Funktions-Assistenten die Funktion DBPRODUKT.
3. Ins Feld *Datenbank* kommt der Name des Zellbereichs, in diesem Beispiel *Liste.*
4. Das *Datenbankfeld* ist das Feld, in dem bzw. mit dem gerechnet wird. In diesem Beispiel ist es die Spaltenüberschrift *Maße.*
5. Die *Suchkriterien* sind die Zellen mit der kopierten Überschrift und den Kriterien. In diesem Beispiel sind es die Zellen von A1 bis C2.

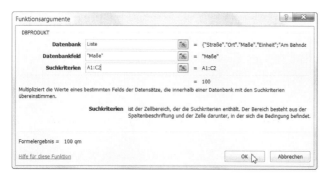

Bild 8.15:
Der Aufbau der Funktion DBPRODUKT

6. Bestätigen Sie mit *OK*.

Jetzt erkennen Sie die Größe des Berliner Grundstücks.

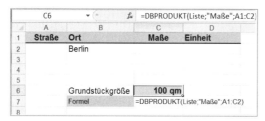

Bild 8.16: Die Ergebnisse der Funktionen DBPRODUKT

Wenn Sie jetzt einen anderen Ort in die Zelle B2 eintippen, berechnet Excel die Grundstücksgröße neu.

8.5 DBSTABW / DBVARIANZ

Die Funktion DBSTABW ermittelt die Standardabweichung der Werte, wenn ein zuvor bestimmtes Kriterium zutrifft. Dabei bilden die Werte eine Stichprobe (also *nicht* alle Werte). Die Funktion DBVARIANZ liefert das Quadrat der Standardabweichung.

Die Differenz der Umsätze Ihrer Kunden über zwei Jahre haben Sie schon gebildet, aber das Ergebnis, das die Funktion DBMITTELWERT liefert, ist Ihnen zu ungenau. Nun möchten Sie wissen, wie hoch die Standardabweichung bei den Bonnern ist. Dabei wissen Sie, dass Sie nicht alle Bonner Kunden erfasst haben, also bewerten Sie nur eine Stichprobe.

Die Standardabweichung liefert das Streuungsmaß um den Mittelwert.

Tipp: Die Funktionen DBStabwn und DBVarianzen berechnen die Werte auf Basis einer Grundgesamtheit.

Syntax

```
=DBSTABW(Datenbank; Datenbankfeld; Suchkriterien)
=DBVARIANZ(Datenbank; Datenbankfeld; Suchkriterien)
```

Parameter

Datenbank	In diesem Feld müssen die Zellen stehen, die durchsucht werden. Sie benötigen auch die Überschriften. In unserem Beispiel ist es der Zellbereich *Liste2*.
Datenbankfeld	Die Überschrift der Spalte, aus der die Standardabweichung ermittelt werden soll. In unserem Beispiel *Differenz*.
Suchkriterien	Sind immer zwei Zeilen: In der ersten Zeile die Überschrift der Datenbank. In der zweiten Zeile darunter steht der zu suchende Wert, z. B. *Bonn* in der Spalte *Ort*.

Tipp: Die Zeilen vom Feld *Suchkriterien* müssen in einer bestimmten Reihenfolge stehen: zuerst das Feld mit dem Namen der Überschrift und darunter der zu suchende Wert.

Ähnliche Funktionen:

DBSTABWN(), DBVARIANZEN(), STABWN(), VARIANZEN(), STABW(), VARIANZ()

Für die Datenbankfunktionen DBSTABW, DBSTABWN, DBVARIANZ und DBVARIANZEN sind auf dem Register *Datenliste2* die folgenden Daten vorbereitet:

	A	B	C	D	E	F
1	**Vorname**	**Nachname**	**Ort**	**Umsatz 2009**	**Umsatz 2010**	**Differenz**
2	Gisela	Mueller	Berlin	840,00 €	1.932,00 €	1.092,00 €
3	Guenter	Weidmann	Köln	261,00 €	1.324,05 €	1.063,05 €
4	Gustav	Schulz	Köln	1.290,00 €	2.404,50 €	1.114,50 €
5	Bernhard	Imhof	Berlin	233,00 €	1.294,65 €	1.061,65 €
6	Veronika	Bach	Düsseldorf	1.140,00 €	2.247,00 €	1.107,00 €
7	Otto	Gruber	Berlin	855,00 €	1.947,75 €	1.092,75 €
8	Hans	Dietrichs	Hamburg	212,00 €	0,00 €	-212,00 €
9	Peter	Adams	Muenchen	170,00 €	1.753,50 €	1.583,50 €
10	Gustav	Wilbert	Berlin	600,00 €	1.155,00 €	555,00 €

Bild 8.17: Die Beispieltabelle für die Datenbankfunktionen DBSTABW *und* DBVARIANZ

In dieser Liste sind 99 Datenzeilen. In der Spalte F, *Differenz*, ist die Differenz der Umsätze zwischen 2009 und 2010 berechnet.

Wir haben der ganzen Tabelle, also den Zellen A1 bis F100, den Bereichnamen *Liste2* gegeben.

8.5.1 Die Standardabweichung bestimmter Werte auf Basis einer Stichprobe

Für die Bonner Kunden ergibt die Funktion *DBMITTELWERT* das Ergebnis 197,00 Euro. Das arithmetische Mittel ist allerdings recht ungenau, da in der Liste der Bonner Kunden auch negative Werte stehen. Wenn Sie eine genauere Berechnung wünschen, führen Sie die folgenden Schritte durch:

1. Öffnen Sie die Datei *DBSTABW.XLSX* und aktivieren Sie das Register *DBSTABW*.

2. Setzen Sie den Cursor in die Zelle C6 und starten Sie über den Funktions-Assistenten die Funktion *DBSTABW*.

3. Ins Feld *Datenbank* kommt der Name des Zellbereichs, in diesem Beispiel *Liste2*.

4. Das *Datenbankfeld* ist das Feld, in dem bzw. mit dem gerechnet wird. In diesem Beispiel ist es die Spaltenüberschrift *Differenz*.

5. Die *Suchkriterien* sind die Zellen mit der kopierten Überschrift und den Kriterien. Je nachdem, aus wie vielen Zeilen Ihr Kriterium besteht, müssen Sie diesen Bereich anpassen.

Bild 8.18: Der Aufbau der Funktion DBSTDABW

6. Bestätigen Sie mit *OK*.

In der folgenden Abbildung erkennen Sie, dass wir auch direkt die Varianz für alle Berliner und somit das Quadrat der Standardabweichung für die Grundgesamtheit gebildet haben.

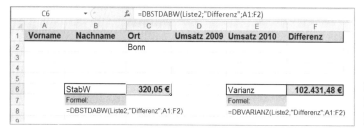

Bild 8.19: Das Ergebnis der Funktion DBSTDABW

Die Standardabweichung der Umsatzdifferenz liegt bei unserer Stichprobe bei 320,05 Euro. Das Quadrat der Standardabweichung liegt bei 102.431,48 Euro.

8.5.2 Wie ermittelt Excel diese Ergebnisse?

Die Standardabweichung wird auch mittlere quadratische Abweichung genannt.

Hier wird zu Beginn der Mittelwert ① aller Zahlen genommen. Die Standardabweichung berechnet anschließend die Abweichung ② zum Mittelwert. Negative Werte werden durch das Quadrieren ③ positiv und große Werte werden durch das Quadrieren noch verstärkt. Die Ergebnisse werden summiert ④, aus dieser Summe wird der Mittelwert ⑤ gebildet. Allerdings wird nicht durch die Anzahl der Zellen, die zur Summierung benötigt werden, geteilt, sondern immer die Anzahl der Zellen – 1. In diesem Beispiel werden 6 Zellen (I2 bis I7) zur Summenbildung genommen, also wird die Summe durch 5 geteilt. Anschließend wird die Wurzel ⑥ aus dieser Zahl gezogen.

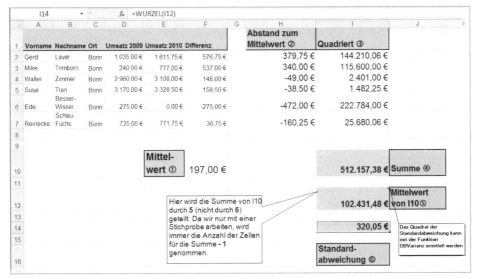

Bild 8.20: Der Rechenschritt der Funktion DBSTDABW

Tipp: Wenn Sie das Quadrat einer Standardabweichung mit einer Excel-Funktion ermitteln wollen, nehmen Sie die Funktion DBVARIANZ.

8.6 DBSTABWN / DBVARIANZEN

Die Funktion DBSTABWN ermittelt die Standardabweichung der Werte, wenn ein zuvor bestimmtes Kriterium zutrifft. Dabei bilden die Werte die Grundgesamtheit (also alle Werte). Die Funktion DBVARIANZEN liefert das Quadrat der Standardabweichung.

Sie haben die Differenz der Umsätze Ihrer Kunden über zwei Jahre gebildet, aber das Ergebnis, das die Funktion DBMITTELWERT liefert, ist Ihnen zu ungenau. Nun möchten Sie wissen, wie hoch die Standardabweichung bei den Bonnern ist. Dabei gehen Sie davon aus, dass Sie nur Bonner Kunden haben, das bedeutet: *Die Bonner Kunden bilden Ihre Grundgesamtheit.*

Die Standardabweichung liefert das Streuungsmaß um den Mittelwert.

Tipp: Die Funktionen DBSTABW und DBVARIANZ berechnen Stichprobenwerte.

Syntax

```
=DBSTABWN(Datenbank; Datenbankfeld; Suchkriterien)
= DBVARIANZEN(Datenbank; Datenbankfeld; Suchkriterien)
```

Parameter

Datenbank	In diesem Feld müssen die Zellen stehen, die durchsucht werden. Sie benötigen auch die Überschriften. In unserem Beispiel ist es der Zellbereich *Liste2*.
Datenbankfeld	Die Überschrift der Spalte, aus der die Standardabweichung ermittelt werden soll. In unserem Beispiel *Differenz*.
Suchkriterien	Sind immer zwei Zeilen: In der ersten Zeile die Überschrift der Datenbank. In der zweiten Zeile darunter steht der zu suchende Wert, z. B. Bonn in der Spalte *Ort*.

Tipp: Die Zellen vom Feld *Suchkriterien* müssen in einer bestimmten Reihenfolge stehen: zuerst das Feld mit dem Namen der Überschrift und darunter der zu suchende Wert.

Ähnliche Funktionen

DBSTABW(), DBVARIANZ(), STABWN(), VARIANZEN(), STABW(), VARIANZ()

8.6.1 Die Standardabweichung bestimmter Werte auf Basis der Grundgesamtheit

Für die Bonner Kunden ergibt die Funktion DBMITTELWERT das Ergebnis 197,00 Euro. Das arithmetische Mittel ist allerdings recht ungenau, da in der Liste der Bonner Kunden auch negative Werte stehen. Wenn Sie eine genauere Berechnung wünschen, führen Sie die folgenden Schritte durch:

1. Öffnen Sie die Datei *DBSTABWN.XLSX* und aktivieren Sie das Register *DBSTABWN*.

2. Setzen Sie den Cursor in die Zelle C6 und starten Sie über den Funktions-Assistenten die Funktion DBSTABWN.

3. Ins Feld *Datenbank* kommt der Name des Zellbereichs, in diesem Beispiel *Liste2*.

4. Das *Datenbankfeld* ist das Feld, in dem bzw. mit dem gerechnet wird. In diesem Beispiel ist es die Spaltenüberschrift *Differenz*.

5. Die *Suchkriterien* sind die Zellen mit der kopierten Überschrift und den Kriterien. Je nachdem, aus wie vielen Zeilen Ihr Kriterium besteht, müssen Sie diesen Bereich anpassen.

Bild 8.21: Der Aufbau der Funktion DBSTDABWN

6. Bestätigen Sie mit *OK*.

In der folgenden Abbildung erkennen Sie, dass wir auch direkt die Varianz für alle Bonner und somit das Quadrat der Standardabweichung für die Grundgesamtheit gebildet haben.

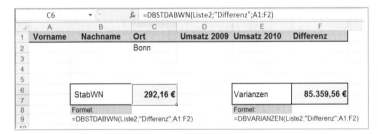

Bild 8.22: Das Ergebnis der Funktion DBSTDABWN

Die Standardabweichung der Differenz liegt bei allen Bonnern bei 292,16 Euro. Das Quadrat der Standardabweichung liegt bei 85.359,56 Euro.

8.6.2 Wie ermittelt Excel diese Ergebnisse?

Die Standardabweichung wird auch mittlere quadratische Abweichung genannt.

Hier wird zu Beginn der Mittelwert ① aller Zahlen genommen. Die Standardabweichung berechnet anschließend die Abweichung ② zum Mittelwert. Negative Werte werden durch das Quadrieren ③ positiv und große Werte werden durch das Quadrieren noch verstärkt. ④ Die Ergebnisse werden summiert, aus dieser Summe wird der Mittelwert ⑤ gebildet und anschließend wird die Wurzel ⑥ aus dieser Zahl gezogen.

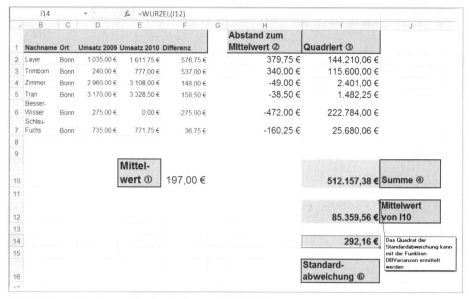

Bild 8.23: Der Rechenschritt der Funktion DBSTDABWN

> **Tipp:** Wenn Sie das Quadrat einer Standardabweichung mit einer Excel-Funktion ermitteln wollen, nehmen Sie DBVARIANZEN.

8.7 DBSUMME

Diese Funktion addiert in einer Liste den Inhalt bestimmter Zellen, wenn ein zuvor bestimmtes Kriterium zutrifft. Leere Zellen und Zellen mit Text werden ignoriert.

Diesmal wollen Sie wissen, wie viel Umsatz Sie mit den Berliner Kunden gemacht haben.

Syntax

```
=DBSUMME(Datenbank; Datenbankfeld; Suchkriterien)
```

Parameter

Datenbank	In diesem Feld müssen die Zellen stehen, die durchsucht werden. Sie benötigen auch die Überschriften. In unserem Beispiel ist es der Zellbereich *Liste1*.
Datenbankfeld	Die Überschrift der Spalte, deren Inhalt summiert werden soll.
Suchkriterien	Sind immer zwei Zeilen: In der ersten Zeile die Überschrift der Datenbank. In der zweiten Zeile darunter steht der zu suchende Wert, z. B. *Berlin* in der Spalte *Ort*.

Tipp: Die beiden Zellen vom Feld *Suchkriterien* müssen in einer bestimmten Reihenfolge stehen: zuerst das Feld mit dem Namen der Überschrift und darunter der zu suchende Wert.

Ähnliche Funktionen
SUMME()

8.7.1 Wie viel Umsatz habe ich mit bestimmten Kunden gemacht?

Sie möchten wissen, wie viel Umsatz Sie mit Berliner Kunden gemacht haben, deren Umsatz weniger als 700 Euro beträgt.

1. Öffnen Sie die Datei *DBSUMME.XLSX* und aktivieren Sie das Register *DBSUMME*.
2. Setzen Sie den Cursor in die Zelle F5 und starten Sie über den Funktions-Assistenten die Funktion DBSUMME.
3. Ins Feld *Datenbank* kommt der Name des Zellbereichs, in diesem Beispiel *Liste1*.
4. Das *Datenbankfeld* ist das Feld, in dem bzw. mit dem gerechnet wird. In diesem Beispiel ist es die Spaltenüberschrift *Umsatz*.
5. Die *Suchkriterien* sind die Zellen mit der kopierten Überschrift und den Kriterien. Je nachdem, aus wie vielen Zeilen Ihr Kriterium besteht, müssen Sie diesen Bereich anpassen.

Bild 8.24: Der Aufbau der Funktion DBSUMME

6. Bestätigen Sie mit *OK*.

Zurzeit haben Sie 4.149,00 Euro mit Berliner Kunden umgesetzt, die bei Ihnen weniger als 700 Euro ließen.

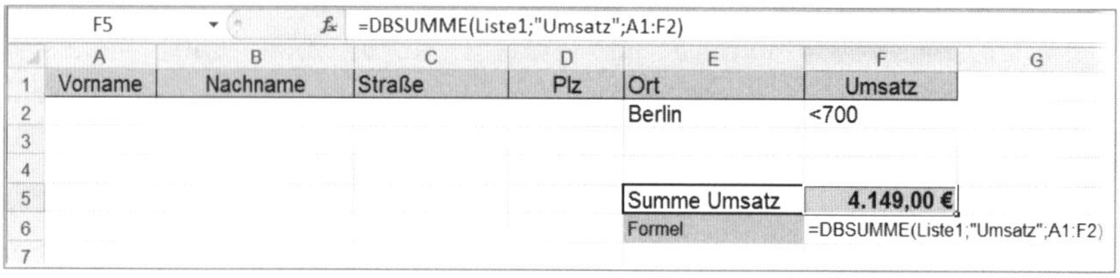

294 *Kapitel 8: Datenbankfunktionen*

	F5	▾	f_x	=DBSUMME(Liste1;"Umsatz";A1:F2)		
	A	B	C	D	E	F	G
1	Vorname	Nachname	Straße	Plz	Ort	Umsatz	
2					Berlin	<700	
3							
4							
5					Summe Umsatz	4.149,00 €	
6					Formel	=DBSUMME(Liste1;"Umsatz";A1:F2)	
7							

Bild 8.25: Das Ergebnis der Funktion DBSUMME

Sobald Sie jetzt die Kriterien ändern, wird automatisch das Ergebnis angepasst.

9 Statistische Funktionen

Die Vielzahl statischer Funktionen lassen keine Wünsche zur Auswertung Ihrer Daten offen. Einige Funktionen sind eng miteinander verwandt und bilden die entsprechende Umkehrfunktion.

Die Funktionen MIN, MAX, MITTELWERT oder auch ZÄHLENWENN sind vielleicht Ihnen bereits bekannte Funktionsnamen. Dann werden Sie sich auch für die Funktionen KGRÖSSTE, KKLEINSTE oder MINA und MAXA interessieren.

▣ Download-Link

www.buch.cd

Hier finden Sie alle Beispieldateien übersichtlich nach Kapiteln geordnet.

9.1 ACHSENABSCHNITT

Gibt den Schnittpunkt der Regressionsgeraden zurück. Diese Funktion berechnet den Punkt, an dem eine Gerade die Y-Achse schneidet.

Es wird ein Zusammenhang zwischen einer Gruppe von abhängigen Variablen und einer Gruppe von unabhängigen Variablen untersucht.

Syntax

```
=ACHSENABSCHNITT(Y_Werte; X_Werte)
```

Parameter

Y_Werte   Die Zellen, die die Werte enthalten, von denen wir ermitteln wollen, ob sie eine Steigung zeigen oder nicht.

X_Werte   Eine Reihe von unabhängigen Zahlen, die eine Steigung vorweisen, z. B. 1, 2, 3 usw.

Ähnliche Funktionen

STEIGUNG(), BESTIMMTHEITSMASS()

9.1.1 Den Schnittpunkt ermitteln

Sie haben die Anzahl der Kunden und die Gesamtumsätze in einer Tabelle. Nun möchten Sie den Schnittpunkt der Regressionsgeraden ermitteln.

1. Öffnen Sie die Datei *ACHSENABSCHNITT.XLSX*. Markieren Sie die Ergebniszelle. In diesem Beispiel ist es die Zelle C19.

2. Öffnen Sie den Funktions-Assistenten und starten Sie die Funktion ACHSENABSCHNITT.

3. Im Feld *Y-Werte* markieren Sie die Zellen mit den Umsatzzahlen. In diesem Beispiel sind es die Zellen C6 bis C17.

4. Ins Feld *X_Werte* markieren Sie die Zellen von B6 bis B17. Das ist die Anzahl der Kunden.

5. Bestätigen Sie mit *OK*.

Die Funktion sieht nun folgendermaßen aus:

```
=ACHSENABSCHNITT(C6:C17; B6:B17)
```

Bild 9.1: Den Schnittpunkt der Regressionsgeraden mit der Funktion ACHSENABSCHNITT ermitteln

Der Schnittpunkt der Regressionsgeraden liegt bei 74.800,89. Wenn Sie dies in einem Diagramm darstellen, können Sie den Schnittpunkt besser erkennen.

9.1.2 Schnittpunkt der Regressionsgeraden als Diagramm

Wenn Sie das Ergebnis der Funktion ACHSENABSCHNITT als Diagramm darstellen möchten, führen Sie die folgenden Schritte durch:

1. Setzen Sie den Cursor in eine leere Zelle auf dem Blatt *Achsenabschnitt_1*.

2. Aktivieren Sie das Register *Einfügen* und wählen Sie an der Schaltfläche *Punkt* das erste Diagramm.

3. Klicken Sie nun auf die Schaltfläche *Daten auswählen* auf dem Register *Entwurf* und anschließend auf die Schaltfläche *Hinzufügen*.

4. Setzen Sie den Cursor ins Feld *Reihenname* und markieren Sie die Zelle A5, da dort die Beschriftung *Monat* steht, die in die Legende übernommen wird.

5. Klicken Sie ins Feld *Werte der Reihe X* und markieren Sie die Zellen mit der Anzahl der Kunden. In diesem Beispiel sind es die Zellen B6 bis B17.

6. Leeren Sie zuerst das Feld *Werte der Reihe Y* und markieren Sie im Anschluss die Zellen von C6 bis C17. Dies sind die Zellen, in denen der Umsatz steht.

Bild 9.2: Die Datenquelle zur Ermittlung des Achsenabschnitts

7. Bestätigen Sie jetzt zweimal mit *OK*.

Wenn Excel jetzt auch eine Verbindungslinie zeigt, dann klicken Sie mit der rechten Maustaste auf die Linie und wählen den Befehl *Datenreihen formatieren*. Aktivieren Sie die Kategorie *Linienfarbe* und wählen Sie den Befehl *Keine Linie*.

Die Trendlinie

1. Um nun eine Trendlinie zu erhalten, aktivieren Sie das Register *Layout*.

2. Klicken Sie auf die Schaltfläche *Analyse*, zeigen Sie auf die Schaltfläche *Trendlinie* und wählen Sie den Befehl *Weitere Trendlinienoptionen*.

3. Aktivieren Sie den Trendtyp *Linear* und aktivieren Sie die Option *Formel im Diagramm anzeigen*.

Bild 9.3: Die Trendlinie zeigt gleichzeitig die Gleichung an.

4. Bestätigen Sie mit *Schließen*.

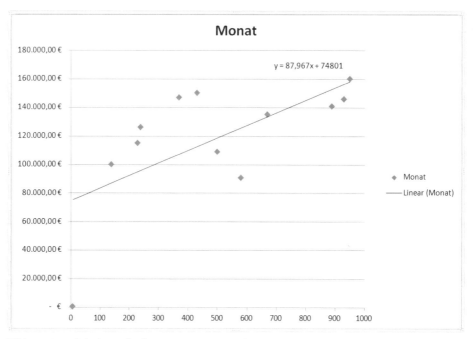

Bild 9.4: Den Schnittpunkt der Regressionsgeraden mit einem Diagramm darstellen

9.2 ANZAHL

Die Funktion ANZAHL zählt in einer Liste die Zellen, in denen Zahlen, Formeln oder Datums- bzw. Zeitwerte stehen. Leere Zellen und Zellen mit Text werden ignoriert.

Syntax

=ANZAHL(Wert1; Wert2;…)

Parameter

Wert1; Wert2,…   Die Zelle bzw. der Zellbereich, der durchsucht werden soll. Sie können bis zu 255 Zellen bzw. Zellbereiche untereinander angeben.

Ähnliche Funktionen

ANZAHL2(), ANZAHLLEEREZELLEN(), ZÄHLENWENN(), ZÄHLENWENNS(), DBANZAHL(), DBANZAHL2(), TEILERGEBNIS()

9.2.1 Die Mitglieder zählen, die bezahlt haben

Sie sind Kassenwart in einem Verein und führen Buch über die Mitgliedsbeiträge. Wenn ein Mitglied bezahlt hat, tragen Sie den Betrag in die Tabelle ein. Wenn das Mitglied noch nicht bezahlt hat, dann ist die Zelle leer oder es steht ein Text darin, wann gezahlt wird. Die folgende Abbildung zeigt das Beispiel.

1. Öffnen Sie die Datei *ANZAHL.XLSX*.
2. Setzen Sie den Cursor in die Zelle, in der Sie die Anzahl der Mitglieder sehen möchten. Im ersten Beispiel ist es die Zelle B15.
3. Wählen Sie im Funktions-Assistenten in der Kategorie *Statistik* die Funktion ANZAHL aus.
4. Stellen Sie sicher, dass der Cursor im Feld *Wert1* steht, und markieren Sie die gewünschten Zellen – in diesem Beispiel die Zellen B6 bis B13.

Tipp: Wenn Sie weitere Zellen zählen lassen möchten, dann setzen Sie den Cursor in das Feld *Wert2* und markieren die nächsten Zellen.

5. Bestätigen Sie Ihre Eingaben mit *OK*.

Bild 9.5: Die Funktion ANZAHL zählt die Mitglieder, die bezahlt haben.

Sobald Sie jetzt den nächsten Zahlungseingang eintragen, ändert sich der Wert in der Zelle B15.

9.3 ANZAHL2

Die Funktion ANZAHL2 zählt in einer Liste alle Zellen, in denen ein Wert steht. Dabei ist es egal, ob Zahlen, Formeln, Texte oder ein Datum bzw. eine Uhrzeit in den Zellen stehen.

Syntax
```
=ANZAHL2(Wert1; Wert2;…)
```

300 *Kapitel 9: Statistische Funktionen*

Parameter

Wert1; Wert2,...   Die Zelle bzw. der Zellbereich, der durchsucht werden soll. Sie können bis zu 255 Zellen bzw. Zellbereiche untereinander angeben.

Ähnliche Funktionen

ANZAHL(), ANZAHLLEEREZELLEN(), ZÄHLENWENN(), ZÄHLENWENNS(). DBANZAHL(), DBANZAHL2(), TEILERGEBNIS()

9.3.1   Alle Mitglieder zählen

Sie sind Kassenwart in einem Verein und führen Buch über die Mitgliedsbeiträge. Wenn ein Mitglied bezahlt hat, tragen Sie den Betrag in die Tabelle ein. Wenn das Mitglied noch nicht bezahlt hat, dann steht ein Text in der Zelle. Das Beispiel der Funktion ANZAHL wird hier weiter fortgeführt.

1. Öffnen Sie die Datei *ANZAHL2.XLSX*.

2. Setzen Sie den Cursor in die Zelle, in der Sie die Anzahl der Mitglieder sehen möchten. Im ersten Beispiel ist es die Zelle B15.

3. Wählen Sie im Funktions-Assistenten in der Kategorie *Statistik* die Funktion ANZAHL2 aus.

4. Stellen Sie sicher, dass der Cursor im Feld *Wert1* steht, und markieren Sie die gewünschten Zellen – in diesem Beispiel die Zellen B6 bis B132.

> **Tipp:** Wenn Sie weitere Zellen zählen lassen möchten, dann setzen Sie den Cursor in das Feld *Wert2* und markieren die nächsten Zellen.

5. Bestätigen Sie Ihre Eingaben mit *OK*.

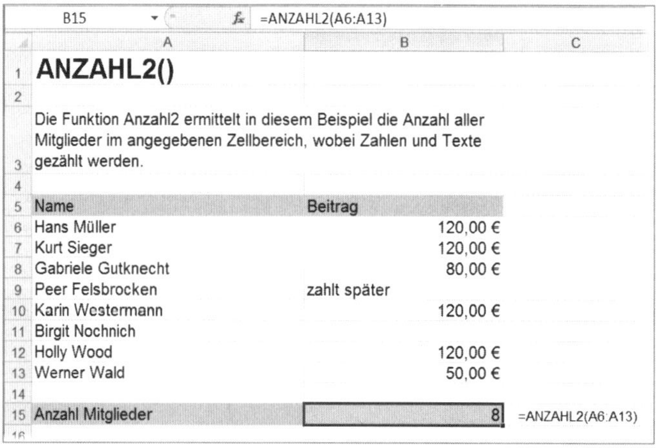

Bild 9.6: Die Funktion ANZAHL2 zählt die Mitglieder.

9.3.2 In gefilterten Listen zählen

In einer Liste von Kunden filtern Sie regelmäßig z. B. nach Orten. Jetzt möchten Sie wissen, wie viele Kunden Sie beispielsweise in Hamburg haben und wie viele davon bereits bezahlt haben.

Die Anzahl der Kunden in Hamburg

1. Setzen Sie den Cursor in die Zelle, in der Sie die Anzahl der Kunden sehen möchten, im ersten Beispiel in die Zelle C1.
2. Wählen Sie im Funktions-Assistenten die Funktion TEILERGEBNIS aus.
3. Im Feld *Funktion* geben Sie eine 3 ein. Die Auflistung der Parameter, die Sie ins Feld *Funktion* eingeben können, finden Sie im Anschluss an diese Anleitung.
4. Setzen Sie den Cursor ins Feld *Bezug1* und markieren Sie die gewünschten Zellen. In diesem Beispiel die Zellen B6 bis B86.
5. Bestätigen Sie mit *OK.*

Die Anzahl der Kunden aus Hamburg, die bereits bezahlt haben

1. Setzen Sie den Cursor in die Zelle C3 und führen Sie die oben beschriebenen Schritte durch. In das Feld *Funktion* geben Sie die Zahl 2 für die Funktion ANZAHL ein. Im Parameter *Bezug* geben Sie F6:F86 ein.
2. Bestätigen Sie mit *OK.*

Wenn Sie jetzt den Filter einstellen, dann wird Ihnen die jeweilige Anzahl der Kunden angezeigt.

1. Setzen Sie den Cursor in die Datenliste.
2. Aktivieren Sie das Register *Start*, wählen Sie an der Schaltfläche *Sortieren und Filtern* den Befehl *Filtern.*
3. Jetzt können Sie an der Zelle *Ort* den Ort auswählen, zu dem Sie die Information wünschen.

C1 =TEILERGEBNIS(3;B6:B86)

	A	B	C	D	E	F
1		Anzahl Kunden:	9	=TEILERGEBNIS(3;B6:B86)		
2						
3		Anzahl Bezahlt:	7	=TEILERGEBNIS(2;F6:F86)		
4						
5	Vorname	Nachname	Straße	Plz	Ort	Bezahlt
12	Hans	Dietrichs	Elbuferstrasse 63	20457	Hamburg	212,00 €
28	Klaus	Viersen	Friesenstr 30	20457	Hamburg	226,00 €
30	Erwin	Schulz	Rheinstr. 50	20457	Hamburg	k.A.
33	Tobias	Eberhard	Marktstr. 19	20457	Hamburg	720,00 €
45	Magdalene	Müller	Hauptstr. 30	20457	Hamburg	1.410,00 €
61	Dolly	Hello	Chausseestr. 1	20457	Hamburg	2.610,00 €
63	Rasa	Tabula	Trierer Str. 176	20457	Hamburg	k.A.
66	Hardy	Pusch	Friedhofstr. 4	20457	Hamburg	2.890,00 €
78	Marlies	Lingohr	Aachenerstr. 201	20457	Hamburg	0,00 €

Bild 9.7: Die Anzahl der Kunden mit der Funktion TEILERGEBNIS ermitteln

Die Funktion TEILERGEBNIS besteht aus zwei Parametern.

Im ersten Parameter geben Sie an, was Sie berechnen möchten.

Die folgende Tabelle gibt Aufschluss über die Möglichkeiten der Berechnung mit der Funktion TEILERGEBNIS:

Funktionsnummer (inkl. ausgeblendete Zellwerte)	Funktionsnummer (ausgeblendete Zellwerte werden ignoriert)	Funktionsname
1	101	MITTELWERT
2	102	ANZAHL
3	103	ANZAHL2
4	104	MAX
5	105	MIN
6	106	PRODUKT
7	107	STABW
8	108	STABWN
9	109	SUMME
10	110	VARIANZ
11	111	VARIANZEN

Im zweiten Parameter geben Sie die Zellen an, die berechnet werden sollen.

9.4 ANZAHLLEEREZELLEN

Die Funktion ANZAHLLEEREZELLEN zählt in einer Liste die Zellen, die leer sind. Sollten in einer Zelle ein oder mehrere Leerzeichen stehen, so gilt sie nicht als leer und wird somit auch nicht gezählt.

Wenn Sie Zellen mit Leerzeichen haben und Sie möchten diese entfernen, setzen Sie die Funktion GLÄTTEN ein.

Syntax

```
=ANZAHLLEEREZELLEN(Bereich)
```

Parameter

Bereich   Der Zellbereich, der auf leere Zellen hin durchsucht werden soll.

Ähnliche Funktionen

ANZAHL(), ANZAHL2(), ZÄHLENWENN(), ZÄHLENWENNS(), DBANZAHL(), DBANZAHL2(), TEILERGEBNIS()

9.4.1 Anzahl der Aushilfen, die im aktuellen Monat nicht gearbeitet haben

Sie arbeiten in der Personalabteilung und möchten wissen, wie viele Aushilfen im aktuellen Monat nicht gearbeitet haben.

1. Öffnen Sie die Datei *ANZAHLLEEREZELLEN.XLSX* und aktivieren Sie das Register *Anzahlleerezelle_1*.
2. Setzen Sie den Cursor in die Zelle, in der Sie die Anzahl der Zellen sehen möchten, die leer sind.
3. Wählen Sie im Funktions-Assistenten in der Kategorie *Statistik* die Funktion ANZAHLLEEREZELLEN aus.
4. Stellen Sie sicher, dass der Cursor im Feld *Wert1* steht, und markieren Sie die gewünschten Zellen. In diesem Beispiel sind es die Zellen C65 bis C15.
5. Bestätigen Sie Ihre Eingaben mit *OK*.

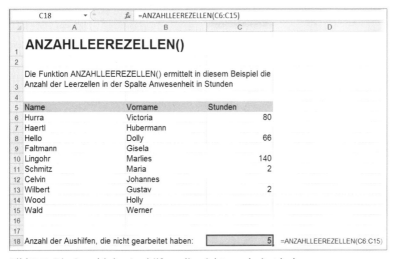

Bild 9.8: Die Anzahl der Aushilfen, die nicht gearbeitet haben

9.4.2 Die leeren Zellen einfärben

In einer Liste mit Daten sollen alle leeren Zellen automatisch mit einer Füllfarbe eingefärbt werden. Hier bietet Ihnen Excel mehrere Lösungen. Im Folgenden werden zwei Möglichkeiten vorgestellt: mit der bedingten Formatierung oder über den Befehl *Gehe zu*.

Mit der bedingten Formatierung leere Zellen einfärben

1. Aktivieren Sie das Register *Leere Zellen bearbeiten_2* und markieren Sie die Zelle A8.
2. Aktivieren Sie das Register *Start*, klicken Sie auf die Schaltfläche *Bedingte Formatierung* und wählen Sie den Befehl *Neue Regel*.

3. Markieren Sie den Eintrag *Formel zur Ermittlung der zu formatierenden Zellen verwenden* und tippen Sie die folgende Formel ein:

   =A10=""

4. Klicken Sie auf die Schaltfläche *Formatieren* und wählen Sie auf dem Register *Ausfüllen* eine Farbe aus. Bestätigen Sie mit *OK*.

Bild 9.9: Die bedingte Formatierung

5. Bestätigen Sie noch einmal mit *OK*.
6. Übertragen Sie diese Formatierung mit dem Pinsel auf die restlichen Zellen der Liste.

Bild 9.10: Das Ergebnis: Alle leeren Zellen sind automatisch eingefärbt.

Wenn Sie jetzt in eine leere Zelle einen Wert eintippen, dann verschwindet die Farbe.

Mit der Befehlsfolge Inhalte auswählen / Leerzellen

Die zweite Möglichkeit, leere Zellen einzufärben, bietet der Befehl *Inhalte auswählen*.

1. Aktivieren Sie das Register *Leere Zellen bearbeiten_3* und markieren Sie die Zellen A8 bis E17.

2. Aktivieren Sie das Register *Start*, klicken Sie auf die Schaltfläche *Suchen und Auswählen* und wählen Sie den Befehl *Inhalte auswählen*.

3. Aktivieren Sie die Option *Leerzellen*.

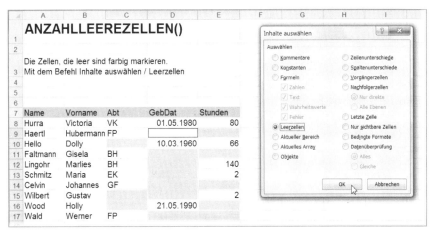

Bild 9.11: Das Ergebnis: Alle leeren Zellen sind markiert.

4. Bestätigen Sie mit *OK*.

Jetzt sind alle leeren Zellen markiert. Über die Schaltfläche *Füllfarbe* auf dem Register *Start* können Sie den markierten Zellen eine Hintergrundfarbe zuweisen.

9.5 BESTIMMTHEITSMASS

Gibt das Quadrat des Pearsonschen Korrelationskoeffizienten zurück.

Syntax
=BESTIMMTHEITSMASS(Y_Werte; X_Werte)

Parameter

Y_Werte — Ein Zellbereich von Datenpunkten. Diese können Zahlen, Namen oder Zellbezüge sein.

X_Werte — Ein Zellbereich von Datenpunkten. Diese können Zahlen, Namen oder Zellbezüge sein.

Ähnliche Funktionen
STEIGUNG(), ACHSENABSCHNITT()

9.5.1 Beispiel

Nehmen wir an, Sie möchten den Zusammenhang zwischen der Anzahl von Eisverkäufen und der Temperatur ermitteln.

1. Öffnen Sie die Datei *BESTIMMTHEITSMASS.XLSX* und aktivieren Sie das Register *Bestimmtheitsmass_1*.
2. Setzen Sie den Cursor in die Zelle C22 und wählen Sie im Funktions-Assistenten in der Kategorie *Statistik* die Funktion BESTIMMTHEITSMASS aus.
3. Stellen Sie sicher, dass der Cursor im Feld *Y_Werte* steht, und markieren Sie die gewünschten Zellen. In diesem Beispiel sind es die Zellen C7 bis C18.
4. Aktivieren Sie das Feld *X_Werte* und markieren Sie die Zellen B7 bis B18.
5. Bestätigen Sie mit *OK*.

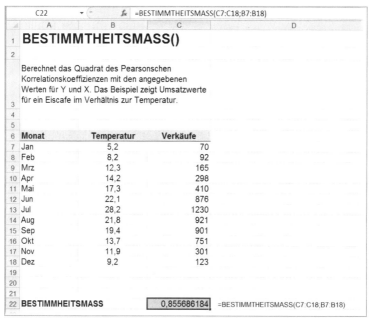

Bild 9.12: Das Bestimmtheitsmaß ermittelt den Zusammenhang.

Je näher das Ergebnis an 0 liegt, desto unwahrscheinlicher ist ein Zusammenhang zwischen den Daten. Je näher das Ergebnis an 1 liegt, desto wahrscheinlicher ist ein Zusammenhang zwischen den Daten.

In diesem Beispiel gibt es also einen Zusammenhang zwischen der Temperatur und dem Verkauf von Eiscreme.

9.6   BETA.INV

Liefert das Quantil der Betaverteilung zurück. Die Funktion ist die Umkehrung der Funktion BETA.VERT.

> **Tipp:** Der alte Name der Funktion lautet: BETAINV. Über die Kategorie *Kompatibilität* können Sie ihn auch nutzen.

Syntax

```
=BETA.INV(Wahrsch; Alpha; Beta; A; B)
```

Parameter

Wahrsch	Der Zahlenwert zwischen 0 und 1 der zur Verteilung gehörenden Wahrscheinlichkeit.
Alpha	Eine Zahl > 0
Beta	Eine Zahl > 0
A	Optionaler Parameter für die untere Intervallgrenze von X. Wenn A nicht angegeben wird, wird A = 0 angenommen.
B	Optionaler Parameter für die obere Intervallgrenze von X. Wenn B nicht angegeben wird, wird B = 1 angenommen.

Ähnliche Funktionen

BETA.VERT()

9.6.1   Die Wahrscheinlichkeit für eine Karte im Skat

Die Wahrscheinlichkeit, von 32 Spielkarten die richtige zu finden, liegt bei 0,030025858. Dabei sind von 76 Versuchen sechs Treffer und 70 Fehlversuche. Lesen Sie dazu unbedingt auch die Funktion BETA.VERT.

1. Öffnen Sie die Datei *BETA.INV.XLSX* und aktivieren Sie das Register *Beta.int_1*.

2. Setzen Sie den Cursor in die Zelle D6 und wählen Sie im Funktions-Assistenten in der Kategorie *Statistik* die Funktion BETA.INV aus.

3. Ins Feld *Wahrsch* kommt die Zelladresse, in der die Wahrscheinlichkeit steht. In diesem Beispiel ist es die Zelle A6.

4. Aktivieren Sie das Feld *Alpha* und geben Sie die Anzahl der Treffer bzw. die Zelle ein, in der die Trefferanzahl steht, in diesem Beispiel B6.

5. In das Feld *Beta* und geben Sie die Anzahl der Fehlversuche bzw. die Zelle ein, in der die Fehleranzahl steht, hier C6.

6. Die Felder A und B können Sie leer lassen. Bestätigen Sie mit *OK*.

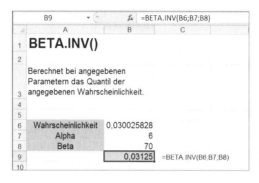

Bild 9.13: Die Funktion BETA.INV

> **Tipp:** In der Beispieldatei zum Buch finden Sie zwei weitere Beispiele zur Funktion BETA.INV.

9.7 BETA.VERT

Liefert das Quantil der Betaverteilung zurück. Das Ergebnis ist eine kontinuierliche Wahrscheinlichkeitsverteilung. Die Umkehrfunktion ist die Funktion BETA.INV.

> **Tipp:** Der alte Name der Funktion lautet: BETAVERT. Über die Kategorie *Kompatibilität* können Sie ihn auch nutzen.

Syntax

```
=BETA.VERT(x; Alpha; Beta; Kumuliert; A; B)
```

Parameter

x	Der Zahlenwert zwischen 0 und 1 der zur Verteilung gehörenden Wahrscheinlichkeit.
Alpha	Eine Zahl > 0
Beta	Eine Zahl > 0
Kumuliert	Geben Sie für die kumulierte Verteilungsfunktion *Wahr* oder für die Wahrscheinlichkeitsdichtefunktion *Falsch* ein.
A	Optionaler Parameter für die untere Intervallgrenze von X. Wenn A nicht angegeben wird, wird A = 0 angenommen.
B	Optionaler Parameter für die obere Intervallgrenze von X. Wenn B nicht angegeben wird, wird B = 1 angenommen.

Ähnliche Funktionen

BETA.INV()

9.7.1 Beispiel

Sie haben 32 Spielkarten. Die Wahrscheinlichkeit, eine bestimmte Karte zu erhalten, liegt bei 1 zu 32. Sechs von 76 Versuchen hatten Treffer und 70 waren Fehlversuche. Dieses Ergebnis möchten Sie bewerten.

1. Öffnen Sie die Datei *BETA.VERT.XLSX* und aktivieren Sie das Register *Beta.vert_1*.
2. Setzen Sie den Cursor in die Zelle C9 und wählen Sie im Funktions-Assistenten in der Kategorie *Statistik* die Funktion BETAVERT aus.
3. Ins Feld *x* kommt die Adresse der Zelle, in der die Wahrscheinlichkeit steht. In diesem Beispiel ist es die Zelle C5. Dort haben wir die Wahrscheinlichkeit 1 zu 32 folgendermaßen eingegeben: 1/32.
4. Aktivieren Sie das Feld *Alpha* und geben Sie die Anzahl der Treffer bzw. die Zelle ein, in der die Trefferanzahl steht.
5. Aktivieren Sie das Feld *Beta* und geben Sie die Anzahl der Fehlversuche bzw. die Zelle ein, in der die Fehleranzahl steht.
6. Aktivieren Sie das Feld *Kumuliert* und geben Sie *Wahr* ein.
7. Die Felder A und B lassen Sie leer. Bestätigen Sie mit *OK*.

Bild 9.14: Die Funktion BETA.VERT ermittelt die Wahrscheinlichkeit aufgrund der Anzahl der Treffer und der Anzahl der Fehlversuche.

Aufgrund der hohen Fehleranzahl liegt die Wahrscheinlichkeit, die gesuchte Karte zu erhalten, bei 0,030025828.

Tipp: In der Beispieldatei finden Sie zwei weitere Beispiele zur Funktion BETA.VERT.

9.8 BINOM.INV

Gibt den kleinsten Wert zurück, für den die kumulierten Wahrscheinlichkeiten der Binominalverteilung größer oder gleich einer Grenzwahrscheinlichkeit sind.

Tipp: Der alte Name der Funktion lautet: KRITBINOM. Über die Kategorie *Kompatibilität* können Sie ihn auch nutzen.

310 *Kapitel 9: Statistische Funktionen*

Syntax

```
=BINOM.INV(Versuche; Erfolgswahrsch; Alpha)
```

Parameter

Versuche	Die Anzahl der Bernoulliexperimente
Erfolgswahrsch	Die Wahrscheinlichkeit für den besten Ausgang des Experiments. Eine Zahl größer gleich 0 und kleiner gleich 1.
Alpha	Die Grenzwahrscheinlichkeit. Eine Zahl größer/gleich 0 und kleiner/gleich 1.

9.9   BINOM.VERT

Liefert die Wahrscheinlichkeiten einer binominalverteilten Zufallsverteilung zurück.

> **Tipp:** Der alte Name der Funktion lautet: BINOMVERT. Über die Kategorie Kompatibilität können Sie ihn auch nutzen.

Syntax

```
=BINOM.VERT(Zahl_Erfolge; Versuche; Erfolgswahrsch; Kumuliert)
```

Parameter

Zahl_Erfolge	Die Anzahl der Erfolge (Ganzzahl).
Versuche	Die Anzahl der Versuche (Ganzzahl).
ErfolgsWahrsch	Die Wahrscheinlichkeit je Versuch.
Kumuliert	Die Wahrheitswerte *Wahr* oder *Falsch*, ob die Versuche nacheinander erfolgreich sein müssen oder nicht.

Ähnliche Funktionen

HYPGEOM.VERT()

9.9.1   Beispiel

Nun möchten Sie wissen, wie hoch die Wahrscheinlichkeit ist, dass Sie bei einem Skat-Spiel mit 32 Karten die gewünschte ziehen. Dabei haben Sie die Anzahl der Treffer und die Anzahl der Versuche notiert.

1. Öffnen Sie die Datei *BINOM.VERT.XLSX* und aktivieren Sie das Register *Binom.vert_1*.

2. Setzen Sie den Cursor in die Zelle D6 und wählen Sie im Funktions-Assistenten in der Kategorie *Statistik* die Funktion BINOM.VERT aus.

3. Ins Feld *Zahl_Erfolge* kommt die Zelladresse der Zelle, in der die Anzahl der Treffer steht. In diesem Beispiel ist es die Zelle A5.

4. Aktivieren Sie das Feld *Versuche* und geben Sie die Anzahl der Versuche bzw. die Zelle ein, in der die Versuchsanzahl steht.

5. Aktivieren Sie das Feld *Erfolgswahrsch*. In der Zelle C6 wurde 1/32 eingegeben.

6. Geben Sie ins Feld *Kumuliert* den Wahrheitswert *Falsch* ein. Bei *Falsch* gehen Sie davon aus, dass es genau die Anzahl der Erfolge in Zelle A5 gibt. Bei *Wahr* gehen Sie davon aus, dass es höchstens die Anzahl der Erfolge gibt. Bestätigen Sie die Angaben mit *OK*.

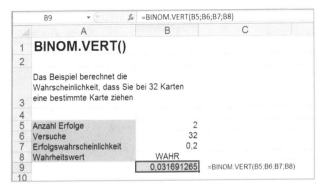

Bild 9.15: Die Berechnung zur Funktion BINOM.VERT

9.10 CHIQU.INV

Liefert die Quantile der linksseitigen Chi-Quadrat-Verteilung. Die Funktion ist die Umkehrfunktion zu CHIQU.VERT.

> **Tipp:** Der alte Name der Funktion lautet: CHIINV. Über die Kategorie *Kompatibilität* können Sie ihn auch nutzen.

Syntax
`=CHIQU.INV(Wahrsch; Freiheitsgrade)`

Parameter
Wahrsch   Der Zahlenwert zwischen 0 und 1 der zur Chi-Quadrat-Verteilung gehörenden Wahrscheinlichkeit.

Freiheitsgrade   Grad der Freiheit als Zahlenwerte zwischen 1 und 10^10.

Ähnliche Funktionen
CHIQU.TEST(), CHIQU.VERT()

9.11 CHIQU.INV.RE

Liefert die Quantile der rechtsseitigen Chi-Quadrat-Verteilung. Die Funktion ist die Umkehrfunktion zu CHIQU.VERT.RE.

Tipp: Diese Funktion ist neu in Excel 2010.

Syntax

```
=CHIQU.INV.RE(Wahrsch; Freiheitsgrade)
```

Parameter

Wahrsch   Der Zahlenwert zwischen 0 und 1 der zur Chi-Quadrat-Verteilung gehörenden Wahrscheinlichkeit.

Freiheitsgrade   Grad der Freiheit als Zahlenwerte zwischen 1 und 10^{10}.

Ähnliche Funktionen

CHIQU.TEST(), CHIQU.VERT.RE()

9.12 CHIQU.TEST

Ermittelt die Verteilungseigenschaften von Werten, d. h., wie nah die tatsächlichen Werte an den Vorgaben sind.

Tipp: Der alte Name der Funktion lautet: CHITEST.. Über die Kategorie *Kompatibilität* können Sie ihn auch nutzen.

Syntax

```
=CHIQU.TEST(Beob_Messwerte; Erwart_Werte)
```

Parameter

Beob_Messwerte   Die Zahlen bzw. der Zellbereich, der gemessen bzw. beobachtet wurde. (A)

Erwart_Werte   Die zu den gemessenen Zahlen erwarteten Werte. (E)

Ähnliche Funktionen

CHIQU.INT(), CHIQU.VERT()

9.13 CHIQU.VERT

Ermittelt die (Irrtums-)Wahrscheinlichkeit der Chi²-Verteilung (Chi-Quadrat). Die Funktion ist die Umkehrfunktion zu CHIQU.INT.

> **Tipp:** Der alte Name der Funktion lautet: CHIVERT. Über die Kategorie *Kompatibilität* können Sie ihn auch nutzen.

Syntax

```
=CHIQU.VERT(x; Freiheitsgrade; Kumuliert)
```

Parameter

x	Der positive Wert der Verteilung, dessen Wahrscheinlichkeit berechnet werden soll.
Freiheitsgrade	Grad der Freiheit als Zahlenwerte zwischen 1 und 10^{10}.
Kumuliert	Geben Sie für die kumulierte Verteilungsfunktion *Wahr* oder für die Wahrscheinlichkeitsmassenfunktion *Falsch* ein.

Ähnliche Funktionen

CHIQU.TEST(), CHIQU.INT()

9.14 CHIQU.VERT.RE

Ermittelt die (Irrtums-)Wahrscheinlichkeit der Chi²-Verteilung (Chi-Quadrat). Die Funktion ist die Umkehrfunktion zu CHIQU.INT.RE.

> **Tipp:** Diese Funktion ist neu in der aktuellen Excel-Version.

Syntax

```
=CHIQU.VERT.RE(x; Freiheitsgrade)
```

Parameter

x	Der positive Wert der Verteilung, dessen Wahrscheinlichkeit berechnet werden soll.
Freiheitsgrade	Grad der Freiheit als Zahlenwerte zwischen 1 und 10^{10}.

Ähnliche Funktionen

CHIQU.TEST(), CHIQU.INT.RE()

314 *Kapitel 9: Statistische Funktionen*

9.15 EXPON.VERT

Berechnet je nach Auswahl des Parameters *Kumuliert* die Wahrscheinlichkeit der expontiellen Verteilungs- bzw. der Dichtefunktion.

Tipp: Der alte Name der Funktion lautet: EXPONVERT. Über die Kategorie *Kompatibilität* können Sie ihn auch nutzen.

Syntax

```
=EXPON.VERT(X; Lambda; Kumuliert)
```

Parameter

X	Zahlenwert größer oder gleich 0.
Lambda	Der Parameter der Verteilung.
Kumuliert	Logischer Wert *Wahr* oder *Falsch*.
	Wahr liefert die Verteilungsfunktion.
	Falsch liefert die Dichtefunktion.

Ähnliche Funktionen

WEIBULL.VERT()

9.16 F.INV

Liefert die Quantile der linksseitigen F-Verteilung. Die Funktion ist die Umkehrfunktion zu F.VERT.

Tipp: Der alte Name der Funktion lautet: FINV. Über die Kategorie *Kompatibilität* können Sie ihn auch nutzen.

Syntax

```
=F.INV(Wahrsch; Freiheitsgrade1; Freiheitsgrade2)
```

Parameter

Wahrsch	Der Zahlenwert zwischen 0 und 1 der zur F-Verteilung gehörenden Wahrscheinlichkeit.
Freiheitsgrade1	Grad der Freiheit als Zahlenwerte zwischen 1 und 10^{10}.
Freiheitsgrade2	Grad der Freiheit als Zahlenwerte zwischen 1 und 10^{10}.

Ähnliche Funktionen

F.VERT()

9.17 F.INV.RE

Liefert die Quantile der rechtsseitigen F-Verteilung. Die Funktion ist die Umkehrfunktion zu F.VERT.RE.

Tipp: Diese Funktion ist neu in der aktuellen Excel-Version.

Syntax

```
=F.INV.RE(Wahrsch; Freiheitsgrade1; Freiheitsgrade2)
```

Parameter

Wahrsch	Der Zahlenwert zwischen 0 und 1 der zur F-Verteilung gehörenden Wahrscheinlichkeit.
Freiheitsgrade1	Grad der Freiheit als Zahlenwerte zwischen 1 und 10^{10}.
Freiheitsgrade2	Grad der Freiheit als Zahlenwerte zwischen 1 und 10^{10}.

Ähnliche Funktionen

F.VERT.RE()

9.18 F.TEST

Gibt die Teststatistik eines F-Tests zurück.

Tipp: Der alte Name der Funktion lautet: FTEST. Über die Kategorie *Kompatibilität* können Sie ihn auch nutzen.

Syntax

```
=F.TEST(Matrix1; Matrix2)
```

Parameter

Matrix1	Zellen, die die Werte bzw. Zellbezüge enthalten, die geprüft werden sollen.
Matrix2	Zellen, die die Werte bzw. Zellbezüge enthalten, die geprüft werden sollen.

316 *Kapitel 9: Statistische Funktionen*

9.19 F.VERT

Gibt die Werte der Verteilungsfunktion (1-Alpha) einer F-verteilten Zufallsvariablen zurück.

> **Tipp:** Der alte Name der Funktion lautet: FVERT. Über die Kategorie *Kompatibilität* können Sie ihn auch nutzen.

Syntax

```
=F.VERT(x; Freiheitsgrade1; Freiheitsgrade2; Kumuliert)
```

Parameter

x	Der positive Wert der Verteilung, dessen Wahrscheinlichkeit berechnet werden soll.
Freiheitsgrade1	Grad der Freiheit als Zahlenwerte zwischen 1 und 10^{10}.
Freiheitsgrade2	Grad der Freiheit als Zahlenwerte zwischen 1 und 10^{10}.
Kumuliert	Geben Sie für die kumulierte Verteilungsfunktion *Wahr* oder für die Wahrscheinlichkeitsmassenfunktion *Falsch* ein.

9.20 F.VERT.RE

Liefert die Werte der 1-Alpha-Verteilungsfunktion einer rechtsseitigen F-verteilten Zufallsvariablen zurück.

> **Tipp:** Diese Funktion ist neu in Excel 2010.

Syntax

```
=F.VERT.RE(x; Freiheitsgrade1; Freiheitsgrade2)
```

Parameter

x	Der positive Wert der Verteilung, dessen Wahrscheinlichkeit berechnet werden soll.
Freiheitsgrade1	Grad der Freiheit als Zahlenwerte zwischen 1 und 10^{10}.
Freiheitsgrade2	Grad der Freiheit als Zahlenwerte zwischen 1 und 10^{10}.

9.21 FISHER/ FISHERINV

Die erste Funktion gibt die Fisher-Transformation zurück. Die zweite Funktion liefert die inverse Funktion (Umkehrung) zur Fisher-Transformation.

Syntax

```
=FISHER(x)
=FISHERINV(y)
```

Parameter

x	Eine Zahl zwischen -1 und 1, für die die Transformation berechnet werden soll.
y	Der Wert, dessen Transformation umgekehrt werden soll.

9.22 G.TEST

Berechnet die einseitige Wahrscheinlichkeit für einen Gaußtest.

> Tipp: Der alte Name der Funktion lautet: GTEST. Über die Kategorie *Kompatibilität* können Sie ihn auch nutzen.

Syntax

```
=G.TEST (Matrix; x; Sigma)
```

Parameter

Matrix	Der Bereich, der getestet werden soll.
x	Der zu testende Wert.
Sigma	Die bekannte Standardabweichung.

9.23 GAMMA.INV

Gibt die Perzentile der Gammaverteilung zurück.

> Tipp: Der alte Name der Funktion lautet: GAMMAINV. Über die Kategorie *Kompatibilität* können Sie ihn auch nutzen.

Syntax

```
=GAMMA.INV(Wahrsch; Alpha; Beta)
```

Parameter

Wahrsch	Eine Zahl größer/gleich 0 und kleiner/gleich 1.
Alpha	Eine positive Zahl.
Beta	Eine positive Zahl.

318 *Kapitel 9: Statistische Funktionen*

9.24 GAMMA.VERT

Gibt die Wahrscheinlichkeiten einer gammaverteilten Zufallsvariablen zurück.

> **Tipp:** Der alte Name der Funktion lautet: GAMMAVERT. Über die Kategorie *Kompatibilität* können Sie ihn auch nutzen.

Syntax

```
=GAMMA.VERT(x; Alpha; Beta; Kumuliert)
```

Parameter

x	Der Wert, dessen Wahrscheinlichkeit berechnet werden soll.
Alpha	Ein Parameter der Verteilung.
Beta	Ein Parameter der Verteilung.
Kumuliert	Der Wahrscheinlichkeitswert, der den Typ der Funktion bestimmt. Bei *Wahr* ist das Ergebnis der Wert der Verteilungsfunktion. Bei *Falsch* ist das Ergebnis der Wert der Dichtefunktion.

9.25 GAMMALN

Gibt den natürlichen Logarithmus der Gammafunktion an.

Syntax

```
=GAMMALN(x)
```

Parameter

x	Der Wert, der berechnet werden soll.

9.26 GAMMALN.GENAU

Berechnet den natürlichen Logarithmus der Gammafunktion.

> **Tipp:** Diese Funktion ist neu in Excel 2010.

Syntax

```
=GAMMALN.GENAU(x)
```

Parameter

x	Der Wert, der berechnet werden soll.

9.27 GEOMITTEL

Gibt das geometrische Mittel von positiven Werten zurück. Diese Funktion wird immer dann eingesetzt, wenn der Unterschied zwischen den Werten durch das Verhältnis beschrieben wird.

Syntax
```
=GEOMITTEL(Zahl1; Zahl2; …)
```

Parameter

Zahl1; Zahl2,..	Zahlen oder Zellbezüge mit Zahlen, deren geometrisches Mittel berechnet werden soll. Sie können bis zu 255 Zahlenwerte angeben.

Ähnliche Funktionen
MITTELWERT(), GESTUTZTMITTEL(), HARMITTEL(), MITTELABW()

9.28 GESTUTZTMITTEL

Mit dieser Funktion ermitteln Sie den Mittelwert mehrerer Zellinhalte, wobei Sie bestimmen, wie viele Zellen nicht zu Ermittlung des Ergebnisses berücksichtigt werden, obwohl Sie sie markiert haben. Der Name der Funktion erklärt bereits die Arbeitsweise: Etwas stutzen bedeutet etwas verkleinern. In diesem Fall wird der Mittelwert nicht aus allen markierten Zellen gebildet.

Syntax
```
=GESTUTZTMITTEL(Matrix; Prozent)
```

Parameter

Matrix	Die Zellen, die zur Auswertung herangezogen werden sollen.

Prozent	Der Anteil der Zellen, die Ausreißerwerte enthalten. Diesen Wert müssen Sie schätzen.

Ähnliche Funktionen
MITTELWERT(), GEOMITTEL(), HARMITTEL(), MITTELABW()

9.28.1 Gestutzter Mittelwert

Sie möchten den gestutzten Mittelwert von 20 Zellinhalten ermitteln. Dabei stehen in vier Zellen sogenannte Ausreißerwerte, also Zahlen, die so groß bzw. klein sind, dass sie den normalen Mittelwert verfälschen. Diese vier Zellen bilden 20% der gesamten Zellen. Die Werte in den Zellen B6 bis B7 und B24 bis B25 sind in diesem Fall die Ausreißerwerte.

1. Öffnen Sie die Datei *GESTUTZMITTEL.XLSX*.
2. Setzen Sie den Cursor in die Zelle, in der Sie das Ergebnis ermitteln wollen, beispielsweise in B27.
3. Öffnen Sie den Funktions-Assistenten und starten Sie die Funktion GESTUTZMITTEL.
4. Im Feld *Matrix* markieren Sie die Zahlenwerte. In diesem Beispiel sind es die Zellen B6 bis B25.
5. In das Feld *Prozent* tragen Sie den prozentualen Anteil der Zellen ein, die ausgeschlossen werden sollen. In diesem Beispiel sind es 20%. Tippen Sie entweder 20% oder 0,2 ein.
6. Bestätigen Sie mit *OK*.

Der Aufbau der Funktion sieht nun so aus:

=GESTUTZMITTEL(B&:B25;0,2)

Der gestutzte mittlere Wert dieser Liste ist 1.785,625.

Sie können dies auch manuell nachprüfen. Erstellen Sie den Mittelwert für die Zellen B8 bis B23. Dann kommen Sie auch auf den mittleren Wert 1785,625.

So erkennen Sie, dass die Funktion GESTUTZMITTEL aufgrund Ihrer Angabe, 20% der Werte nicht mit einzubeziehen, auf das richtige Ergebnis kommt.

Bild 9.16: Ein Beispiel für die Funktion GESTUTZMITTEL

Die Funktion GESTUTZMITTEL sollten Sie bei einer umfangreichen Liste von Zahlen einsetzen. In der Praxis müssen Sie die Ausreißerquote aufgrund der Zahlenqualität selbst abschätzen.

9.29 HARMITTEL

Gibt das harmonische Mittel eines Wertes zurück.

Syntax

```
=HARMITTEL(Zahl1; Zahl2;…)
```

Parameter

Zahl1; Zahl2;..   Der Bereich, über den das harmonische Mittel gebildet werden soll.

9.30 HÄUFIGKEIT

Mit der Funktion HÄUFIGKEIT werden Informationen gezählt. Zuerst werden die Informationen, die gezählt werden, in sogenannten Klassen zusammengefasst.

Ein klassisches Beispiel für die Funktion HÄUFIGKEIT ist das Zählen der Noten von Schülern in einem Schritt, also beispielsweise zu ermitteln, wie viele Schüler die Note 1, die Note 2 usw. haben.

Syntax

```
=HÄUFIGKEIT(Daten; Klassen)
```

Parameter

Daten   Die Informationen, die in Gruppen zusammengefasst und anschließend gezählt werden sollen.

Klassen   Die Zellen, die durchsucht werden sollen.

Ähnliche Funktionen

ZÄHLENWENN(), ZÄHLENWENNS()

9.30.1 Notenbeispiel

Sie haben eine Menge Schüler und möchten nun wissen, wie viele Schüler die Note 1, wie viele die Note 2 usw. haben.

1. Öffnen Sie die Datei *HÄUFIGKEIT.XLSX*. In der Spalte D stehen schon die *Klassen*, die Sie in der Funktion HÄUFIGKEIT benötigen.

2. Markieren Sie nun die Zellen, in denen gleich das Ergebnis stehen soll. In diesem Beispiel sind es die Zellen E2 bis E7. Starten Sie die Funktion HÄUFIGKEIT.

3. Die Werte für den Parameter *Daten* stehen in den Zellen B2 bis B46 und die Werte für *Klassen* in den Zellen D2 bis D7.

4. Bestätigen Sie mit ⌈Strg⌉ + ⌈Umschalt⌉ + ⌈Eingabe⌉. Damit kopieren Sie die Formel in alle zuvor markierten Zellen.

322 *Kapitel 9: Statistische Funktionen*

	E2		f_x	{=HÄUFIGKEIT(B2:B46;D2:D7)}	
	A	B	C	D	E	F
1	**Name**	**Note**		**Note**	**Anzahl Schüler**	**Formel**
2	Claudio	4		1	8	{=HÄUFIGKEIT(B2:B46;D2:D7)}
3	Ulrich	5		2	15	
4	Imke	6		3	8	
5	Jack	2		4	6	
6	Norbert	3		5	5	
7	Jasmin	2		6	3	
8	Hans	2				
9	Wilhelm	2				

Bild 9.17: Die Auflistung, wie viele Schüler welche Noten haben

Jetzt erkennen Sie, wie viele Schüler welche Noten haben. Der Funktion lautet:

```
{=HÄUFIGKEIT (B2:B13;D2:D6)}
```

Die geschweifte Klammer um die Formel zeigt Ihnen, dass es sich um eine Matrixfunktion handelt.

> **Tipp:** Vor jeder Änderung an der Formel müssen zuerst alle Zellen mit der Funktion HÄUFIGKEIT markiert werden. Dann muss die Änderung in der obersten Formel durchgeführt werden. Anschließend wird die Änderung durch Drücken von ⟨Strg⟩ + ⟨Umschalt⟩ + ⟨Eingabe⟩ in alle markierten Zellen übernommen.

Das obere Beispiel hätten Sie auch mit der Funktion ZÄHLENWENN erledigen können. Deshalb zeigen wir Ihnen jetzt noch ein Beispiel, das die Stärke der Funktion HÄUFIGKEIT zeigt.

9.30.2 Kundengruppen bilden

Wenn Sie Ihre Kunden nach deren Umsätzen in Gruppen unterteilen möchten, erstellen Sie folgende Bedingungen für die Gruppen:

- Alle Kunden, die bis zu 200.000 Euro Umsatz gemacht haben, fassen Sie in eine Gruppe zusammen.

- Alle Kunden, die zwischen 201.000 Euro und 299.999 Euro Umsatz gemacht haben, fassen Sie in eine zweite Gruppe zusammen.

Weitere Gruppen sind:

- Alle Kunden, die zwischen 301.000 Euro und 399.999 Euro Umsatz gemacht haben.

- Alle Kunden, die zwischen 401.000 Euro und 499.999 Euro Umsatz gemacht haben.

- Alle Kunden, die zwischen 501.000 Euro und 599.999 Euro Umsatz gemacht haben.

Zu Beginn erstellen Sie die Tabelle in Excel. Anschließend müssen Sie die Größen der einzelnen Gruppen eintragen. In Excel heißen sie *Klassen*.

Die folgende Abbildung zeigt in der Spalte D die Klassen. Rechts daneben finden Sie eine Beschreibung zu den Klassen, wie sie die Funktion HÄUFIGKEIT sieht.

	A	B	C	D	E	F
1	**Kunde**	**Umsatz**		**Klassen**		
2	Schubert	410.500,00 €		200000		← bis einschließlich 200.000
3	Maier	109.450,00 €		300000		← zwischen 201.000 und 300.000
4	Müller	510.600,00 €		400000		← zwischen 301.000 und 400.000
5	Schmitz	110.320,00 €		500000		← zwischen 401.000 und 500.000
6	Huber	410.250,00 €		600000		← zwischen 501.000 und 600.000
7	Trulla	410.300,00 €		10000000		← zwischen 601.000 und 10.000.000
8	Heinz	212.499,00 €				
9	Metzger	610.250,00 €				
10	Unger	413.350,00 €				

Bild 9.18: Klassen in der Spalte D mit den Beschreibungen in Spalte F

1. Markieren Sie nun die Zellen, in denen Sie gleich das Ergebnis sehen möchten, in diesem Beispiel die Zellen F2 bis F7.

2. Öffnen Sie den Funktions-Assistenten und starten Sie die Funktion HÄUFIGKEIT.

3. Im Feld *Daten* sollen die Zelladressen der Umsätze stehen, also B2 bis B24.

4. Im Feld *Klassen* stehen die Zelladressen der Klassen. In diesem Beispiel handelt es sich um den Zellbereich D2 bis D7.

5. Bestätigen Sie mit den Tasten `Strg` + `Umschalt` + `Eingabe`.

F2			f_x {=HÄUFIGKEIT(B2:B25;D2:D7)}				
	A	B	C	D	E	F	G
1	Kunde	Umsatz		Klassen		Anzahl	Formeln
2	Schubert	410.500,00 €		200.000,00 €		7	{=HÄUFIGKEIT(B2:B25;D2:D7)
3	Maier	109.450,00 €		300.000,00 €		2	
4	Müller	510.600,00 €		400.000,00 €		2	
5	Schmitz	110.320,00 €		500.000,00 €		6	
6	Huber	410.250,00 €		600.000,00 €		6	
7	Trulla	410.300,00 €		1.000.000,00 €		1	
8	Heinz	212.499,00 €					

Bild 9.19: Das Ergebnis zeigt in Spalte F die Anzahl der Kunden, verteilt auf die Umsatzklassen

Nun können Sie erkennen, wie viele Kunden Sie in welcher Gruppe haben.

9.31   HYPGEOM.VERT

Liefert die Wahrscheinlichkeiten einer hypergeometrisch-verteilten Zufallsvariablen. Das Ergebnis ist die Wahrscheinlichkeit, bei einer Stichprobe eine bestimmte Anzahl zu erhalten.

> **Tipp:** Der alte Name der Funktion lautet: HYPGEOMVERT. Über die Kategorie *Kompatibilität* können Sie ihn auch nutzen.

Syntax

```
=HYPGEOM.VERT(Erfolge_S; Umfang_S; Erfolge_G; Umfang_G; Kumuliert)
```

Parameter

Erfolge_S	Die Anzahl der Erfolge der Stichproben.
Umfang_S	Die Anzahl der Stichproben.
Erfolge_G	Die Anzahl der möglichen Erfolge.
Umfang_G	Die Größe der Grundgesamtheit. Diese Zahl muss größer als *Erfolge_G* sein.
Kumuliert	Geben Sie für die kumulierte Verteilungsfunktion *Wahr* oder für die Wahrscheinlichkeitsdichtefunktion *Falsch* ein.

Ähnliche Funktionen

BINOM.VERT()

9.32 KGRÖSSTE

KGRÖSSTE findet, je nach Wunsch, beispielsweise den zweit- oder den drittgrößten Wert in einer Liste von Zahlen.

Syntax

```
=KGRÖSSTE(Matrix; k)
```

Parameter

Matrix	Die Zellen mit den Zahlen, die durchsucht werden sollen.
k	Den wievielten Wert will man sehen?

Ähnliche Funktionen

KKLEINSTE(), MIN(),MINA(), MAX(), MAXA()

9.32.1 Den zweitgrößten Wert finden

Zunächst möchten Sie den zweitgrößten Wert in einer Liste finden.

1. Öffnen Sie die Datei *KGRÖSSTE.XLSX*.

2. Setzen Sie den Cursor in die gewünschte Zelle, in der Sie den zweitgrößten Wert ermitteln möchten. In diesem Beispiel ist es die Zelle B20.

3. Öffnen Sie den Funktions-Assistenten und wählen Sie die Funktion KGRÖSSTE.

4. Setzen Sie den Cursor ins Feld *Matrix* und markieren Sie die Zellen, aus denen Sie den zweitgrößten Wert finden möchten.

5. Im Feld *Rang* geben Sie die Zahl ein, deren Wert zurückgegeben werden soll, in diesem Beispiel eine 2.

6. Bestätigen Sie mit *OK*.

Der Funktionsaufbau sieht folgendermaßen aus:

```
=KGRÖSSTE(B6:B18;2)
```

	A	B	C
	KGRÖSSTE()		
1			
2			
3	Der zweitgrößte Wert soll angezeigt werden		
4			
5	**Kunde**	**Umsatz**	
6	Schubert	10.500,00 €	
7	Maier	9.450,00 €	
8	Müller	10.600,00 €	
9	Schmitz	10.320,00 €	
10	Huber	10.250,00 €	
11	Trulla	10.300,00 €	
12	Heinz	12.499,00 €	
13	Metzger	10.260,00 €	
14	Unger	13.350,00 €	
15	Klein	10.400,00 €	
16	Groß	10.500,00 €	
17	Bauer	10.510,00 €	
18	Schmidt	11.400,00 €	
19			
20	Zweitgrößter Wert	12.499,00 €	=KGRÖSSTE(B6:B18;2)

Bild 9.20: Die Funktion KGRÖSSTE findet den zweitgrößten Umsatz in einer Liste.

Sie sehen, dass der zweitgrößte Wert 12.499 Euro ist.

9.32.2 Die Summe der drei größten Umsätze in einer Liste finden

Sie haben eine umfangreiche Liste mit Umsätzen. Jetzt möchten Sie wissen, wie viel Umsatz Sie mit den drei größten Umsätzen gemacht haben. Diese Aufgabe lässt sich mit einem einzigen Funktionsschritt berechnen.

Dafür setzen Sie die Funktionen SUMMEWENN und KGRÖSSTE ein. Der Funktionsaufbau sieht folgendermaßen aus:

```
=SUMMEWENN(B6:B18;">="&KGRÖSSTE(B6:B18;3);B6:B18)
```

Im ersten Teil der Funktion SUMMEWENN wird der Bereich angegeben, der durchsucht werden soll. In diesem Beispiel sind es die Zellen B6 bis B18.

```
=SUMMEWENN(B6:B18;
```

Im zweiten Teil der Funktion steht der Kriterienbereich, also die Angabe, wann summiert werden soll. Die Funktion KGRÖSSTE findet in dieser Variante den drittgrößten Wert. Die Zeichen >= davor stellen sicher, dass auch der größte und der zweitgrößte Wert genommen werden.

```
">="&KGRÖSSTE(B6:B18;3);
```

Im letzten Teil werden die Zellen angegeben, die summiert werden sollen.

```
B6:B18)
```

Bild 9.21: Die Summe der drei höchsten Umsätze finden

Die Summe der drei größten Umsätze beträgt 37.249 Euro.

9.33 KKLEINSTE

KKLEINSTE findet analog zu KGRÖSSTE beispielsweise den zweitkleinsten Wert in einer Liste.

Syntax
=KKLEINSTE(Matrix, k)

Parameter
Matrix   Die Zellen mit den Zahlen, die durchsucht werden sollen.

k   Den wievielten Wert will man sehen?

Ähnliche Funktionen
KGRÖSSTE(), MIN(),MINA(), MAX(), MAXA()

9.33.1 Den drittkleinsten Wert finden

Nun möchten Sie den drittkleinsten Wert in einer Liste finden.

Der Aufbau der Funktion KKLEINSTE ist genauso wie der der Funktion KGRÖSSTE. Der Aufbau für dieses Beispiel:

=KKLEINSTE(B6:B18;3)

Bild 9.22: Die Funktion KKLEINSTE findet den drittkleinsten Umsatz in einer Liste.

Der drittkleinste Umsatz in der Liste beträgt 10.250 Euro.

9.34 KONFIDENZ.NORM

Berechnet das 1-Alpha-Konfidenzintervall für den Erwartungswert einer Zufallsvariablen.

Tipp: Der alte Name der Funktion lautet: KONFIDENZNORM. Über die Kategorie *Kompatibilität* können Sie ihn auch nutzen.

Syntax
=KONFIDENZ.NORM(Alpha; Standardabwn; Umfang)

Parameter

Alpha	Die Irrtumswahrscheinlichkeit, eine Zahl größer/gleich 0 und kleiner/gleich 1.
Standardabwn	Die Standardabweichung, größer als 1.
Umfang	Die Größe der Stichprobe.

9.35 KONFIDENZ.T

Berechnet das Konfidenzintervall für den Erwartungswert einer t-verteilen Zufallsvariablen.

328 *Kapitel 9: Statistische Funktionen*

Tipp: Diese Funktion ist neu in der aktuellen Excel-Version.

Syntax

```
=KONFIDENZ.T(Alpha; Standardabwn; Umfang)
```

Parameter

Alpha	Die Irrtumswahrscheinlichkeit, eine Zahl größer/gleich 0 und kleiner/gleich 1.
Standardabwn	Die Standardabweichung, größer als 1.
Umfang	Die Größe der Stichprobe.

9.36   KORREL

Die Funktion KORREL prüft, ob zwischen zwei Gruppen von Zahlen ein Zusammenhang herrscht oder nicht. Das Ergebnis ist der Korrelationskoeffizient, der angibt, ob es zwischen zwei Datengruppen eine Beziehung gibt.

Syntax

```
=KORREL(Matrix1; Matrix2)
```

Parameter

Matrix1	Die erste Gruppe von Werten, die gleich mit der zweiten Gruppe verglichen werden soll.
Matrix2	Die zweite Gruppe von Werten, die gleich mit der ersten Gruppe verglichen werden soll.

Ähnliche Funktionen

KOVARIANZ.INV(),KOVARIANZ.VERT(), VARIANZ()

9.36.1   Den Zusammenhang zwischen Zahlen ermitteln

Eine *Korrelation* ist ein vermuteter Zusammenhang zwischen Werten. Bei Korrelationsrechnungen geht es darum, die Stärke eines meist linearen Zusammenhangs zu quantifizieren und durch eine Maßzahl, den Korrelationskoeffizienten, auszudrücken.

An einem praktischen Beispiel erläutert, wäre eine mögliche Korrelation die Anzahl von Personen in einem Ort und der Wasserverbrauch. Je mehr Personen, desto mehr Wasser wird verbraucht.

Sie können die Funktion KORREL einsetzen, wenn Sie prüfen möchten, ob zwei Wertelisten in einem Zusammenhang stehen.

Das Ergebnis der Korrelation, der *Korrelationskoeffizient*, liegt immer zwischen –1 und 1. Wenn das Ergebnis nahe 0 liegt, egal ob mit positiven oder negativen Vorzeichen, gibt es keinen Zusammenhang zwischen den Werten.

Je näher das Ergebnis bei 1 liegt, desto stärker bzw. enger ist der Zusammenhang der Werte. Wenn das Ergebnis bei –1 liegt, liegt ein starker negativer Zusammenhang vor. Das ist dann der Fall, wenn die ersten Werte steigen und die zweiten Werte sinken oder umgekehrt.

Im ersten Beispiel wollen wir sehen, ob zwischen dem Umsatz und dem Alter unserer Kunden ein Zusammenhang besteht.

1. Öffnen Sie die Datei *KORREL.XLSX*.
2. Setzen Sie den Cursor in die Zelle, in der Sie gleich das Ergebnis sehen wollen. In diesem Beispiel ist es die Zelle C18.
3. Öffnen Sie den Funktions-Assistenten und wählen Sie die Funktion KORREL.
4. Setzen Sie den Cursor ins Feld *Matrix1* und markieren Sie die erste Zellgruppe, die Sie vergleichen möchten.
5. Setzen Sie den Cursor ins Feld *Matrix2* und markieren Sie die zweite Zellgruppe, die Sie vergleichen möchten, und bestätigen Sie mit *OK*.

Die Funktion sieht folgendermaßen aus:

```
=KORREL(B6:B15;C6:C15)
```

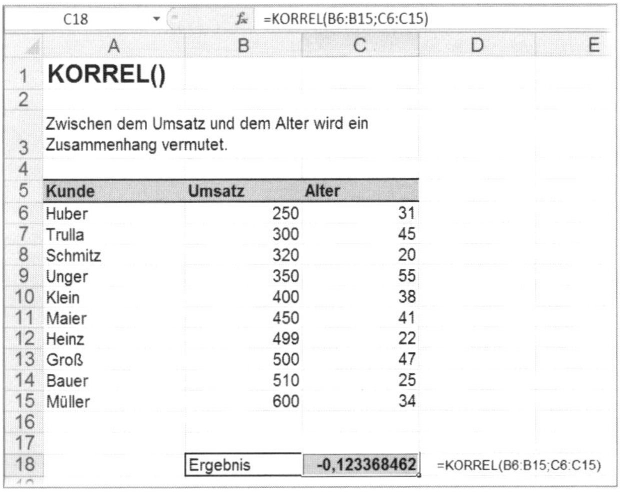
C18 =KORREL(B6:B15;C6:C15)

	A	B	C	D	E
1	KORREL()				
2					
3	Zwischen dem Umsatz und dem Alter wird ein Zusammenhang vermutet.				
4					
5	Kunde	Umsatz	Alter		
6	Huber	250	31		
7	Trulla	300	45		
8	Schmitz	320	20		
9	Unger	350	55		
10	Klein	400	38		
11	Maier	450	41		
12	Heinz	499	22		
13	Groß	500	47		
14	Bauer	510	25		
15	Müller	600	34		
16					
17					
18		Ergebnis	-0,123368462	=KORREL(B6:B15;C6:C15)	

Bild 9.23: Hier besteht keine Verbindung zwischen dem Alter und dem Umsatz, da der Wert nahe 0 liegt.

Beide Werte, der Umsatz und das Alter, haben nichts miteinander zu tun, da der Korrelationskoeffizient -0,12 beträgt und damit nahe 0 liegt.

Im nächsten Beispiel wollen wir sehen, ob zwischen den Umsätzen aus diesem und aus dem Vorjahr bei den jeweiligen Kunden ein Zusammenhang besteht.

330 *Kapitel 9: Statistische Funktionen*

	A	B	C	D
1	**KORREL()**			
2				
3				
4				
5	Kunde	Umsatz	Umsatz Vorjahr	
6	Huber	250	225	
7	Trulla	300	310	
8	Schmitz	320	310	
9	Unger	350	300	
10	Klein	400	390	
11	Maier	450	460	
12	Heinz	499	500	
13	Groß	500	480	
14	Bauer	510	505	
15	Müller	600	590	
16				
17	Korrelationskoeffizient:		0,988943333	=KORREL(B6:B15;C6:C15)
18				

Bild 9.24: Hier besteht zwischen den beiden Umsätzen ein starker Zusammenhang, da der Wert nahe 1 liegt.

Beide Werte, der Umsatz und der Umsatz vom Vorjahr, haben direkt etwas miteinander zu tun, da der Korrelationskoeffizient bei 0,99 liegt. Damit liegt er nahe 1. Die Kunden, die im Vorjahr einen hohen Umsatz eingebracht haben, tun dies in diesem Jahr auch wieder.

Tipp: In der Beispieldatei finden Sie ein drittes Beispiel für einen negativen Zusammenhang.

9.37   KOVARIANZ.P

Die *Kovarianz* beschreibt das gemeinsame Variieren zweier Datenlisten. Ein positives Ergebnis besagt, dass sich beide Datenlisten gleichläufig verhalten. Sie weisen dann eine positive lineare Beziehung auf. Ein negatives Ergebnis entsteht, wenn sich beide Datenlisten entgegengesetzt verhalten. Dies wird auch als negative lineare Abhängigkeit bezeichnet.

Tipp: Der alte Name der Funktion lautet: KOVAR. Über die Kategorie *Kompatibilität* können Sie ihn auch nutzen.

Syntax
```
=KOVARIANZ.P(Array1; Array2)
```

Parameter

Array1	Zellen, die die Werte bzw. Zellbezüge enthalten, die geprüft werden sollen.
Array2	Zellen, die die Werte bzw. Zellbezüge enthalten, die geprüft werden sollen.

Ähnliche Funktionen

KORREL(), VARIANZ()

9.38 KOVARIANZ.S

In Gegensatz zu KOVARIANZ.P, die die Kovarianz der Grundgesamtheit zurückgibt, liefert die Funktion KOVARIANZ.S die Kovarianz einer Stichprobe zurück.

> **Tipp:** Diese Funktion ist neu in Excel 2010.

Syntax

```
=KOVARIANZ.S(Array1; Array2)
```

Parameter

Array1   Zellen, die die Werte bzw. Zellbezüge enthalten, die geprüft werden sollen.

Array2   Zellen, die die Werte bzw. Zellbezüge enthalten, die geprüft werden sollen.

9.39 KURT

Gibt die Kurtosis (Wölbung einer Verteilung) einer Datengruppe zurück.

Syntax

```
=KURT(Zahl1; Zahl2;…)
```

Parameter

Zahl1; Zahl2,..   Ist der Wert, zu dem die Kurtosis ermittelt werden soll. Sie können bis zu 255 Zahlenwerte oder Zellbezüge angeben.

9.40 LOGNORM.INV

Gibt Perzentile der logarithmischen Normalverteilung zurück.

> **Tipp:** Der alte Name der Funktion lautet: LOGINV. Über die Kategorie *Kompatibilität* können Sie ihn auch nutzen.

Syntax

```
=LOGNORM.INV(Wahrsch; Mittelwert; Standabwn)
```

Parameter

Wahrsch	Ist die zur Lognormalverteilung gehörige Wahrscheinlichkeit. Eine Zahl größer/gleich 0 und kleiner/gleich 1.
Mittelwert	Das Mittel der Lognormalverteilung.
Standabwn	Die Standardabweichung der Lognormalverteilung.

Ähnliche Funktionen

LOGINV()

9.41 LOGNORM.VERT

Gibt die Werte der Verteilungsfunktion einer lognormalverteilten Zufallsvariablen zurück.

> **Tipp:** Der alte Name der Funktion lautet: LOGNORMVERT. Über die Kategorie *Kompatibilität* können Sie ihn auch nutzen.

Syntax

```
=LOGNORM.VERT(x; Mittelwert; Standabwn; Kumuliert)
```

Parameter

x	Der Wert, dessen Wahrscheinlichkeit berechnet werden soll.
Mittelwert	Der Mittelwert der Lognormalverteilung.
Standabwn	Die Standardabweichung der Lognormalverteilung.
Kumuliert	Geben Sie für die kumulierte Verteilungsfunktion *Wahr* oder für die Wahrscheinlichkeitsdichtefunktion *Falsch* ein.

9.42 MAX

Die Funktion MAX findet den größten Wert in einer Liste von Zahlen.

In den folgenden Beispielen wird zum einen der größte Wert in der Liste gefunden, zum anderen lassen wir uns den Namen des Kunden anzeigen, der den größten Umsatz machte.

Syntax

```
=MAX(Zahl1; Zahl2; ….)
```

Parameter

Zahl1; Zahl2;.. Die Zelle bzw. der Zellbereich, der durchsucht werden soll. Sie können bis zu 255 Zellen bzw. Zellbereiche untereinander angeben.

Ähnliche Funktionen

MAXA(), KGRÖSSTE(), KKLEINSTE()

9.42.1 Den größten Wert innerhalb einer Zahlenliste finden

Wenn Sie wissen möchten, wie hoch der größte Umsatz ist, dann könnten Sie die Umsätze manuell durchsuchen. Sie können aber auch die Funktion MAX nutzen, die im Folgenden vorgestellt wird.

Setzen Sie den Cursor in die gewünschte Zelle, in der Sie den größten Wert ermitteln möchten. In diesem Beispiel ist es die Zelle B20.

1. Öffnen Sie die Datei *MAX.XLSX* und aktivieren Sie das Register *Max_1*.
2. Setzen Sie den Cursor in die Zelle B20.
3. Öffnen Sie den Funktions-Assistenten und wählen Sie die Funktion MAX.
4. Ziehen Sie nun mit gedrückter Maustaste über die Zellen, deren größten Wert Sie ermitteln wollen. In diesem Beispiel sind es die Zellen B6 bis B18.
5. Drücken Sie [Eingabe].

Die Funktion sieht nun folgendermaßen aus:

`=MAX(B6:B18)`

Bild 9.25: Die Funktion MAX findet den größten Umsatz.

334 *Kapitel 9: Statistische Funktionen*

Das Ergebnis lautet in diesem Beispiel 13.350,00 Euro.

Sobald Sie die Werte in der Umsatzliste ändern, ändert sich auch der Wert in der Ergebniszelle.

9.42.2 Den Text zum größten Wert finden

Sie haben den größten Wert mit der Funktion MAX gefunden. Excel zeigt Ihnen immer die Zahlenwerte an. Sie würden allerdings lieber die Namen der Personen sehen, die den größten bzw. kleinsten Umsatz gemacht haben.

1. Setzen Sie den Cursor in die Zelle B20 und schreiben Sie die folgende Formel:

```
=INDEX(A6:A18;VERGLEICH(MAX(B6:B18);B6:B18;0);1)
```

2. Drücken Sie zur Bestätigung [Strg] + [Umschalt] + [Eingabe].

	B20	▾	*f*ₓ	{=INDEX(A6:A18;VERGLEICH(MAX(B6:B18);B6:B18;0);1)}	
	A	**B**	**C**	**D**	**E**
1	**MAX() & INDEX()**				
2					
3	Findet den Namen des Kunden, der den größten Umsatz machte				
4					
5	**Kunde**	**Umsatz**			
6	Schubert	10.500,00 €			
7	Maier	9.450,00 €			
8	Müller	10.600,00 €			
9	Schmitz	10.320,00 €			
10	Huber	10.250,00 €			
11	Trulla	10.300,00 €			
12	Heinz	12.499,00 €			
13	Metzger	10.250,00 €			
14	Unger	13.350,00 €			
15	Klein	10.400,00 €			
16	Groß	10.500,00 €			
17	Bauer	10.510,00 €			
18	Schmidt	11.400,00 €			
19					
20	Größter Umsatz von	**Unger**	{=INDEX(A6:A18;VERGLEICH(MAX(B6:B18);B6:B18;0);1)}		

Bild 9.26: Die Funktionen MAX & INDEX finden den Namen des Kunden, der den höchsten Umsatz machte.

Das Ergebnis zeigt den Namen *Unger*, weil der Kunde Unger zurzeit den höchsten Umsatz gemacht hat. Damit die einzelnen Bestandteile dieser Funktion verständlich werden, wird sie im Folgenden beschrieben:

```
MAX(B2:B14)
```

Der Teil MAX(B2:B14) berechnet hier das Maximum der Zahlen im angegebenen Zellbereich. Das Ergebnis ist der Zahlenwert 13.350.

```
VERGLEICH (MAX(B2:B14);B2:B14;0)
```

Der Teil VERGLEICH(13.350; B2:B14;0) sucht im Bereich B2:B14 nach dem zuvor berechneten Maximum-Wert (13.350) und gibt die Zeilennummer an. Für den gesuchten Wert ist es die Zeile 9 aus dem Wertebereich. Die 0 gibt an, dass der erste Treffer gezeigt werden soll.

```
=INDEX(A2:A14;VERGLEICH(MAX(B2:B14);B2:B14;0);1)
```

Die INDEX-Funktion liefert für das Ergebnis der Vergleichsfunktion aus dem Zellbereich A2:A14 den neunten Eintrag, also den gewünschten Namen des Kunden *Unger*.

Tipp: Wenn Sie aus dem Wort MAX das Wort MIN machen, findet Excel den Namen des Kunden, der den geringsten Umsatz machte.

9.43   MAXA

Die Funktion MAXA nimmt auch Texte und die Werte *Wahr* und *Falsch* in die Auswertung. Texte und *Falsch* werden als 0, *Wahr* als 1 interpretiert.

Syntax
```
=MAXA(Wert1; Wert2;…)
```

Parameter

Wert1; Wert2;..   Die Zelle bzw. der Zellbereich, der durchsucht werden soll. Sie können bis zu 255 Zellen bzw. Zellbereiche untereinander angeben.

Ähnliche Funktionen
MAX(), KGRÖSSTE(), KKLEINSTE()

9.43.1   Den größten Wert innerhalb einer Werteliste finden, in der auch Texte stehen

1. Setzen Sie den Cursor in die gewünschte Zelle, in der Sie den größten Wert ermitteln möchten. In diesem Beispiel ist es die Zelle B20.

2. Öffnen Sie den Funktions-Assistenten und wählen Sie die Funktion MAXA.

3. Ziehen Sie nun mit gedrückter Maustaste über die Zellen, deren größten Wert Sie ermitteln wollen. In diesem Beispiel sind es die Zellen B6 bis B18.

4. Bestätigen Sie mit *OK*.

Der Aufbau der Funktion sieht folgendermaßen aus:

```
=MAXA(B6:B18)
```

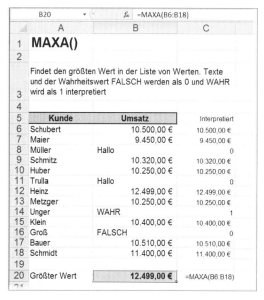

Bild 9.27: Die Funktion MAXA findet auch den größten Umsatz

9.44 MEDIAN

Der Median ist die Zahl, die genau in der Mitte einer Zahlenreihe liegt. Er teilt die Werte in zwei Hälften. Er ist der Wert einer statistischen Einheit, der genau in der Mitte einer sortierten statistischen Reihe liegt.

Syntax

```
=MEDIAN(Zahl1; Zahl2;…)
```

Parameter

Zahl1; Zahl2,..   Die Zelle bzw. der Zellbereich, der durchsucht werden soll. Sie können bis zu 255 Zellen bzw. Zellbereiche untereinander angeben.

9.44.1 Die Zahl in der Mitte (Median)

Praktisch findet man den Median durch Auszählen der statistischen Einheiten und Feststellung des Wertes der mittleren Einheit.

Ein Beispiel:

```
1, 27, 29, 30, 47, 100, 5000      der Median ist 30
```

Die 30 liegt exakt in der Mitte der Zahlenmenge, wobei die Werte der Zahlen nicht berücksichtigt werden. Links und rechts von der 30 liegen exakt drei Zahlen.

```
10, 20, 30, 40, 50, 60      der Median ist 35
```

Bei einer geraden Anzahl von Zahlen gibt es keinen Wert genau in der Mitte. Excel berechnet dann den mittleren Wert der beiden Zahlen in der Mitte. Im oberen Beispiel liegt der mittlere Wert zwischen 30 und 40 und beträgt somit 35.

> **Tipp:** In der einschlägigen Literatur gibt es auch die Meinung, dass bei einer geraden Anzahl von Zahlen entweder die Zahl links oder rechts von der Mitte genommen werden soll.

Der Vorteil des Median gegenüber dem Mittelwert, der im Folgenden beschrieben wird, liegt zu einen darin, dass man nicht rechnen muss, er wird durch einfaches Auszählen ermittelt. Zum anderen ist er unabhängig gegenüber Ausreißerwerten.

Nehmen wir an, Sie haben 13 Werte, die Mitte ist also der siebte Wert. Da es recht schwierig ist, in einer unsortierten Liste die Mitte zu finden, sollten Sie die Funktion MEDIAN einsetzen.

1. Öffnen Sie die Datei *MEDIAN.XLSX*. Setzen Sie den Cursor in die gewünschte Zelle, in der Sie den Median ermitteln möchten. In diesem Beispiel ist es die Zelle B20.

2. Öffnen Sie den Funktions-Assistenten und wählen Sie die Funktion MEDIAN.

3. Setzen Sie den Cursor ins Feld *Zahl1* und markieren Sie die Zellen, aus denen Sie den Median finden möchten. Bestätigen Sie mit *OK*.

Der Funktionsaufbau:

```
=MEDIAN(B6:B18)
```

	A	B	C
	B20		f_x =MEDIAN(B6:B18)
1	**MEDIAN()**		
2			
3	Findet die Zahl genau in der Mitte.		
4			
5	**Kunde**	**Umsatz**	
6	Bauer	10.510,00 €	
7	Groß	10.500,00 €	
8	Heinz	12.499,00 €	
9	Huber	10.250,00 €	
10	Klein	10.400,00 €	
11	Maier	9.450,00 €	
12	Metzger	10.250,00 €	
13	Müller	10.600,00 €	
14	Schmidt	11.400,00 €	
15	Schmitz	10.320,00 €	
16	Schubert	10.500,00 €	
17	Trulla	10.300,00 €	
18	Unger	13.350,00 €	
19			
20	Wert in der Mitte	10.500,00 €	=MEDIAN(B6:B18)

Bild 9.28: Die Funktion MEDIAN findet den Zentralwert.

Der Wert in der Mitte ist also 10.500. Die folgende Abbildung zeigt noch einmal die Liste, diesmal allerdings sortiert. Dort erkennen Sie, welche Zahl genau in der Mitte liegt.

338   *Kapitel 9: Statistische Funktionen*

	Kunde	Umsatz
5	**Kunde**	**Umsatz**
6	Maier	9.450,00 €
7	Huber	10.250,00 €
8	Metzger	10.250,00 €
9	Trulla	10.300,00 €
10	Schmitz	10.320,00 €
11	Klein	10.400,00 €
12	Schubert	10.500,00 €
13	Groß	10.500,00 €
14	Bauer	10.510,00 €
15	Müller	10.600,00 €
16	Schmidt	11.400,00 €
17	Heinz	12.499,00 €
18	Unger	13.350,00 €
19		
20	Wert in der Mitte	**10.500,00 €**

Bild 9.29: Die Liste von oben, diesmal nur mit sortierten Werten, um das Ergebnis besser zu erkennen

9.45   MIN

Die Funktion MIN findet den kleinsten Wert in einer Liste von Zahlen.

Syntax

```
=MIN(Zahl1; Zahl2;…)
```

Parameter

Zahl1; Zahl2;..   Die Zelle bzw. der Zellbereich, der durchsucht werden soll. Sie können bis zu 255 Zellen bzw. Zellbereiche untereinander angeben.

Ähnliche Funktionen

MINA(), KKLEINSTE()

9.45.1   Den kleinsten Wert finden

Wenn Sie wissen möchten, wie gering der niedrigste Umsatz ist, dann könnten Sie die Umsätze manuell durchsuchen. Oder Sie nutzen die Funktion MIN, die im Folgenden vorgestellt wird.

1. Öffnen Sie die die Datei *MIN.XLSX* und aktivieren Sie das Register *Min_1*.

2. Setzen Sie den Cursor in die gewünschte Zelle, in der Sie den kleinsten Wert ermitteln möchten. In diesem Beispiel ist es die Zelle B20.

3. Starten Sie den Funktions-Assistenten und wählen Sie die Funktion MIN aus.

4. Ziehen Sie mit der Maus über die gewünschten Zellen. Sie können die Zelladressen aber auch eingeben.

5. Drücken Sie zur Bestätigung ⌈Eingabe⌋.

Die Funktion sieht jetzt so aus:

```
=MIN(B6:B18)
```

Bild 9.30: Die Funktion MIN findet den kleinsten Umsatz.

Das Ergebnis lautet 9.450,00, also ist dies der kleinste Wert in der Liste.

9.45.2 Die Kategorie zum Minimum finden

In einer Umsatzliste haben Sie neben den Zahlen und Beschriftungen auch Kategorien gespeichert. Diese Kategorien können beispielsweise Wochentage, Regionen oder auch Namen sein. Wenn Sie nun eine der Kategorien eingeben, soll Excel Ihnen den kleinsten Wert innerhalb dieser Kategorie anzeigen. Die folgende Abbildung zeigt die Arbeitstabelle.

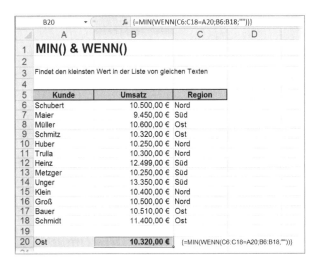

Bild 9.31: Den kleinsten Umsatz nach Regionen mit der Funktion MIN finden

1. Schreiben Sie in die Zelle A20 die Region, deren kleinsten Umsatz Sie finden wollen. In diesem Beispiel ist es *Ost*.

2. Klicken Sie in die Zelle B20 und geben Sie die Formel ein:

   ```
   =MIN(WENN(C6:C18=A20;B6:B18;""))
   ```

340 *Kapitel 9: Statistische Funktionen*

3. Drücken Sie zur Bestätigung ⌈Strg⌉ + ⌈Umschalt⌉ + ⌈Eingabe⌉.

4. Über diese Tastenkombination wird aus dieser Formel eine Matrixfunktion.

Als Ergebnis wird jetzt 10.320 angezeigt. Also ist der höchste Umsatz, den die Region *Ost* zurzeit hat, 10.320, 00 Euro.

Wenn Sie jetzt in die Zelle A20 eine andere Region eingeben, wird in der Nachbarzelle sofort deren größter Wert angezeigt. Diese Formel setzt sich aus zwei Teilen zusammen, dem WENN- und dem MIN-Teil:

```
{=MIN(WENN(C6:C18=A20;B6:B18;""))}
```

Der WENN-Teil findet alle Zellen, in denen das Wort *Ost* steht. Wenn das Wort *Ost* gefunden wurde, wird aus dem Bereich B6 bis B18 der kleinste Wert angezeigt.

Tipp: Wenn Sie aus dem Wort MIN das Wort MAX machen, findet Excel den größten Wert zur angegebenen Kategorie.

9.45.3 Den kleinsten Wert finden – ohne die Null

Nehmen wir an, Sie haben mit einigen Kunden keine Umsätze gemacht. Die Funktion MIN findet also zurzeit als kleinsten Wert die 0. Sie möchten aber den Kunden mit dem kleinsten Umsatz finden, der tatsächlich etwas bei Ihnen gekauft hat.

Geben Sie die folgende Funktion in die Zelle ein und schließen Sie diese mit ⌈Strg⌉ + ⌈Umschalt⌉ + ⌈Eingabe⌉ ab, um daraus eine Matrixfunktion zu erstellen.

```
{=MIN(WENN(B6:B18<>0;B6:B18))}
```

	B20	▼	f_x {=MIN(WENN(B6:B18<>0;B6:B18))}	
◢	A	B	C	
1	**MIN() & WENN()**			
2				
3	Der kleinste tatsächliche Umsatz der Kunden ohne die leeren Zellen			
4				
5	**Kunde**	**Umsatz**		
6	Schubert	10.500,00 €		
7	Maier			
8	Müller	5.600,00 €		
9	Schmitz	10.320,00 €		
10	Huber	10.250,00 €		
11	Trulla	10.300,00 €		
12	Heinz			
13	Metzger	10.250,00 €		
14	Unger	13.350,00 €		
15	Klein	10.400,00 €		
16	Groß			
17	Bauer	10.510,00 €		
18	Schmidt	11.400,00 €		
19				
20		5.600,00 €	{=MIN(WENN(B6:B18<>0;B6:B18))}	
21				

Bild 9.32: Der kleinste Umsatz ohne die leeren Zellen wird mit den Funktionen MIN und WENN gefunden.

9.46 MINA

Die Funktion MINA nimmt auch Texte und die Werte *Wahr* und *Falsch* in die Auswertung. Texte und *Falsch* werden als 0, *Wahr* als 1 interpretiert.

Syntax

```
=MINA(Wert1; Wert2;…)
```

Parameter

Wert1; Wert2;..	Die Zelle bzw. der Zellbereich, der durchsucht werden soll. Sie können bis zu 255 Zellen bzw. Zellbereiche untereinander angeben.

Ähnliche Funktionen

MIN(), KKLEINSTE()

9.46.1 Den kleinsten Wert innerhalb einer Werteliste finden

Setzen Sie den Cursor in die gewünschte Zelle, in der Sie den kleinsten Wert ermitteln möchten. In diesem Beispiel ist es die Zelle B20.

1. Öffnen Sie den Funktions-Assistenten und wählen Sie die Funktion MINA.
2. Ziehen Sie nun mit gedrückter Maustaste über die Zellen, deren kleinsten Wert Sie ermitteln wollen. In diesem Beispiel sind es die Zellen B6 bis B18.
3. Bestätigen Sie mit *OK*.

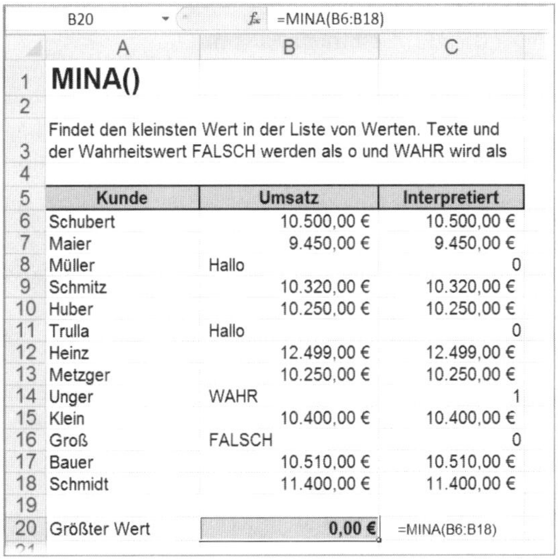
B20 =MINA(B6:B18)

	A	B	C
1	MINA()		
2			
3	Findet den kleinsten Wert in der Liste von Werten. Texte und der Wahrheitswert FALSCH werden als o und WAHR wird als		
4			
5	Kunde	Umsatz	Interpretiert
6	Schubert	10.500,00 €	10.500,00 €
7	Maier	9.450,00 €	9.450,00 €
8	Müller	Hallo	0
9	Schmitz	10.320,00 €	10.320,00 €
10	Huber	10.250,00 €	10.250,00 €
11	Trulla	Hallo	0
12	Heinz	12.499,00 €	12.499,00 €
13	Metzger	10.250,00 €	10.250,00 €
14	Unger	WAHR	1
15	Klein	10.400,00 €	10.400,00 €
16	Groß	FALSCH	0
17	Bauer	10.510,00 €	10.510,00 €
18	Schmidt	11.400,00 €	11.400,00 €
19			
20	Größter Wert	0,00 €	=MINA(B6:B18)

Bild 9.33: Die Funktion MinA findet den kleinsten Umsatz einer Liste, auch wenn Texte enthalten sind.

9.47 MITTELABW

Mit dieser Funktion ermitteln Sie die durchschnittliche Abweichung vom Mittelwert.

Syntax
```
=MITTELABW(Zahl1; Zahl2;…)
```

Parameter

Zahl1, Zahl2,.. Die Zelle bzw. der Zellbereich, der durchsucht werden soll. Sie können bis zu 255 Zellen bzw. Zellbereiche untereinander angeben.

Ähnliche Funktionen
MITTELWERT(), HARMITTEL(), GEOMITTEL(), GESTUTZTMITTEL()

9.47.1 Durchschnittliche Abweichung von Mittelwert berechnen

Wenn Sie die Abweichung berechnen, dann ermitteln Sie, wie weit entfernt jeder Wert vom Mittelwert liegt. Diese Zahlen werden addiert und durch die Anzahl der Werte geteilt. Als Ergebnis erhalten Sie die durchschnittliche Abweichung.

Wir berechnen die durchschnittliche Abweichung wieder anhand der ermittelten Daten:

1. Öffnen Sie die Datei *MITTELABW.XLSX*.
2. Aktivieren Sie das Register *Mittelabw_1* und markieren Sie die Zelle B13.
3. Öffnen Sie den Funktions-Assistenten und suchen Sie die Funktion MITTELABW.
4. Markieren Sie die Zellen, deren durchschnittliche Abweichung Sie ermitteln wollen. In diesem Beispiel sind es die Zellen von B6:B11, Bestätigen Sie mit *OK*.

Der Funktionsaufbau:
```
=MITTELABW(B6:B11)
```

Bild 9.34: Die Funktion MITTELABW findet die durchschnittliche Abweichung.

Die durchschnittliche Abweichung bei diesen sechs Zahlen liegt bei 125.

9.47.2 Wie ermittelt Excel diesen Wert?

Als Erstes wird der Mittelwert gebildet. Er beträgt 275.

Dann werden die sechs Werte um den Mittelwert gruppiert.

Die folgende Abbildung soll dies verdeutlichen. Außerdem kann man sich dort den Begriff der Streuung auch bildlich vorstellen. Die sechs Werte streuen in einem bestimmten Abstand um den Mittelwert.

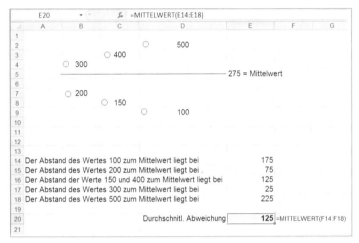

Bild 9.35: Die Funktionsweise von MITTELABW

Der Abstand des Wertes 100 zum Mittelwert liegt bei 175.

Der Abstand des Wertes 200 zum Mittelwert liegt bei 75.

Der Abstand der Werte 150 und 400 zum Mittelwert liegt bei 125.

Der Abstand des Wertes 300 zum Mittelwert liegt bei 25.

Der Abstand des Wertes 500 zum Mittelwert liegt bei 225.

Der Mittelwert der einzelnen Abstände zum Mittelwert beträgt 125. Dies können Sie beispielsweise über die Berechnung des Mittelwerts der Werte 25, 75, 175, 225, 125 und 125 bestimmen.

9.48 MITTELWERT

Der Durchschnitt einer Menge von Zahlen wird auch *arithmetisches Mittel* oder *Mittelwert* genannt. Der Durchschnitt wird sehr oft eingesetzt. Beispielsweise dient der durchschnittliche Benzinverbrauch eines Autos häufig als Verkaufsargument, und durch Angabe der Durchschnittsnote kann die eigene Leistung besser eingeordnet werden.

Der Durchschnitt für mehrere Werte berechnet sich folgendermaßen: Die einzelnen Werte werden addiert und dieses Ergebnis wird durch die Anzahl der Werte geteilt.

344 *Kapitel 9: Statistische Funktionen*

Syntax

```
=MITTELWERT(Zahl1; Zahl2;…)
```

Parameter

Zahl1, Zahl2;..   Die Zelle bzw. der Zellbereich, der durchsucht werden soll. Sie können bis zu 255 Zellen bzw. Zellbereiche untereinander angeben.

Ähnliche Funktionen

MITTELABW(), HARMITTEL(), GEOMITTEL(), GESTUTZTMITTEL()

9.48.1 Den Durchschnitt berechnen

Sie kommen aus dem Urlaub zurück und möchten wissen, wie hoch die Kosten an einem einzelnen Tag waren. Sie haben 450 Euro in einer Woche ausgegeben. Also lautet der Rechenschritt:

```
450 / 7 = 64,29
```

Also haben Sie durchschnittlich pro Tag 64,29 Euro ausgegeben.

Im folgenden Beispiel errechnet die Funktion MITTELWERT den durchschnittlichen Umsatz pro Kunde.

1. Öffnen Sie die Datei *MITTELWERT.XLSX*.

2. Setzen Sie den Cursor in die Zelle, in der Sie gleich das Ergebnis sehen wollen. In diesem Beispiel ist es die Zelle B20.

3. Öffnen Sie den Funktions-Assistenten und wählen Sie die Funktion MITTELWERT.

4. Setzen Sie den Cursor ins Feld *Wert1* und markieren Sie die Zellgruppe, aus der Sie den Durchschnitt ermitteln möchten.

5. Bestätigen Sie mit *OK*.

Die Funktion MITTELWERT ist so aufgebaut:

```
=MITTELWERT(B6:B18)
```

Die folgende Abbildung zeigt das Ergebnis für unser Beispiel:

Bild 9.36: Die Funktion MITTELWERT errechnet den durchschnittlichen Umsatz pro Kunde.

Der durchschnittliche Umsatz pro Kunde beträgt also in diesem Beispiel 10.794,54 Euro.

9.48.2 Den durchschnittlichen Umsatz der drei besten Kunden ermitteln

Nun möchten Sie wissen, wie viel Umsatz die drei Kunden durchschnittlich gemacht haben, die den höchsten Umsatz bei Ihnen ausweisen.

Dann müssen Sie zuerst die drei höchsten Umsätze ermitteln. Von diesen drei Werten bilden Sie im Anschluss den Mittelwert.

In der Zelle B20 lassen wir uns mit der Funktion MAX den größten Wert der Liste anzeigen:

```
=MAX(B6:B18)
```

In der Zelle B21 lassen wir uns mit der Funktion KGRÖSSTE den zweitgrößten Wert der Liste anzeigen.

```
=KGRÖSSTE(B6:B18;2)
```

Der drittgrößte Wert wird mit der Funktion

```
=KGRÖSSTE(B6:B18;3)
```

in der Zelle B22 angezeigt.

Der Mittelwert der drei Zellen wird in Zelle B24 ermittelt:

```
=MITTELWERT(B20:B23)
```

346 Kapitel 9: Statistische Funktionen

	B24	▾	f_x	=MITTELWERT(B20:B22)		
	A	B	C	D	E	F
1	**MITTELWERT() & MAX() & KGRÖSSTE()**					
2						
3	Der durchschnittliche Umsatz der 3 besten Kunden ermitteln					
4						
5	**Kunde**	**Umsatz**				
6	Schubert	10.500,00 €				
7	Maier	9.450,00 €				
8	Müller	10.600,00 €				
9	Schmitz	10.320,00 €				
10	Huber	10.250,00 €				
11	Trulla	10.300,00 €				
12	Heinz	12.499,00 €				
13	Metzger	10.250,00 €				
14	Unger	13.350,00 €				
15	Klein	10.400,00 €				
16	Groß	10.500,00 €				
17	Bauer	10.510,00 €				
18	Schmidt	11.400,00 €				
19						
20	Bester Kunde	13.350,00 €	=MAX(B6:B19)			
21	Zweitbester Kunde	12.499,00 €	=KGRÖSSTE(B6:B18;2)			
22	Drittbester Kunde	11.400,00 €	=KGRÖSSTE(B6:B18;3)			
23						
24	Mittewert	12.416,33 €	=MITTELWERT(B20:B22)			
25						
26		12.416,33 €	=MITTELWERT(MAX(B6:B18);KGRÖSSTE(B6:B18;2);KGRÖSSTE(B6:B18;3))			

Bild 9.37: Der durchschnittliche Umsatz der drei höchsten Umsätze mit den Funktionen MAX, KGRÖSSTE und MITTELWERT

Durchschnittlich haben Ihre drei besten Kunden 12.416,33 Euro ausgegeben.

Um die Arbeitsweise dieser Funktionen zu zeigen, haben wir im oberen Beispiel vier Zellen benötigt. Sie können dies auch nur in einer Zelle berechnen.

Geben Sie dazu die folgende Funktion ein:

```
=MITTELWERT(MAX(B6:B18);KGRÖSSTE(B6:B18;2);KGRÖSSTE(B6:B18;3))
```

Tipp: In der Beispieldatei finden Sie ein Beispiel, wie Sie den Mittelwert ohne leere Zellen berechnen können.

9.49   MITTELWERTA

Die Funktion MITTELWERTA nimmt auch Texte und die Werte *Wahr* und *Falsch* in die Auswertung. Texte und *Falsch* werden als 0, *Wahr* als 1 interpretiert.

Syntax

```
=MITTELWERTA(Wert1; Wert2;…)
```

Parameter

Wert1; Wert;..   Die Zelle bzw. der Zellbereich, der durchsucht werden soll. Sie können bis zu 255 Zellen bzw. Zellbereiche untereinander angeben.

Ähnliche Funktionen

MITTELWER(), MITTELABW(), HARMITTEL(), GEOMITTEL(), GESTUTZTMITTEL()

9.49.1 Der Durchschnitt von Zahlen, Texten und Wahrheitswerten

Die Funktion MITTELWERTA nimmt auch Texte und die Werte *Wahr* und *Falsch* in die Auswertung. Texte und *Falsch* werden als 0, *Wahr* als 1 interpretiert.

Die folgende Abbildung gibt Aufschluss über die Arbeitsweise der Funktion MITTELWERTA.

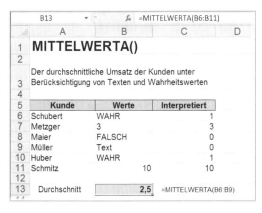

Bild 9.38: Die Funktion MITTELWERTA errechnet den Durchschnitt von Zahlen und Texten.

9.50 MITTELWERTWENN

Sucht den Mittelwert der Zahlen, wenn eine bestimmte Bedingung zutrifft.

Syntax

`=MITTELWERTWENN(Bereich; Kriterien; Mittelwert_Bereich)`

Parameter

Bereich   Die Zellen bzw. der Zellbereich, aus dem der Mittelwert gebildet werden soll.

Kriterien   Die Bedingung.

Mittelwert_Bereich   Die Zellen, in denen der Mittelwert gebildet werden soll.

Ähnliche Funktionen

MITTELWERT()

9.50.1 Nur dann den Mittelwert bilden, wenn der Umsatz über einem bestimmten Wert liegt

Nun möchten Sie den Mittelwert der Umsätze über 20.000 Euro ermitteln.

1. Öffnen Sie die Datei *MITTELWERTWENN.XLSX*.

2. Setzen Sie den Cursor in die Zelle, in der Sie gleich das Ergebnis sehen wollen. In diesem Beispiel ist es die Zelle B20.

3. Öffnen Sie den Funktions-Assistenten und wählen Sie die Funktion MITTELWERTWENN.

4. Setzen Sie den Cursor ins Feld *Bereich* und markieren Sie die Zellgruppe, aus der Sie den Durchschnitt ermitteln möchten. In diesem Beispiel sind es die Zellen B6 bis B18.

5. Geben Sie ins Feld *Kriterien* die Bedingung ein. In diesem Beispiel >20000.

6. Bestätigen Sie mit *OK*.

Die Funktion sieht so aus:

```
=MITTELWERTWENN(B6:B18;">20000")
```

Die folgende Abbildung zeigt das Ergebnis für unser Beispiel:

Bild 9.39: Die Funktion MITTELWERTWENN bildet nur dann den Mittelwert, wenn die Bedingung zutrifft.

In diesem Beispiel wurde aus den vier Umsätzen, die über 20.000 Euro liegen, der Mittelwert gebildet.

9.50.2 Nur dann den Mittelwert des Umsatzes bilden, wenn der Kunde in einem bestimmten PLZ-Bereich wohnt

Diesmal wollen Sie den Mittelwert des Umsatzes der Kunden ermitteln, die im PLZ-Bereich über 50000 liegen.

1. Öffnen Sie die Datei *MITTELWERTWENN.XLSX.*
2. Setzen Sie den Cursor in die Zelle, in der Sie gleich das Ergebnis sehen wollen. In diesem Beispiel ist es die Zelle B20 auf dem Blatt *Mittelwertwenn_2.*
3. Öffnen Sie den Funktions-Assistenten und wählen Sie die Funktion MITTELWERTWENN.
4. Setzen Sie den Cursor ins Feld *Bereich* und markieren Sie die Zellgruppe, die vom Kriterium durchsucht werden soll. In diesem Beispiel sind es die Zellen A6 bis A18.
5. Geben Sie in Feld *Kriterien* die Bedingung ein. In diesem Beispiel >=50000.
6. Setzen Sie den Cursor ins Feld *Mittelwert_Bereich* und markieren Sie die Zellgruppe, aus der Sie den Durchschnitt ermitteln möchten. In diesem Beispiel sind es die Zellen C6 bis C18. Bestätigen Sie mit *OK.*

Die Funktion sieht so aus:

```
=MITTELWERTWENN(A6:A18;">50000";C6:C18)
```

Die folgende Abbildung zeigt das Ergebnis für unser Beispiel:

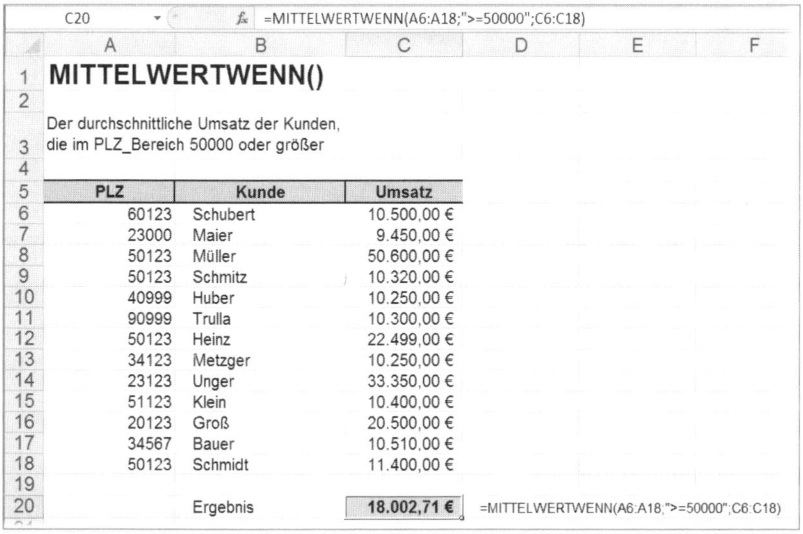

C20 =MITTELWERTWENN(A6:A18;">=50000";C6:C18)

MITTELWERTWENN()

Der durchschnittliche Umsatz der Kunden, die im PLZ_Bereich 50000 oder größer

PLZ	Kunde	Umsatz
60123	Schubert	10.500,00 €
23000	Maier	9.450,00 €
50123	Müller	50.600,00 €
50123	Schmitz	10.320,00 €
40999	Huber	10.250,00 €
90999	Trulla	10.300,00 €
50123	Heinz	22.499,00 €
34123	Metzger	10.250,00 €
23123	Unger	33.350,00 €
51123	Klein	10.400,00 €
20123	Groß	20.500,00 €
34567	Bauer	10.510,00 €
50123	Schmidt	11.400,00 €
	Ergebnis	18.002,71 €

=MITTELWERTWENN(A6:A18;">=50000";C6:C18)

Bild 9.40: Die Funktion MITTELWERTWENN bildet nur dann den Mittelwert, wenn die Bedingung zutrifft.

In diesem Beispiel wurde aus den sieben Umsätzen, die im PLZ-Bereich über 50000 liegen, der Mittelwert gebildet.

350 *Kapitel 9: Statistische Funktionen*

9.51 MITTELWERTWENNS

Sucht den Mittelwert der Werte, wenn mehrere Bedingungen zutreffen. Sie können bis zu 127 Parameterpaare für *Kriterien_Bereich* und *Kriterien* angeben.

Syntax

```
=MITTELWERTWENNS(Mittelwert_Bereich; Kriterien_Bereich1; Kriterien1;
Kriterien_Bereich2; Kriterien2; …)
```

Parameter

Mittelwert_Bereich   Die Zellen, in denen der Mittelwert gebildet werden soll.

Kriterien_Bereich1   Der erste Zellbereich für die Bedingung.

Kriterien1   Die erste Bedingung.

Kriterien_Bereich2   Der zweite Zellbereich für die Bedingung.

Kriterien2   Die zweite Bedingung.

usw.

Ähnliche Funktionen

MITTELWERT(), MITTELWERTWENN()

9.51.1 Beispiel

Um den Mittelwert des Umsatzes nur dann zu bilden, wenn der Kunde im PLZ-Bereich über 50000 wohnt und wenn sein Umsatz mehr als 20000 Euro liegt, gehen Sie so vor:

1. Öffnen Sie die Datei *MITTELWERTWENNS.XLSX*.

2. Setzen Sie den Cursor in die Zelle, in der Sie gleich das Ergebnis sehen wollen. In diesem Beispiel ist es die Zelle B20.

3. Öffnen Sie den Funktions-Assistenten und wählen Sie die Funktion MITTELWERTWENNS.

4. Setzen Sie den Cursor ins Feld *Mittelwert_Bereich* und markieren Sie die Zellgruppe, von der der Mittelwert gebildet werden soll. In diesem Beispiel sind es die Zellen C6 bis C18.

5. Geben Sie in Feld *Kriterien_Bereich1* den Zellbereich ein, der gleich vom ersten Kriterium durchsucht werden soll.

6. Geben Sie in Feld *Kriterien1* die Bedingung ein. In diesem Beispiel >=50000.

7. Geben Sie in Feld *Kriterien_Bereich2* den nächsten Zellbereich ein, der gleich vom zweiten Kriterium durchsucht werden soll. In diesem Beispiel C6 bis C18.

8. Geben Sie in Feld *Kriterien2* die zweite Bedingung ein. In diesem Beispiel >=20000.

9. Bestätigen Sie mit *OK*.

Die Funktion sieht so aus:

```
=MITTELWERTWENNS(C6:C18;A6:A18;">50000";C6:C18;">=20000")
```

Die folgende Abbildung zeigt das Ergebnis für unser Beispiel:

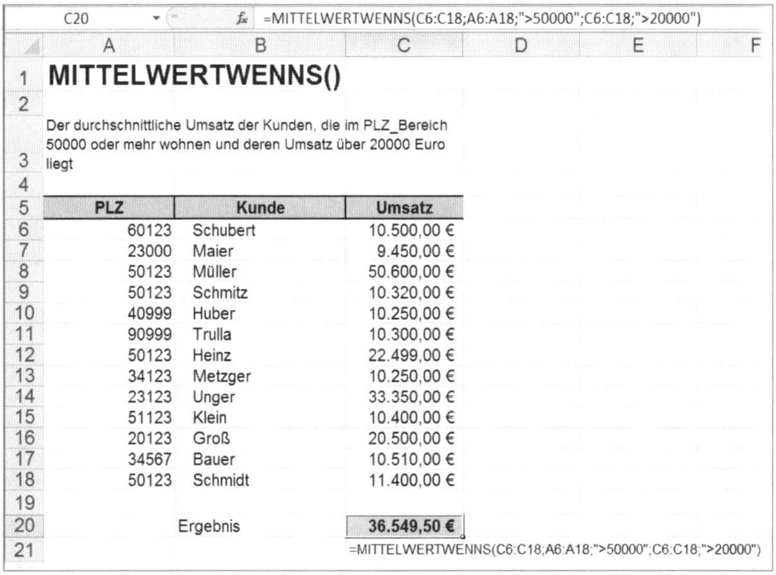

C20 =MITTELWERTWENNS(C6:C18;A6:A18;">50000";C6:C18;">20000")

MITTELWERTWENNS()

Der durchschnittliche Umsatz der Kunden, die im PLZ_Bereich 50000 oder mehr wohnen und deren Umsatz über 20000 Euro liegt

PLZ	Kunde	Umsatz
60123	Schubert	10.500,00 €
23000	Maier	9.450,00 €
50123	Müller	50.600,00 €
50123	Schmitz	10.320,00 €
40999	Huber	10.250,00 €
90999	Trulla	10.300,00 €
50123	Heinz	22.499,00 €
34123	Metzger	10.250,00 €
23123	Unger	33.350,00 €
51123	Klein	10.400,00 €
20123	Groß	20.500,00 €
34567	Bauer	10.510,00 €
50123	Schmidt	11.400,00 €
	Ergebnis	**36.549,50 €**

=MITTELWERTWENNS(C6:C18;A6:A18;">50000";C6:C18;">20000")

Bild 9.41: Die Zellen gehen nur in die Berechnung ein, wenn beide Bedingungen erfüllt sind.

9.52 MODUS.EINF

Findet den Wert, der am häufigsten in einer Liste von Zahlen vorkommt.

Syntax

```
=MODUS.EINF(Zahl1; Zahl2;....)
```

Parameter

Zahl1; Zahl2;..	Die Zelle bzw. der Zellbereich, der durchsucht werden soll. Sie können bis zu 255 Zellen bzw. Zellbereiche untereinander angeben.

Ähnliche Funktionen

ANZAHL(), ANZAHL2(), ZÄHLENWENN()

9.52.1 Welcher Wert kommt am häufigsten vor?

Wenn Sie wissen möchten, welcher Wert am häufigsten vorkommt, können Sie die Excel-Funktion MODUS.EINF einsetzen. Liegen gruppierte Daten vor, dann ist der

352 *Kapitel 9: Statistische Funktionen*

Modus oder Modalwert der Wert der Gruppe mit der größten Häufigkeit, d. h. der am dichtesten besetzten Gruppe.

Sie haben Ihre Abteilungen durchnummeriert. Bei jeder telefonischen Anfrage notieren Sie die Abteilungsnummer. Nun wollen Sie wissen, welche Abteilung (Nummer) am häufigsten angefragt wurde. Ein Beispiel:

```
2, 4, 3, 4, 5, 2, 3, 2     der häufigste Wert: 2
```

In unserem Beispiel möchten Sie wissen, welcher Umsatzbetrag am häufigsten vorkommt.

1. Öffnen Sie die Datei *MODUS.EINF.XLSX*.

2. Setzen Sie den Cursor in die gewünschte Zelle, in der Sie den Modalwert ermitteln möchten. In diesem Beispiel ist es die Zelle B20.

3. Wählen Sie im Funktions-Assistenten die Funktion MODUS.EINF.

4. Setzen Sie den Cursor ins Feld *Zahl1* und markieren Sie die Zellen, aus denen Sie das Ergebnis finden möchten. Bestätigen Sie mit *OK*.

Für die folgende Formel wird das Ergebnis 9.450 Euro ausgegeben:

```
=MODUS.EINF(B6:B18)
```

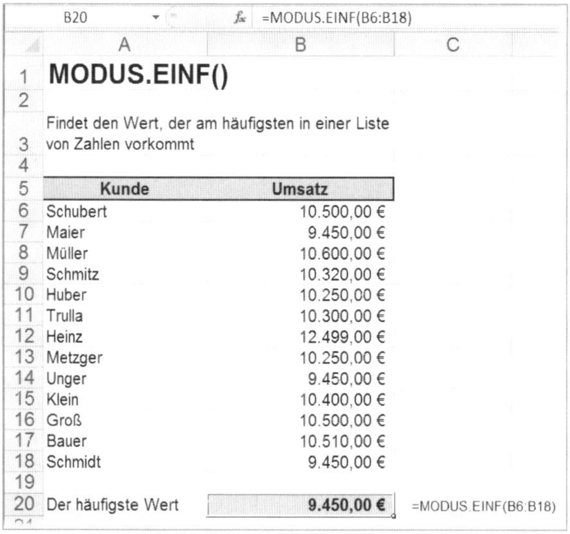

Bild 9.42: Die Funktion MODUS.EINF findet den Wert, der am häufigsten vorkommt.

Die Frage ist, was passiert, wenn in einer Liste zwei Werte gleich oft vorkommen. Excel zeigt den Wert an, der in der Liste zuerst vorkommt.

```
2, 7, 7, 5, 4, 2, 7, 2     der häufigste Wert ist 2
```

Zwar kommt die 7 auch dreimal vor, genauso wie die 2, da aber die 2 der erste Wert der Liste ist, lautet das Ergebnis 2.

9.53 MODUS.VIELF

Die Funktion liefert ein vertikales Array der am häufigsten vorkommenden Werte in einem Array oder einem Datenbereich zurück. Die oben beschriebene Funktion MODUS.EINF liefert einen Wert.

Syntax

```
=MODUS.VIELF(Zahl1; Zahl2;….)
```

Parameter

Zahl1; Zahl2;..   Die Zelle bzw. der Zellbereich, der durchsucht werden soll. Sie können bis zu 255 Zellen bzw. Zellbereiche untereinander angeben.

9.54 NEGBINOM.VERT

Gibt die Wahrscheinlichkeiten einer negativen, binomial verteilten Zufallsvariablen zurück.

> **Tipp:** Der alte Name der Funktion lautet: NEGBINOMVERT. Über die Kategorie *Kompatibilität* können Sie ihn auch nutzen.

Syntax

```
=NEGBINOM.VERT(Zahl_Mißerfolge; Zahl_Erfolge; Erfolgswahrsch; Kumuliert)
```

Parameter

Zahl_Mißerfolge	Die Anzahl der ungünstigsten Ereignisse.
Zahl_Erfolge	Die Anzahl der günstigsten Ereignisse.
Erfolgswahrsch	Die Wahrscheinlichkeit für den besten Ausgang. Eine Zahl zwischen 0 und 1.
Kumuliert	Geben Sie für die kumulierte Verteilungsfunktion *Wahr* oder für die Wahrscheinlichkeitsmengefunktion *Falsch* ein.

9.55 NORM.INV

Gibt die Perzentile der Normalverteilung zurück.

> **Tipp:** Der alte Name der Funktion lautet: NORMINV. Über die Kategorie *Kompatibilität* können Sie ihn auch nutzen.

354 *Kapitel 9: Statistische Funktionen*

Syntax

```
=NORM.INV(Wahrsch; Mittelwert; Standabwn)
```

Parameter

Wahrsch   Die zur Normalverteilung gehörige Wahrscheinlichkeit. Eine Zahl
                   größer/gleich 0 und kleiner/gleich 1.

Mittelwert   Der Mittelwert der Verteilung.

Standabwn   Die Standardabweichung der Verteilung.

9.56 NORM.S.INV

Gibt die Perzentile der Standardnormalverteilung zurück.

> **Tipp:** Diese Funktion ist neu in der aktuellen Excel-Version.

Syntax

```
=NORM.S.INV(Wahrsch)
```

Parameter

Wahrsch   Die zur Normalverteilung gehörige Wahrscheinlichkeit. Eine Zahl
                   größer/gleich 0 und kleiner/gleich 1.

9.57 NORM.S.VERT

Gibt die Werte der Verteilungsfunktion einer standardmäßig normal verteilten
Zufallsvariablen zurück.

> **Tipp:** Diese Funktion ist neu in der aktuellen Excel-Version.

Syntax

```
=NORM.S.VERT(Z; Kumuliert)
```

Parameter

Z   Der Wert der Verteilung, dessen Wahrscheinlichkeit ermittelt
                   werden soll.

Kumuliert   Der Wahrscheinlichkeitswert.

9.58 NORM.VERT

Gibt die Wahrscheinlichkeiten einer normal verteilten Zufallsvariablen zurück.

Tipp: Der alte Name der Funktion lautet: NORMVERT. Über die Kategorie *Kompatibilität* können Sie ihn auch nutzen.

Syntax

```
=NORM.VERT(X; Mittelwert; Standabwn; Kumuliert)
```

Parameter

X	Der Wert der Verteilung, dessen Wahrscheinlichkeit ermittelt werden soll.
Mittelwert	Der Mittelwert der Verteilung.
Standabwn	Die Standardabweichung der Verteilung.
Kumuliert	Der Wahrscheinlichkeitswert (*Wahr/Falsch*)

9.59 PEARSON

Gibt den Pearsonschen Korrelationskoeffizienten zurück.

Syntax

```
=PEARSON(Matrix1; Matrix2)
```

Parameter

Matrix1	Die Reihe von unabhängigen Werten.
Matrix2	Die Reihe von unabhängigen Werten.

9.60 POISSON.VERT

Gibt die Wahrscheinlichkeiten einer Poisson-verteilten Zufallsvariable zurück.

Tipp: Der alte Name der Funktion lautet: POISSON. Über die Kategorie *Kompatibilität* können Sie ihn auch nutzen.

Syntax

```
=POISSON.VERT(x; Mittelwert; Kumuliert)
```

Parameter

x	Die Zahl der Fälle.
Mittelwert	Der erwartete Zahlenwert.
Kumuliert	Der Wahrheitswert.

9.61 QUANTIL.EXKL

Gibt das k-Quantil einer Gruppe von Daten zurück. Die k-Werte 0 und 1 werden nicht berechnet.

> **Tipp:** Diese Funktion ist neu in der aktuellen Excel-Version.

Syntax

```
=QUANTIL.EXKL(Array; k)
```

Parameter

Array	Der Datenbereich.
k	Der Prozentwert im Intervall zwischen 0 bis 1. Ohne 0 und 1.

9.62 QUANTIL.INKL

Gibt das k-Quantil einer Gruppe von Daten zurück. K liegt im Bereich von 0 bis 1 einschließlich.

> **Tipp:** Der alte Name der Funktion lautet: QUANTIL. Über die Kategorie *Kompatibilität* können Sie ihn auch nutzen.

Syntax

```
=QUANTIL.INKL(Array; k)
```

Parameter

Array	Der Datenbereich.
k	Der Prozentwert im geschlossenen Intervall von 0 bis 1.

9.63 QUANTILSRANG.EXKL

Gibt den prozentualen Rang eines Wertes zurück.

Tipp: Diese Funktion ist neu in Excel 2010.

Syntax
```
=QUANTILSRANG.EXKL(Array; x; Genauigkeit)
```

Parameter

Array	Der Datenbereich.
x	Der Wert, dessen Rang ermittelt werden soll. Exklusiv 0 und 1.
Genauigkeit	Die Anzahl der Nachkommastellen.

9.64 QUANTILSRANG.INKL

Gibt den prozentualen Rang eines Wertes zurück.

Tipp: Der alte Name der Funktion lautet: QUANTILSRANG. Über die Kategorie *Kompatibilität* können Sie ihn auch nutzen.

Syntax
```
=QUANTILSRANG.INKL(Array;x;Genauigkeit)
```

Parameter

Array	Der Datenbereich.
x	Der Wert, dessen Rang ermittelt werden soll. Inklusive 0 und 1.
Genauigkeit	Die Anzahl der Nachkommastellen.

9.65 QUARTILE.EXKL

Wenn Sie wissen möchten, bis zu welchem Betrag Sie 25% des Umsatzes machen, dann setzen Sie die Funktion QUARTILE.EXKL ein, exklusive der Werte 0 und 1.

Tipp: Diese Funktion ist neu in der aktuellen Excel-Version.

358 *Kapitel 9: Statistische Funktionen*

Syntax

```
=QUARTILE.EXKL(Array; Quartile)
```

Parameter

Array   Die Zellen, in denen die Werte stehen, von denen Sie die Quartile
                         ermitteln möchten.

Quartil   Eine Zahl, die angibt, welchen Anteil Sie ermitteln möchten.

Quartil	Bedeutung
1	25% Quartil
2	Median
3	75% Quartil
4	Maximum

9.66 QUARTILE.INKL

Wenn Sie wissen möchten, bis zu welchem Betrag Sie 25% des Umsatzes machen, setzen
Sie die Funktion QUARTILE ein, inklusive der Werte 0 und 1.

> **Tipp:** Der alte Name der Funktion lautet: QUARTILE. Über die Kategorie *Kompatibi-
> lität* können Sie ihn auch nutzen.

Syntax

```
=QUARTILE.INKL(Array; Quartile)
```

Parameter

Array   Die Zellen, in denen die Werte stehen, von denen Sie die Quartile
                         ermitteln möchten.

Quartile   Eine Zahl, die angibt, welchen Anteil Sie ermitteln möchten.

Quartil	Bedeutung
0	Minimum
1	25% Quartil
2	Median
3	75% Quartil
4	Maximum

9.66.1 Ein Beispiel

1. Öffnen Sie die Datei *QUARTILE.INKL.XLSX*.
2. Markieren Sie die Ergebniszelle. In diesem Beispiel ist es die Zelle B19.
3. Öffnen Sie den Funktions-Assistenten und starten Sie die Funktion QUARTILE. INKL.
4. Ins Feld *Array* kommen die Zellen, die Sie berechnen möchten. In diesem Beispiel B6 bis B17.
5. Ins Feld *Quartil* kommt eine Zahl zwischen 0 und 4, je nachdem, was Sie ermitteln möchten. Für die Zelle B19 möchten wir den kleinsten Wert ermitteln, also geben Sie eine 0 ein und bestätigen mit *OK*.

Die Funktion sieht nun so aus:

```
=QUARTILE.INKL(B6:B17;0)
```

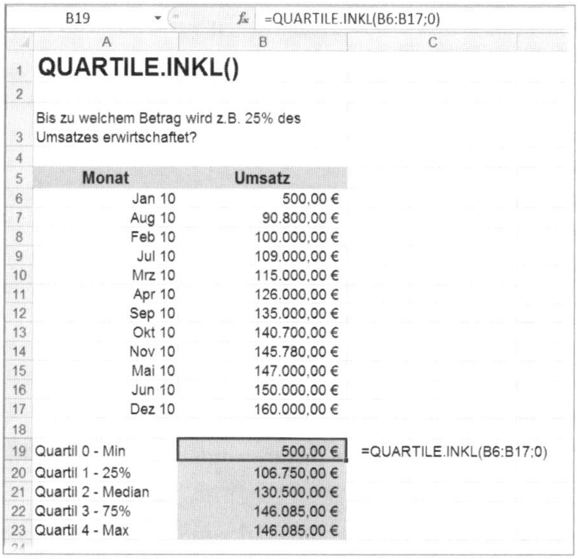
B19 =QUARTILE.INKL(B6:B17;0)

	A	B	C
1	QUARTILE.INKL()		
2			
3	Bis zu welchem Betrag wird z.B. 25% des Umsatzes erwirtschaftet?		
4			
5	Monat	Umsatz	
6	Jan 10	500,00 €	
7	Aug 10	90.800,00 €	
8	Feb 10	100.000,00 €	
9	Jul 10	109.000,00 €	
10	Mrz 10	115.000,00 €	
11	Apr 10	126.000,00 €	
12	Sep 10	135.000,00 €	
13	Okt 10	140.700,00 €	
14	Nov 10	145.780,00 €	
15	Mai 10	147.000,00 €	
16	Jun 10	150.000,00 €	
17	Dez 10	160.000,00 €	
18			
19	Quartil 0 - Min	500,00 €	=QUARTILE.INKL(B6:B17;0)
20	Quartil 1 - 25%	106.750,00 €	
21	Quartil 2 - Median	130.500,00 €	
22	Quartil 3 - 75%	146.085,00 €	
23	Quartil 4 - Max	146.085,00 €	

Bild 9.43: Welchen Umsatz habe ich in welchen Bereichen getätigt? Die Antwort gibt die Funktion QUARTILE.INKL.

Der geringste Umsatz liegt bei 500,00 Euro, der höchste liegt bei 160.000,00 Euro. Der Median, also der Wert in der Mitte, beträgt 130.500,00 Euro.

25% des gesamten Umsatzes machen Sie mit den Umsätzen um 106.750,00 Euro.

75% des gesamten Umsatzes machen Sie mit den Umsätzen um 146.085,00 Euro.

9.67 RANG.GLEICH

Zeigt die Position einer Zahl innerhalb einer Gruppe von Zahlen an. Welcher Artikel steht vom Umsatz her auf der Platz 1?

360 *Kapitel 9: Statistische Funktionen*

Die Funktion RANG.GLEICH kann man dann einsetzen, wenn die Zahlenliste nicht sortiert werden darf. Bei gleichen Werten wird die oberste Rangnummer genommen.

> **Tipp:** Der alte Name der Funktion lautet: RANG. Über die Kategorie *Kompatibilität* können Sie ihn weiterhin nutzen.

Syntax

```
=RANG.GLEICH(Zahl; Bezug; Reihenfolge)
```

Parameter

Zahl   Für diese Zahl soll der Rang (die Position) in der Gruppe der Zahlen gefunden werden.

Bezug   Die Gruppe der Zahlen, für die der Rang (die Position) gefunden werden soll.

Reihenfolge   Soll der größte Wert den Rang 1 oder soll der kleinste Wert den Rang 1 haben?

9.67.1 Die Position eines Produkts finden

Sie haben die Umsätze Ihrer Kunden ermittelt und möchten nun herausfinden, welcher Kunde vom Umsatz her auf dem ersten Platz, auf dem zweiten Platz usw. liegt.

Die Funktion wird folgendermaßen aufgebaut, um die Position des Umsatzes der Kunden im Vergleich zu den anderen Umsätzen der Kunden zu finden.

```
RANG.GLEICH(10.500;Alle Umsätze)
```

1. Öffnen Sie die Datei *RANG.GLEICH.XLSX.*

2. Setzen Sie den Cursor in die Zelle, in der Sie gleich das Ergebnis sehen wollen. In diesem Beispiel ist es die Zelle C6.

3. Öffnen Sie den Funktions-Assistenten und wählen Sie die Funktion RANG.GLEICH.

4. Setzen Sie den Cursor ins Feld *Zahl* und markieren Sie die Zelle, die den ersten Wert enthält, deren Rang Sie ermitteln möchten.

5. Ins Feld *Bezug* kommen alle Zellen, die die Werte enthalten, die verglichen werden sollen. Da Sie die Funktion gleich nach unten kopieren wollen, machen Sie diese Zellen mit der Taste F4 fest.

6. Bestätigen Sie mit *OK*.

Die Formel für die Zelle C6 lautet:

```
=RANG.GLEICH(B6;$B$6:$B$18)
```

Nachdem Sie die Berechnung erstellt haben, kopieren Sie die Formel nach unten.

C6		f_x	=RANG.GLEICH(B6;$B$6:$B$18)	
	A	B	C	D
1	RANG.GLEICH()			
2				
3	Welcher Kunde liegt mit seinem Umsatz auf Platz 1 usw.?			
4				
5	**Kunde**	**Umsatz**	**Rang**	
6	Schubert	10.500,00 €	7	=RANG.GLEICH(B6;$B$6:$B$18
7	Maier	9.450,00 €	13	
8	Müller	10.600,00 €	4	
9	Schmitz	10.320,00 €	9	
10	Huber	10.250,00 €	12	
11	Trulla	10.300,00 €	10	
12	Heinz	12.499,00 €	2	
13	Metzger	10.260,00 €	11	
14	Unger	13.350,00 €	1	
15	Klein	10.400,00 €	8	
16	Groß	10.550,00 €	5	
17	Bauer	10.510,00 €	6	
18	Schmidt	11.400,00 €	3	

Bild 9.44: In dieser Beispieltabelle sollen die Positionen der Umsätze gefunden werden, ohne die Reihenfolge zu verändern.

Nun erkennen Sie auf Anhieb, mit welchem Kunden Sie den höchsten und den geringsten Umsatz gemacht haben.

Tipp: Wenn Sie eine umgekehrte Rangfolge wünschen, also der kleinste Umsatz den Rang 1 erhält, dann geben Sie ins Feld *Reihenfolge* eine 1 ein.

9.67.2 Dieselben Zahlen

Nun stellt sich die Frage: Was macht Excel, wenn dieselben Umsatzzahlen in der Liste sind?

Die folgende Abbildung zeigt die Lösung:

C6		f_x	=RANG.GLEICH(B6;$B$6:$B$18)		
	A	B	C	D	E
1	RANG.GLEICH()				
2					
3	Bei gleichen Zahlen zeigt die Funktion mit Lücken in den Rängen.				
4					
5	**Kunde**	**Umsatz**	**Rang**		
6	Schubert	10.500,00 €	8	=RANG.GLEICH(B6;$B$6:$B$18)	
7	Maier	9.450,00 €	13		
8	Müller	10.600,00 €	4		
9	Schmitz	10.320,00 €	10		
10	Huber	10.250,00 €	12		
11	Trulla	10.600,00 €	4		
12	Heinz	12.499,00 €	2		
13	Metzger	10.260,00 €	11		
14	Unger	13.350,00 €	1		
15	Klein	10.400,00 €	9		
16	Groß	10.600,00 €	4		
17	Bauer	10.510,00 €	7		
18	Schmidt	11.400,00 €	3		
19			Die Positionsnummern 5 und 6 fehlen		

Bild 9.45: Die Positionsfolge mit Lücken, wenn der Umsatz gleich ist

Da es drei Kunden mit dem Rang 4 gibt, entfallen Rang 5 und 6.

362 *Kapitel 9: Statistische Funktionen*

9.68 RANG.MITTELW

Zeigt die Position einer Zahl innerhalb einer Gruppe von Zahlen an. Welcher Artikel steht vom Umsatz her auf der Position 1?

Die Funktion RANG.MITTELW kann man dann einsetzen, wenn die Zahlenliste nicht sortiert werden darf. Bei gleichen Rangnummern wird der Mittelwert genommen.

Tipp: Diese Funktion ist neu in der aktuellen Excel-Version.

Syntax

```
=RANG.MITTELW(Zahl; Bezug; Reihenfolge)
```

Parameter

Zahl	Für diese Zahl soll der Rang (die Position) in der Gruppe der Zahlen gefunden werden.
Bezug	Die Gruppe der Zahlen, für die der Rang (die Position) gefunden werden soll.
Reihenfolge	Soll der größte Wert den Rang 1 oder soll der kleinste Wert den Rang 1 haben?

9.68.1 Dieselben Zahlen

Nun stellt sich die Frage: Was macht Excel, wenn dieselben Umsatzzahlen in der Liste sind?

Die folgende Abbildung zeigt die Lösung:

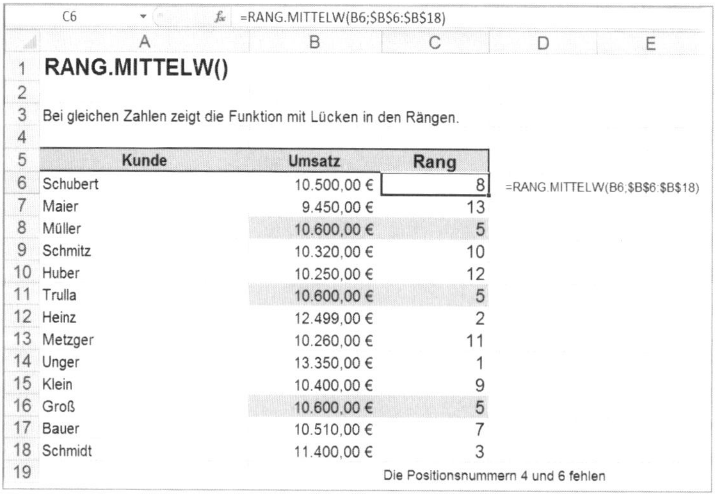

Bild 9.46: Die Positionsfolge mit Lücken, wenn der Umsatz gleich ist

9.69 Die Funktion RGP **363**

Da es drei Kunden mit dem Rang 4 gibt, entfallen Rang 4 und 6 und es wird der mittlere Wert 5 genommen.

9.69 Die Funktion RGP

RGP ermittelt die Zahl einer gleichmäßigen Steigung, wenn Sie wissen möchten, welches die nächste Zahl in einer Liste von Zahlen ist, bei Annahme eines linearen Trends.

Syntax

```
=RGP(Y_Werte; X_Werte; Konstante; Stats)
```

Parameter

Y_Werte	Die Zellen, die die Werte enthalten, von denen wir ermitteln wollen, ob eine Steigung stattfindet.
X_Werte	Eine Reihe von unabhängigen Zahlen, die eine Steigung vorweisen, z. B. 1,2,3 usw.
Konstante	*Wahr* oder *Falsch*, ob die Konstante b für die Gleichung y = mx + b den Wert 0 hat.
Stats	*Wahr* oder *Falsch*, ob zusätzliche Regressionsgrößen angegeben werden.

Ähnliche Funktionen

TREND(), VARIATION(), STEIGUNG()

9.69.1 Den Trend als Zahl ermitteln

Sie haben die Umsätze von sechs Monaten und möchten nun wissen, welchen Betrag in Euro Sie im nächsten Monat mehr einnehmen werden.

Wenn Sie den Wert der gleichmäßigen Umsatzsteigung ermitteln wollen, verwenden Sie die Funktion RGP.

1. Öffnen Sie die Datei *RGP.XLSX*.

2. Setzen Sie den Cursor in die Zelle, in der Sie das erste Ergebnis sehen möchten, beispielsweise B13.

3. Öffnen Sie den Funktions-Assistenten und starten Sie die Funktion RGP.

4. Setzen Sie den Cursor im Feld *Y-Werte* und markieren Sie die Zellen B6 bis B11.

5. Bestätigen Sie mit *OK*.

Der Aufbau der Funktion:

```
=RGP(B6:B11)
```

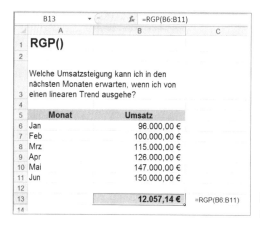

Bild 9.47: Das erwartete Umsatzplus für den nächsten Monat mit der Funktion RGP

Wir erwarten eine Umsatzsteigerung von 12.057,14 Euro in den nächsten Monaten.

> **Tipp:** Dies ist die Zahl, die Excel mit der Funktion TREND ermittelt. Dort wird sie zu den bereits vorhandenen Umsätzen aufaddiert.

9.70 RKP

Gibt den Wert einer Steigung zurück, wenn Sie wissen möchten, welches die nächste Zahl in einer Liste von Zahlen ist, bei Annahme eines exponentiellen Trends.

Syntax

```
=RKP(Y_Werte; X_Werte; Konstante; Stats)
```

Parameter

Y_Werte   Die Werte, die bereits bekannt sind.

X_Werte   Optionale Werte, die bereits bekannt sind.

Konstante   Ein Wahrheitswert, der angibt, ob die Konstante b den Wert 1 hat.

Stats   *Wahr* oder *Falsch*, ob zusätzliche Regressionsgrößen angegeben werden.

Ähnliche Funktionen

RKP(), TREND(), VARIATION(), STEIGUNG()

9.71 SCHÄTZER

Diese Funktion »schätzt« beispielsweise den erwarteten Umsatz für den nächsten Monat. Die Basis sind die bereits vorhandenen Zahlen.

Syntax

```
=SCHÄTZER(x; Y_Werte; X_Werte)
```

Parameter

x	Die Zahl, deren Wert geschätzt werden soll.
Y_Werte	Die Zellen, die die Werte enthalten, von denen wir ermitteln wollen, ob eine Steigung stattfindet oder nicht.
X_Werte	Eine Reihe von unabhängigen Zahlen, die eine Steigung vorweisen, z. B. 1,2,3 usw.

Ähnliche Funktionen

TREND(), RGP(), VARIATION(), STEIGUNG()

9.71.1 Den Trend für den nächsten Monat ermitteln

Sie kennen die Umsätze der ersten sechs Monate des Jahres und möchten nun wissen, was Sie voraussichtlich im nächsten Monat an Umsatz machen werden. Hierfür bietet Ihnen Excel die Funktion SCHÄTZER an.

Tipp: In diesem Beispiel müssen die Monate durch Nummern gekennzeichnet sein.

1. Öffnen Sie die Beispieldatei *SCHÄTZER.XLSX*.

2. Markieren Sie die Zelle, in der Sie das Ergebnis sehen möchten. In diesem Beispiel ist es die Zelle B12.

3. Starten Sie den Funktions-Assistenten und öffnen Sie die Funktion SCHÄTZER.

4. Da Sie für den Monat Juli den Umsatz ermitteln möchten, ist dieser *X*. Das Kennzeichen für den Juli ist die 7 und steht in Zelle A12.

5. Die *Y-Werte* sind die bis jetzt getätigten Umsätze, also die Inhalte der Zellen B6 bis B11.

6. Die *X-Werte* sind die Monate, in denen Sie die Umsätze gemacht haben, also die Zellen A6 bis A11.

7. Bestätigen Sie mit *OK*.

Die gerade erstellte Funktion hat den folgenden Aufbau:

```
=SCHÄTZER(A12;B6:B11;A6:A11)
```

366 *Kapitel 9: Statistische Funktionen*

B12	▼ (°	ƒ×	=SCHÄTZER(A12;B6:B11;A6:A11)		
	A	B	C	D	E
1	SCHÄTZER()				
2					
3	Diese Funktion "schätzt" den erwarteten Umsatz für den nächsten Monat				
4					
5	Monat	Umsatz			
6	1	123.000,00 €			
7	2	96.000,00 €			
8	3	105.000,00 €			
9	4	110.000,00 €			
10	5	117.000,00 €			
11	6	125.000,00 €			
12	7	**120.466,67 €**	=SCHÄTZER(A12;B6:B11;A6:A11)		

Bild 9.48: Das erwartete Ergebnis für den Juli wurde durch die Funktion SCHÄTZER ermittelt.

Die Funktion SCHÄTZER vermutet, dass der Umsatz im Juli 120.466,67 Euro betragen wird.

9.72 SCHIEFE

Gibt die Schiefe einer Verteilung zurück.

Syntax

```
=SCHIEFE(Zahl1; Zahl2;…)
```

Parameter

Zahl1; Zahl2;..   Die Zelle bzw. der Zellbereich, der durchsucht werden soll. Sie können bis zu 255 Zellen bzw. Zellbereiche untereinander angeben.

9.73 STABW.N

Die Standardabweichung ist die *Wurzel der mittleren quadratischen Abweichung*. Sie berechnet die Streuung um den Mittelwert. Indem sie die Werte zusätzlich quadriert und im Anschluss die Wurzel zieht, ist sie sehr genau.

Die Werte, die beim Berechnen der Standardabweichung mit der Funktion STABWN genommen werden, sind alle ermittelten Werte, also keine Stichproben.

> **Tipp:** Wenn Sie eine Standardabweichung für Stichproben ermitteln möchten, nehmen Sie die Funktion STABW.

Zur Berechnung wird zu Beginn der Mittelwert aller Zahlen genommen. Die Standardabweichung berechnet die Streuung um den Mittelwert, allerdings werden negative Werte durch das Quadrieren positiv und große Werte werden durch das Quadrieren noch verstärkt. Zum Abschluss wird die Wurzel gezogen.

Tipp: Der alte Name der Funktion lautet: STABWN. Über die Kategorie *Kompatibilität* können Sie ihn auch nutzen.

Syntax

```
=STABW.N(Zahl1; Zahl2;…)
```

Parameter

Zahl1; Zahl2;..   Die Zelle bzw. der Zellbereich, der durchsucht werden soll. Sie können bis zu 255 Zellen bzw. Zellbereiche untereinander angeben.

Ähnliche Funktionen

MITTELABW(), MITTELWERT(), STABW.S(), STABWA(), VAR.P(), VARIANZA(), VAR.S(), VARIANZENA()

9.73.1 Die Standardabweichung aller ermittelten Werte

Gehen wir im ersten Beispiel davon aus, dass Sie sechs Tage lang Schokoladenhohlfiguren produziert haben. Sie haben jeden Tag genau protokolliert, wie viele bei der Produktion zerbrochen sind. Aufgrund dieser Daten möchten Sie wissen, wie viele bei der Produktion durchschnittlich zerbrochen sind.

Wir gehen in diesem Beispiel davon aus, dass die sechs Zahlen alle Werte sind, also eine Grundgesamtheit.

1. Öffnen Sie die Datei *STABW.N.XSLX*. Starten Sie den Funktions-Assistenten und suchen Sie die Funktion STABW.N.

2. Markieren Sie die Zellen, von denen Sie die Standardabweichung ermitteln wollen. In diesem Beispiel sind es die Zellen B6 bis B11.

3. Bestätigen Sie mit *OK*.

Die Funktion sieht nun so aus:

```
=STABW.N(B6:B11)
```

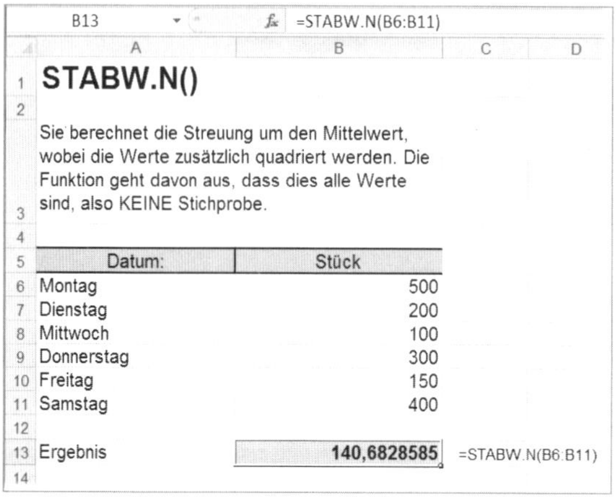

368 *Kapitel 9: Statistische Funktionen*

	B13	▾	*fx* =STABW.N(B6:B11)		
	A		B	C	D

STABW.N()

Sie berechnet die Streuung um den Mittelwert, wobei die Werte zusätzlich quadriert werden. Die Funktion geht davon aus, dass dies alle Werte sind, also KEINE Stichprobe.

	Datum:	Stück
Montag		500
Dienstag		200
Mittwoch		100
Donnerstag		300
Freitag		150
Samstag		400
Ergebnis		140,6828585	=STABW.N(B6:B11)

Bild 9.49: Der Aufbau der Funktion STABW.N

Die Standardabweichung liegt für diese sechs Zahlen bei 140,68.

Das bedeutet, dass pro Produktionstag ca. 141 Schokoladenhohlfiguren während der Produktion zerbrochen sind.

Wie ermittelt Excel diesen Wert?

Zu Beginn errechnet Excel den Mittelwert. Dann wird der Abstand jedes Wertes zum Mittelwert errechnet. Diese Werte finden Sie in der Spalte C der folgenden Abbildung. Im nächsten Schritt wird der ermittelte Wert quadriert. Die Ergebnisse finden Sie in der Spalte D. Der Rechenschritt in D2 lautet:

```
=C2*C2
```

Aus diesen Werten wird in D9 die Summe gebildet. Dann wird die Summe in der Zelle D10 durch die Anzahl der Werte geteilt.

> **Tipp:** Dieses Ergebnis liefert auch die Funktion VARIANZEN, die im entsprechenden Kapitel beschrieben wird.

Nun wird in der Zelle D11 die Wurzel aus dem letzten Ergebnis gezogen.

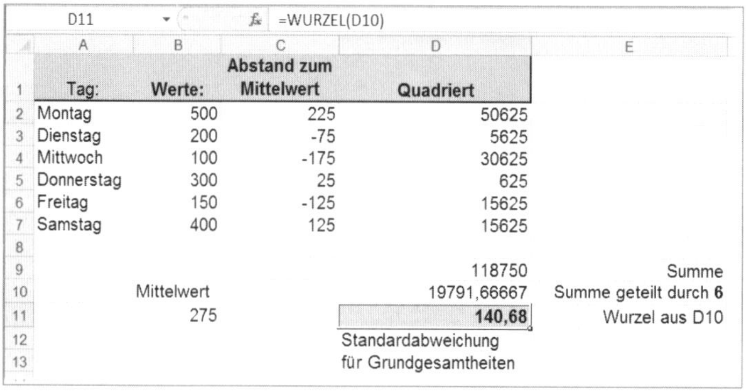

	D11	▾	*fx* =WURZEL(D10)		
	A	B	C	D	E
	Tag:	Werte:	Abstand zum Mittelwert	Quadriert	
Montag	500	225	50625	
Dienstag	200	-75	5625	
Mittwoch	100	-175	30625	
Donnerstag	300	25	625	
Freitag	150	-125	15625	
Samstag	400	125	15625	
				118750	Summe
		Mittelwert		19791,66667	Summe geteilt durch 6
		275		140,68	Wurzel aus D10
			Standardabweichung		
			für Grundgesamtheiten		

Bild 9.50: Der Rechenschritt, um die Standardabweichung zu ermitteln ohne die Funktion STABW.N

9.74 STABW.S

Die Standardabweichung ist die Wurzel der *mittleren quadratischen Abweichung*. Sie berechnet die Streuung um den Mittelwert, wie die Funktion MITTELABW, allerdings noch genauer, da sie die Werte zusätzlich quadriert und im Anschluss die Wurzel zieht.

Die Werte, die beim Berechnen der Standardabweichung mit der Funktion STABW.S genommen werden, sind Stichproben. Also stehen nicht alle Werte zur Verfügung.

Tipp: Wenn Sie eine Standardabweichung für alle Werte ermitteln möchten, nehmen Sie die Funktion STABW.N.

Zur Berechnung wird zu Beginn der Mittelwert aller Zahlen genommen. Die Standardabweichung berechnet die Streuung um den Mittelwert, allerdings werden negative Werte durch das Quadrieren positiv und große Werte werden durch das Quadrieren noch verstärkt. Zum Abschluss wird die Wurzel gezogen.

Tipp: Der alte Name der Funktion lautet: STABW. Über die Kategorie *Kompatibilität* können Sie ihn auch nutzen.

Syntax
```
=STABW.S(Zahl1; Zahl2;…)
```

Parameter

Zahl1; Zahl2;..   Die Zelle bzw. der Zellbereich, der durchsucht werden soll. Sie können bis zu 255 Zellen bzw. Zellbereiche untereinander angeben.

Ähnliche Funktionen

MITTELABW(), MITTELWERT(), STABW.N(), STABWNA(), VARIANZ(), VAR.P(), VAR.S(), VARIANZENA()

9.74.1 Die Standardabweichung einer Stichprobe

Gehen wir im ersten Beispiel davon aus, dass Sie ein Jahr lang an sechs Tagen in der Woche Schokoladenhohlfiguren produziert haben. Sie haben an einigen Tagen, genauer an 12, protokolliert, wie viele bei der Produktion zerbrochen sind. Aufgrund dieser Daten möchten Sie wissen, wie viele bei der Produktion durchschnittlich zerbrechen.

Wir gehen in diesem Beispiel davon aus, dass die zwölf Zahlen nur ein Teil der Daten sind, die wir haben, also eine Stichprobe.

1. Öffnen Sie die Datei *STABW.S.XLSX*.

2. Öffnen Sie den Funktions-Assistenten und suchen Sie die Funktion STABW.S.

370 *Kapitel 9: Statistische Funktionen*

3. Markieren Sie die Zellen, von denen Sie die Standardabweichung ermitteln wollen. In diesem Beispiel B6 bis B11.

4. Bestätigen Sie mit *OK*.

Der Funktionsaufbau:

```
=STABW.S(B6:B11)
```

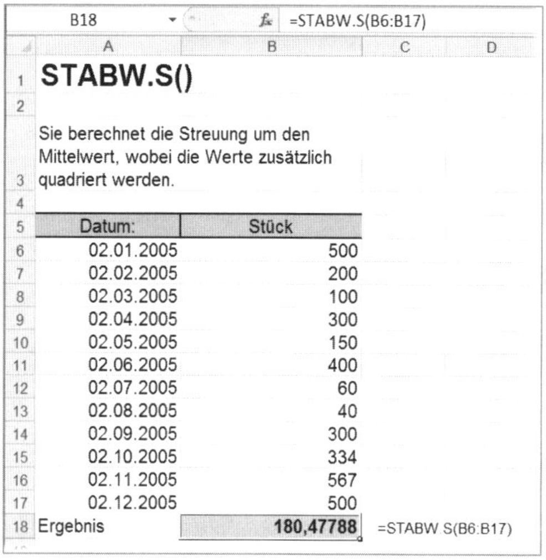

	B18	▾	f_x	=STABW.S(B6:B17)		
	A		B		C	D
1	**STABW.S()**					
2						
3	Sie berechnet die Streuung um den Mittelwert, wobei die Werte zusätzlich quadriert werden.					
4						
5	Datum:		Stück			
6	02.01.2005		500			
7	02.02.2005		200			
8	02.03.2005		100			
9	02.04.2005		300			
10	02.05.2005		150			
11	02.06.2005		400			
12	02.07.2005		60			
13	02.08.2005		40			
14	02.09.2005		300			
15	02.10.2005		334			
16	02.11.2005		567			
17	02.12.2005		500			
18	Ergebnis		**180,47788**	=STABW.S(B6:B17)		

Bild 9.51: Der Aufbau der Funktion STABW.S

Die Standardabweichung liegt für diese 12 Zahlen bei 180,48.

Das bedeutet, dass pro Produktionstag ca. 180 Schokoladenhohlfiguren während der Produktion zerbrochen sind.

Wie ermittelt Excel diesen Wert?

Zu Beginn errechnet Excel den Mittelwert. Dann wird der Abstand jedes Wertes zum Mittelwert errechnet. Diese Werte finden Sie in der Spalte C der folgenden Abbildung.

Im nächsten Schritt wird der ermittelte Wert quadriert. Die Ergebnisse finden Sie in der Spalte D. Der Rechenschritt in D2 lautet:

```
=C2*C2
```

Aus diesen Werten wird in D15 die Summe gebildet.

Dann wird die Summe in der Zelle D16 durch die Anzahl der Werte -1 geteilt, also in unserem Beispiel durch 11. Wir haben 12 Stichprobenwerte, die Funktion teilt durch die Anzahl der Werte -1.

> **Tipp:** Dieses Ergebnis liefert auch die Funktion VARIANZ, die im entsprechenden Kapitel beschrieben wird.

Nun wird in der Zelle D17 die Wurzel aus dem letzten Ergebnis gezogen.

	D17	▾ (	*fx*	=WURZEL(D16)	
	A	B	C	D	E
1	Tag:	Werte:	Abstand zum Mittelwert	Quadriert	
2	02.01.2010	500	212,4166667	45120,84028	
3	02.02.2010	200	-87,58333333	7670,840278	
4	02.03.2010	100	-187,5833333	35187,50694	
5	02.04.2010	300	12,41666667	154,1736111	
6	02.05.2010	150	-137,5833333	18929,17361	
7	02.06.2010	400	112,4166667	12637,50694	
8	02.07.2010	60	-227,5833333	51794,17361	
9	02.08.2010	40	-247,5833333	61297,50694	
10	02.09.2010	300	12,41666667	154,1736111	
11	02.10.2010	334	46,41666667	2154,506944	
12	02.11.2010	567	279,4166667	78073,67361	
13	02.12.2010	500	212,4166667	45120,84028	
14					
15				358294,9167	Summe
16		Mittelwert		32572,26515	Summe geteilt durch **11**
17		287,5833		180,48	Wurzel aus D16
18			Standardabweichung		
19			für Stichproben		

Bild 9.52: Der Rechenschritt, um die Standardabweichung zu ermitteln ohne die Funktion STABW.S

9.75 STABWA

Die Standardabweichung ist die Wurzel der *mittleren quadratischen Abweichung*. Sie berechnet die Streuung um den Mittelwert, wie die Funktion MITTELABW, allerdings noch genauer, da sie die Werte zusätzlich quadriert und im Anschluss die Wurzel zieht.

Die Funktion STABWA nimmt auch Texte und die Werte *Wahr* und *Falsch* in die Auswertung. Texte und *Falsch* werden als 0, *Wahr* als 1 interpretiert.

> **Tipp:** Wenn Sie eine Standardabweichung für alle Werte ermitteln möchten, nehmen Sie die Funktion STABWNA.

Zur Berechnung wird zu Beginn der Mittelwert aller Zahlen genommen. Die Standardabweichung berechnet die Streuung um den Mittelwert, allerdings werden negative Werte durch das Quadrieren positiv und große Werte werden durch das Quadrieren noch verstärkt. Zum Abschluss wird die Wurzel gezogen.

Syntax

```
=STABW(Wert1; Wert2;….)
```

Parameter

Wert1; Wert2;..   Die Zelle bzw. der Zellbereich, der durchsucht werden soll. Sie können bis zu 255 Zellen bzw. Zellbereiche untereinander angeben.

Ähnliche Funktionen

MITTELABW(), MITTELWERT(), STABW.N(), STABWNA(), VAR.P(), VARIANZA(), VAR.S(), VARIANZENA()

9.76 STABWNA

Die Standardabweichung ist die *Wurzel der mittleren quadratischen Abweichung*. Sie berechnet die Streuung um den Mittelwert. Indem sie die Werte zusätzlich quadriert und im Anschluss die Wurzel zieht, ist sie sehr genau.

Die Funktion STABWNA nimmt auch Texte und die Werte *Wahr* und *Falsch* in die Auswertung.

> **Tipp:** Wenn Sie eine Standardabweichung für Stichproben ermitteln möchten, nehmen Sie die Funktion STABWA.

Zur Berechnung wird zu Beginn der Mittelwert aller Zahlen genommen. Die Standardabweichung berechnet die Streuung um den Mittelwert, allerdings werden negative Werte durch das Quadrieren positiv und große Werte werden durch das Quadrieren noch verstärkt. Zum Abschluss wird die Wurzel gezogen.

Syntax

```
=STABWNA(Wert1; Wert2;….)
```

Parameter

Wert1; Wert2;..   Die Zelle bzw. der Zellbereich, der durchsucht werden soll. Sie können bis zu 255 Zellen bzw. Zellbereiche untereinander angeben.

Ähnliche Funktionen

MITTELABW(), MITTELWERT(), STABW.S(), STABWA(), VAR.P(), VARIANZA(), VAR.S(), VARIANZENA()

9.77 STANDARDISIERUNG

Gibt den standardisierten Wert zurück.

Syntax

```
=STANDARDISIERUNG(x; Mittelwert; Standabwn)
```

Parameter

x   Der Wert, der standardisiert werden soll.

Mittelwert   Der Mittelwert der Verteilung.

Standabwn   Die Standardabweichung der Verteilung.

9.78 STEIGUNG

Zeigt an, ob eine Reihe von Zahlen eine Steigung oder ein Gefälle aufweist. Ziel ist es hier, die lineare Regression aufzuzeigen.

Syntax

```
=STEIGUNG(Y_Werte; X_Werte)
```

Parameter

Y_Werte   Die Zellen, die die Werte enthalten, von denen wir ermitteln wollen, ob eine Steigung stattfindet oder nicht.

X_Werte   Eine Reihe von unabhängigen Zahlen, die eine Steigung vorweisen, z. B. 1,2,3 usw.

Ähnliche Funktionen

BESTIMMTSHEITSMASS(), ACHSENABSCHNITT()

9.78.1 Findet eine Steigung der Werte statt?

Manchmal will man einfach nur wissen, wie denn die Tendenz der vorhandenen Zahlen ausfällt. Ist die Tendenz steigend, fallend oder konstant?

In diesem Beispiel wollen wir die Tendenz für den Umsatz, die Anzahl der Kunden und die Anzahl der Beschwerden in den ersten sieben Monaten ermitteln.

1. Öffnen Sie die Datei *STEIGUNG.XSLX*.

2. Öffnen Sie den Funktions-Assistenten und starten Sie die Funktion STEIGUNG.

3. Im Feld *Y-Werte* markieren Sie die Zellen mit den Umsatzzahlen, die Sie bereits haben. In diesem Beispiel sind es die Zellen C6 bis C13.

4. Ins Feld *X_Werte* markieren Sie die Zellen von A6 bis A13. Das sind die Monate, deren Daten Sie bereits haben.

5. Bestätigen Sie mit Eingabe .Der Aufbau der Funktion sieht folgendermaßen aus:

```
=STEIGUNG(C6:C13;A6:A13)
```

374 *Kapitel 9: Statistische Funktionen*

	G15	▾		*f*ₓ	=STEIGUNG(G6:G13;$A$6:$A13)				
	A	B	C	D	E	F	G	H	I	J

Steigung()

Die Funktion STEIGUNG soll für diese drei Wertelisten zeigen, ob die Zahlen noch oben oder nach unten gehen.

Monat	Umsatz aktuell	Anzahl Kunden	Anzahl Beschwerden
1	123000	1900	100
2	96000	2000	200
3	105000	1800	300
4	110000	1400	400
5	117000	1500	400
6	125000	1300	300
7	130000	1200	200
8	139000	1400	100

| Tendenz: | 4154,761905 | -105,952381 | 0 | =STEIGUNG(G6:G13;$A$6:$A$13) |

Bild 9.53: Die Funktion STEIGUNG findet eine mögliche Steigung der Werte.

Das Ergebnis ist die Steigung der Regressionsgeraden.

Ist das Ergebnis positiv, wie in Zelle C15, dann findet eine Steigung der Zahlen statt. Ist das Ergebnis negativ, wie in Zelle E15, dann gehen die Zahlen nach unten. (Wie unsere Politiker so schön sagen: ein negatives Wachstum). Wenn eine 0 herauskommt, dann findet keine Bewegung statt, die Zahlen sind also konstant.

Findet eine lesbare Steigung der Werte statt?

Sie können sich auch klarschriftlich anzeigen lassen, ob eine Steigung stattfindet.

1. Setzen Sie den Cursor in die Zelle, in der Sie das erste Ergebnis sehen möchten. In diesem Beispiel ist es die Zelle C15.

2. Geben Sie die folgende Formel ein:

```
=WENN( STEIGUNG(C6:C13;A6:A13)>0;"Nach oben";WENN(
STEIGUNG(C6:C13;A6:A13)<0;"Nach unten";"Konstant"))
```

3. Drücken Sie zur Bestätigung `Eingabe`.

Die Formel baut sich folgendermaßen auf:

Außen herum sehen Sie eine zweifach verschachtelte WENN-Funktion. Aber beginnen wir mit der Funktion STEIGUNG.

```
STEIGUNG(C6:C13;A6:A13)
```

Die Funktion STEIGUNG ermittelt, wie hoch die Steigung in einer Zahlenfolge ist. Das Ergebnis ist eine Zahl. Die Steigung der Zahlen 2, 4, 6, 8, 10 ist 2. Der erste Teil der Funktion gibt die Zahlen an, von denen man eine Steigung ermitteln will. Der zweite Teil der Funktion zeigt in diesem Beispiel die Monate, wobei diese als Zahlen dargestellt werden müssen.

Da wir diese Funktion kopieren wollen, müssen wir die Monate mit `F4` feststellen.

```
=WENN(STEIGUNG(C6:C13;A6:A13)>0 ; "Nach oben" ;
```

Wenn es in den Zellen C6 bis C13 eine Steigung gibt, die größer als 0 ist, dann soll der Text *Nach oben* geschrieben werden.

```
WENN(STEIGUNG(C6:C13;A6:A13)<0 ; "Nach unten" ;
```

Wenn es in den Zellen C6 bis C13 eine Verringerung kleiner als 0 gibt, dann soll der Text *Nach unten* geschrieben werden.

```
"Konstant"))
```

Wenn keines der beiden zutrifft, dann soll der Text *Konstant* geschrieben werden, da keine Steigerung und auch keine Verringerung stattgefunden hat.

C15		f_x	=WENN(STEIGUNG(C6:C13;$A$6:$A$13)>0;"Nach oben";WENN(STEIGUNG(C6:C13;$A$6:$A$13)<0;"Nach unten";"Konstant"))								
	A	B	C	D	E	F	G	H	I	J	K	L
1	Steigung()											
2												
3	Die Funktion STEIGUNG soll für diese drei Wertelisten zeigen, ob die Zahlen noch oben oder nach unten gehen. Dabei soll jetzt ein erklärender Text angezeigt werden.											
4												
5		Monat		Umsatz aktuell		Anzahl Kunden		Anzahl Beschwerden				
6		1	123000		1900		100					
7		2	96000		2000		200					
8		3	105000		1800		300					
9		4	110000		1400		400					
10		5	117000		1500		400					
11		6	125000		1300		300					
12		7	130000		1200		200					
13		8	139000		1400		100					
14												
15	Tendenz:		Nach oben		Nach unten		Konstant					
16												
17												
18			=WENN(STEIGUNG(C6:C13;$A$6:$A$13)>0;"Nach oben";									
19			WENN(STEIGUNG(C6:C13;$A$6:$A$13)<0;"Nach unten";"Konstant"))									

Bild 9.54: Das Ergebnis zeigt die Tendenz der Zahlen

In dieser Abbildung wurde die gerade vorgestellte Formel analog für die Anzahl der Kunden und die Anzahl der Beschwerden erstellt.

Tipp: In der Beispieldatei finden Sie noch ein Beispiel mit Sonderzeichen.

9.79 STFEHLERYX

Gibt den Standardfehler der geschätzten y-Werte für alle x-Werte der Regression zurück.

Syntax

```
=STFEHLERYX(Y_Werte; X_Werte)
```

Parameter

Y_Werte   Ein Zellbereich mit abhängigen Datenpunkten.

376 *Kapitel 9: Statistische Funktionen*

X_Werte   Ein Zellbereich mit unabhängigen Datenpunkten.

9.80   SUMQUADABW

Gibt die Summe der quadrierten Abweichungen der Datenpunkte vom Stichproben-
mittelwert zurück.

Syntax

```
=SUMQUADABW(Zahl1; Zahl2; …)
```

Parameter

Zahl1; Zahl2;..   Die Zelle bzw. der Zellbereich, der durchsucht werden soll. Sie
                         können bis zu 255 Zellen bzw. Zellbereiche untereinander angeben.

9.81   T.INV

Gibt die linksseitigen Quantile der t-Verteilung zurück.

> **Tipp:** Der alte Name der Funktion lautet: TINV. Über die Kategorie *Kompatibilität*
> können Sie ihn auch nutzen.

Syntax

```
=T.INV(Wahrsch; Freiheitsgrade)
```

Parameter

Wahrsch   Die zur t-Verteilung zugehörige Wahrscheinlichkeit. Eine Zahl
                         größer als 0 und kleiner als 1.

Freiheitsgrade   Die Anzahl der Freiheitsgrade.

9.82   T.INV.25

Gibt die zweiseitigen Quantile der t-Verteilung zurück.

> **Tipp:** Diese Funktion ist neu in der aktuellen Excel-Version.

Syntax

```
=T.INV.25(Wahrsch; Freiheitsgrade)
```

Parameter

Wahrsch	Die zur t-Verteilung zugehörige Wahrscheinlichkeit. Eine Zahl größer als 0 und kleiner als 1.
Freiheitsgrade	Die Anzahl der Freiheitsgrade.

9.83 T.TEST

Gibt die Teststatistik eines Student'schen t-Tests zurück.

> **Tipp:** Der alte Name der Funktion lautet: TTEST. Über die Kategorie *Kompatibilität* können Sie ihn auch nutzen.

Syntax

```
=T.TEST(Matrix1; Matrix2; Seiten; Typ)
```

Parameter

Matrix1	Die erste Datengruppe.
Matrix2	Die zweite Datengruppe.
Seiten	Die Anzahl der Endflächen.
Typ	Bestimmt die Form des t-Tests.

9.84 T.VERT

Gibt Werte einer t-Verteilung für die linke Endfläche zurück.

> **Tipp:** Der alte Name der Funktion lautet: TVERT. Über die Kategorie *Kompatibilität* können Sie ihn auch nutzen.

Syntax

```
=T.VERT(x; Freiheitsgrade; kumuliert)
```

Parameter

x	Der Wert der Verteilung, dessen Wahrscheinlichkeit berechnet werden soll.
Freiheitsgrade	Die Anzahl der Freiheitsgrade.
kumuliert	Geben Sie für die kumulierte Verteilungsfunktion *Wahr* oder für die Wahrscheinlichkeitsdichtefunktion *Falsch* ein.

378 *Kapitel 9: Statistische Funktionen*

9.85 T.VERT.25

Gibt Werte einer t-Verteilung für zwei Endflächen zurück.

> **Tipp:** Diese Funktion ist neu in der aktuellen Excel-Version.

Syntax

```
=T.VERT.25(x; Freiheitsgrade)
```

Parameter

x   Der Wert der Verteilung, dessen Wahrscheinlichkeit berechnet werden soll.

Freiheitsgrade   Die Anzahl der Freiheitsgrade.

9.86 T.VERT.RE

Gibt Werte einer t-Verteilung für die rechte Endfläche zurück.

> **Tipp:** Diese Funktion ist neu in der aktuellen Excel-Version.

Syntax

```
=T.VERT.RE(x; Freiheitsgrade)
```

Parameter

x   Der Wert der Verteilung, dessen Wahrscheinlichkeit berechnet werden soll.

Freiheitsgrade   Die Anzahl der Freiheitsgrade.

9.87 TREND

Liefert den Trend bei gegebenen x- und y-Werten.

Syntax

```
=TREND(Y_Werte; X_Werte; Neue_x_Werte; Konstante)
```

Parameter

Y_Werte   Die Zellen, die die Werte enthalten, von denen wir ermitteln wollen, ob eine Steigung stattfindet oder nicht.

X_Werte	Eine Reihe von unabhängigen Zahlen, die eine Steigung vorweisen. Z. B. 1, 2, 3 usw.
Neue_x_Werte	Die Zellen, in denen der Trend angezeigt werden soll.
Konstante	Wahrheitswert, der festlegt, ob ein Offset für die lineare Gleichung $y = mx + b$ vorliegt.

Ähnliche Funktionen

SCHÄTZER(), RGP(), STEIGUNG(), VARIATION()

9.87.1 Einen linearen Trend für die nächsten Monate ermitteln

Jetzt möchten Sie den Trend für die kommenden sechs Monate ermitteln. Dabei haben wir die Beispieltabelle um die Monate Juli bis Dezember (in Zahlen) erweitert.

Markieren Sie alle Ergebniszellen. In diesem Beispiel sind es die Zellen B8 bis B13.

1. Öffnen Sie die Datei *TREND.XLSX*.

2. Öffnen Sie den Funktions-Assistenten und starten Sie die Funktion TREND.

3. Im Feld *Y-Werte* markieren Sie die Zellen mit den Umsatzzahlen, die Sie bereits haben. In diesem Beispiel sind es die Zellen B12 bis B17.

4. Im Feld *X_Werte* markieren Sie die Zellen von A6 bis A11. Das sind die Monate, deren Daten Sie bereits haben.

5. Klicken Sie in das Feld *Neue_x_Werte* und markieren Sie die Zellen A12 bis A17. Dies sind die Monate, die Sie berechnen möchten, allerdings wieder als Zahl dargestellt.

6. Bestätigen Sie mit ⌈Strg⌋ + ⌈Umschalt⌋ + ⌈Eingabe⌋.

Jetzt steht in den Zellen B12 bis B17 eine Formel. Jedes Mal, wenn Sie Änderungen an den Umsatzzahlen von Januar bis Juni vornehmen, ändern sich auch die Inhalte der Zellen B12 bis B17.

Die Funktion ist folgendermaßen ausgebaut:

```
{=TREND(B6:B11;A6:A11;A12:A17)}
```

380 *Kapitel 9: Statistische Funktionen*

	B12	▾	*fx*	{=TREND(B6:B11;A6:A11;A12:A17)}		
▲	A		B		C	D
1	**TREND()**					
2						
3	Ermittelt den Trend, also z.B. den zu erwartenden Umsatz für die nächsten sechs Monate.					
4						
5	**Monat**		**Umsatz**			
6	1		96.000,00 €			
7	2		100.000,00 €			
8	3		115.000,00 €			
9	4		126.000,00 €			
10	5		147.000,00 €			
11	6		150.000,00 €			
12	7		**164.533,33 €**			
13	8		**176.590,48 €**			
14	9		**188.647,62 €**			
15	10		**200.704,76 €**			
16	11		**212.761,90 €**			
17	12		**224.819,05 €**	{=TREND(B6:B11;A6:A11;A12:A17)}		

Bild 9.55:
Die Erwartungen der nächsten sechs Monate, die mithilfe der Funktion TREND ermittelt wurden

In den folgenden Monaten wird eine Umsatzsteigung von 2.228,57 Euro pro Monat erwartet.

> **Tipp:** Diese Funktion liefert Ihnen genau dasselbe Ergebnis wie der Befehl *Linearer Trend* im Kontextmenü der rechten Maustaste. Dieser Befehl ermittelt auch den Wert 2228,57 als erwartete Steigung für die nächsten Monate. Die Funktion RGP zeigt Ihnen den ermittelten Wert (2.228,57).

9.88   VAR.P

Die Varianz wird auch als *mittlere quadratische Abweichung* bezeichnet. Sie berechnet die Streuung um den Mittelwert. Die Streuung, also der Abstand zum Mittelwert, wird quadriert. Durch das Quadrieren werden negative Werte positiv und große Werte werden durch das Quadrieren noch verstärkt.

> **Tipp:** Der alte Name der Funktion lautet: VARIANZ. Über die Kategorie *Kompatibilität* können Sie ihn auch nutzen.

Syntax
=VAR.P(Zahl1; Zahl2;…)

Parameter

Zahl1; Zahl2;..   Die Zelle bzw. der Zellbereich, der durchsucht werden soll. Sie können bis zu 255 Zellen bzw. Zellbereiche untereinander angeben.

Ähnliche Funktionen
MITTELABW(), MITTELWERT(), STABW.S(), STABWA(), STABW.N(), STABWNA(), VAR.P(), VARIANZA(), VAR.S()

9.88.1 Die Varianz alle ermittelten Werte

Gehen wir im ersten Beispiel davon aus, dass Sie sechs Tage lang Schokoladenhohlfiguren produziert haben. Sie haben jeden Tag genau protokolliert, wie viele bei der Produktion zerbrochen sind.

Wir gehen in diesem Beispiel davon aus, dass die sechs Zahlen alle Werte sind, also eine Grundgesamtheit.

1. Öffnen Sie die Datei *VAR.P.XLSX*. Starten Sie den Funktions-Assistenten und suchen Sie die Funktion VAR.P.
2. Markieren Sie die Zellen, von denen Sie die Varianz ermitteln wollen. In diesem Beispiel sind es die Zellen von B6 bis B17.
3. Bestätigen Sie mit *OK*.

Der Funktionsaufbau:

```
=VAR.P(B6:B17)
```

Bild 9.56: Der Aufbau der Funktion VAR.P

Die Varianz liegt für diese 12 Zahlen bei 29.875,91.

Wie ermittelt Excel diesen Wert?

Zu Beginn errechnet Excel den Mittelwert. Dann wird der Abstand jedes Wertes zum Mittelwert errechnet. Diese Werte finden Sie in der Spalte C der folgenden Abbildung.

Im nächsten Schritt wird der ermittelte Wert quadriert. Die Ergebnisse finden Sie in der Spalte D. Der Rechenschritt in D2 lautet:

```
=C2*C2
```

Aus diesen Werten wird in D9 die Summe gebildet. Dann wird die Summe in der Zelle D10 durch die Anzahl der Werte geteilt.

	D16	▾ ⬤	fx =D15/12		
	A	B	C	D	E
1	Datum	Stück	Abstand zum Mittelwert	Quadriert	
2	02.01.2005	500	212,4166667	45120,84028	
3	02.02.2005	200	-87,58333333	7670,840278	
4	02.03.2005	100	-187,5833333	35187,50694	
5	02.04.2005	300	12,41666667	154,1736111	
6	02.05.2005	150	-137,5833333	18929,17361	
7	02.06.2005	400	112,4166667	12637,50694	
8	02.07.2005	60	-227,5833333	51794,17361	
9	02.08.2005	40	-247,5833333	61297,50694	
10	02.09.2005	300	12,41666667	154,1736111	
11	02.10.2005	334	46,41666667	2154,506944	
12	02.11.2005	567	279,4166667	78073,67361	
13	02.12.2005	500	212,4166667	45120,84028	
14					
15				358294,9167	Summe
16		Mittelwert		29.857,91	Summe geteilt durch 12
17		287,5833	Das Quadrat		
18			der Standardabweichung		
19			für Grundgesamtheiten		

Bild 9.57: Der Rechenschritt, um die Varianz ohne die Funktion VAR.P zu ermitteln

9.89 VAR.S

Die Varianz wird auch als *mittlere quadratische Abweichung* bezeichnet. Sie berechnet die Streuung um den Mittelwert. Die Streuung, also der Abstand zum Mittelwert, wird quadriert. Durch das Quadrieren werden negative Werte positiv und große Werte werden durch das Quadrieren noch verstärkt.

Die Werte, die beim Berechnen der Varianz mit der Funktion VAR.P genommen werden, sind Stichproben, also nicht alle Werte, die eventuell zur Verfügung stehen.

Tipp: Der alte Name der Funktion lautet: VARIANZEN. Über die Kategorie *Kompatibilität* können Sie ihn auch nutzen.

Syntax

```
=VAR.S(Zahl1, Zahl2,…)
```

Parameter

Zahl1; Zahl2;..   Die Zelle bzw. der Zellbereich, der durchsucht werden soll. Sie können bis zu 255 Zellen bzw. Zellbereiche untereinander angeben.

Ähnliche Funktionen
MITTELABW(), MITTELWERT(), STABW.S(), STABWA(), STABW.N(), STABWNA(), VAR.P(), VAR.S(), VARIANZENA()

9.89.1 Die Varianz einer Stichprobe

Gehen wir im ersten Beispiel davon aus, dass Sie ein Jahr lang an sechs Tagen in der Woche Schokoladenhohlfiguren produziert haben. Sie haben an einigen Tagen, genauer an 12, protokolliert, wie viele bei der Produktion zerbrochen sind.

Wir gehen in diesem Beispiel davon aus, dass die 12 Zahlen nur ein Teil der Daten sind, die wir haben, also eine Stichprobe.

1. Öffnen Sie die Datei *VAR.S.XLSX*. Starten Sie den Funktions-Assistenten und suchen Sie die Funktion VAR.S.
2. Markieren Sie die Zellen, von denen Sie die Standardabweichung ermitteln wollen. In diesem Beispiel sind es die Zellen B6 bis B17. Bestätigen Sie mit *OK*.

Der Aufbau der Funktion:

```
=VAR.S(B6:B17)
```

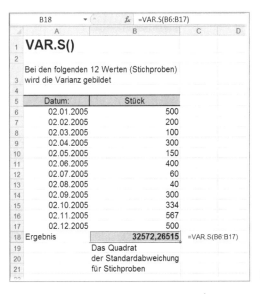

Bild 9.58: Der Aufbau der Funktion VAR.S

Die Varianz liegt für diese 12 Zahlen bei 32.572,27.

Wie ermittelt Excel diesen Wert?

Zu Beginn errechnet Excel den Mittelwert. Dann wird der Abstand jedes Wertes zum Mittelwert errechnet. Diese Werte finden Sie in der Spalte C der folgenden Abbildung. Im nächsten Schritt wird der ermittelte Wert quadriert. Die Ergebnisse finden Sie in der Spalte D.

Der Rechenschritt in D2 lautet:

```
=C2*C2
```

Aus diesen Werten wird in D15 die Summe gebildet. Anschließend wird die Summe in der Zelle D16 durch die Anzahl der Werte -1 geteilt, also in unserem Beispiel durch 11. Wir haben 12 Stichprobenwerte, die Funktion teilt durch die Anzahl der Werte -1.

	D16	▼	f_x =D15/11		
	A	B	C	D	E
1	**Datum**	**Stück**	**Abstand zum Mittelwert**	**Quadriert**	
2	02.01.2005	500	212,4166667	45120,84028	
3	02.02.2005	200	-87,58333333	7670,840278	
4	02.03.2005	100	-187,5833333	35187,50694	
5	02.04.2005	300	12,41666667	154,1736111	
6	02.05.2005	150	-137,5833333	18929,17361	
7	02.06.2005	400	112,4166667	12637,50694	
8	02.07.2005	60	-227,5833333	51794,17361	
9	02.08.2005	40	-247,5833333	61297,50694	
10	02.09.2005	300	12,41666667	154,1736111	
11	02.10.2005	334	46,41666667	2154,506944	
12	02.11.2005	567	279,4166667	78073,67361	
13	02.12.2005	500	212,4166667	45120,84028	
14					
15				358294,9167	Summe
16		Mittelwert		**32.572,27**	Summe geteilt durch 11
17		287,5833	Das Quadrat		
18			der Standardabweichung		
19			für Stichproben		

Bild 9.59: Der Rechenschritt, um ohne die Funktion VARIANZ die Varianz zu ermitteln

9.90 VARIANZA

Die Varianz wird auch als *mittlere quadratische Abweichung* bezeichnet. Sie berechnet die Streuung um den Mittelwert. Die Streuung, also der Abstand zum Mittelwert, wird quadriert. Durch das Quadrieren werden negative Werte positiv und große Werte werden durch das Quadrieren noch verstärkt.

Die Werte, die beim Berechnen der Varianz mit der Funktion VARIANZA genommen werden, sind Stichproben, also nicht alle Werte, die eventuell zur Verfügung stehen.

Die Funktion VARIANZA nimmt auch Texte und die Werte *Wahr* und *Falsch* in die Auswertung. Texte und *Falsch* werden als 0, *Wahr* als 1 interpretiert.

> **Tipp:** Wenn Sie die Varianz für alle Werte ermitteln möchten, nehmen Sie die Funktion VARIANZENA.

Syntax

```
=VARIANZA(Wert1; Wert2;…)
```

Parameter

Wert1; Wert2;..   Die Zelle bzw. der Zellbereich, der durchsucht werden soll. Sie können bis zu 255 Zellen bzw. Zellbereiche untereinander angeben.

Ähnliche Funktionen

MITTELABW(), MITTELWERT(), STABW(), STABWA(), STABWN(), STABWNA(), VARIANZ(), VARIANZEN(), VARIANZENA()

9.91   VARIANZENA

Die Varianz wird auch als *mittlere quadratische Abweichung* bezeichnet. Sie berechnet die Streuung um den Mittelwert. Die Streuung, also der Abstand zum Mittelwert, wird quadriert. Durch das Quadrieren werden negative Werte positiv und große Werte werden durch das Quadrieren noch verstärkt.

Die Funktion VARIANZENA nimmt auch Texte und die Werte *Wahr* und *Falsch* in die Auswertung. Texte und *Falsch* werden als 0, *Wahr* als 1 interpretiert.

Syntax

```
=VARIANZENA(Wert1; Wert2;…)
```

Parameter

Wert1; Wert2;..   Die Zelle bzw. der Zellbereich, der durchsucht werden soll. Sie können bis zu 255 Zellen bzw. Zellbereiche untereinander angeben.

Ähnliche Funktionen

MITTELABW(), MITTELWERT(), STABW(), STABWA(), STABNW(), STABWNA(), VARIANZ(), VARIANZA(), VARIANZEN()

9.92   VARIATION

Liefert den exponentiellen Trend für eine Liste von Zahlen.

```
=VARIATION(Y_Werte; X_Werte; Neue_x_Werte; Konstante)
```

Parameter

Y_Werte	Die Zellen, die die Werte enthalten, von denen wir ermitteln wollen, ob eine Steigung stattfindet oder nicht.
X_Werte	Eine Reihe von unabhängigen Zahlen, die eine Steigung vorweisen, z. B. 1,2,3 usw.
Neue_x_Werte	Die Zellen, in denen der Trend angezeigt werden soll.

| Konstante | Logischer Wert *Wahr* oder *Falsch*, der festlegt, ob der Wert B für die Beziehung y = b*m^x den Wert 1 annehmen soll. |

Ähnliche Funktionen

TREND(), SCHÄTZER(), RGP(), STEIGUNG()

9.92.1 Einen exponentiellen Trend für die nächsten Monate ermitteln

Jetzt möchten Sie einen exponentiellen Trend für die kommenden sechs Monate ermitteln. Dabei haben wir die Beispieltabelle um die Monate Juli bis Dezember (in Zahlen) erweitert.

1. Öffnen Sie die Datei *VARIATION.XLSX*.

2. Markieren Sie alle Ergebniszellen. In diesem Beispiel sind es die Zellen B12 bis B17.

3. Öffnen Sie den Funktions-Assistenten und starten Sie die Funktion VARIATION.

4. Im Feld *Y-Werte* markieren Sie die Zellen mit den Umsatzzahlen, die Sie bereits haben. In diesem Beispiel sind es die Zellen B6 bis B11.

5. Ins Feld *X_Werte* markieren Sie die Zellen von A6 bis A11. Das sind die Monate, deren Daten Sie bereits haben.

6. Klicken Sie in das Feld *Neue_x_Werte* und markieren Sie die Zellen A12 bis A17. Dies sind die Monate, die Sie berechnen möchten, allerdings wieder als Zahl dargestellt.

7. Bestätigen Sie mit ⌨Strg + ⌨Umschalt + ⌨Eingabe, um eine Matrixfunktion anzulegen.

Jetzt steht in den Zellen B12 bis B17 eine Formel. Jedes Mal, wenn Sie Änderungen an den Umsatzzahlen von Januar bis Juni vornehmen, ändern sich auch die Inhalte der Zellen B12 bis B17.

Die Funktion sieht nun folgendermaßen aus:

```
{=VARIATION(B6:B11;A6:A11;A12:A17)}
```

9.93 VARIATIONEN **387**

	B12	▼	f_x	{=VARIATION(B6:B11;A6:A11;A12:A17)}		
	A	B		C	D	
1	**VARIATION()**					
2						
3	Ermittelt den exponentiellen Trend, also z.B. den zu erwartenden Umsatz für die nächsten sechs Monate.					
4						
5	**Monat**	**Umsatz**				
6	1	96.000,00 €				
7	2	100.000,00 €				
8	3	115.000,00 €				
9	4	126.000,00 €				
10	5	147.000,00 €				
11	6	150.000,00 €				
12	7	**170.685,72 €**				
13	8	**188.521,44 €**				
14	9	**208.220,90 €**				
15	10	**229.978,84 €**				
16	11	**254.010,37 €**				
17	12	**280.553,07 €**	{=VARIATION(B6:B11;A6:A11;A12:A17)}			
18						

Bild 9.60: Die Erwartungen der nächsten sechs Monate, die mithilfe der Funktion VARIATION ermittelt wurden

Es wird also eine deutliche Umsatzsteigerung erwartet.

> **Tipp:** Diese Funktion liefert Ihnen genau dasselbe Ergebnis wie der Befehl *Exponentieller Trend* im Kontextmenü der rechten Maustaste.

9.93 VARIATIONEN

Gibt die Anzahl der Möglichkeiten zurück, um k Elemente aus einer Menge von n Elementen ohne Zurücklegen zu ziehen.

Syntax

```
=VARIATIONEN(n; k)
```

Parameter

n   Die Anzahl aller Elemente.

k   Die Anzahl der Elemente pro Variationsmöglichkeit.

9.94 WAHRSCHBEREICH

Gibt die Wahrscheinlichkeit für ein von zwei Werten eingeschlossenes Intervall zurück.

Syntax

```
=WAHRSCHBEREICH(Beob_Werte; Beob_Wahrsch; Untergrenze; Obergrenze)
```

Parameter

Beob_Werte	Ein Bereich von Realisationen der Zufallsvariablen, denen Wahrscheinlichkeiten zugeordnet sind.
Beob_Wahrsch	Die Wahrscheinlichkeiten der beobachteten Werte. Eine Zahl größer/gleich 0 und kleiner/gleich 1.
Untergrenze	Die unterste Grenze.
Obergrenze	Die oberste Grenze.

Ähnliche Funktionen

ANZAHL(), ANZAHL2(), ZÄHLENWENN(), DBANZAHL(), DBANZAHL2(), TEILERGEBNIS()

9.95 WEIBULL.VERT

Gibt die Wahrscheinlichkeiten einer Weibull-verteilten Zufallsvariablen zurück.

Tipp: Der alte Funktionsname lautet: WEIBULL. Sie finden die Funktion in der Kategorie *Kompatibilität*.

Syntax

```
=WEIBULL.VERT(x; Alpha; Beta; Kumuliert)
```

Parameter

x	Der Wert, dessen Wahrscheinlichkeit berechnet werden soll.
Alpha	Ein Parameter der Verteilung.
Beta	Ein Parameter der Verteilung.
Kumuliert	Der Wahrscheinlichkeitswert, der den Typ der Funktion bestimmt.

Ähnliche Funktionen

BETA.VERT()

9.96 ZÄHLENWENN

Zählt die Anzahl der ausgefüllten Zellen, die dem Suchkriterium entsprechen.

Syntax

```
=ZÄHLENWENN(Bereich, Suchkriterien)
```

Parameter

Bereich	Der zu prüfende Bereich.
Suchkriterien	Das Suchkriterium.

Ähnliche Funktionen

SUMMEWENN(), ANZAHL(), ANZAHL2()

9.96.1 Beispiel

Wenn Sie wissen möchten, wie viele Ihrer Kunden einen Umsatz über 11.000 Euro gemacht haben, gehen Sie folgendermaßen vor:

1. Öffnen Sie die Datei *ZÄHLENWENN.XLSX.*
2. Aktivieren Sie das Register *Zählenwenn_1* und markieren Sie die Zelle B20.
3. Öffnen Sie den Funktions-Assistenten und starten Sie die Funktion ZÄHLENWENN.
4. Im Feld *Bereich* markieren Sie die Zellen mit den Umsatzzahlen, die gleich gezählt werden sollen.
5. Ins Feld *Suchkriterien* geben Sie die Bedingung ein, in diesem Beispiel ">11000", und bestätigen Sie mit *OK.*

Die Funktion sieht nun folgendermaßen aus:

```
=ZÄHLENWENN(B6:B18;">11000")
```

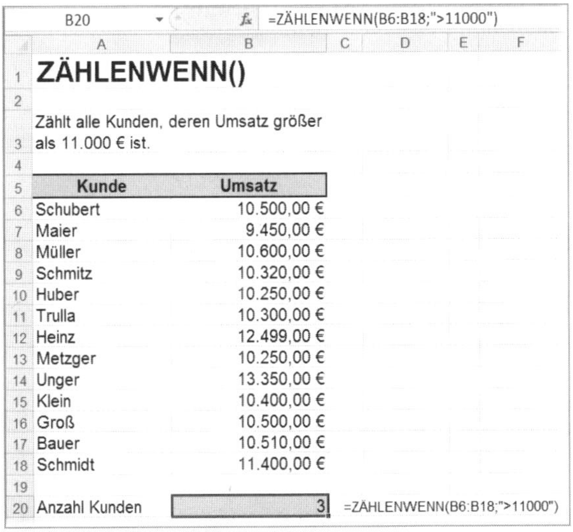
B20 =ZÄHLENWENN(B6:B18;">11000")

ZÄHLENWENN()

Zählt alle Kunden, deren Umsatz größer als 11.000 € ist.

Kunde	Umsatz
Schubert	10.500,00 €
Maier	9.450,00 €
Müller	10.600,00 €
Schmitz	10.320,00 €
Huber	10.250,00 €
Trulla	10.300,00 €
Heinz	12.499,00 €
Metzger	10.250,00 €
Unger	13.350,00 €
Klein	10.400,00 €
Groß	10.500,00 €
Bauer	10.510,00 €
Schmidt	11.400,00 €
Anzahl Kunden	3

=ZÄHLENWENN(B6:B18;">11000")

Bild 9.61: Zurzeit haben drei Kunden einen Umsatz über 11000 Euro gemacht.

Tipp: In der Beispieldatei zum Buch finden Sie weitere Beispiele zum Einsatz der Funktion ZÄHLENWENN.

390 *Kapitel 9: Statistische Funktionen*

9.97   ZÄHLENWENNS

Zählt die Anzahl der Zellen, die den Suchkriterien entsprechen. Sie können bis zu 127 Kriterienpaare angeben.

Syntax

```
=ZÄHLENWENNS(Kriterienbereich1; Kriterien1; Kriterienbereich2; Kriterien2;…)
```

Parameter

Kriterienbereich1   Der zu prüfende Bereich.

Kriterien1   Das erste Suchkriterium.

Kriterienbereich2   Der zu prüfende Bereich.

Kriterien2   Das zweite Suchkriterium.

usw…

Ähnliche Funktionen

SUMMEWENN(), ANZAHL(), ANZAHL2()

9.97.1   Nach zwei Kriterien suchen

Sie möchten wissen, wie viele Kunden im PLZ-Bereich ab 50000 wohnen und einen Umsatz von über 20.000 Euro gemacht haben.

1. Öffnen Sie die Beispieldatei *ZÄHLENWENNS.XLSX*. Aktivieren Sie das Register *Zählenwenns_1* und markieren Sie die Zelle B20.

2. Starten Sie den Funktions-Assistenten und wählen Sie die Funktion ZÄHLENWENNS.

3. Im Feld *Kriterienbereich1* markieren Sie die Zellen, die zuerst durchsucht werden sollen. Im aktuellen Beispiel sind es die Zellen A6 bis A18 mit den Postleitzahlen.

4. Ins Feld *Kriterien1* geben Sie die Bedingung ein, in diesem Beispiel ">50000".

5. Im Feld *Kriterienbereich2* markieren Sie die nächsten Zellen, die durchsucht werden sollen, es sind die Zellen C6 bis C18 mit den Umsätzen.

6. Ins Feld *Kriterien2* geben Sie die zweite Bedingung ein, in diesem Beispiel ">20000".

7. Bestätigen Sie mit *OK*.

Die Funktion sieht nun folgendermaßen aus:

```
=ZÄHLENWENNS(A6:A18;">50000";C6:C18;">20000")
```

9.97 ZÄHLENWENNS   **391**

B20	▾	f_x	=ZÄHLENWENNS(A6:A18;">50000";C6:C18;">20000")	

	A	B	C	D	E
1	**ZÄHLENWENNS()**				
2					
3	Wie viele Kunden wohnen im PLZ-Bereich 50000 und höher, deren Umsatz mehr als 20.000 € ist.				
4					
5	**PLZ**	**Kunde**	**Umsatz**		
6	60123	Schubert	10.500,00 €		
7	23000	Maier	9.450,00 €		
8	50123	Müller	50.600,00 €		
9	50123	Schmitz	10.320,00 €		
10	40999	Huber	10.250,00 €		
11	90999	Trulla	10.300,00 €		
12	50123	Heinz	22.499,00 €		
13	34123	Metzger	10.250,00 €		
14	23123	Unger	33.350,00 €		
15	51123	Klein	10.400,00 €		
16	20123	Groß	20.500,00 €		
17	34567	Bauer	10.510,00 €		
18	50123	Schmidt	11.400,00 €		
19					
20	Anzahl der Kunden		2	=ZÄHLENWENNS(A6:A18;">50000";C6:C18;">20000")	

Bild 9.62: Zurzeit werden zwei Kunden gefunden, die den beiden Kriterien entsprechen.

9.97.2 Nach drei Kriterien suchen

Sie haben eine Artikelliste und möchten wissen, wie viele Artikel Sie in der Artikelgruppe X011 haben, deren Bestand größer als 2 ist und deren Preis unter 10 Euro liegt. Nur wenn diese drei Kriterien erfüllt sind, soll der Artikel gezählt werden.

1. Öffnen Sie die Datei *ZÄHLENWENNS.XLSX*. Aktivieren Sie das Register *Zählenwenns_2* und markieren Sie die Zelle C9.

2. Öffnen Sie den Funktions-Assistenten und starten Sie die Funktion ZÄHLENWENNS.

3. Im Feld *Kriterienbereich1* markieren Sie die Zellen, die zuerst durchsucht werden sollen. Dies sind die Zellen mit den Artikelgruppen von A12 bis A163.

4. Ins Feld *Kriterien1* geben Sie die Zelladresse C5 ein.

5. Im Feld *Kriterienbereich2* markieren Sie die nächsten Zellen, die durchsucht werden sollen, nämlich den Bestand, der in den Zellen E12 bis E163 steht.

6. Ins Feld *Kriterien2* geben Sie die zweite Bedingung ein. Sie steht in diesem Beispiel in Zelle C6.

7. Den *Kriterienbereich3* finden Sie in den Zelle D12 bis D163, dort steht der Preis.

8. Für das Feld *Kriterien3* markieren Sie die Zelle C7.

9. Bestätigen Sie mit *OK*.

Die Funktion sieht nun folgendermaßen aus:

```
=ZÄHLENWENNS(A12:A163;C5;E12:E163;C6;D12:D163;C7)
```

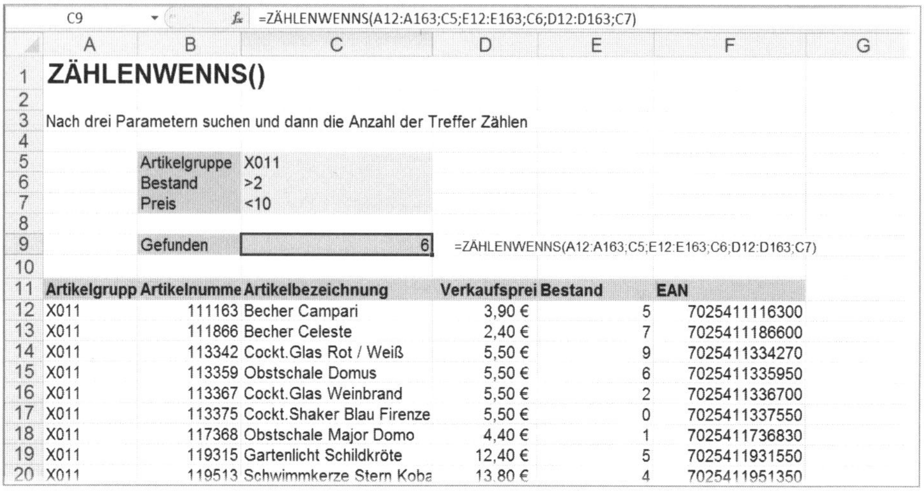

392 *Kapitel 9: Statistische Funktionen*

	C9	▼ (●	*fx*	=ZÄHLENWENNS(A12:A163;C5;E12:E163;C6;D12:D163;C7)			
	A	B	C	D	E	F	G

1 ZÄHLENWENNS()

Nach drei Parametern suchen und dann die Anzahl der Treffer Zählen

	Artikelgruppe	X011
	Bestand	>2
	Preis	<10

	Gefunden	6	=ZÄHLENWENNS(A12:A163;C5;E12:E163;C6;D12:D163;C7)

Artikelgrupp	Artikelnumme	Artikelbezeichnung	Verkaufsprei	Bestand	EAN
X011	111163	Becher Campari	3,90 €	5	7025411116300
X011	111866	Becher Celeste	2,40 €	7	7025411186600
X011	113342	Cockt.Glas Rot / Weiß	5,50 €	9	7025411334270
X011	113359	Obstschale Domus	5,50 €	6	7025411335950
X011	113367	Cockt.Glas Weinbrand	5,50 €	2	7025411336700
X011	113375	Cockt.Shaker Blau Firenze	5,50 €	0	7025411337550
X011	117368	Obstschale Major Domo	4,40 €	1	7025411736830
X011	119315	Gartenlicht Schildkröte	12,40 €	5	7025411931550
X011	119513	Schwimmkerze Stern Koba	13,80 €	4	7025411951350

Bild 9.63: Zurzeit werden sechs Artikel gefunden, die den drei Kriterien entsprechen.

10 Mathematische und trigonometrische Funktionen

Dieses Kapitel zeigt die Funktionen der Kategorie *Mathematik & Trigonometrische Funktionen* in Excel 2010. Darunter finden sich einige Funktionsnamen, die aus der Schulzeit bekannt sind, wie beispielsweise die Sinus- oder Kosinus-Funktion.

Einige ausgewählte Funktionen dieser Kategorie werden häufig im Büroalltag eingesetzt. Dazu zählen beispielsweise die RUNDEN-, TEILERGEBNIS- und die SUMMEWENN bzw. SUMMEWENNS-Funktion.

⊡ **Download-Link**

www.buch.cd

Hier finden Sie alle Beispieldateien übersichtlich nach Kapiteln geordnet.

10.1 ABRUNDEN

Rundet einen Zahlenwert auf die nächste ganze Zahl ab.

Syntax

```
=ABRUNDEN(Zahl; Anzahl_Stellen)
```

Parameter

Zahl
: Hier wird die Zelladresse, deren Inhalt gerundet werden soll, eingegeben. Dabei spielt es keine Rolle, ob in der Zelle eine Zahl oder eine Formel steht. Sie können auch eine Zahl direkt ins Feld *Zahl* eintippen.

Anzahl_Stellen
: In dieses Feld geben Sie die Anzahl der Nachkommastellen ein.

Ähnliche Funktionen

AUFRUNDEN(), RUNDEN()

10.1.1 Cent-Werte abschneiden

Wenn Sie einen Betrag nicht auf den Cent genau angeben wollen und sich entschließen, die Cent-Beträge zu unterdrücken, indem Sie abrunden, gehen Sie so vor:

Bild 10.1: Den Betrag auf ganze Euro abrunden

Bestätigen Sie Ihre Eingaben mit *OK*.

10.1.2 Auf 100 Euro abrunden

Bei größeren Beträgen besteht auch einmal die Notwendigkeit, auf Zehner, Hunderter oder Tausender zu runden. Sie möchten jetzt berechnete Hochrechnungen auf 100 Euro abrunden und setzen dafür als zweiten Parameter die Option -2 ein.

Bild 10.2: Abrunden von Zahlenwerten vor dem Komma

Sobald Sie jetzt den nächsten Wert eintragen, wird die Zahl in Zelle C9 auf den nächsten Hunderter abgerundet.

10.2 ABS

Die Funktion liefert als Ergebnis den Absolutwert einer Zahl. Bei positiven Zahlen entspricht er der Zahl, bei negativen Zahlen ist es der (positive) Zahlenwert ohne Berücksichtigung des Vorzeichens.

Syntax
=ABS(Zahl)

Parameter
Zahl   Geben Sie die Zelladresse an, deren Wert Sie ermitteln möchten.

Ähnliche Funktionen
INT(), VORZEICHEN()

10.2.1 Abweichungen von Messdaten anzeigen

Zu vielen Produkten werden Qualitätsprüfungen durchgeführt. Weichen die täglichen Kontrollmessungen voneinander ab, wird nach der Ursache geforscht. In der Zelle D11 wird über die Formel

```
=ABS(B11-B10)
```

der Absolutwert der Abweichung zum Vortag berechnet. Liegt dieser Wert oberhalb der Toleranz von 10 %, wird in der Spalte C der Text *Aktion* ausgegeben, damit weiter Kontrollen und Maßnahmen gestartet werden. Über die bedingte Formatierung wird die Zelle zusätzlich gelb eingefärbt.

Bild 10.3: Aktionen abhängig von den Absolutwerten der Abweichungen starten

In der Beispieldatei liegt die Abweichung bei den angegebenen Werten über 10 %.

10.3 AGGREGAT

Die Funktion AGGREGAT bietet ähnlich wie die TEILERGEBNIS-Funktion die Möglichkeit, eine Aggregatfunktion auf eine Excel-Datenliste anzuwenden. Die Funktion gibt es in zwei Syntaxvarianten.

Tipp: Diese Funktion ist neu in Excel 2010.

Syntax1 – Variante für Zellbezüge

```
=AGGREGAT(Funktion; Optionen; Bezug1; Bezug2;…)
```

Parameter

Funktion   Die Nummer der Funktion (1 bis 19) laut der unten aufgeführten Tabelle, die auf die Datenliste angewendet werden soll.

Funktionsnummer	Funktionsname
1	MITTELWERT
2	ANZAHL
3	ANZAHL2
4	MAX
5	MIN
6	PRODUKT
7	STABW.S

Kapitel 10: Mathematische und trigonometrische Funktionen

Funktionsnummer	Funktionsname
8	STABW.N
9	SUMME
10	VAR.S
11	VAR.P
12	MEDIAN
13	MODUS.EINF
14	KGRÖSSTE
15	KKLEINSTE
16	QUANTIL.INKL
17	QUARTILE.INKL
18	QUANTIL.EXKL
19	QUARTILE.EXKL

Optionen

Optionsnummer	Beschreibung
0 oder nicht angegeben	Geschachtelte TEILERGEBNIS- und AGGREGAT-Funktionen werden ignoriert.
1	Ausgeblendete Zellen, geschachtelte TEILERGEBNIS- und AGGREGAT-Funktionen werden ignoriert.
2	Fehlerwerte, geschachtelte TEILERGEBNIS- und AGGREGAT-Funktionen werden ignoriert.
3	Ausgeblendete Zellen, Fehlerwerte, geschachtelte TEILERGEBNIS- und AGGREGAT-Funktionen werden ignoriert.
4	Nichts ignorieren.
5	Ausgeblendete Zellen werden ignoriert.
6	Fehlerwerte werden ignoriert.
7	Ausgeblendete Zellen und Fehler werden ignoriert.

Bezug1; Bezug2;... Die Zahl oder der Zellbezug, auf den die Berechnung ausgeführt werden soll. Die Angabe eines Bezugs ist Pflicht.

Syntax2 – Matrixvariante

```
=AGGREGAT(Funktion; Optionen; Array; K)
```

Parameter

Funktion   Die Nummer der Funktion (1 bis 19), die auf die Datenliste angewendet werden soll.

Optionen   Die Nummer der Option (1 bis 7), mit der die zu ignorierenden Werte angegeben werden.

| Array | Der Bereich mit numerischen Werten, die für die Berechnung herangezogen werden sollen. |
| K | Zeigt für die Funktionen, die einen K-Wert benötigen, wie beispielsweise QUANTIL.INKL, KGRÖSSTE, KKLEINSTE, den Parameter K an. |

In den Dateien zum Buch finden Sie in der Datei AGGREGAT.XLSX einige Beispiele zum Einsatz der Parameter, mit denen Sie die Berechnung steuern können.

10.4 ARCCOS

Berechnet den Arkuskosinus zum angegebenen Argument. Der Definitionsbereich des Eingabeparameters liegt zwischen -1 und 1, den Ergebnissen der Kosinus-Funktion. Die Arcuskosinus-Funktion ist die Umkehrfunktion der Kosinus-Funktion.

Syntax

```
=ARCCOS(Zahl)
```

Parameter

| Zahl | Geben Sie als Parameter den Wert, eine Formel oder eine Zelladresse an. |

Ähnliche Funktionen

ARCSIN(), ARCCOSHYP()

10.5 ARCCOSHYP

Die Funktion berechnet den Areakosinus Hyperbolikus zur angegebenen Zahl. Sie stellt die Umkehrfunktion zur Kosinus Hyperbolikus dar. Der Wertebereich der Funktion liegt von 1 bis unendlich (·).

Syntax

```
=ARCCOSHYP(Zahl)
```

Parameter

| Zahl | Geben Sie einen Zahlenwert, eine Formel oder eine Zelladresse an. |

Ähnliche Funktionen

ARCSINHYP(), ARCCOS(), COS()

10.6 ARCSIN

Die Funktion berechnet den Arkussinus zum angegebenen Argument.

Syntax

```
=ARCSIN(Zahl)
```

Parameter

Zahl   Geben Sie einen Zahlenwert, eine Formel oder eine Zelladresse an.

Ähnliche Funktionen

ARCCOS()

10.7 ARCSINHYP

Die Funktion ARCSINHYP berechnet den Areasinus Hyperbolikus zur angegebenen Zahl.

Syntax

```
=ARCSINHYP(Zahl)
```

Parameter

Zahl   Geben Sie den Wert, eine Formel oder eine Zelladresse an.

Ähnliche Funktionen

ARCSINHYP(), ARCCOS()

10.7.1 ARCSINHYP ist die Umkehrfunktion zu ARCSIN

Die Funktion ist die Umkehrfunktion zum Sinus Hyperbolikus. Das bedeutet, dass die beiden Funktionen ARCSIN und ARCSINHYP im Zusammenhang stehen. Aus der Gleichung

```
y = ARCSIN(x)
```

kann über die Umkehrfunktion ARCSINHYP

```
x = ARCSINHYP(y)
```

der Eingangswert zurückgerechnet werden.

10.8 ARCTAN

ARCTAN berechnet den Arkustangens zur angegebenen Zahl.

Syntax

```
=ARCTAN(Zahl)
```

Parameter

Zahl   Geben Sie den Wert, eine Formel oder eine Zelladresse an.

Ähnliche Funktionen

ARCTANHYP()

10.9 ARCTAN2

Die Funktion liefert den Arkustangens von einer x- und y-Koordinate in Bogenmaß zurück. Die Ergebniswerte liegen zwischen –Pi und +Pi.

Syntax

```
=ARCTAN2(X_Koordinate; Y_Koordinate)
```

Parameter

X_Koordinate   Die X-Koordinate.

Y_Koordinate   Die Y-Koordinate.

10.10 ARCTANHYP

Die Funktion berechnet den Areatangens Hyperbolikus zum angegebenen Argument.

Syntax

```
=ARCTANHYP(Zahl)
```

Parameter

Zahl   Geben Sie den Wert, eine Formel oder eine Zelladresse an.

Ähnliche Funktionen

ARCTAN()

10.10.1 ARCTANHYP ist die Umkehrfunktion zu ARCTAN

Wie bei den Funktionen ARCSINHYP und ARCCOSHYP ist die Funktion ARCTANHYP die Umkehrfunktion zum ARCTAN.

```
y = ARCTAN(x)
```

kann über die Umkehrfunktion ARCTANHYP

```
x = ARCTANHYP(y)
```

der Eingangswert zurückgerechnet werden.

10.11 AUFRUNDEN

Die Funktion AUFRUNDEN rundet einen Zahlenwert auf die nächste ganze Zahl auf.

Syntax
```
=AUFRUNDEN(Zahl; Anzahl_Stellen)
```

Parameter

Zahl   Hier wird die Zelladresse eingegeben, deren Inhalt gerundet werden soll. Dabei spielt es keine Rolle, ob in der Zelle eine Zahl oder eine Formel steht. Sie können auch eine Zahl direkt ins Feld *Zahl* eintippen.

Anzahl_Stellen   In dieses Feld geben Sie die Anzahl der Nachkommastellen ein.

Ähnliche Funktionen
ABRUNDEN(), RUNDEN()

10.11.1 Von vier Stellen hinter dem Komma bis 100.000 aufrunden

Sie benötigen für die Aufstellung der Budgets keine centgenaue Darstellung. Der Wert -2 für den Parameter *Anzahl_Stellen* gibt Ihnen die Möglichkeit, zwei Stellen vor dem Komma, also auf 10er aufzurunden. In der Beispieldatei *AUFRUNDEN.XLSX* wird die Varianz der Funktion AUFRUNDEN von vier Stellen hinter dem Komma bis hin zu 100.000 gezeigt.

10.12 BOGENMASS

Die Funktion rechnet das Bogenmaß in einen Winkel um. Die Umrechnung von Winkel in Bogenmaß können Sie über die Funktion GRAD() durchführen.

Excel verlangt für die Berechnung der trigonometrischen Funktionen (SIN, COS usw.) als Eingangswert das Bogenmaß. In der Beispieldatei *BOGENMASS.XLSX* werden die

Winkel von 0 bis 360 Grad zuerst in Bogenmaß umgerechnet und anschließend in einem Liniendiagramm dargestellt.

Syntax

```
=BOGENMASS(Winkel)
```

Parameter

Winkel   Geben Sie eine Zahl zwischen 0 und 360 (Grad) an.

Ähnliche Funktionen

GRAD()

10.13 COS

Die Funktion berechnet den Kosinus zum angegebenen Argument. In einem rechtwinkligen Dreieck gilt die Beziehung:

```
COS(α) = Ankathete / Hypotenuse
```

In Excel muss als Parameter der Winkel in Bogenmaß angegeben werden. Lesen Sie dazu das Beispiel zur Sinus-Funktion.

Syntax

```
=COS(Zahl)
```

Parameter

Zahl   Geben Sie den Wert, eine Formel oder eine Zelladresse an.

Ähnliche Funktionen

SIN()

10.14 COSHYP

Die Funktion berechnet den Kosinus Hyperbolikus zur angegebenen Zahl.

Syntax

```
=COSHYP(Zahl)
```

Parameter

Zahl   Geben Sie den Wert, eine Formel oder eine Zelladresse an.

Ähnliche Funktionen

SINHYP(), COS()

10.15 EXP

Die Funktion potenziert die Eulersche Zahl (Konstante e) mit der angegebenen Zahl. Die Exponentialfunktion schneidet die y-Achse bei 1.

Syntax

=EXP(Zahl)

Parameter

Zahl   Geben Sie den Wert, eine Formel oder eine Zelladresse an.

Ähnliche Funktionen

LN()

10.15.1 Die Eulersche Zahl e

Die *Eulersche Zahl* e = 2,718.. mit unendlich vielen Nachkommastellen, benannt nach dem Schweizer Mathematiker Leonhard Euler, ist eine wichtige mathematische Zahl, die unter anderem für die Berechnung von Wachstumsvorgängen in der Natur verwendet werden kann.

In der Beispieldatei *EXP.XLSX* auf dem Blatt *EXP_Beispiel_4* finden Sie die Berechnungen mit dem zugehörigen Liniendiagramm für Werte zwischen -10 und 2.

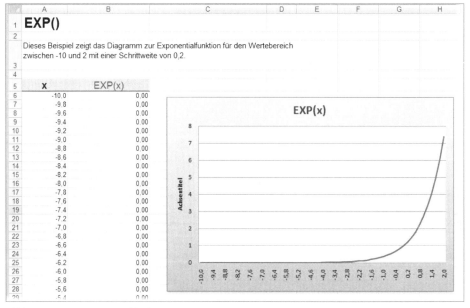

Bild 10.4: Die Exponentialfunktion

Die *natürliche Konstante* erhalten Sie, wenn Sie als Parameterwert 1 einsetzen. Excel gibt als Ergebnis die folgende Zahl aus:

```
EXP(1) = 2,718281828459050000
```

10.16 FAKULTÄT

Die Funktion berechnet die Fakultät zur angegebenen Zahl.

Syntax

```
=FAKULTÄT(Zahl)
```

Parameter

Zahl   Geben Sie den Wert, eine Formel oder eine Zelladresse an.

Ähnliche Funktionen
ZWEIFAKULTÄT()

10.16.1 Die Fakultät für die Zahlen 1 bis 100

Die Fakultät ist das Produkt der ganzen Zahlen bis zur angegebenen Zahl. Die Fakultät von 6, man schreibt 6!, wird folgendermaßen berechnet:

```
6! = 1 x 2 x 3 x 4 x 5 x 6 = 720
```

Bereits ab Zahlen um die 20 müssen Sie die Spaltenbreite erheblich vergrößern, um die Ergebnisse der FAKULTÄT-Funktion anzuzeigen.

Zahl	FAKULTÄT	Formel
1	1	
2	2	
3	6	
4	24	
5	120	
6	720	
7	5.040	
8	40.320	
9	362.880	
10	3.628.800	
11	39.916.800	
12	479.001.600	
13	6.227.020.800	
14	87.178.291.200	
15	1.307.674.368.000	
16	20.922.789.888.000	
17	355.687.428.096.000	
18	6.402.373.705.728.000	=FAKULTÄT(A23)
19	121.645.100.408.832.000	
20	2.432.902.008.176.640.000	

Bild 10.5: Die Fakultät

404 Kapitel 10: Mathematische und trigonometrische Funktionen

10.16.2 Eine Berechnung der Eulerschen Zahl e

Die Fakultät kann auch zur Berechnung der weiter oben beschriebenen Eulerschen Zahl e benutzt werden. Die Reihe

```
1/0! + 1/1! + 1/2! + 1/3! + 1/4! + …
```

zeigt, dass sich bereits nach einigen Werten das Ergebnis der Zahl e annähert.

Die Berechnung für die Werte von Parameterwert 1 bis 17 finden Sie auf dem Blatt *FAKULTÄT_Beispiel_3* in der Datei *FAKULTÄT.XLSX*.

In Zelle B6 wird der erste Wert aus 1/FAKULTÄT(0) ermittelt. Der zweite Näherungswert ergibt sich aus dem Ergebnis aus B6 plus den nächsten Reihenwert.

```
=B6+1/FAKULTÄT(A7)
```

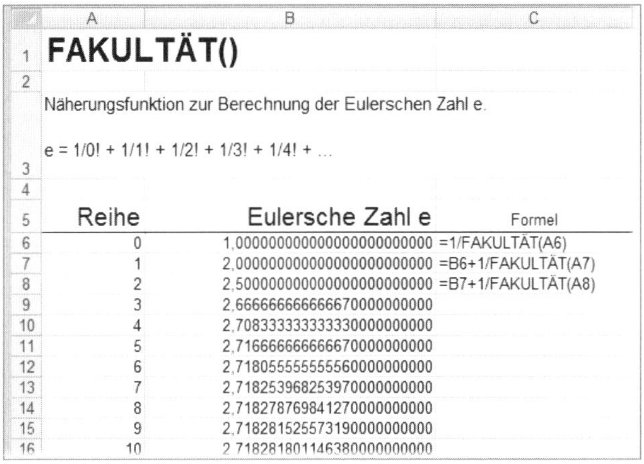

Bild 10.6: Die Berechnung der Zahl e über eine Reihe mit der Funktion FAKULTÄT

10.17 GANZZAHL

Mit der Funktion GANZZAHL werden Dezimalstellen unterdrückt, das heißt, sie werden gar nicht erst angezeigt. Wenn das Ergebnis 260,60 ist, zeigt die Funktion GANZZAHL 260. Diese Funktion rundet jede Zahl auf die nächste kleinere ganze Zahl ab.

Syntax

```
=GANZZAHL(Zahl)
```

Parameter

Zahl   Hier wird die Zelladresse eingegeben, deren Inhalt auf die nächste ganze Zahl abgerundet werden soll. Dabei spielt es keine Rolle, ob in der Zelle eine Zahl oder eine Formel steht. Sie können auch eine Zahl direkt ins Feld *Zahl* eintippen.

Ähnliche Funktionen

ABRUNDEN(), AUFRUNDEN(), RUNDEN()

10.18 GERADE

Diese Funktion liefert die nächste gerade ganze Zahl. Wenn Sie feststellen möchten, ob eine Zelle eine gerade Zahl enthält, verwenden Sie die Funktion ISTGERADE.

Wenn man die Berechnung mithilfe der Funktion OBERGRENZE und der Schrittweite 2 berechnet, kommt man ebenfalls zum Ergebnis. Der Unterschied liegt hier darin, dass Sie bei der Funktion OBERGRENZE für den negativen Zahlenraum die Schrittweite -2 angeben müssen, sonst wird die Fehlermeldung #ZAHL! angezeigt.

Syntax

```
=GERADE(Zahl)
```

Parameter

Zahl   Geben Sie den Zahlenwert, eine Formel oder eine Zelladresse an.

Ähnliche Funktionen

ISTGERADE(), UNGERADE(), RUNDEN(), KÜRZEN(), UNTERGRENZE(), OBERGRENZE()

10.19 GGT

GGT ermittelt den größten gemeinsamen Teiler, kurz *ggT*, der Zahlen.

Syntax

```
=GGT(Zahl1; Zahl2;…)
```

Parameter

Zahl1;Zahl2;..   Geben Sie den Wert, eine Formel oder eine Zelladresse an. Sie können bis zu 255 Werte angeben.

Ähnliche Funktionen

KGV()

10.19.1 Der größte gemeinsame Teiler

Der größte gemeinsame Teiler ist die größte Zahl, durch die die Zahlen teilbar sind. In Excel 2010 können Sie bis zu 255 Zahlenwerte angeben.

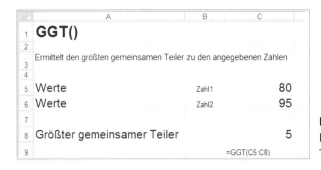

Bild 10.7:
Der größte gemeinsame
Teiler zweier Zahlen

Das Ergebnis lässt sich nachvollziehen, wenn man die einzelnen Zahlen in die Primfaktoren zerlegt.

80 = 2 x 2 x 2 x 2 x 5
95 = 5 x 19

Von diesen Primfaktoren der beiden Zahlen ist 5 die größte Zahl und auch der einzige gemeinsame Teiler.

> **Hinweis:** Den Einsatz der Funktion GGT finden Sie ebenfalls im Beispiel zur Funktion KGV.

10.20 GRAD

Die Funktion berechnet den Winkel aus einem Bogenmaß. Die Umkehrfunktion lautet BOGENMASS().

Syntax
=GRAD(Winkel)

Parameter
Winkel   Der Winkel in Bogenmaß (Radiant)

Ähnliche Funktionen
BOGENMASS()

10.21 KGV

Die Funktion ermittelt das kleinste gemeinsame Vielfache einer Zahl.

Syntax
=KGV(Zahl1; Zahl2; …)

Parameter

Zahl1; Zahl2,..   Bis zu 255 Zahlenwerte.

Ähnliche Funktionen

GGT()

10.21.1 Zwei Brüche addieren

Im folgenden Beispiel werden zwei Brüche addiert. Wenn zwei Brüche nicht auf dem gleichen Nenner beruhen, kann die Funktion KGV eingesetzt werden, um die Addition der Zähler auf dem kleinsten gemeinsamen Vielfachen vorzunehmen.

In der Beispieldatei *KGV.XLSX* wird auf dem Blatt *KGV_Beispiel_4* die Berechnung veranschaulicht.

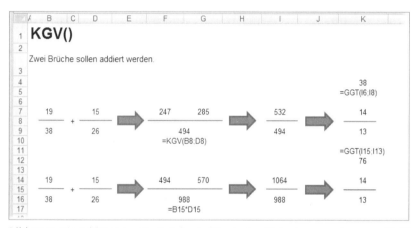

Bild 10.8: Die Addition zweier Brüche auf Basis des kleinsten gemeinsamen Vielfachen

Im oberen Block werden auf Basis des kleinsten gemeinsamen Vielfachen die Zähler addiert. Für den Nenner können Sie auch das Vielfache beider Nenner verwenden. Die zugehörige Berechnung finden Sie in der unteren Beschreibung. Ob das Ergebnis gekürzt werden kann, liefert die Funktion GGT für Zähler und Nenner. Falls die Funktion GGT ein Ergebnis liefert, können Sie Zähler und Nenner durch diesen Wert teilen.

10.22 KOMBINATIONEN

Berechnet die Anzahl unterschiedlicher Kombinationen bei vorgegebener Anzahl Elemente und der Anzahl der Elemente für eine Kombination.

Syntax

```
=KOMBINATIONEN(n; k)
```

Parameter

n   Anzahl aller Elemente.

k   Anzahl der Elemente für eine Kombination.

10.22.1 Wie viele Tischtennisspiele müssen stattfinden, damit bei fünf Spielern alle gegeneinander spielen?

Diese Frage kann die Funktion KOMBINATIONEN schnell für Sie lösen. In der Zelle C6 geben Sie die Anzahl der Mitspieler an. In der Zelle D7 geben Sie die Zahl 2 ein, um festzulegen, dass jeweils zwei Personen gegeneinander spielen.

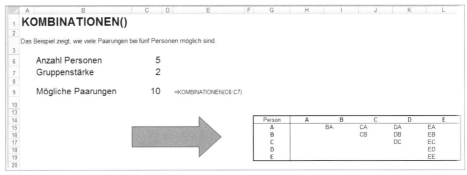

Bild 10.9: Alle Tischtennispaarungen für fünf Spieler

In der Zelle C9 berechnet die Formel

```
=KOMBINATIONEN(C6;C7)
```

die Anzahl der Spielkombinationen. In der kleinen Tabelle sind zur Gegenprobe die möglichen Paarungen aufgeführt.

10.23 KÜRZEN

Die Funktion KÜRZEN schneidet die Anzahl gewünschter Nachkommastellen einer Zahl ab. Die Funktionen KÜRZEN und GANZZAHL arbeiten fast gleich. Der Unterschied liegt in der Berechnung für negative Zahlen. Die Funktion KÜRZEN rundet bei negativen Zahlen nach unten ab, die Funktion GANZZAHL rundet nach oben auf. Auf dem Arbeitsblatt *KÜRZEN_Beispiel_1* in der Beispieldatei *KÜRZEN.XLSX* wird der Unterschied zwischen den Funktionen sichtbar.

Syntax

```
=KÜRZEN(Zahl; Anzahl_Stellen)
```

Parameter

Zahl   Die Zahl, die gekürzt werden soll.

Anzahl_Stellen   Die Anzahl Nachkommastellen, auf die gekürzt werden soll.

Ähnliche Funktionen
GANZZAHL(),RUNDEN(), GERADE(), UNGERADE()

10.24 LN

Die Funktion LN zieht den natürlichen Logarithmus zur Basis e.

Syntax
```
=LN(Zahl)
```

Parameter
Zahl   Eine Zahl oder ein Zellbezug.

Ähnliche Funktionen
EXP()

10.25 LOG

Die Funktion berechnet den Logarithmus für die gewünschte Zahl zur angegebenen Basis.

Syntax
```
=LOG(Zahl; Basis)
```

Parameter
Zahl   Eine Zahl oder ein Zellbezug.

Basis   Die Basis, auf der berechnet werden soll.

Ähnliche Funktionen
LN(), LOG10()

10.25.1 Der Logarithmus zur Basis 10, zur Basis e und zur Basis 2

Die Logarithmus-Funktionen LN und LOG10 lassen sich aus der allgemeinen Funktion LOG ableiten, denn die Funktion LOG bietet als zweiten Parameter die Basis an, auf der die Berechnung durchgeführt werden soll.

Auf dem Arbeitsblatt *LOG_Beispiel_3* in der Datei *LOG.XLSX* wird in den Spalten B,C und D der Logarithmus auf den drei unterschiedlichen Basiswerten berechnet.

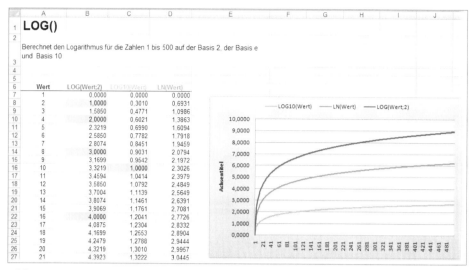

Bild 10.10: Vergleich der Logarithmus-Funktionen zur Basis 2, e und 10

In der Spalte B ab Zeile 7 wird mit der allgemeinen Funktion LOG auf der Basis 2 berechnet. Die Formel lautet:

=LOG(A7;2)

Markante Ergebnisse sind 1, 2, 4, 8, 16, 32, 64 usw. , also Vielfache der Zahl 2. In der Spalte D wird der natürliche Logarithmus auf Basis der Eulerschen Zahl *e* mithilfe der Funktion LN berechnet.

=LN(A7)

Die Spalte C zeigt die Funktion LOG10, die den Logarithmus zur Basis 10 über die Formel

=LOG10(A7)

ermittelt. Für die Basis 10 liefern die Eingangswerte 10 und 100 Ergebnisse, die man über

10^1 = 10

10^2 = 100

leicht nachvollziehen kann.

10.26 LOG10

Berechnet den Logarithmus für die Zahl zur Basis 10. Beispiele zur Berechnung finden Sie in der Beispieldatei *LOG10.XLSX*.

Syntax

=LOG10(Zahl)

Parameter

Zahl   Eine Zahl oder ein Zellbezug.

Ähnliche Funktionen

LN(), LOG()

10.27 MDET

Die Funktion MDET berechnet die Determinante einer Matrix.

Syntax

```
=MDET(Matrix)
```

Parameter

Matrix   Ein (quadratischer) Zellbereich, der die Matrix darstellt.

Ähnliche Funktionen

MINV()

10.27.1 Determinante einer 2x2-Matrix berechnen

In diesem Beispiel zeigen wir Ihnen, wie man die Determinante einer Matrix berechnet. Öffnen Sie die Beispieldatei *MDET.XLSX*. Auf dem Arbeitsblatt *MDET_Beispiel_1* wird die Berechnung einer 2x2-Matrix einmal über die Excel-Funktion MDET und zum anderen über die vier Grundrechenarten gezeigt.

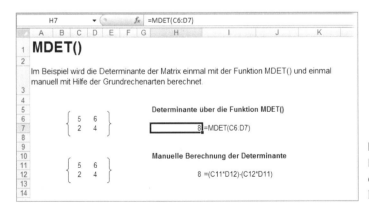

Bild 10.11: Die Determinante für eine 2x2-Matrix berechnen

Wenn Sie die Determinante über die integrierte Excel-Funktion MDET berechnen möchten, geben Sie für die Formel:

```
=MDET(C6:D7)
```

412 Kapitel 10: Mathematische und trigonometrische Funktionen

ein. Die manuelle Berechnung im unteren Bereich zeigt, dass 5*4 − 2*6 das Ergebnis 8 liefert.

10.27.2 Determinante einer 3x3-Matrix berechnen

Die Berechnung der Determinante einer 3x3-Matrix verläuft nach einem ähnlichen Schema. Ein Beispiel finden Sie auf dem Arbeitsblatt *MDET_Beispiel_4*.

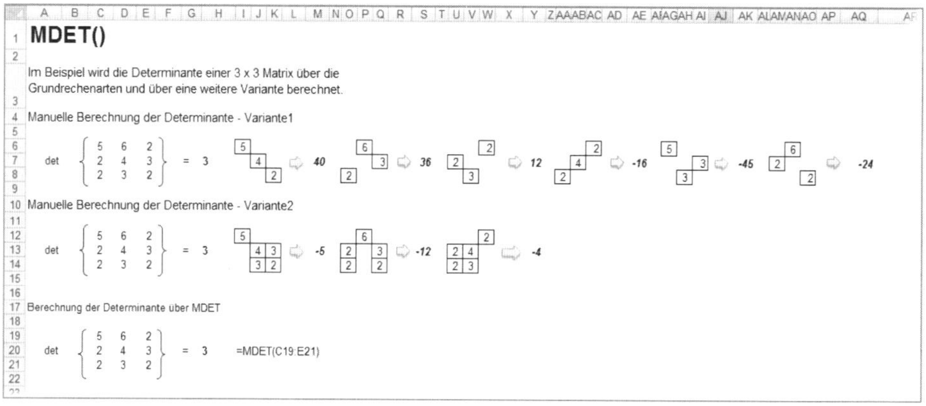

Bild 10.12: Verschiedene Varianten zur Berechnung der Determinante einer 3x3-Matrix

Den Einsatz der Excel-Funktion MDET finden Sie in der Zelle H20. Sie lautet einfach:

```
=MDET(C19:E21)
```

Neben der Berechnung über die Excel-Funktion MDET sind zwei Varianten beschrieben, wie die Determinante mit den Grundrechenarten berechnet werden kann. Die erste Variante zeigt die sechs einzelnen Ausdrücke, die zweite Variante zeigt die Berechnung über die Unterdeterminanten, auch *Minor* genannt.

10.28 MINV

Die Funktion berechnet die Umkehrmatrix zu einer gegebenen Matrix.

Syntax

```
=MINV(Matrix)
```

Parameter

Matrix   Der quadratische Zellbereich, der die Matrix darstellt.

Ähnliche Funktionen

MDET(), MMULT()

10.28.1 Die Umkehrmatrix zu einer 3x3-Matrix

In der Datei *MINV.XLSX* finden Sie auf dem Arbeitsblatt *MINV_Beispiel_3* ein Beispiel zur Berechnung der Umkehrmatrix zu einer gegebenen 3x3-Matrix. In den Zellen B5:D7 finden Sie die 3x3-Matrix. In Zelle F6 wird die Determinante berechnet.

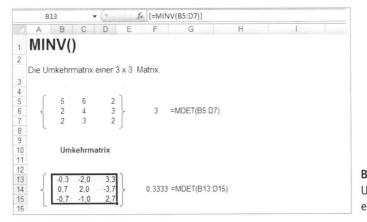

Bild 10.13: Die Umkehrmatrix zu einer 3x3-Matrix

Die Umkehrmatrix ist die Matrix, die bei der Matrixmultiplikation die Einheitsmatrix ergibt. Die quadratische Einheitsmatrix, auch Identitätsmatrix genannt, besteht in der Hauptdiagonalen nur aus Einsen.

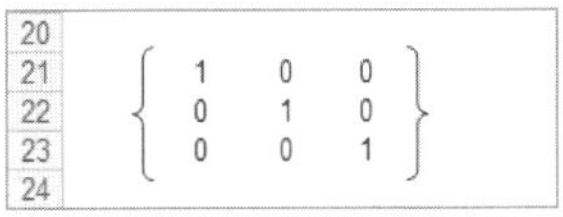

Bild 10.14: Eine 3x3-Einheitsmatrix

Sie berechnen die Umkehrmatrix, indem Sie den Zielbereich (B13:D15) markieren und die folgende Formel eingeben:

`=MINV(B5:D7)`

Da es sich bei der Funktion MINV um eine Matrixfunktion handelt, ist es wichtig, dass Sie die Eingabe mit der Tastenkombination [Strg]+[Umschalt]+[Eingabe] abschließen.

Die Determinante der Matrix multipliziert mit der Determinante der Umkehrmatrix und liefert dabei ebenfalls 1.

10.29 MMULT

Diese Funktion multipliziert zwei gleich große Matrixbereiche.

In der Datei *MINV.XLSX* zum Buch finden Sie ein passendes Beispiel. Mit der Funktion MINV wurde die Umkehrmatrix berechnet. Die Multiplikation der Matrix mit der Umkehrmatrix liefert die Einheitsmatrix. Beachten Sie, dass Sie am Ende der Formeleingabe die Tastenkombination [Strg]+[Umschalt]+[Eingabe] drücken müssen.

414 *Kapitel 10: Mathematische und trigonometrische Funktionen*

Syntax
```
=MMULT(Array1; Array2)
```

Parameter

Array1   Der quadratische Zellbereich, der die erste Matrix darstellt.

Array2   Der quadratische Zellbereich, der die zweite Matrix darstellt.

Ähnliche Funktionen

MINV(), MDET()

10.30 OBERGRENZE

Mit dieser Funktion können Sie einen Zahlenwert auf ein Vielfaches zur angegebenen Schrittweite gegen die Zahl 0 aufrunden.

Syntax
```
=OBERGRENZE(Zahl; Schritt)
```

Parameter

Zahl   Die Zahl, die gerundet werden soll.

Schritt   Das Vielfache, auf den der Wert aufgerundet werden soll.

Ähnliche Funktionen

OBERGRENZE.GENAU(), UNTERGRENZE(), VRUNDEN()

10.30.1 Preise auf 9 Cent enden lassen

Die Beispieldatei *OBERGRENZE.XLSX* enthält ein Beispiel auf dem Arbeitsblatt *OBERGRENZE_Beispiel_1*. Bei der Kalkulation der Endpreise für Ihre Produkte möchten Sie die Bruttopreise so ermitteln, dass Preise auf 9 Cent enden. Dabei können Sie eine Rundungsfunktion einsetzen. Die Funktion OBERGRENZE bietet diese Möglichkeit.

Sie zeichnet sich dadurch aus, dass sie Zahlen auf ein angegebenes Vielfaches runden kann. Um am Ende des Betrags 9 Cent zu erhalten, können Sie sie auf 10 Cent runden und jeweils 1 Cent abziehen.

OBERGRENZE()

Bild 10.15: Preise auf 9 Cent kalkulieren

Das Ergebnis berechnen Sie, indem Sie in der Zelle D9 die folgende Formel eingeben:

```
=OBERGRENZE(D6; D7)
```

Der Zahlenwert ist in D6 eingetragen und in D7 ist der Parameter angegeben, auf den gerundet werden soll. Wenn Sie von diesem Ergebnis jeweils einen Cent abziehen,

```
=D9 - 0,01
```

erhalten Sie den gewünschten Betrag.

10.31 OBERGRENZE.GENAU

Die Funktion rundet die angegebene Zahl auf die nächste ganze Zahl bzw. auf ein Vielfaches des Parameters *Schritt* auf. Bei dieser Funktion wird der Absolutwert des Vielfachen verwendet.

Tipp: Diese Funktion ist neu in Excel 2010.

Syntax
```
=OBERGRENZE.GENAU(Zahl; Schritt)
```

Parameter
Zahl   Die Zahl, die gerundet werden soll.

Schritt   Das kleinste Vielfache, auf den der Wert gerundet werden soll.

Ähnliche Funktionen
OBERGRENZE(), UNTERGRENZE(), VRUNDEN()

10.32 PI

Die Funktion liefert die Konstante Pi. Die Funktion hat keine Parameter bzw. darf keine Parameter erhalten.

Syntax

=PI()

10.32.1 Die Erdmasse mit PI berechnen

In der Formel zur Berechnung des Volumens einer Kugel ist die Funktion PI ebenfalls enthalten. Die Formel lautet:

Volumen =4/3 * Radius * Pi

Um die Erdmasse zu berechnen, werden Angaben zum Umfang oder dem Radius benötigt. Dabei bleiben Unebenheiten (Berge, Täler, Höhlen, usw.) sowie die nicht 100-prozentige Kugelform der Erde unberücksichtigt.

Die Erdmasse, also das Gewicht der Erde, lässt sich daraus berechnen, wenn zusätzlich die Dichte (mittlere Dichte) der Erdmasse pro Volumeneinheit bekannt ist. Beide Angaben finden Sie in Lexika oder im Internet.

Erdmasse = Volumen der Erde * Dichte pro Volumeneinheit

Auf dem Arbeitsblatt *PI_Beispiel_4* finden Sie die Parameter und die Formeln zur Berechnung der Erdmasse. Das Schaubild verdeutlicht zusätzlich den Sachverhalt.

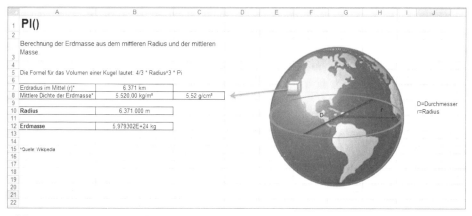

Bild 10.16: Eine grobe Berechnung der Erdmasse

In Zelle B7 ist der mittlere Erdradius in Kilometer angegeben. In den Zellen C8 und B8 ist die mittlere Dichte der Erdmasse eingetragen. Um auf die korrekten Einheiten zu kommen, kann man durch Multiplikation mit 100 bzw. 1000 auf andere Einheiten umrechnen. Beispielsweise ist in B8 die Dichte von Gramm pro Kubikzentimeter in kg pro Kubikmeter angegeben. Die Umrechnungsformel lautet:

=C8*100*100*100/1000 (Dichte in kg pro m³)

Die grob hochgerechnete Erdmasse wird in der Zelle B12 über die Formel:

```
=B10^3 *4/3* PI() * B8
```

kalkuliert, wobei das Volumen in m³ mit der Dichte in B8 multipliziert wird.

10.33 POLYNOMIAL

Die Funktion berechnet das Polynom einer Zahlenreihe über die Formel: (x1 + x2 + x3 + ...)! geteilt durch x1! * x2! * x3! ... wobei x1! die Fakultät der Zahl x1 darstellt. Mehr über die Berechnung der Fakultät finden Sie bei der Excel-Funktion FAKULTÄT().

Syntax

```
=POLYNOMIAL(Zahl1; Zahl2;...)
```

Parameter

Zahl1; Zahl2;..   Bis zu 255 Zahlen, die über die Formel berechnet werden sollen.

Ähnliche Funktionen

FAKULTÄT()

10.33.1 Den Polynomialkoeffizienten für die Zahlenreihe 1 bis 10 berechnen

In der Beispieldatei *POLYNOMIAL.XLSX* zur Funktion werden auf dem Arbeitsblatt *POLYNOMIAL_Beispiel_1* für die Zahlen 1 bis 10 die Polynomialkoeffizienten berechnet.

Damit man die Formel nur einmal eingeben muss und später kopieren kann, wird in der Formel der gemischte Zellbezug verwendet. Wenn Sie in der Zelle C8 die Formel

```
=POLYNOMIAL($A$7:A8)
```

eingeben, können Sie die Formel nach unten kopieren. Die Zelle $A$7 wird durch Angabe des Dollarzeichens beim Kopieren festgehalten. Die Zellangabe A8 wird beim Herunterkopieren automatisch auf die nächsten Zeilennummern angepasst.

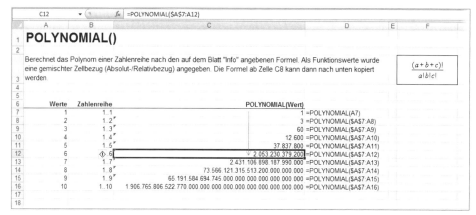

Bild 10.17: Einsatz eines gemischten Zellbezugs bei der Berechnung

Die Formel in der Abbildung oben rechts deutet an, dass der Polynomialkoeffizient über die Fakultät der Summe der angegebenen Zahlenreihe geteilt durch die Summe der einzelnen Fakultäten berechnet wird.

10.34 POTENZ

Die Funktion potenziert eine Zahl mit dem angegebenen Exponenten.

Syntax

```
=POTENZ(Zahl; Potenz)
```

Parameter

Zahl   Zahlenwert (reelle Zahl).

Potenz   Der Exponent.

Ähnliche Funktionen

POTENZREIHE()

In der folgenden Formel zur Berechnung der Kreisfläche wird der Radius in der Zelle B10 mit sich selbst multipliziert. Statt

```
=B10^2 * PI()
```

können Sie auch die Funktion POTENZ verwenden.

```
=POTENZ(B10;2) * PI()
```

10.35 POTENZREIHE

Die Funktion berechnet die Funktion nach der unten angegebenen Formel.

Syntax

```
=POTENZREIHE(X; N; M; Koeffizienten)
```

Parameter

X	Der Wert der unabhängigen Variablen.
N	Die Anfangspotenz.
M	Das Inkrement, um das N erhöht werden soll.
Koeffizienten	Die Faktoren, mit denen die Glieder der Potenz multipliziert werden.

Ähnliche Funktionen

POTENZ()

10.36 PRODUKT

Die Funktion PRODUKT multipliziert die angegebenen Zahlen bzw. Zellbezüge.

Syntax

```
=PRODUKT(Zahl1; Zahl2; Zahl3,   )
```

Parameter

Zahl1; Zahl2;..	Die Zelle bzw. der Zellbereich, der multipliziert werden soll. Sie können bis zu 30 Zellen bzw. Zellbereiche untereinander angeben.

Ähnliche Funktionen

SUMME()

In der Datei *PRODUKT.XLSX* wird der Einsatz dieser Funktion am Beispiel verkaufter Kartons mal Einzelpreis gezeigt. Die Berechnung kann natürlich auch über die einfache Multiplikation erstellt werden. Die entsprechende Lösung finden Sie in der zugehörigen Datei für die Funktion auf dem Arbeitsblatt *PRODUKT_Beispiel_1_Manuell*.

10.37 QUADRATESUMME

Potenziert die Einzelwerte hoch 2 (^{2}) und summiert die Ergebnisse. Texte werden ignoriert. Beachten Sie, dass Datumswerte als Zahlen interpretiert werden und somit in das Ergebnis eingehen.

```
=QUADRATESUMME(Zahl1; Zahl2; ...)
```

420 *Kapitel 10: Mathematische und trigonometrische Funktionen*

Parameter

Zahl1; Zahl2;..   Die Zelle bzw. der Zellbereich, der multipliziert werden soll. Sie können bis zu 255 Zellen bzw. Zellbereiche untereinander angeben.

Ähnliche Funktionen

SUMME()

10.38 QUOTIENT

Die Funktion ermittelt den ganzzahligen Wert einer Division zweier Zahlen.

```
=QUOTIENT(Zähler; Nenner)
```

Parameter

Zähler   Der Dividend ist der Zahlenwert über dem Bruchstrich.

Nenner   Der Divisor ist der Zahlenwert unter dem Bruchstrich.^

Ähnliche Funktionen

REST()

10.39 REST

Ermittelt den Rest einer Division zweier Zahlen.

```
=REST(Zahl; Divisor)
```

Zahl   Die Zahl, die durch den Divisor geteilt werden soll.

Divisor   Der Divisor ist die Zahl, durch die geteilt werden soll.

Ähnliche Funktionen

QUOTIENT()

10.39.1 Diese Pakete passen nicht mehr in die Lieferung

In der Datei *REST.XLS* finden Sie auf dem Arbeitsblatt *REST_Beispiel_1* eine Einsatzmöglichkeit für diese Funktion. REST berechnet dabei den verbleibenden Rest, wenn man Paletten mit 128 Stück belegen kann, aber der Kunde eine runde Anzahl wie beispielsweise 10.000 Stück bestellt hat.

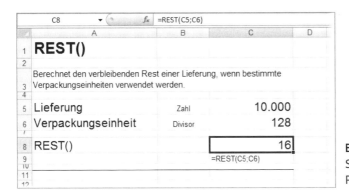

Bild 10.18: Die Anzahl Stücke, die nicht auf die Palette passen

In die Zelle C5 geben Sie die Liefermenge ein. Auf eine Palette passen 128 Pakete. Diese Zahl geben Sie in die Zelle C6 ein. Die Funktion REST(C5;C6) berechnet, wie viele Packungen nicht mehr auf die Palette passen.

Die Anzahl Verpackungseinheiten können Sie über die weiter oben beschriebene Funktion QUOTIENT oder durch einfache Division von 10.000 / 128 = 78 Verpackungseinheiten ermitteln.

10.40 RÖMISCH

Wandelt eine arabische Zahl in eine Zahl des römischen Zahlensystems.

Syntax

=RÖMISCH (Zahl; Typ)

Parameter

Zahl   Die Zelle, in der die Zahl steht, die umgewandelt werden soll. Sie können auch direkt eine Zahl eintippen.

Typ   Art der Darstellung, 0=Klassische Darstellung.

Ähnliche Funktionen

DEZINHEX(); DEZINOCT(), u.a

Die folgende Tabelle zeigt die Wertigkeiten der Buchstaben im Dezimalsystem.

Buchstabe	Wert
I	1
V	5
X	10
L	50

422 Kapitel 10: Mathematische und trigonometrische Funktionen

Buchstabe	Wert
C	100
D	500
M	1000

Tabelle 10.1: Buchstaben und die zugehörigen Werte für römische Zahlen

In den Dateien zum Buch finden Sie Beispiele für den Einsatz und die Umrechnung römischer Zahlen in Dezimalzahlen.

10.41 RUNDEN

Rundet einen Zahlenwert kaufmännisch auf bzw. ab. Zahlen bis zur 4 an der betrachteten Stelle werden abgerundet, ab 5 wird die Zahl aufgerundet.

Syntax

```
=RUNDEN(Zahl; Anzahl_Stellen)
```

Parameter

Zahl   Hier wird die Zelladresse eingegeben, deren Inhalt gerundet werden soll. Dabei spielt es keine Rolle, ob in der Zelle eine Zahl oder eine Formel steht. Sie können auch eine Zahl direkt ins Feld *Zahl* eintippen.

Anzahl_Stellen   In dieses Feld geben Sie die Anzahl der Nachkommastellen ein.

Ähnliche Funktionen

ABRUNDEN(), AUFRUNDEN(), VRUNDEN()

10.41.1 Rundungsprobleme beseitigen

Die folgenden zwei Abbildungen zeigen ein klassisches Problem in der Berechnung. Zuerst werden einige Zahlen summiert, die Ergebnisse stimmen.

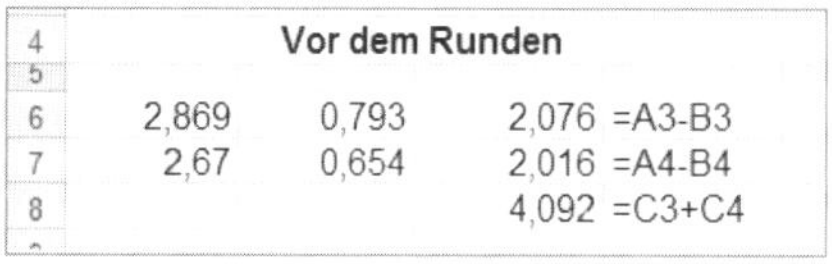

Bild 10.19: Excel rechnet genau.

Dann wird eine Formatierung auf die Zellen gesetzt, in diesem Beispiel das zweistellige Währungsformat. Excel zeigt zwar das gerundete Ergebnis in C3 und C4 an, rechnet allerdings weiterhin mit den drei Nachkommastellen.

10			
11	Vor dem Runden nach dem Formatieren		
12			
13	2,869	0,793	2,08 €
14	2,67	0,654	2,02 €
15			4,09 €
16			

Bild 10.20: Die Berechnung scheint nicht zu stimmen.

Die Lösung bietet jetzt die Funktion RUNDEN. Die Zellinhalte von A3 und B3 werden gerundet und dann subtrahiert. So kommt auch die SUMME-Funktion auf das richtige Ergebnis.

17				
18				
19	2,869	0,793	2,08 €	=RUNDEN(A16;2)-RUNDEN(B16;2)
20	2,67	0,654	2,02 €	=RUNDEN(A17;2)-RUNDEN(B17;2)
21			4,10 €	

Bild 10.21: Abhilfe schafft die Funktion RUNDEN.

10.42 SIN

Berechnet den Sinus zum angegebenen Argument.

Syntax

```
=SIN(Zahl)
```

Parameter

Zahl   Geben Sie den Wert, eine Formel oder eine Zelladresse an.

Ähnliche Funktionen

COS()

10.42.1 Die Sinus-Funktion am rechtwinkligen Dreieck

Das Ergebnis der drei trigonometrischen Funktionen Sinus, Kosinus und Tangens lässt sich am rechtwinkligen Dreieck herleiten. Der Sinus des Winkels α ist der Quotient aus Gegenkathete und Ankathete. Auf dem Blatt *SIN_Beispiel_3* in der Beispieldatei *SIN.XLSX* wird dies veranschaulicht.

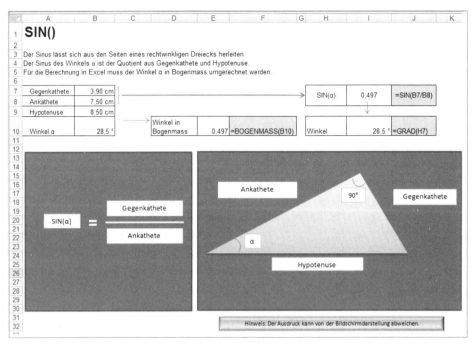

Bild 10.22: Die Sinus-Funktion an einem Dreieck erklärt

Für die Umrechnung des Winkels in Bogenmaß und umgekehrt verwenden Sie die entsprechenden Excel-Funktionen GRAD und BOGENMASS.

10.43 SINHYP

Diese Funktion berechnet den Sinus Hyperbolikus zur angegebenen Zahl.

Syntax
=SINHYP(Zahl)

Parameter
Zahl   Geben Sie den Wert, eine Formel oder eine Zelladresse an.

Ähnliche Funktionen
COSHYP(), SIN()

10.44 SUMME

Die Funktion addiert Zahlen im angegebenen Werte- oder Zellbereich.

Syntax

```
=SUMME(Zahl1; Zahl2; ...)
```

Parameter

Zahl1; Zahl2; ..   Bis zu 255 einzelne Zahlen oder Zellbezüge.

Ähnliche Funktionen

SUMMEWENN(), ANZAHL()

10.44.1 Die Summe für einen Schnittbereich

Die Funktion SUMME wird sehr häufig benutzt und wird daher an vielen Stellen im Buch eingesetzt. Das Beispiel zeigt die Summe zweier Zellbereiche, die sich überschneiden. Es soll nur der Zellbereich addiert werden, der in beiden Zellbereichen enthalten ist.

1. Öffnen Sie die Datei *SUMME.XLSX*.

2. Schalten Sie zum Arbeitsblatt *SUMME_Beispiel_3_leer*.

3. Setzen Sie den Cursor in die Zelle B13.

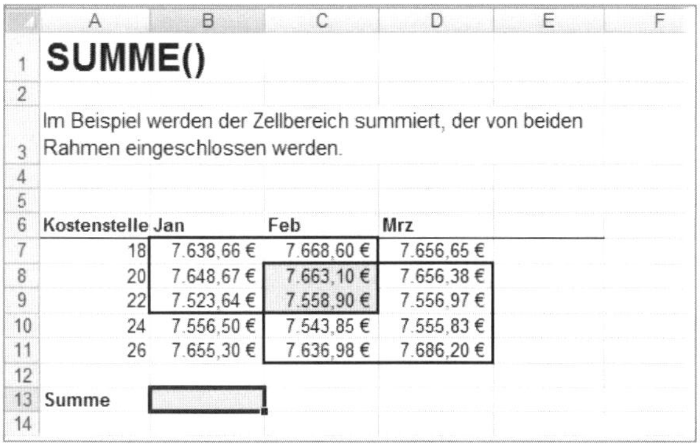

Bild 10.23:
Der Schnittbereich soll
summiert werden

4. Starten Sie die Eingabe der Summenformel, indem Sie die folgende Formel eingeben.

```
=SUMME(
```

5. Markieren Sie den ersten Zellbereich B7 bis C9. Geben Sie dahinter als Trennzeichen das Leerzeichen statt des Semikolons ein.

6. Markieren Sie anschließend den Zellbereich C7 bis D11.

7. Beenden Sie die Formeleingabe mit der ⌈Eingabe⌋-Taste.

8. Das Ergebnis (15.222,00 EUR) ist der Saldo des Schnittbereichs (gelb markiert).

426 *Kapitel 10: Mathematische und trigonometrische Funktionen*

10.45 SUMMENPRODUKT

Summiert die Werte aus einer Multiplikation. Die Zellbereiche, die Sie als Parameter angeben, werden miteinander multipliziert und anschließend addiert.

Syntax
```
=SUMMENPRODUKT(Array1; Array2;..)
```

Parameter
Array1; Array2,..   Geben Sie bis zu 255 Zellbereiche an.

Ähnliche Funktionen
SUMME(), PRODUKT()

10.46 SUMMEWENN

Addiert Zahlen im angegebenen Werte- oder Zellbereich, wenn das Kriterium erfüllt ist.

Syntax
```
=SUMMEWENN(Bereich; Suchkriterien; Summe_Bereich)
```

Parameter
Bereich   Der Bereich, in dem gesucht werden soll.

Suchkriterien   Das Such- bzw. das Vergleichskriterium.

Summe_Bereich   Der Bereich, über den summiert werden soll.

Ähnliche Funktionen
SUMME(), SUMMEWENNS(), WENN(),ZÄHLENWENN()

10.46.1 Bezahlte Beiträge summieren

In einem Verein bezahlen alle Mitglieder den gleichen Beitrag. Nur zahlen nicht alle Mitglieder zur gleichen Zeit. In einer Excel-Liste sind die Mitgliedsnamen aufgelistet. Die Zahlung wird durch die Eingabe eines X in der Spalte *Bezahlt* gekennzeichnet.

Zur Kontrolle soll in einer Zelle die Summe der eingezahlten Beiträge angezeigt werden, je nachdem, ob ein x gesetzt ist oder nicht.

Das Beispiel *SUMMEWENN_Beispiel_1* in der Beispieldatei *SUMMEWENN.XLSX* veranschaulicht die Berechnung der Kontrollsumme mithilfe der Funktion SUMMEWENN.

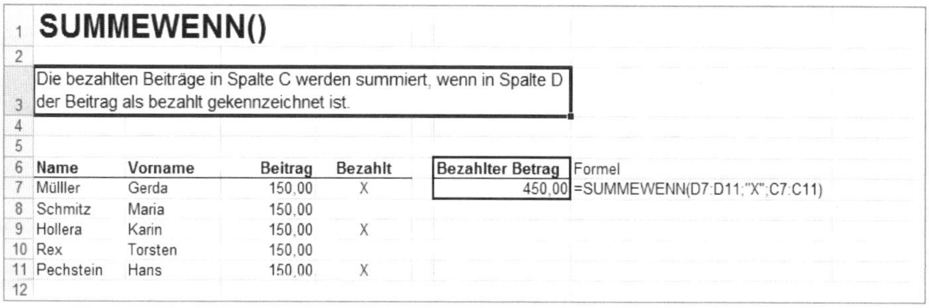

	SUMMEWENN()					
1						
2						
3	Die bezahlten Beiträge in Spalte C werden summiert, wenn in Spalte D der Beitrag als bezahlt gekennzeichnet ist.					
4						
5						
6	Name	Vorname	Beitrag	Bezahlt	Bezahlter Betrag	Formel
7	Mülller	Gerda	150,00	X	450,00	=SUMMEWENN(D7:D11;"X";C7:C11)
8	Schmitz	Maria	150,00			
9	Hollera	Karin	150,00	X		
10	Rex	Torsten	150,00			
11	Pechstein	Hans	150,00	X		
12						

Bild 10.24: Die Summe der gezahlten Beiträge

Die Formel in der Zelle F7 lautet:

```
=SUMMEWENN(D7:D11;"X";C7:C11)
```

Als ersten Parameter geben Sie den Bereich an, der untersucht werden soll. Die Prüfung lautet "X". Der Zellbereich, der die Beiträge enthält, wird als dritter Parameter angegeben. In diesem Beispiel ist es der Zellbereich C7 bis C11. Die Beträge werden in der Funktion nur summiert, wenn im Zellbereich D7 bis D11 ein X enthalten ist.

Die verwandte Funktion ZÄHLENWENN finden Sie bei den statistischen Funktionen.

10.47 SUMMEWENNS

Mit dieser Funktion können Sie den Inhalt eines Bereichs summieren, wenn bestimmte Kriterien zutreffen.

Syntax

```
=SUMMEWENNS(Summe_Bereich; Kriterien_Bereich1; Kriterien1;
Kriterien_Bereich2; Kriterien2;…)
```

Parameter

Summe_Bereich   Der Bereich, über den summiert werden soll.

Kriterien_Bereich1   Der Bereich, der geprüft werden soll.

Kriterien1   Das Such- bzw. Vergleichskriterium.

usw.

Tipp: Die verwandte Funktion ZÄHLENWENNS finden Sie bei den statistischen Funktionen.

428 *Kapitel 10: Mathematische und trigonometrische Funktionen*

10.47.1 Zahlen addieren, wenn zwei Kriterien zutreffen

Im folgenden Beispiel soll der Bestand nur dann summiert werden, wenn zwei Kriterien zutreffen, nämlich wenn die Artikelgruppe X011 ist und wenn der Bestand größer als zwei Stücke sind.

1. Öffnen Sie die Datei *SUMMENWENNS.XLSX*, aktivieren Sie das Register *SUMMEWENNS_1* und setzen Sie den Cursor in die Zelle C8.

2. Öffnen Sie den Funktions-Assistenten und öffnen Sie die Funktion SUMMEWENNS.

3. Im ersten Feld *Summe_Bereich* geben Sie die Zellen an, deren Inhalt gleich summiert werden soll. Im aktuellen Beispiel sind es die Zellen mit dem Bestand, nämlich E11 bis E162.

4. Im zweiten Feld *Kritieren_Bereich1* geben Sie die Zellen ein, in denen das erste Kriterium gesucht werden soll. Dies sind die Zellen A11 bis A162 mit der Artikelgruppe.

5. Für das Feld *Kriterien1* markieren Sie die Zelle C5. Dort steht das erste Kriterium X011.

6. Im Feld *Kritieren_Bereich2* geben Sie die Zellen ein, in denen das zweite Kriterium gesucht werden soll. Dies sind die Zellen E11 bis E162 mit dem Bestand.

7. Für das Feld *Kriterien2* markieren Sie die Zelle C6. Dort steht das zweite Kriterium >2.

8. Bestätigen Sie mit *OK*.

In der Zelle C8 steht nun die folgende Formel:

```
=SUMMENWENNS(E11:E162;A11:A162;C5;E11:E162;C6)
```

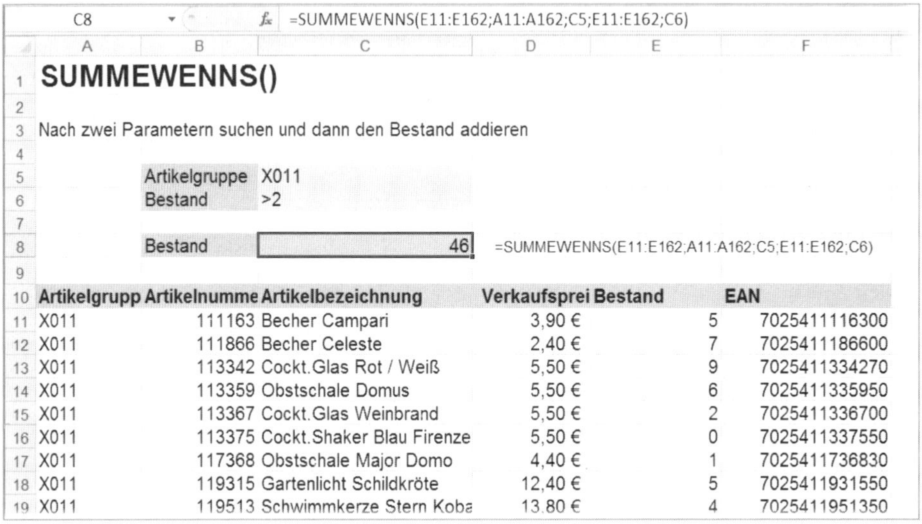

Bild 10.25: Der Bestand für die zwei Kriterien

Wenn Sie die Kriterien in den Zellen C5 und C6 ändern, ändert sich auch die Summe in C8.

10.47.2 Zahlen addieren, wenn drei Kriterien zutreffen

In diesem Beispiel wollen wir das Beispiel von oben um ein weiteres Kriterium erweitern. Der Bestand soll nur dann addiert werden, wenn die Artikelgruppe X011 ist, wenn der Bestand größer als 2 ist und wenn der Preis unter 10 Euro liegt.

In der Zelle C9 steht nun die folgende Formel:

```
=SUMMENWENNS(E12:E163;A13:A163;C5;E12:E163;C6;D12:D163;C7)
```

	C9	▾	f_x	=SUMMEWENNS(E12:E163;A12:A163;C5;E12:E163;C6;D12:D163;C7)				
	A	B	C		D	E	F	G
1	**SUMMEWENNS()**							
2								
3	Nach zwei Parametern suchen und dann den Bestand addieren							
4								
5		Artikelgruppe	X011					
6		Bestand	>2					
7		Preis	<10					
8								
9		Bestand		37	=SUMMEWENNS(E12:E163;A12:A163;C5;E12:E163;C6;D12:D163;C7)			
10								
11	**Artikelgrupp**	**Artikelnumme**	**Artikelbezeichnung**		**Verkaufsprei**	**Bestand**	**EAN**	
12	X011	111163	Becher Campari		3,90 €	5	7025411116300	
13	X011	111866	Becher Celeste		2,40 €	7	7025411186600	
14	X011	113342	Cockt.Glas Rot / Weiß		5,50 €	9	7025411334270	
15	X011	113359	Obstschale Domus		5,50 €	6	7025411335950	
16	X011	113367	Cockt.Glas Weinbrand		5,50 €	2	7025411336700	
17	X011	113375	Cockt.Shaker Blau Firenze		5,50 €	0	7025411337550	
18	X011	117368	Obstschale Major Domo		4,40 €	1	7025411736830	
19	X011	119315	Gartenlicht Schildkröte		12,40 €	5	7025411931550	
20	X011	119513	Schwimmkerze Stern Koba		13,80 €	4	7025411951350	
21	X011	120933	Schwimmkerze Stern Silbe		6,00 €	2	7025412093370	
22	X011	121741	Schwimmkerze Stern Gold		7,60 €	5	7025412174170	

Bild 10.26: Der Bestand für die drei Kriterien

10.48 SUMMEX2MY2

Die Funktion berechnet zuerst die Differenz der Quadrate zweier Matrizen und liefert daraus die Summe.

Syntax

```
=SUMMEXM2Y2(Matrix_x; Matrix_y)
```

Parameter

Matrix_x, Matrix_y   Die beiden Zellbereiche mit den beiden Matrizen.

Ähnliche Funktionen

SUMMEX2PY2()

430 *Kapitel 10: Mathematische und trigonometrische Funktionen*

10.49 SUMMEX2PY2

Damit berechnen Sie die Summe der Quadrate zweier Matrizen und erhalten daraus die Summe.

Syntax

```
=SUMMEX2PY2(Matrix_x; Matrix_y)
```

Parameter

Matrix_x, Matrix_y   Die beiden Zellbereiche mit den beiden Matrizen.

Ähnliche Funktionen

SUMMEX2MY2(), SUMMEXMY2()

10.50 SUMMEXMY2

Die Funktion berechnet zuerst die Quadrate aus der Differenz zweier Matrizen und berechnet daraus die Summe.

Syntax

```
=SUMMEXMY2(Matrix_x; Matrix_y)
```

Parameter

Matrix_x, Matrix_y   Die beiden Zellbereiche mit den beiden Matrizen.

Ähnliche Funktionen

SUMMEX2PY2(), SUMMEX2MY2()

10.51 TAN

Mit TAN berechnen Sie den Tangens zum angegebenen Argument.

Syntax

```
=TAN(Zahl)
```

Parameter

Zahl   Berechnet den Tangens zur angegebenen Zahl. Die Zahl stellt hierbei einen Winkel im Bogenmaß dar.

Ähnliche Funktionen

TANHYP(), COS(), SIN()

10.52 TANHYP

Diese Funktion berechnet den hyperbolischen Tangens zum angegebenen Argument.

Syntax

```
=TANHYP(Zahl)
```

Parameter

Zahl   Als Parameter geben Sie eine Zahl oder einen Zellbezug an.

Ähnliche Funktionen

TAN()

10.53 TEILERGEBNIS

Kann die gewünschte Berechnungsvorschrift auch auf den gefilterten Zellbereich durchführen.

Syntax

```
=TEILERGEBNIS(Funktion ;Bezug1; Bezug2;…)
```

Parameter

Funktion   Geben Sie die Funktionsnummer laut der aufgeführten Tabelle an.

Bezug1; Bezug2;..   Die Zellbereiche, für die Sie die Berechnung durchführen möchten.

Die folgende Tabelle gibt Aufschluss über die Möglichkeiten des ersten Parameters in der Funktion TEILERGEBNIS:

Funktionsnummer (inkl. ausgeblendete Zellwerte)	Funktionsnummer (ausgeblendete Zellwerte werden ignoriert)	Funktionsname
1	101	MITTELWERT
2	102	ANZAHL
3	103	ANZAHL2
4	104	MAX
5	105	MIN
6	106	PRODUKT
7	107	STABW
8	108	STABWN
9	109	SUMME
10	110	VARIANZ
11	111	VARIANZEN

Ähnliche Funktionen
ANZAHL(), ANZAHL2(), MIN(), MAX(), MITTELWERT(), PRODUKT(), SUMME(), SUMME(), STABW(), VARIANZ(), VARIANZEN()

10.53.1 Summe und Anzahl auf eine gefilterte Liste berechnen

1. Öffnen Sie die Datei zur Funktion *TEILERGEBNIS.XLSX*.
2. Schalten Sie zum Arbeitsblatt *TEILERGEBNIS_Beispiel_1*.
3. Die Liste der Verkäufe mit den zugehörigen Umsatzdaten findet sich ab Zeile 9.
4. Filtern Sie die Liste nach einem Wert, beispielsweise nach der Produktgruppe D87.
5. Setzen Sie den Cursor in die Zelle F6.
6. Geben Sie die folgende Formel ein.

```
=TEILERGEBNIS(9; F2:F1000)
```

Die Funktion TEILERGEBNIS benötigt zwei Parameter. Im ersten Parameter geben Sie an, was Sie berechnen möchten. Im Beispiel ist es die Funktion 9, also die Summenfunktion. Der zweite Parameter gibt den Zellbereich A2:A100 an, über den summiert werden soll.

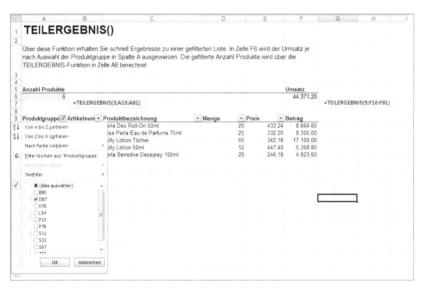

Bild 10.27: Die Summe der sichtbaren Beträge für die Produktgruppe D87

Um die Anzahl der gefilterten Zeilen anzuzeigen, ersetzen Sie den ersten Parameter 9 in der TEILERGEBNIS-Funktion durch den Wert 3.

```
=TEILERGEBNIS(3; A2:A1000)
```

Mit der 3 ermitteln Sie laut der oben angegebenen Tabelle die Anzahl der Zahlenwerte und Textwerte.

10.54 UNGERADE

Die Funktion liefert die nächste ungerade ganze Zahl. Wie sich die Funktion einsetzen lässt, lesen Sie im Beispiel zur Funktion GERADE. Um festzustellen, ob eine Zahl ungerade ist, verwenden Sie die Funktion ISTUNGERADE.

Syntax

```
=UNGERADE(Zahl)
```

Parameter

Zahl   Eine Zahl oder ein Zellbezug.

Ähnliche Funktionen

GERADE()

10.55 UNTERGRENZE

Mit dieser Funktion können Sie einen Zahlenwert auf ein Vielfaches zur angegebenen Schrittweite gegen die Zahl 0 abrunden.

Syntax

```
=UNTERGRENZE(Zahl; Schritt)
```

Parameter

Zahl   Die Zahl, die gerundet werden soll.

Schritt   Das Vielfache, auf das der Wert abgerundet werden soll.

Ähnliche Funktionen

OBERGRENZE()

10.56 UNTERGRENZE.GENAU

Mit dieser Funktion können Sie einen Zahlenwert auf ein Vielfaches zur angegebenen Schrittweite gegen die nächste ganze Zahl abrunden. Bei dieser Variante wird der Absolutwert des Vielfachen verwendet.

Syntax

```
=UNTERGRENZE.GENAU(Zahl; Schritt)
```

Parameter

Zahl   Die Zahl, die gerundet werden soll.

Schritt   Das Vielfache, auf das der Wert abgerundet werden soll.

Ähnliche Funktionen
UNTERGRENZE(), OBERGRENZE.GENAU()

10.57 VORZEICHEN

Die Funktion ermittelt das Vorzeichen zum Zellwert bzw. der Zahl.

Syntax
```
=VORZEICHEN(Zahl)
```

Parameter

Zahl   Eine Zahl oder ein Zellbezug.

Ähnliche Funktionen
ABS()

10.58 VRUNDEN

Die Funktion rundet einen Zahlenwert auf ein Vielfaches des zweiten Parameters.

Syntax
```
=VRUNDEN(Zahl, Vielfaches)
```

Parameter

Zahl   Der Wert, der bearbeitet werden soll.

Vielfaches   Das Vielfache, auf das kaufmännisch gerundet werden soll.

Ähnliche Funktionen
RUNDEN()

10.59 WURZEL

Die Funktion berechnet die Quadratwurzel einer Zahl.

Syntax
```
=WURZEL(Zahl)
```

Parameter

Zahl   Eine Zahl oder ein Zellbezug.

Ähnliche Funktionen

WURZELPI()

10.60 WURZELPI

Die Funktion WURZELPI berechnet die Quadratwurzel einer Zahl und multipliziert das Ergebnis mit der Konstanten Pi. Die Zahl wird intern mit der Konstanten Pi multipliziert. Sie müssen Pi nicht als Parameter angeben.

Syntax

```
=WURZELPI(Zahl)
```

Parameter

Zahl   Zahl oder Zellbezug.

Ähnliche Funktionen

WURZEL()

10.61 ZUFALLSBEREICH

Die Funktion gibt eine Zufallszahl für einen angegebenen Wertebereich zurück.

Syntax

```
=ZUFALLSBEREICH(Untere_Zahl; Obere_Zahl)
```

Parameter

Untere_Zahl   Die untere Zahl für die Zufallszahl.

Obere_Zahl   Die obere Zahl für die Zufallszahl.

Ähnliche Funktionen

ZUFALLSZAHL()

10.61.1 Lottozahlen aus dem Computer

Für eine Tippreihe müssen Sie sich für eine Zahl zwischen 1 und 49 entscheiden.

1. Öffnen Sie die Datei *ZUFALLSBEREICH.XLSX* und aktivieren Sie das Arbeitsblatt *ZUFALLSBEREICH_Beispiel_1_leer*.

2. Fügen Sie in die Zelle C8 die Funktion ZUFALLSBEREICH, wie oben beschrieben, in eine Zelle ein.

```
=ZUFALLSBEREICH(1;49)
```

Falls der untere und obere Bereich von Zellen anhängt, geben Sie die entsprechenden Zellbezeichnungen ein:

```
=ZUFALLSBEREICH(C10;C11)
```

Jedes Mal, wenn Sie die Funktionstaste `F9` drücken, erhalten Sie eine neue Glückszahl zwischen 1 und 49.

10.62 ZUFALLSZAHL

Die Funktion ZUFALLSZAHL liefert als Ergebnis eine Zahl zwischen 0 und 1. Da in Excel in der Regel die automatische Neuberechnung eingeschaltet ist, erscheint nach jeder Eingabe in die Mappe ein neues Ergebnis. Um ein neues Ergebnis zu erhalten, ohne eine Eingabe machen zu müssen, drücken Sie `F9`. Sie erhalten dann beispielsweise diesen Wert:

```
0,514193985797242
```

Soll das Ergebnis eine bestimmte Anzahl von Nachkommastellen haben, wenden Sie auf das Ergebnis die Funktion RUNDEN an. Sollen ganzzahlige Zufallszahlen erstellt werden, multiplizieren Sie es mit einer Konstante und runden das Ergebnis, oder Sie setzen gleich die Funktion ZUFALLSBEREICH ein. Bei dieser Funktion geben Sie keine Parameter zwischen den Klammern an.

Syntax
```
=ZUFALLSZAHL()
```

Ähnliche Funktionen
ZUFALLSBEREICH()

10.63 ZWEIFAKULTÄT

Berechnet die Fakultät zur Schrittlänge 2 einer Zahl, auch als Altheffnersche Fakultät bezeichnet.

Syntax
```
=ZWEIFAKULTÄT(Zahl)
```

Parameter
Zahl   Zahl oder Zellbezug.

Ähnliche Funktionen
FAKULTÄT()

11 Finanzmathematische Funktionen

Excel hält in der Kategorie Finanzmathematik über 50 Funktionen bereit, die zum Teil jedoch nur bei aktivierten Add-Ins verfügbar sind. Einige Funktionen sind auf spezielle Zielgruppen zugeschnitten, die mit Aktien, Wertpapieren oder Fonds zu tun haben. Im Text werden Beispiele für die allgemein verständlichen Funktionen beschrieben. Die spezialisierten Funktionen werden jedoch nicht links liegen gelassen. Sie finden zu jeder Funktion mindestens ein Beispiel in den Dateien zum Buch.

Meist spielt die Zeit bzw. das Datum bei diesen Funktionen eine wichtige Rolle. Die korrekte Angabe der Parameter zu Zinssatz, Anzahl der Zahlungen oder dem Start- und Enddatum sind besonders wichtig, um das richtige Ergebnis zu erhalten.

Die Funktionen dieser Kategorie finden Einsatz in unterschiedlichen Bereichen:

* Abschreibung in unterschiedlichen Arten

* Sparen und Kredite

* Berechnungen zu Wertpapieren / Wechsel

▣ Download-Link

www.buch.cd

Hier finden Sie alle Beispieldateien übersichtlich nach Kapiteln geordnet.

Der Parameter Basis

In vielen finanzmathematischen Funktionen steuert der Parameter *Basis* die Methode bei der Zählung der Tage für ein Berechnungsjahr. Folgende Optionen werden angeboten, wobei in den einzelnen Funktionen nicht alle Parameterwerte möglich sind:

Parameterwert	Bedeutung
0	360 Tage
1	Tatsächliche Anzahl der Tage pro Jahr
2	Taggenau / Ein Jahr hat hierbei 360 Tage
3	Ein Jahr wird mit 365 Tagen gerechnet
4	Ein Jahr wird mit 360 Tagen gerechnet (europäische Methode)

438 *Kapitel 11: Finanzmathematische Funktionen*

Add-Ins einschalten

Die Gruppe der finanzmathematischen Funktionen hat einen großen Anteil an den Funktionen, die Excel bereitstellt. Viele der Funktionen werden jedoch erst nach Aktivieren der Analysefunktionen über den Befehl *Datei / Optionen / Add-Ins* bereitgestellt.

Sind die Add-Ins nicht aktiviert, existieren diese Funktionen für Excel »noch« nicht. Sofern die Add-In-Funktionen in einer Formeln verwendet wurden, wird die Fehlermeldung #NAME ausgegeben.

So kann es sein, dass eine Excel-Arbeitsmappe an einem Computer im Unternehmen einwandfrei funktioniert, im Excel am Computer eines Kollegen nicht. Es ist uns auch einmal in der Praxis passiert, dass die Excel-Arbeitsmappe nach einer Systemumstellung des Kundenrechners auf eine neue Office-Version nicht mehr funktionierte, denn bei der Installation werden die Add-Ins zwar korrekt auf den Computer kopiert, das bedeutsame Häkchen wird jedoch nicht automatisch gesetzt.

Starten Sie in dem Fall also den Menübefehl *Datei / Optionen/ Add-Ins* und aktivieren Sie über die Schaltfläche *Gehe zu...* im Dialogfenster die Häkchen zu den Optionen *Analyse-Funktionen.*

11.1 Sparen und Zinsen

Für den Einsatz dieser Funktionen in dieser Kategorie sind unterschiedliche Parameter notwendig.

11.1.1 Festgeldsparen und Zinseszins

Beim Festgeldsparen stehen die Eingabeparameter zur Berechnung fest. Sie legen einen bestimmten Betrag zu einem gleich bleibenden Zinssatz an, und zwar über einen bestimmten Zeitraum. Am Ende der Anlagezeit wird der Sparbetrag zuzüglich Zinsen ausgezahlt. Wir möchten also wissen, welcher Betrag am Ende der Laufzeit ausgezahlt wird.

Der Zinsbetrag sowie die Gesamtsumme lassen sich über einfache Formeln berechnen.

Öffnen Sie die Datei *BEISPIEL_FESTZINSSPAREN.XLSX.*

Der Zinsbetrag errechnet sich durch die einfache Formel

```
Einzahlungsbetrag * Zinssatz
```

Wenn Sie sich die Zinsen am Jahresende auszahlen lassen, ändert sich der Sparbetrag nicht, sodass Sie zum nächsten Jahresende wieder den gleichen Zinsbetrag von der Bank erhalten. Lassen Sie den Betrag als neuen Sparbetrag für das nächste Jahr liegen, übernehmen Sie den Wert in die Zelle F25.

Sie können nun die Formeln nach unten kopieren. Die Endbeträge werden in den entsprechenden Zellen ausgewiesen.

Die Summe der Zinsbeträge ergibt den Ertrag und unten rechts wird der Auszahlungsbetrag nach Ablauf des Sparzeitraums angezeigt.

11.2 AMORDEGRK

Die Funktionen AMORDEGRK und AMORLINEARK sind für das französische Buchführungssystem gedacht und liefern Abschreibungsbeträge für ein Anlagegut in einer Abrechnungsperiode. AMORDEGRK berechnet dabei die degressive Abschreibung, AMORLINEARK die lineare Abschreibung.

Syntax

```
=AMORDEGRK(Ansch_Wert; Kaufdatum; Erster_Zinstermin; Restwert; Termin;
Satz; Basis)
```

Parameter

Ansch_Wert	Die Anschaffungskosten.
Kaufdatum	Das Anschaffungsdatum.
Erster_Zinstermin	Das Datum des Endes der ersten Periode.
Restwert	Der Restwert am Ende der Nutzungsdauer.
Termin	Die Dauer, für die die Abschreibung ermittelt werden soll.
Satz	Der Abschreibungssatz.
Basis	Die Methode bei der Zählung der Tage (0,1,3). Dieser Parameter ist optional.

Ähnliche Funktionen

AMORLINEARK()

11.3 AMORLINEARK

Diese Funktion berechnet für die französische Buchführung den linearen Abschreibungsbetrag für ein Anlagegut in einer Abrechnungsperiode.

Syntax

```
=AMORLINEARK(Ansch_Wert; Kaufdatum; Erster_Zinstermin; Restwert; Termin;
Satz; Basis)
```

Parameter

Ansch_Wert	Die Anschaffungskosten.
Kaufdatum	Das Anschaffungsdatum.
Erster_Zinstermin	Das Datum des Endes der ersten Periode.
Restwert	Der Restwert am Ende der Nutzungsdauer.
Termin	Die Dauer, für die die Abschreibung ermittelt werden soll.

440 *Kapitel 11: Finanzmathematische Funktionen*

Satz   Der Abschreibungssatz.

Basis   Die Methode bei der Zählung der Tage (0,1,3). Der Parameter ist optional.

Ähnliche Funktionen

AMORDEGRK()

11.4 AUFGELZINS

Die Funktion ermittelt die aufgelaufenen Zinsbeträge eines Wertpapiers mit regelmäßigen Zinszahlungen. In den Dateien zum Buch finden Sie ein Beispiel für ein Wertpapier mit einem Nennwert von 10.000, das bei 4% Nominalzins halbjährlich abgerechnet wird.

Syntax

```
=AUFGELZINS(Emission; Erster_Zinstermin; Abrechnung; Satz; Nennwert;
Häufigkeit; Basis; Berechnungsmethode)
```

Parameter

Emission	Das Ausgabedatum des Wertpapiers.
Erster_Zinstermin	Der erste Zinstermin des Wertpapiers.
Abrechnung	Der Abrechnungstermin des Wertpapierkaufs.
Satz	Der jährliche Nominalzins des Wertpapiers.
Nennwert	Der Nennwert des Wertpapiers.
Häufigkeit	Die Anzahl der Zinszahlungen pro Jahr.
Basis	Die Methode bei der Zählung der Tage. Der Parameter ist optional.
Berechnungsmethode	Der Parameter ist optional. *Wahr* gibt die Zinsen zwischen dem Ausgabedatum und dem Abrechnungsdatum zurück. *Falsch* gibt die Zinsen zwischen dem ersten Zinstermin und dem Abrechnungsdatum zurück.

11.5 AUFGELZINSF

Mit dieser Funktion werden die aufgelaufenen Zinsen eines Wertpapiers ermittelt, die nach Ablauf ausgezahlt werden.

Syntax

```
=AUFGELZINSF(Emission; Abrechnung; Nominalzins; Nennwert; Basis)
```

Parameter

Emission	Das Emissionsdatum des Wertpapiers
Abrechnung	Der Abrechnungstermin des Wertpapierkaufs.
Nominalzins	Der jährliche Nominalzins des Wertpapiers.
Nennwert	Der Nennwert des Wertpapiers.
Basis	Die Methode bei der Zählung der Tage. Dieser Parameter ist optional.

11.6 AUSZAHLUNG

Die Funktion berechnet den Anlagebetrag inklusive des Ertrags, also den Auszahlungsbetrag, den Sie für eine Anlage erhalten. In der Beispieldatei werden 10.000 Euro bei einem Disagio von 2% für fünf Monate angelegt. Als Basis wird der Parameter 4 für die europäische Berechnungsmethode angegeben.

Syntax

```
=AUSZAHLUNG(Abrechnung; Fälligkeit; Anlage; Disagio; Basis)
```

Parameter

Abrechnung	Der Zeitpunkt nach der Emission, an dem das Wertpapier in den Besitz des Käufers übergeht.
Fälligkeit	Der Fälligkeitstermin des Wertpapiers.
Anlage	Der Anlagebetrag.
Disagio	Der Abschlag des Wertpapiers in Prozent.
Basis	Die Methode für die Zählung der Tage. Der Parameter ist optional.

11.7 BW

Die Funktion berechnet den Gesamtwert für eine Reihe zukünftiger regelmäßiger Zahlungen bei einem bestimmten Zinssatz und einer Vorgabe der Anzahl der Zahlungen. Bei einem Kredit stellt aus der Sicht des Kreditgebers der Barwert die Gesamtsumme des Kredits dar.

Syntax

```
=BW(Zins; Zzr; Rmz; Zw; F)
```

Parameter

Zins	Zinssatz pro Periode in Prozent oder als Zahlenwert.
Zzr	Anzahl der Zahlungszeiträume.

Rmz	Betrag der regelmäßigen Zahlung.
Zw	Zukünftiger Wert bzw. Endwert. Der Parameter ist optional.
F	0 oder nicht angegeben bedeutet, dass die Zahlung am Ende der Periode fällig wird. Bei 1 ist die Zahlung bereits am Anfang der Periode fällig. Der Parameter ist optional.

Ähnliche Funktionen

RMZ(), ZZR(), ZINS(), ZW()

11.7.1 Barwert und regelmäßige Zahlungen

Für regelmäßige Zahlungen, ob Sparbeträge oder Rückzahlungen von Krediten, bietet Excel eine Gruppe von Funktionen an, die aus fünf Parameterwerten bestehen.

Es handelt sich um die Parameter mit den folgenden Bezeichnungen:

BW Barwert	Diese Zahlen stellen den gegenwärtigen Wert der regelmäßigen Zahlungen dar.
RMZ Regelmäßiger Zahlungsbetrag	Diese Zahl stellt den regelmäßigen zu zahlenden Betrag dar. Zahlen Sie den Betrag, beispielsweise für einen Kredit, geben Sie einen negativen Wert an. Zahlt Ihnen die Bank, ist der Zahlenwert positiv.
ZINS Zinssatz	Bei diesem Parameter handelt es sich um den Zinssatz für eine Zahlungsperiode. Zinssatz und die Anzahl der Zahlungszeiträume sollten zusammenpassen.
ZR Zeitraum	Mit diesem Parameter ist eine Periode im gesamten Zahlungszeitraum gemeint.
ZZR Zahlungszeiträume	Die Gesamtanzahl der Zahlungszeiträume.
ZW Zukünftiger Wert	Der gewünschte zukünftige Wert.

Wenn Sie also die Funktion ZZR() einsetzen möchten, benötigen Sie Angaben zu den Parametern *Barwert*, *Regelmäßiger Zahlungsbetrag*, *Zinssatz* und *zukünftiger Wert*.

11.7.2 Regelmäßiges Sparen

Nehmen wir an, Sie sparen jeden Monat 200 Euro. Die Bank gewährt Ihnen einen gleich bleibenden Zinssatz von 2 %.

1. Öffnen Sie die Datei *BW.XLSX*, aktivieren Sie das Register *BW_1* und markieren Sie die Zelle C9.

2. Starten Sie über den Funktions-Assistenten die Funktion BW.

3. Der *Zins* steht in Zelle C5.

4. Für das Feld *Zzr* (Zahlungszeitraum) markieren Sie die Zelle C6.

5. Für das Feld *Rmz* (Regelmäßige Zahlungen) markieren Sie die Zelle C7.

6. Bestätigen Sie mit *OK*.

In der Zelle C9 steht die folgende Formel:

```
=BW(C5:C6;C7)
```

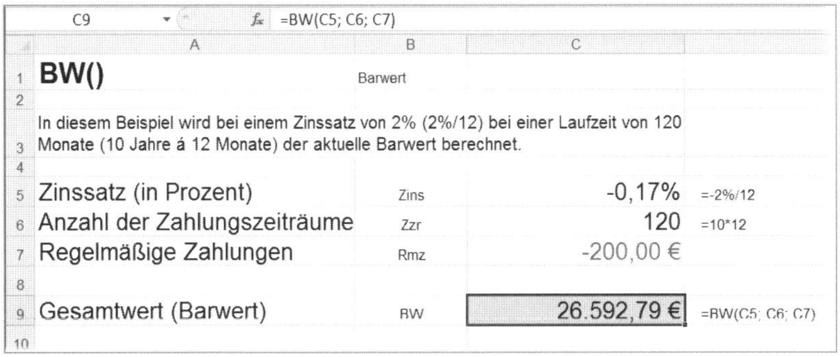

Bild 11.1: Eine Beispielrechnung zur Funktion BW

11.8 DIA

Die Funktion DIA berechnet den Abschreibungsbetrag für das gewünschte Jahr nach der arithmetisch-degressiven Methode.

Syntax

```
=DIA(Ansch_Wert; Restwert; Nutzungsdauer; Zr)
```

Parameter

Ansch_Wert	Der Wert der Anschaffung.
Restwert	Der Restwert nach Ablauf der Nutzungsdauer.
Nutzungsdauer	Die Nutzungsdauer in Jahren.
Zr	Das Jahr, für das Sie den Abschreibungsbetrag berechnen möchten.

Ähnliche Funktionen

AMORLINEARK(), GDA(), GDA2(), LIA(), VDB()

444 *Kapitel 11: Finanzmathematische Funktionen*

11.9 DISAGIO

Die Funktion liefert den Zinssatz in Prozent, der bei der Annahme eines Kredits verein-
bart wurde. Nach Angabe der Kreditdauer, des Betrags und des Rückzahlungsbetrags
berechnet die Funktion den Zinssatz.

Syntax

```
=DISAGIO(Abrechnung; Fälligkeit; Kurs; Rückzahlung, Basis)
```

Parameter

Abrechnung	Der Zeitpunkt nach der Emission, an dem das Wertpapier in den Besitz des Käufers übergeht.
Fälligkeit	Der Fälligkeitstermin des Wertpapiers.
Kurs	Der Kurs des Wertpapiers pro 100 Euro Nennwert.
Rückzahlung	Der Rückzahlungswert des Papiers pro 100 Euro Nennwert.
Basis	Die Methode bei der Zählung der Tage. Dieser Parameter ist optional.

11.10 DURATION

Die Funktion berechnet die Kennzahl der durchschnittlichen Kapitalbindungsdauer für
ein festverzinsliches Papier. Der Entwickler dieser Kennzahl heißt Macauley, deshalb
wird diese Berechnung auch Macauley-Duration genannt.

Syntax

```
=DURATION(Abrechnung; Fälligkeit; Nominalzins; Rendite, Häufigkeit; Basis)
```

Parameter

Abrechnung	Der Zeitpunkt, an dem das Wertpapier in den Besitz des Käufers übergeht.
Fälligkeit	Der Fälligkeitstermin des Wertpapiers.
Nominalzins	Der jährliche Nominalzins des Wertpapiers.
Rendite	Die jährliche Rendite des Papiers.
Häufigkeit	Die Anzahl der Zinszahlungen pro Jahr: bei jährlichen Zahlungen 1, bei halbjährlichen Zahlungen 2, bei vierteljährlichen Zahlungen 4.
Basis	Die Methode bei der Zählung der Tage. Der Parameter ist optional.

11.11 EFFEKTIV

Die Funktion liefert den Effektivzinssatz zu einer Anzahl von Zinszahlungen pro Jahr, basierend auf einem vorgegebenen jährlichen Nominalzins.

Syntax

`=EFFEKTIV(Nominalzins; Perioden)`

Parameter

Nominalzins	Der Zinssatz in Prozent oder als Zahl, wobei 0,02 = 2% ist.
Perioden	Die Anzahl der Zahlungen pro Jahr: 12, 4, 1.

11.12 GDA

Ermittelt die Beiträge der Abschreibung nach der Mehrfachraten-Abschreibungs-methode. In den Beispieldateien zum Buch finden Sie neben einem Beispiel für die Funktion GDA auch den jährlichen Abschreibungsbetrag mit einem Diagramm.

Syntax

`=GDA(Ansch_Wert; Restwert; Nutzungsdauer; Periode; Faktor)`

Parameter

Ansch_Wert	Die Anschaffungskosten.
Restwert	Der Restwert am Ende der Nutzungsdauer.
Nutzungsdauer	Die Anzahl der Perioden.
Periode	Die Dauer, für die der Abschreibungsbetrag ermittelt werden soll.
Faktor	Die Rate, um die die Abschreibung abnimmt. Ist der optionale Parameter *Faktor* leer, wird 2 angenommen. Dann gilt das Verfahren der degressiven Doppelratenabschreibung.

11.13 GDA2

Die Funktion gibt den geometrisch-degressiven Abschreibungsbetrag eines Wirtschafts-guts für eine bestimmte Periode zurück. In den Beispieldateien zum Buch finden Sie ein Beispiel, in dem der Abschreibungsbetrag für sechs Monate bei einer Investitionshöhe von 100.000 Euro und einem Restwert von 22.000 Euro ermittelt wird.

Syntax

`=GDA2(Ansch_Wert; Restwert; Nutzungsdauer; Periode; Monate)`

446 *Kapitel 11: Finanzmathematische Funktionen*

Parameter

Ansch_Wert	Die Anschaffungskosten.
Restwert	Der Restwert am Ende der Nutzungsdauer.
Nutzungsdauer	Die Anzahl der Perioden, über die das Wirtschaftsgut abgeschrieben wird.
Periode	Die Dauer, für die der Abschreibungsbetrag ermittelt werden soll.
Monate	Die Anzahl der Monate im ersten Jahr. Ist der optionale Parameter *Monate* leer, wird 12 angenommen.

11.14 IKV

Die Funktion IKV ermittelt den internen Zinssatz einer regelmäßigen Reihe (monatlich oder jährlich) von Zahlungen. Die Zahlungen können unterschiedliche Beträge haben. Die Abkürzung IKV steht für *Interner Kennwert für eine Investition*. In den Dateien zum Buch finden Sie ein Beispiel von 12 Zahlungen mit unterschiedlichen Werten.

Syntax

```
=IKV(Werte; Schätzwert)
```

Parameter

Werte	Ein Bezug auf die Zellen, in denen die Zahlen stehen, für die Sie den internen Zinssatz berechnen möchten.
Schätzwert	Eine optional anzugebende Zahl, von der Sie annehmen, dass sie dem Ergebnis der Funktion nahekommt.

11.15 ISPMT

Die Funktion berechnet die während eines bestimmten Zeitraums für eine Investition gezahlten Zinsen. Diese Funktion wird aus Kompatibilitätsgründen mit Lotus 1-2-3 zur Verfügung gestellt.

Syntax

```
=ISPMT(Rate; Per; Nper; Pv)
```

Parameter

Rate	Der Zinssatz pro Rate.
Per	Der Zeitraum, für den die Zinsen berechnet werden sollen.
Nper	Anzahl der Zahlungszeiträume für die Investition.
Pv	Der gegenwärtige Wert der Investition.

Ähnliche Funktionen

ZZR(), ZINS(), ZW()

11.16 KAPZ

Die Funktion KAPZ gibt die Kapitalrückzahlung einer Investition für eine angegebene Periode zurück. Der Funktionsname setzt sich aus den folgenden Buchstaben KAPZ = KAPitalrückZahlung zusammen.

Syntax

=KAPZ(Zins; Zr; Zzr; Bw; Zw; F)

Parameter

Zins	Der Zinssatz pro Periode.
Zr	Die Periode muss zwischen 1 und ZZr liegen (Zr = Zahlungszeitraum).
Zzr	Die Anzahl Perioden für die jeweilige Annuität (Zzr = Anzahl der Zahlungszeiträume).
Bw	Der Gesamtbetrag (Bw = Barwert).
Zw	Der Endwert oder der Kassenbestand, den Sie nach der letzten Zahlung erreicht haben möchten. Ist der optionale Parameter Zw leer, wird der Wert 0 angenommen (Zw = Zukünftiger Wert).
F	Fälligkeit der Zahlung. 0 oder leer = Zahlung am Ende der Periode, 1 = Zahlung am Anfang der Periode. Dieser Parameter ist optional.

11.17 KUMKAPITAL

Diese Funktion ermittelt den Tilgungsanteil eines Annuitätendarlehens für einen bestimmten Zeitraum. In den Dateien zum Buch wird der Tilgungsbetrag für 11 Perioden bei einem Barwert von 21.000 Euro mit einem Zinssatz von 4,8% berechnet.

Syntax

=KUMKAPITAL(Zins; Zzr; Bw; Zeitraum_Anfang; Zeitraum_Ende; F)

Parameter

Zins	Der Zinssatz pro Periode.
Zzr	Die Anzahl Perioden für die jeweilige Annuität.
Bw	Der Barwert.
Zeitraum_Anfang	Die erste Periode.

448 *Kapitel 11: Finanzmathematische Funktionen*

Zeitraum_Ende	Die letzte Periode.
F	Fälligkeit der Zahlung. 0 oder leer = Zahlung am Ende der Periode, 1 = Zahlung am Anfang der Periode.

11.18 KUMZINS

Die Funktion berechnet die kumulierten Zinsen, die zwischen zwei Perioden zu zahlen sind.

Syntax

```
=KUMZINS(Zins; Zzr; Bw; Zeitraum_Anfang; Zeitraum_Ende; F)
```

Parameter

Zins	Der Zinssatz pro Periode.
Zzr	Die Anzahl der Zahlungsperioden für die jeweilige Annuität.
Bw	Der Barwert.
Zeitraum_Anfang	Die erste Periode.
Zeitraum_Ende	Die letzte Periode.
F	Fälligkeit der Zahlung: 0 oder1.

11.19 KURS

Die Funktion KURS liefert den Kurs pro 100 Euro Nennwert eines Wertpapiers, das regelmäßig Zinsen auszahlt.

Syntax

```
=KURS(Abrechnung; Fälligkeit; Zins; Rendite; Rückzahlung; Häufigkeit;
Basis)
```

Parameter

Abrechnung	Der Zeitpunkt nach der Emission, an dem das Wertpapier in den Besitz des Käufers übergeht.
Fälligkeit	Der Fälligkeitstermin des Wertpapiers.
Zins	Der jährliche Nominalzins des Wertpapiers.
Rendite	Die jährliche Rendite des Wertpapiers.
Rückzahlung	Der Rückzahlungswert pro 100 Euro Nennwert.
Häufigkeit	Die Anzahl der Zinszahlungen pro Jahr, bei jährlichen Zahlungen 1, bei halbjährlichen Zahlungen 2, bei vierteljährlichen Zahlungen 4.

Basis   Die Methode bei der Zählung der Tage: 0,1,2,3 oder 4. Der Parameter ist optional.

11.20 KURSDISAGIO

Die Funktion KURSDISAGIO ermittelt den Auszahlungsbetrag für ein Wertpapier bei vorgegebenem Zeitraum und Disagio in Prozent. Der Kurs bezieht sich auf 100 Euro Nennwert des Wertpapiers.

Syntax

```
=KURSDISAGIO(Abrechnung; Fälligkeit; Disagio; Rückzahlung; Basis)
```

Parameter

Abrechnung	Der Zeitpunkt nach der Emission, an dem das Wertpapier in den Besitz des Käufers übergeht.
Fälligkeit	Der Fälligkeitstermin des Wertpapiers.
Disagio	Der ausgedrückte Abschlag des Wertpapiers in Prozent.
Rückzahlung	Der Rückzahlungswert pro 100 Euro Nennwert.
Basis	Der optionale Parameter legt die Methode bei der Zählung der Tage (0,1,2,3 oder 4) fest.

11.21 KURSFÄLLIG

Die Funktion KURSFÄLLIG liefert den Kurs pro 100 Euro Nennwert eines Wertpapiers, das Zinsen und Fälligkeitsdatum auszahlt.

Syntax

```
=KURSFÄLLIG(Abrechnung; Fälligkeit; Emission; Zins; Rendite; Basis)
```

Parameter

Abrechnung	Der Zeitpunkt nach der Emission, an dem das Wertpapier in den Besitz des Käufers übergeht.
Fälligkeit	Der Fälligkeitstermin des Wertpapiers.
Emission	Das Datum der Wertpapieremission.
Zins	Der Zinssatz des Wertpapiers zum Emissionstermin.
Rendite	Die jährliche Rendite des Wertpapiers.
Basis	Die Methode bei der Zählung der Tage: 0,1,2,3 oder 4. Der Parameter ist optional.

11.22 LIA

Die Funktion LIA berechnet die jährliche lineare Abschreibung eines Wirtschaftsguts.

Syntax
```
=LIA(Ansch_Wert; Restwert; Nutzungsdauer)
```

Parameter
Ansch_Wert   Der Wert der Anschaffung.

Restwert   Der Restwert.

Nutzungsdauer   Die Nutzungsdauer in Jahren.

Ähnliche Funktionen
DIA(), GDA(), GDA2(), VDB(), AMORLINEARK()

11.22.1 Lineare Abschreibung mit LIA()

Bei der einfachen Variante der Abschreibungen, der linearen Abschreibung, wird über den gewünschten Zeitraum jedes Jahr der gleiche Betrag abgeschrieben.

Ein Beispiel zur Berechnung der Abschreibungsbeträge nach der linearen Abschreibung können Sie in der Datei *LIA.XLSX* einsehen.

1. Aktivieren Sie das Blatt *LIA_1* und klicken Sie in die Zelle C9.
2. Starten Sie über die Funktions-Assistenten die Funktion LIA.
3. Der *Ansch_Wert* steht in Zelle C5.
4. Der geplante *Restwert* steht in der Zelle C6.
5. Die *Nutzungsdauer* in Jahren steht in Zelle C7.
6. Bestätigen Sie mit *OK*.

In Zelle C9 steht nun die folgende Formel:

```
=LIA(C5;C6;C7)
```

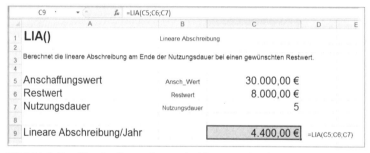

Bild 11.2: Der Abschreibungsbetrag bei linearer Abschreibung

Die Abschreibungsbeträge lassen sich auch manuell mit den Grundrechenarten bere-
chen.

C14		fx	=($C$5-$C$6)/$C$7		
	A	B	C	D	
1	**Manuelle Berechnung der LIA-Funktion**				
2					
3	Die Kosten für ein Nutzfahrzeug betragen 45.000 €. Nach 6 Jahren hat das Fahrzeug einen Restwert von 11.000 €. Bei einer linearen Abschreibung berechnet die Funktion LIA die jährliche lineare Abschreibung.				
5	Anschaffungswert	Ansch_Wert	30.000,00 €		
6	Restwert	Restwert	11.000,00 €		
7	Nutzungsdauer	Nutzungsdauer	6		
9	Lineare Abschreibung/Jahr		3.166,67 €	=LIA(C5,C6,C7)	
10					
11					
12					
13	Jahr		Lineare Abschreibung		
14	1		3.166,67 €	=($C$5-$C$6)/$C$7	
15	2		3.166,67 €		
16	3		3.166,67 €		
17	4		3.166,67 €		
18	5		3.166,67 €		
19	6		3.166,67 €		
20	Summe der Abschreibungen		19.000,00 €		
21					
22	Restwert		11.000,00 €		

Bild 11.3: Die lineare Abschreibung mit den Grundrechenarten

11.23 MDURATION

Diese Funktion ermittelt die modifizierte Macauley-Duration (modified duration) für
festverzinsliche Wertpapiere.

Syntax

```
=MDURATION(Abrechnung; Fälligkeit; Coupon; Rendite; Häufigkeit; Basis)
```

Parameter

Abrechnung	Der Abrechnungstermin des Wertpapierkaufs.
Fälligkeit	Der Fälligkeitstermin des Wertpapiers.
Coupon	Der jährliche Nominalzins des Wertpapiers.
Rendite	Die jährliche Rendite des Wertpapiers.
Häufigkeit	Die Anzahl der Zinszahlungen pro Jahr, jährlich = 1, halbjährlich = 2, vierteljährlich = 4.
Basis	Die Methode bei der Zählung der Tage. Der Parameter ist optional.

452 *Kapitel 11: Finanzmathematische Funktionen*

11.24 NBW

Die Funktion NBW (NettoBarWert) ermittelt den Kapitalwert einer Investition unter Berücksichtigung eines Zinsfaktors für eine Reihe regelmäßiger Zahlungen. Mit dem Ergebnis wird die Wirtschaftlichkeit einer Investition ermittelt. In den Dateien zum Buch finden Sie ein Rechenbeispiel, um den Nettobarwert einer Investition zu berechnen.

Syntax

```
=NBW(Zins; Wert1; Wert2;…)
```

Parameter

Zins   Der Abzinsungssatz für die Dauer einer Periode.

Wert1; Wert2;..   Bis zu 254 Argumente, die den Auszahlungen und Einzahlungen entsprechen.

11.25 NOMINAL

Diese Funktion liefert den Nominalzinssatz zu einer Anzahl von Zinszahlungen pro Jahr, basierend auf einem vorgegebenen jährlichen Nominalzins. Die Formel gibt den Zusammenhang zwischen Nominalzins- und Effektivzinssatz wieder. In der Datei *NOMINAL.XLSX* finden Sie eine Umrechnung in den Nominalzinssatz bei gegebenem jährlichen Zinssatz und monatlichen Zahlungen.

Syntax

```
=NOMINAL(Effektiver_Zins; Anzahl_Perioden)
```

Parameter

Effektiver_Zins   Der Zinssatz in Prozent oder als Zahl, wobei 0,012 = 1,2 %, 2 = 100% entspricht.

Anzahl_Perioden   Die Anzahl der Zahlungen pro Jahr: 12, 4, 1.

Ähnliche Funktionen

EFFEKTIV()

11.25.1 Den Nominalzinssatz ermitteln

Bei der Angabe von Zinssätzen werden zwei unterschiedliche Zinswerte angegeben, der Nominal- und der Effektivzinssatz. Excel bietet hier zwei Funktionen, um aus dem einen Zinssatz den anderen Zins zu berechnen.

Die Berechnung finden Sie in der Datei *NOMINAL.XLSX*.

1. Aktivieren Sie das Blatt *NOMINAL_1* und klicken Sie in die Zelle C8.
2. Starten Sie über die Funktions-Assistenten die Funktion NOMINAL.
3. Der *Effektiver_Zins* steht in Zelle C5.
4. Die Anzahl der *Perioden* steht in der Zelle C6.
5. Bestätigen Sie mit *OK*.

In Zelle C8 steht nun die folgende Formel:

```
=NOMINAL(C5;C6)
```

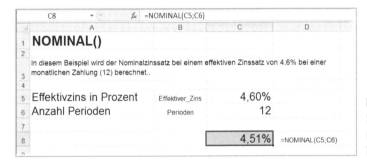

Bild 11.4: Aus dem Effektivzins den Nominalzinssatz berechnen

Für die Umrechnung benötigen Sie den Zinssatz in Prozent und die Anzahl der Zahlungen pro Jahr. Bei den angegebenen 4,6 % und bei monatlicher Zahlung berechnet die Funktion den Nominalzinssatz von 4,51%.

11.26 NOTIERUNGBRU

Die Funktion NOTIERUNGBRU wandelt eine dezimale Schreibweise in einen gemischten Dezimalbruch um. In den Dateien zum Buch finden Sie einige Beispiele, in denen Zahlen in einen gemischten Dezimalbruch umgewandelt werden.

Syntax

```
=NOTIERUNGBRU(Zahl; Teiler)
```

Parameter

Zahl   Die Dezimalzahl.

Teiler   Eine ganze Zahl, die als Nenner des Dezimalbruchs verwendet wird.

Ähnliche Funktionen

NOTIERUNGDEZ()

454 *Kapitel 11: Finanzmathematische Funktionen*

11.27 NOTIERUNGDEZ

Mit dieser Funktion wandeln Sie die Schreibweise, die als gemischter Dezimalbruch ausgedrückt wurde, in eine Dezimalzahl um. In den Dateien zum Buch finden Sie Beispiele, in denen die Werte umgewandelt werden.

Syntax

```
=NOTIERUNGDEZ(Zahl; Teiler)
```

Parameter

Zahl   Eine als Dezimalbruch ausgedrückte Zahl.

Teiler   Eine ganze Zahl, die als Nenner des Dezimalbruchs verwendet wird.

Ähnliche Funktionen

NOTIERUNGBRU()

11.28 QIKV

Die Funktion QIKV ermittelt die interne Verzinsung einer Investition. QIKV berücksichtigt sowohl die Kosten der jeweiligen Investition als auch die Zinsen, die sich aus der Reinvestition des Geldes ergeben.

Syntax

```
=QIKV(Werte; Investition; Reinvestition)
```

Parameter

Werte   Ein Bezug auf den Zellbereich, der die Zahlen enthät.

Investition   Geben Sie den Zinssatz an, den Sie mit Ihren Investitionen erzielen.

Reinvestition   Der Zinssatz, den Sie für die Reinvestitionen erzielen.

11.29 RENDITE

Diese Funktion liefert die Ertragsrate für ein Wertpapier, das periodisch Zinsen auszahlt. Mit der Rendite wird das Verhältnis der Einzahlungen zu den Auszahlungen angegeben.

Syntax

```
=RENDITE(Abrechnung; Fälligkeit; Zins; Kurs; Rückzahlung; Häufigkeit;
Basis)
```

Parameter

Abrechnung	Der Abrechnungstermin des Wertpapierkaufs.
Fälligkeit	Der Fälligkeitstermin des Wertpapiers.
Zins	Der jährliche Nominalzins in Prozent des Wertpapiers.
Kurs	Der Kurs des Wertpapiers pro 100 Euro Nennwert.
Rückzahlung	Der Wert des Wertpapiers bei Rückzahlung pro 100 Euro Nennwert.
Häufigkeit	Die Anzahl der Zinszahlungen pro Jahr, jährlich = 1, halbjährlich = 2, vierteljährlich = 4.
Basis	Die Methode bei der Zählung der Tage. Der Parameter ist optional.

Ähnliche Funktionen
RENDITEDIS(), RENDITEFÄLL()

11.30 RENDITEDIS

Mithilfe der Funktion RENDITEDIS ermitteln Sie die jährliche Rendite eines unverzinslichen Wertpapiers in Prozent.

Syntax
```
=RENDITEDIS(Abrechnung; Fälligkeit; Kurs; Rückzahlung; Basis)
```

Parameter

Abrechnung	Der Abrechnungstermin (Datum) des Wertpapierkaufs.
Fälligkeit	Der Fälligkeitstermin (Datum) des Wertpapiers.
Kurs	Der Kurs des Wertpapiers pro 100 Euro Nennwert.
Rückzahlung	Der Wert des Wertpapiers bei Rückzahlung pro 100 Euro Nennwert.
Basis	Die Methode bei der Zählung der Tage. Der Parameter ist optional.

Ähnliche Funktionen
RENDITE(), RENDITEFÄLL()

11.31 RENDITEFÄLL

Diese Funktion ermittelt die jährliche Rendite für ein festverzinsliches Wertpapier, das Zinsen am Fälligkeitstermin auszahlt, in Prozent.

Syntax
```
=RENDITEFÄLL(Abrechnung; Fälligkeit; Emission; Zins; Kurs; Basis)
```

Parameter

Abrechnung	Der Abrechnungstermin (Datum) des Wertpapierkaufs.
Fälligkeit	Der Fälligkeitstermin (Datum) des Wertpapiers.
Emission	Das Datum der Wertpapieremission.
Zins	Der jährliche Nominalzins des Wertpapiers.
Basis	Die Methode bei der Zählung der Tage. Der Parameter ist optional.

Ähnliche Funktionen

RENDITE(), RENDITEDIS()

11.32 RMZ

RMZ berechnet den Betrag, der regelmäßig zu zahlen ist. Für die Lösung werden der konstante Zinssatz über die Laufzeit (Zins), die Anzahl der Zahlungen (Zzr), der Barwert (Bw) und der Endwert (Zw) benötigt.

Syntax

```
=RMZ(Zins; ZZr; Bw; Zw; F)
```

Parameter

Zins	Zinssatz pro Periode in Prozent oder als Zahlenwert.
Zzr	Zahlungszeiträume: Die Anzahl der Zahlungen.
Bw	Der Barwert.
Zw	Zukünftiger Wert bzw. Endwert. Der Parameter ist optional.
F	Wenn Sie den optionalen Parameter mit 0 oder nicht angegeben haben, bedeutet es, dass die Zahlung am Ende der Periode fällig wird. Bei 1 ist die Zahlung bereits am Anfang der Periode fällig.

Ähnliche Funktionen

BW(), ZZR(), ZINS(), ZW()

11.32.1 Die Höhe der Rückzahlung berechnen

Ein Beispiel zu dieser Funktion finden Sie in der Beispieldatei *RMZ.XLSX*. Auf dem Blatt *RMZ_1* berechnet die Funktion RMZ() die Höhe der Zahlungen, die jährlich zurückgezahlt werden müssen.

Die Höhe des Kredits können Sie in der Zelle B5 verändern.

Die Formeln in der Übersicht enthalten gemischte Zellbezüge. Beim Zinssatz ist der Zeilenbezug fest, sodass vor der Zeilennummer das $-Zeichen eingetragen wird, für die

Laufzeit setzen Sie die Spalte A mit dem $-Zeichen fest. Der Barwert, also die (aktuelle) Kredithöhe, ist für alle Formeln an der festen Zellposition $B$5.

```
=RMZ(E$7;$A15;$B$5)
```

Die beiden letzten Parameter *Zw* und die Art der Fälligkeit *F* sind optional und müssen daher nicht angegeben werden. Als Standardwerte werden sowohl für Zw als auch für die Fälligkeit der Wert 0 angenommen.

	E15	▼	*fx*	=RMZ(E$7;$A15;$B$5)						
	A	B	C	D	E	F	G	H	I	J	K
1	**RMZ()**										
2											
3	In dieser Tabelle wurden über die RMZ-Funktion Werte für die Rückzahlung eines Kredits über 10.000 EURO berechnet. Die Höhe des Kredits können Sie in der Zelle B5 ändern. Wenn Sie also einen Kredit über 10.000 EURO bei 3,5% über 8 Jahre aufnehmen, müssen zum Jahresende je 1.454,77 gezahlt werden. Der jeweils verbleibende Restbetrag wird mit 3,5% weiter verzinst.										
4											
5	Betrag	10.000,00									
6											
7	Jahre	2,0%	2,5%	3,0%	3,5%	4,0%	4,5%	5,0%	5,5%	6,0%	7,0%
8	1	-10.200,00	-10.250,00	-10.300,00	-10.350,00	-10.400,00	-10.450,00	-10.500,00	-10.550,00	-10.600,00	-10.700,00
9	2	-5.150,50	-5.188,27	-5.226,11	-5.264,00	-5.301,96	-5.339,98	-5.378,05	-5.416,18	-5.454,37	-5.530,92
10	3	-3.467,55	-3.501,37	-3.535,30	-3.569,34	-3.603,49	-3.637,73	-3.672,09	-3.706,54	-3.741,10	-3.810,52
11	4	-2.626,24	-2.658,18	-2.690,27	-2.722,51	-2.754,90	-2.787,44	-2.820,12	-2.852,94	-2.885,91	-2.952,28
12	5	-2.121,58	-2.152,47	-2.183,55	-2.214,81	-2.246,27	-2.277,92	-2.309,75	-2.341,76	-2.373,96	-2.438,91
13	6	-1.785,26	-1.815,50	-1.845,98	-1.876,68	-1.907,62	-1.938,78	-1.970,17	-2.001,79	-2.033,63	-2.097,96
14	7	-1.545,12	-1.574,95	-1.605,06	-1.635,44	-1.666,10	-1.697,01	-1.728,20	-1.759,64	-1.791,35	-1.855,53
15	8	-1.365,10	-1.394,67	-1.424,56	**-1.454,77**	-1.485,28	-1.516,10	-1.547,22	-1.578,64	-1.610,36	-1.674,68
16	9	-1.225,15	-1.254,57	-1.284,34	-1.314,46	-1.344,93	-1.375,74	-1.406,90	-1.438,39	-1.470,22	-1.534,86
17	10	-1.113,27	-1.142,59	-1.172,31	-1.202,41	-1.232,91	-1.263,79	-1.295,05	-1.326,68	-1.358,68	-1.423,78
18	11	-1.021,78	-1.051,06	-1.080,77	-1.110,92	-1.141,49	-1.172,48	-1.203,89	-1.235,71	-1.267,93	-1.333,57

Bild 11.5: Die Höhe der regelmäßigen Zahlungen für verschiedene Zinssätze und Laufzeiten

Auf einem weiteren Blatt *RMZ_2* ist die Funktion so angepasst, dass Sie auch den zukünftigen Wert und die Fälligkeit einstellen können.

	C14	▼	*fx*	=RMZ(C$7;$A14;$B$5;$E$5;$H$5)						
	A	B	C	D	E	F	G	H	I	J
1	**RMZ()**									
2										
3	Auf diesem Blatt können Sie auch die Parameter Zukünftiger Wert (Zw) und die Art der Fälligkeit (F) einstellen.									
4										
5	Betrag (Bw)	10.000,00		Zukünftiger Wert (Zw)	20.000,00		Fälligkeit (F)	1		
6										
7	Jahre	2,0%	2,5%	3,0%	3,5%	4,0%	4,5%	5,0%	5,5%	6,0%
8	1	-29.607,84	-29.512,20	-29.417,48	-29.323,67	-29.230,77	-29.138,76	-29.047,62	-28.957,35	-28.867,92	-28
9	2	-14.756,36	-14.697,38	-14.639,15	-14.581,66	-14.524,89	-14.468,83	-14.413,47	-14.358,81	-14.304,82	-14
10	3	-9.806,51	-9.760,11	-9.714,48	-9.669,59	-9.625,44	-9.582,01	-9.539,29	-9.497,27	-9.455,94	-9
11	4	-7.332,07	-7.292,93	-7.253,21	-7.215,01	-7.177,60	-7.140,97	-7.105,10	-7.069,99	-7.035,61	-6
12	5	-5.847,80	-5.812,10	-5.777,32	-5.743,42	-5.710,40	-5.678,23	-5.646,90	-5.616,39	-5.586,69	-5
13	6	-4.858,60	-4.825,85	-4.794,10	-4.763,33	-4.733,52	-4.704,64	-4.676,69	-4.649,64	-4.623,47	-4
14	7	-4.152,31	-4.121,82	-4.092,42	-4.064,09	-4.036,82	-4.010,57	-3.985,33	-3.961,07	-3.937,78	-3
15	8	-3.622,84	-3.594,17	-3.566,69	-3.540,39	-3.515,23	-3.491,19	-3.468,24	-3.446,37	-3.425,55	-3
16	9	-3.211,24	-3.184,10	-3.158,27	-3.133,70	-3.110,37	-3.088,26	-3.067,34	-3.047,57	-3.028,93	-2

Bild 11.6: Alle Parameter sind nun einstellbar.

Tipp: Die Pfeile erhalten Sie über das Register *Formeln* mit einem Klick auf die Schaltfläche *Spur zum Vorgänger*.

458 *Kapitel 11: Finanzmathematische Funktionen*

11.33 TBILLÄQUIV

Die Funktion berechnet die Verzinsung eines Schatzwechsels (Treasury Bill) in die für Anleihen übliche jährliche Verzinsung um.

Syntax

```
=TBILLÄQUIV(Abrechnung; Fälligkeit; Abzinsungssatz)
```

Parameter

Abrechnung   Das Datum des Schatzwechsels bzw. der Zeitpunkt nach der Emission, an dem das Wertpapier in den Besitz des Käufers übergeht.

Fälligkeit   Das Fälligkeitsdatum des Schatzwechsels: Dabei handelt es sich um den Zeitpunkt, zu dem der Schatzwechsel abläuft.

Abzinsungssatz   Das Disagio in Prozent.

Ähnliche Funktionen

TBILLKURS(), TBILLRENDITE()

11.34 TBILLKURS

Die Funktion TBILLKURS liefert den Kurs pro 100 Euro Nennwert eines Schatzwechsels bei gegebenem Disagio.

Syntax

```
=TBILLKURS(Abrechnung; Fälligkeit; Abzinsungssatz)
```

Parameter

Abrechnung   Der Zeitpunkt nach der Emission, an dem das Wertpapier in den Besitz des Käufers übergeht.

Fälligkeit   Das Datum, zu dem der Schatzwechsel abläuft.

Abzinsungssatz   Das Disagio in Prozent.

Ähnliche Funktionen

TBILLÄQUIV(), TBILLRENDITE()

11.35 TBILLRENDITE

Die Funktion TBILLRENDITE liefert die Rendite eines Schatzwechsels.

Syntax
```
=TBILLRENDITE(Abrechnung; Fälligkeit; Pr)
```

Parameter

Abrechnung	Das Datum, an dem das Wertpapier in den Besitz des Käufers übergeht.
Fälligkeit	Das Datum, zu dem der Schatzwechsel abläuft.
Pr	Das Disagio in Prozent.

Ähnliche Funktionen
TBILLÄQUIV(), TBILLKURS()

11.36 UNREGER.KURS

Mit dieser Funktion erhalten Sie den Kurs pro 100 Euro Nennwert eines Wertpapiers mit einem unregelmäßigen ersten Zinstermin.

Syntax
```
=UNREGER.KURS(Abrechnung; Fälligkeit; Emission; Erster_Zinstermin; Zins;
Rendite; Rückzahlung; Häufigkeit; Basis)
```

Parameter

Abrechnung	Das Datum, an dem das Wertpapier in den Besitz des Käufers übergeht.
Fälligkeit	Das Datum, zu dem der Schatzwechsel abläuft.
Emission	Das Datum der Wertpapieremission.
Erster_Zinstermin	Der Termin (Datum), an dem die erste Zinszahlung erfolgt.
Zins	Der Nominalzinssatz des Wertpapiers.
Rendite	Die jährliche Rendite des Wertpapiers in Prozent.
Rückzahlung	Der Wert des Wertpapiers bei Rückzahlung pro 100 Euro Nennwert.
Häufigkeit	Die Anzahl der Zinszahlungen pro Jahr, jährlich = 1, halbjährlich = 2, vierteljährlich = 4.
Basis	Die Methode bei der Zählung der Tage. Der Parameter ist optional.

460 *Kapitel 11: Finanzmathematische Funktionen*

Ähnliche Funktionen

UNREGLE.KURS()

11.37 UNREGER.REND

Die Funktion UNREGER.REND liefert die Rendite pro 100 Euro Nennwert eines Wertpapiers mit einem unregelmäßigen ersten Zinstermin.

Syntax

```
=UNREGER.REND(Abrechnung; Fälligkeit; Emission; Erster_Zinstermin; Zins;
Kurs; Rückzahlung; Häufigkeit; Basis)
```

Parameter

Abrechnung	Das Datum, an dem das Wertpapier in den Besitz des Käufers übergeht.
Fälligkeit	Das Datum, zu dem der Schatzwechsel abläuft.
Emission	Das Datum der Wertpapieremission.
Erster_Zinstermin	Der Termin (Datum), an dem die erste Zinszahlung erfolgt.
Zins	Der Nominalzinssatz des Wertpapiers.
Kurs	Der Kurs des Wertpapiers.
Rückzahlung	Der Wert des Wertpapiers bei Rückzahlung pro 100 Euro Nennwert.
Häufigkeit	Die Anzahl der Zinszahlungen pro Jahr, jährlich = 1, halbjährlich = 2, vierteljährlich = 4.
Basis	Die Methode bei der Zählung der Tage. Der Parameter ist optional.

Ähnliche Funktionen

UNREGLE.REND()

11.38 UNREGLE.KURS

Mithilfe dieser Funktion erhalten Sie den Kurs pro 100 Euro Nennwert eines Wertpapiers mit einem unregelmäßigen letzten Zinstermin.

Syntax

```
=UNREGER.REND(Abrechnung; Fälligkeit; Letzter_Zinstermin; Zins; Rendite;
Rückzahlung; Häufigkeit; Basis)
```

Parameter

Abrechnung	Das Datum, an dem das Wertpapier in den Besitz des Käufers übergeht.
Fälligkeit	Das Datum, zu dem das Wertpapier abläuft.
Letzter_Zinstermin	Der Termin (Datum), an dem die letzte Zinszahlung erfolgt.
Zins	Der Nominalzinssatz des Wertpapiers.
Rendite	Die jährliche Rendite des Wertpapiers in Prozent.
Rückzahlung	Der Wert des Wertpapiers bei Rückzahlung pro 100 Euro Nennwert.
Häufigkeit	Die Anzahl der Zinszahlungen pro Jahr, jährlich = 1, halbjährlich = 2, vierteljährlich = 4.
Basis	Die Methode bei der Zählung der Tage. Der Parameter ist optional.

Ähnliche Funktionen

UNREGER.KURS()

11.39 UNREGLE.REND

Die Funktion UNREGLE.REND liefert die Rendite eines Wertpapiers mit einem unregelmäßigen letzten Zinstermin.

Syntax

```
=UNREGLE.REND(Abrechnung; Fälligkeit; Emission; Letzter_Zinstermin; Zins;
Kurs; Rückzahlung; Häufigkeit; Basis)
```

Parameter

Abrechnung	Das Datum, an dem das Wertpapier in den Besitz des Käufers übergeht.
Fälligkeit	Das Datum, zu dem der Schatzwechsel abläuft.
Emission	Das Datum der Wertpapieremission.
Letzter_Zinstermin	Das Datum der letzten Zinszahlung.
Zins	Der Nominalzinssatz des Wertpapiers.
Kurs	Der Kurs des Wertpapiers.
Rückzahlung	Der Wert des Wertpapiers bei Rückzahlung pro 100 Euro Nennwert.
Häufigkeit	Die Anzahl der Zinszahlungen pro Jahr, jährlich = 1, halbjährlich = 2, vierteljährlich = 4.
Basis	Die Methode bei der Zählung der Tage. Dieser Parameter ist optional.

462 *Kapitel 11: Finanzmathematische Funktionen*

Ähnliche Funktionen

UNREGER.REND()

11.40 VDB

VDB gibt die degressive Doppelratenabschreibung eines Wirtschaftsguts für eine bestimmte Periode oder Teilperiode zurück. In den Dateien zum Buch finden Sie eine Beispieldatei für eine geometrisch-degressive Abschreibung.

Syntax

```
=VDB(Ansch_Wert; Restwert; Nutzungsdauer; Anfang; Ende; Faktor;
Nicht_wechseln)
```

Parameter

Ansch_Wert	Die Anschaffungskosten des Wirtschaftsguts.
Restwert	Der Restwert nach Ablauf der Nutzungsdauer.
Nutzungsdauer	Die Anzahl der Perioden, über die das Wirtschaftsgut abgeschrieben wird.
Anfang	Der erste Zeitraum, der für die Berechnung der Abschreibung berücksichtigt werden soll.
Ende	Der letzte Zeitraum, der für die Berechnung der Abschreibung berücksichtigt werden soll.
Faktor	Die Rate, um die der Restbuchwert abnimmt, wobei der Faktor für Faktor * 100% der Nutzungsdauer steht.
Nicht_wechseln	Ein Wahrheitswert, der angibt, ob auf lineare Abschreibung umgeschaltet werden soll, wenn der dabei berechnete Abschreibungsbetrag größer ist als der bei der geometrischen Abschreibung.

Ähnliche Funktionen

GDA()

11.41 XINTZINSFUSS

Die Funktion XINTZINSFUSS liefert den internen Zinsfuß einer Reihe nicht periodisch anfallender Zahlungen. Bei periodisch anfallenden Zahlungen verwenden Sie die Funktion IKV.

Syntax

```
=XINTZINSFUSS(Werte; Zeitpkte; Schätzwert)
```

Parameter

Werte	Die Zahlungen.
Zeitpkte	Die Zeitpunkte der Zahlungen.
Schätzwert	Ein optionaler Zahlenwert, von dem Sie annehmen, dass er dem Ergebnis der Funktion nahekommt.

Ähnliche Funktionen

IKV()

11.42 XKAPITALWERT

Mit dieser Funktion ermitteln Sie den Nettobarwert (Kapitalwert) einer Reihe nicht periodisch anfallender Zahlungen. Bei periodisch anfallenden Zahlungen verwenden Sie die Funktion NBW.

Syntax

```
=XKAPITALWERT(Zins; Werte; Zeitpkte)
```

Parameter

Zins	Der Kalkulationszinsfuß.
Werte	Die Zahlungen.
Zeitpkte	Die Zeitpunkte der Zahlungen.

Ähnliche Funktionen

NBW()

11.43 ZINS

Die Funktion ZINS rechnet bei gegebenen Beträgen der Anzahl der Zahlungen als Ergebnis den Zinssatz in Prozent je Periode zurück.

Syntax

```
=ZINS(Zzr ;Rmz ;Bw; Zw; F)
```

Parameter

Zzr	Zahlungszeiträume: Anzahl der Zahlungen.
Rmz	Der Betrag, der regelmäßig bezahlt wird.
Bw	Der Barwert.
Zw	Zukünftiger Wert bzw. Endwert. Der Parameter ist optional.

F	Ist dieser optionale Parameter 0 oder nicht angegeben, heißt es, dass die Zahlung am Ende der Periode fällig wird. Bei 1 ist die Zahlung bereits am Anfang der Periode fällig.

Ähnliche Funktionen

BW(), RMZ(), ZZR(), ZW()

11.43.1 Die Zinsen berechnen

Im Beispiel zu dieser Funktion ist ein Kredit in Höhe von 5.000 Euro vergeben worden. Es wird 60-mal, also monatlich über fünf Jahre, der gleiche Betrag über 100 Euro zurückgezahlt. Nach 60 Monaten ist der Kredit zurückgezahlt, der Zukunftswert also 0.

Die Berechnung finden Sie in der Datei *ZINS.XLSX*.

1. Aktivieren Sie das Blatt *ZINS_1* und klicken Sie in die Zelle C11.
2. Starten Sie über die Funktions-Assistenten die Funktion ZINS.
3. Die Anzahl der Zahlungsperioden *Zzr* stehen in der Zelle C5.
4. Der Betrag der regelmäßigen Zahlungen *Rmz* steht in Zelle C6.
5. Der Barwert *Bw* steht in Zelle C7.
6. Der zukünftige Wert *Zw* steht in Zelle C8.
7. Die Angabe zur Fälligkeit *F* steht in Zelle C9.
8. Bestätigen Sie mit *OK*.

In Zelle C11 steht nun die folgende Formel:

=ZINS(C5;C6;C7;C8;C9)

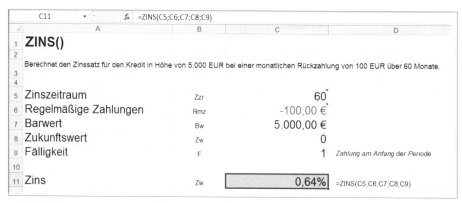

Bild 11.7: Der Zinssatz lässt sich auch zurückrechnen.

Unterhalb der Zinsberechnung mithilfe der Funktion finden Sie den zeitlichen Verlauf der Rückzahlung.

11.44 ZINSSATZ

Die Funktion ZINSSATZ liefert den Zinssatz eines voll investierten Wertpapiers.

Syntax

```
=ZINSSATZ(Abrechnung; Fälligkeit; Anlage; Rückzahlung; Basis)
```

Parameter

Abrechnung	Der Zeitpunkt, an dem das Wertpapier in den Besitz des Käufers übergeht.
Fälligkeit	Der Fälligkeitstermin.
Anlage	Der Betrag, der angelegt werden soll.
Rückzahlung	Der Betrag, der bei Fälligkeit zu erwarten ist.
Basis	Die Methode bei der Zählung der Tage pro Jahr. Der Parameter ist optional.

11.45 ZINSTERMNZ

Mithilfe dieser Funktion erhalten Sie das Datum des ersten Zinstermins nach dem Abrechnungstermin. Eigentlich liefert die Funktion als Ergebnis eine Zahl. Weisen Sie dieser Zahl ein Datumsformat zu.

Syntax

```
=ZINSTERMNZ(Abrechnung; Fälligkeit; Häufigkeit; Basis)
```

Parameter

Abrechnung	Der Zeitpunkt, an dem das Wertpapier in den Besitz des Käufers übergeht.
Fälligkeit	Der Fälligkeitstermin des Wertpapiers.
Häufigkeit	Die Anzahl der Zinszahlungen pro Jahr: 1=jährlich, 2=halbjährlich, 4=vierteljährlich.
Basis	Die Methode bei der Zählung der Tage. Der Parameter ist optional.

11.46 ZINSTERMTAGE

Die Funktion ZINSTERMTAGE liefert die Anzahl der Tage der Zinsperiode, die den Abrechnungstermin einschließt.

Syntax

```
=ZINSTERMTAGE(Abrechnung; Fälligkeit; Häufigkeit; Basis)
```

Parameter

Abrechnung	Der Zeitpunkt, an dem das Wertpapier in den Besitz des Käufers übergeht.
Fälligkeit	Der Fälligkeitstermin des Wertpapiers.
Häufigkeit	Die Anzahl der Zinszahlungen pro Jahr: 1=jährlich, 2=halbjährlich, 4=vierteljährlich.
Basis	Die Methode bei der Zählung der Tage. Der Parameter ist optional.

11.47 ZINSTERMTAGNZ

Mit dieser Funktion erhalten Sie die Anzahl der Tage vom Abrechnungstermin bis zum nächsten Zinstermin.

Syntax

```
=ZINSTERMTAGNZ(Abrechnung; Fälligkeit; Häufigkeit; Basis)
```

Parameter

Abrechnung	Der Zeitpunkt, an dem das Wertpapier in den Besitz des Käufers übergeht.
Fälligkeit	Der Fälligkeitstermin des Wertpapiers.
Häufigkeit	Die Anzahl der Zinszahlungen pro Jahr: 1=jährlich, 2=halbjährlich, 4=vierteljährlich.
Basis	Die Methode bei der Zählung der Tage. Der Parameter ist optional.

11.48 ZINSTERMTAGVA

Diese Funktion liefert die Anzahl der Tage vom Anfang des Zinstermins bis zum Abrechnungstermin.

Syntax

```
=ZINSTERMTAGVA(Abrechnung; Fälligkeit; Häufigkeit; Basis)
```

Parameter

Abrechnung	Der Zeitpunkt, an dem das Wertpapier in den Besitz des Käufers übergeht.
Fälligkeit	Der Fälligkeitstermin des Wertpapiers.
Häufigkeit	Die Anzahl der Zinszahlungen pro Jahr: 1=jährlich, 2=halbjährlich, 4=vierteljährlich.
Basis	Die Methode bei der Zählung der Tage. Der Parameter ist optional.

11.49 ZINSTERMVZ

Mit dieser Funktion erhalten Sie das Datum des letzten Zinstermins vor dem Abrechnungstermin. Das Ergebnis (Zahl) müssen Sie im Datumsformat anzeigen.

Syntax

```
= ZINSTERMVZ(Abrechnung; Fälligkeit; Häufigkeit; Basis)
```

Parameter

Abrechnung	Der Zeitpunkt, an dem das Wertpapier in den Besitz des Käufers übergeht.
Fälligkeit	Der Fälligkeitstermin des Wertpapiers.
Häufigkeit	Die Anzahl der Zinszahlungen pro Jahr: 1=jährlich, 2=halbjährlich, 4=vierteljährlich.
Basis	Die Methode bei der Zählung der Tage. Der Parameter ist optional.

11.50 ZINSTERMZAHL

Die Funktion ZINSTERMZAHL gibt eine Zahl zurück, die die Anzahl der Zinszahlungen darstellt.

Syntax

```
=ZINSTERMZAHL(Abrechnung; Fälligkeit; Häufigkeit; Basis)
```

Parameter

Abrechnung	Der Zeitpunkt, an dem das Wertpapier in den Besitz des Käufers übergeht.
Fälligkeit	Der Fälligkeitstermin des Wertpapiers.
Häufigkeit	Die Anzahl der Zinszahlungen pro Jahr: 1=jährlich, 2=halbjährlich, 4=vierteljährlich.
Basis	Die Methode bei der Zählung der Tage. Der Parameter ist optional.

11.51 ZINSZ

Diese Funktion gibt die Zinszahlung einer Investition für die angegebene Periode zurück, ausgehend von regelmäßigen konstanten Zahlungen und einem konstanten Zinssatz.

Syntax

```
=ZINSZ(Zins; Zr; Zzr; Bw; Zw; F)
```

468 *Kapitel 11: Finanzmathematische Funktionen*

Parameter

Zins	Zinssatz pro Periode in Prozent oder als Zahlenwert.
Zr	Die Periode (Zr = Zeitraum).
Zzr	Die Anzahl der Zahlungszeiträume
Bw	Der Barwert.
Zw	Der zukünftige Wert bzw. der Endwert. Dieser Parameter ist optional.
F	Der Parameter ist optional. 0 oder leer bedeutet, dass die Zahlung am Ende der Periode fällig wird. Bei 1 ist die Zahlung bereits am Anfang der Periode fällig.

11.52 ZW

Die Funktion ZW liefert den Endwert (Zielwert) einer Investition.

Syntax

```
ZW(Zins ;Zzr ;Rmz ;Bw ;F)
```

Parameter

Zins	Zinssatz für eine Periode.
Zzr	Zahlungszeiträume: Anzahl der Zahlungen.
Rmz	Der Betrag, der regelmäßig bezahlt wird.
Bw	Der Barwert. Der Parameter ist optional.
F	Der Parameter ist optional. 0 oder nicht angegeben bedeutet, dass die Zahlung am Ende der Periode fällig wird. Bei 1 ist die Zahlung bereits am Anfang der Periode fällig.

Ähnliche Funktionen

BW(), RMZ(), ZZR(), ZW()

11.53 ZW2

Bei dieser Funktion legen Sie zu Beginn einen festen Betrag an. Für die einzelnen Jahre gelten jedoch unterschiedliche Zinssätze.

Syntax

```
=ZW2(Kapital; Zinsen)
```

Parameter

Kapital	Für diesen Parameter geben Sie den Betrag an.
Zinsen	Die jeweiligen Zinssätze in Prozent. Wenn Sie einen Zellbereich angeben, ist die erste Zelle der Zinssatz für das erste Jahr, der zweite Zellbezug für das zweite Jahr usw.

11.54 ZZR

Die Funktion ZZR liefert die Anzahl der Zahlungen für eine Reihe zukünftiger, regelmäßiger Zahlungen bei einem festen Zinssatz und einem Anfangs- und Endbetrag. Der Parameter F kann den Wert 0 oder 1 annehmen und gibt an, wann die Zahlungen fällig sind (F = Fälligkeit).

Syntax

```
=ZZR(Zins; Rmz; Bw; Zw; F)
```

Parameter

Zins	Zinssatz pro Periode in Prozent oder als Zahlenwert.
Rmz	Höhe der regelmäßigen Zahlung.
Bw	Der Barwert.
Zw	Zukünftiger Wert bzw. Endwert. Der Parameter ist optional.
F	Der Parameter ist optional. 0 oder nicht angegeben bedeutet, dass die Zahlung am Ende der Periode fällig wird. Bei 1 ist die Zahlung bereits am Anfang der Periode fällig.

Ähnliche Funktionen

BW(), ZZR(), ZINS(), ZW()

11.54.1 Beispiel zur Funktion ZZR()

Mit dieser Funktion können Sie beispielsweise ermitteln, wie lange es dauert, einen Annuitätenkredit zurückzuzahlen, wenn Zins, Kreditbetrag und die Höhe der regelmäßigen Zahlung bekannt sind.

Das Beispiel finden Sie in der Datei *ZZR.XLSX*.

Bei einem Kreditbetrag über 20.000 Euro, einem Zinssatz von 4,5% und regelmäßiger monatlicher Rückzahlung von 200,00 Euro liefert die Funktion das Ergebnis 125. Es sind daher 10 Jahre und 5 Monate notwendig, um den Kredit vollständig zurückzuzahlen.

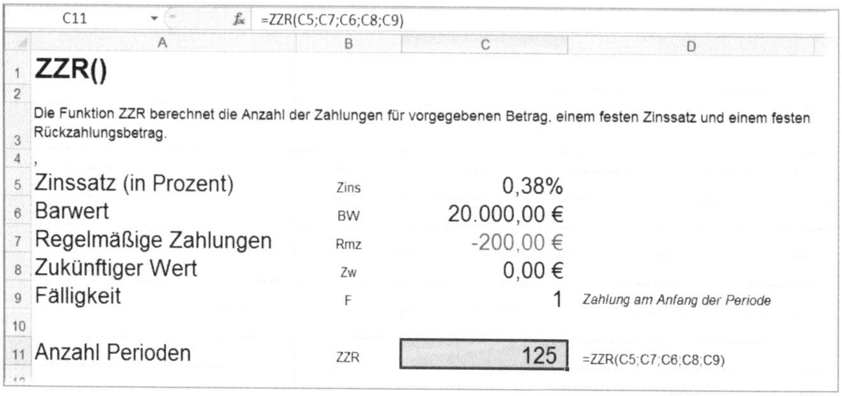

470 *Kapitel 11: Finanzmathematische Funktionen*

	C11	▾	f_x	=ZZR(C5;C7;C6;C8;C9)	
	A	B	C	D	

#	A	B	C	D
1	**ZZR()**			
2				
3	Die Funktion ZZR berechnet die Anzahl der Zahlungen für vorgegebenen Betrag, einem festen Zinssatz und einem festen Rückzahlungsbetrag.			
4	,			
5	Zinssatz (in Prozent)	Zins	0,38%	
6	Barwert	BW	20.000,00 €	
7	Regelmäßige Zahlungen	Rmz	-200,00 €	
8	Zukünftiger Wert	Zw	0,00 €	
9	Fälligkeit	F	1	*Zahlung am Anfang der Periode*
10				
11	Anzahl Perioden	ZZR	125	=ZZR(C5;C7;C6;C8;C9)

Bild 11.8: Die Anzahl der Perioden ermitteln

12 Konstruktion

Die meisten Funktionen dieser Kategorie sind für technische Zwecke gedacht. Einige ausgewählte Funktionen sich jedoch auch im kaufmännischen Bereich hilfreich, wie beispielsweise die Funktionen DELTA, GGANZZAHL oder UMWANDELN.

▣ Download-Link

www.buch.cd

Hier finden Sie alle Beispieldateien übersichtlich nach Kapiteln geordnet.

12.1 BESSELI/BESSELJ/BESSELK/BESSELY

Excel liefert mit den vier Bessel-Funktionen BESSELI, BESSELJ, BESSELK und BESSELY Lösungen zu den Besselschen Differenzialgleichungen. Sie führen folgende Berechnungen durch:

BESSELI(X;N)	Modifizierte Besselfunktion In(X).
BESSELJ(X;N)	Die Besselfunktion Jn(X).
BESSELK()	Modifizierte Besselfunktion Kn(X).
BESSSELY(X;N)	Besselfunktion zweiter Art Yn(X).

Parameter

X	Der Wert, der berechnet werden soll.
N	Die Ordnung der Besselfunktion; Excel erwartet eine positive Ganzzahl.

12.2 BININDEZ/BININHEX/BININOKT

Die genannten Funktionen rechnen Binärzahlen (Zahlen auf der Basis 2) in die entsprechenden Zahlensysteme um:

`BININDEZ(Zahl)`	Wandelt die Binärzahl in das Dezimalzahl (Zahlen auf der Basis 10) um.
`BININHEX(Zahl; Stellen)`	Wandelt eine Binärzahl in eine Hexadezimalzahl (Zahlen auf der Basis 16) um.

472 *Kapitel 12: Konstruktion*

```
BININOKT(Zahl; Stellen)
```
Wandelt eine Binärzahl in eine Oktalzahl (Zahlen auf der Basis 8) um.

Parameter

Zahl   Der binäre Zahlenwert, der umgerechnet werden soll.

Stellen   Mit diesem optionalen Parameter legen Sie fest, wie viele Stellen angezeigt werden sollen.

In den Beispieldateien finden Sie Praxisbeispiele zu den Umrechnungen.

12.3 DELTA

Die Funktion prüft, ob zwei Zahlenwerte gleich sind. Die Funktion kann auch durch die WENN-Funktion dargestellt werden.

Syntax
```
=DELTA(Zahl1; Zahl2)
```

Parameter

Zahl1, Zahl2   Die beiden Zahlen oder Zellbezüge, die verglichen werden sollen.

Ähnliche Funktionen

WENN()

In der Beispieldatei *DELTA.XLSX* finden Sie das Arbeitsblatt *DELTA_Beispiel_1*. In den Zellen A5 und B5 sind die gleichen Zahlenwerte eingetragen. Die Formel
```
=DELTA(A5; B5)
```
liefert als Ergebnis 0, wenn die Zahlen voneinander differieren, eine 1, wenn die Zahlen identisch sind.

Die Formel kann analog mithilfe einer WENN()-Funktion erstellt werden. Die Lösungen finden Sie in den Zellen C13 bis C16.

12.4 DEZINBIN/DEZINHEX/DEZINOKT

Die genannten Funktionen rechnen »normale« Dezimalzahlen (Zahlen auf der Basis 10) in die angegebenen Zahlensysteme um:

```
DEZINBIN(Zahl; Stellen)
```
Wandelt eine Dezimalzahl in eine Binärzahl um.

```
DEZINHEX(Zahl; Stellen)
```
Wandelt eine Dezimalzahl in eine Hexadezimalzahl (Zahlen auf der Basis 16) um.

`DEZINOKT(Zahl, Stellen)` Wandelt eine Dezimalzahl in eine Oktalzahl (Zahlen auf der Basis 8) um.

Parameter

Zahl   Der Zahlenwert, der umgerechnet werden soll.

Stellen   Mit diesem optionalen Parameter legen Sie fest, wie viele Stellen im Zahlensystem angezeigt werden sollen.

Umrechnung in das hexadezimale Zahlensystem

Die Funktion DEZINHEX wird stellvertretend als Beispiel für die verschiedenen Umwandlungsfunktionen von einem Zahlenraum in ein anderes Zahlensystem beschrieben. Als Parameter geben Sie jeweils die Zahl im Quellzahlensystem an.

Öffnen Sie die Datei *DEZINHEX.XLS* und wechseln Sie zum Arbeitsblatt mit dem Beispiel *DEZINHEX_Beispiel_1*. In der Zelle B5 finden Sie die folgende Formel:

```
=DEZINHEX(A5;10)
```

Die Funktion wandelt die Zahl in die Hexdezimalsystem um. Die Wertigkeit der Ziffern wird auf Basis 16 gerechnet und nicht auf dem bekannten Dezimalsystem, das die 10 als Basis verwendet. Die Funktion ist für den Bereich der Informationstechnologien wichtig, da viele Werte auf dem dualen oder dazu verwandten Zahlensystemen aufbaut.

Tipp: Drücken Sie die Tastenkombination $\boxed{\text{Strg}}$+$\boxed{\downarrow}$, um den Cursor blockweise im Arbeitsblatt nach unten zu bewegen.

Wenn Sie die Zahl 65536 in die Zelle A5 eingeben, wirft die Funktion den glatten Hexadezimalwert 10000 aus.

12.5   GAUSSF.GENAU/ GAUSSFKOMPL.GENAU

GAUSSF.GENAU ermittelt die Gaußsche Fehlerfunktion. Die Funktion GAUSSFKOMPL. GENAU berechnet das entsprechende Komplement.

Syntax

```
=GAUSSF.GENAU (Untere_Grenze)
=GAUSSFKOMPL.GENAU(Untere_Grenze)
```

Parameter

Untere_Grenze   Die untere Grenze des Integrals.

474 Kapitel 12: Konstruktion

12.6 GAUSSFEHLER/GAUSSFKOMPL

GAUSSFEHLER ermittlt das Gaußsche Fehlerintegral. Die Funktion wird auch Fehler-Funktion genannt. Die Excel-Hilfe verweist auf den englischen Funktionsnamen ERF(). Die Funktion GAUSSFKOMPL berechnet das Komplement zur Gaußschen Fehlerfunktion.

Syntax

```
=GAUSSFEHLER(Untere_Grenze; Obere_Grenze)
=GAUSSFKOMPL(Untere_Grenze; Obere_Grenze)
```

Parameter

Untere_Grenze   Die untere Grenze des Integrals.

Obere_Grenze   Die obere Grenze des Integrals.

12.7 GGANZZAHL

Die Abkürzung der Funktion GGANZZAHL könnte Grenzwert zu Ganzzahl lauten. Wird ein vorgegebener Schwellwert erreicht, wird das Ergebnis 1 zurückgegeben, ansonsten der Wert 0.

Syntax

```
=GANZZAHL(Zahl; Schritt)
```

Parameter

Zahl   Der zu überprüfende Zahlenwert.

Schritt   Der Schwellwert (Trigger).

In der Beispieldatei *GGANZZAHL.XLS* finden Sie auf einem Blatt die Messwerte zu einem Fluss. Zu bestimmten Jahreszeiten darf ein bestimmter Wasserstand nicht überschritten werden. An Küsten sind es Deichkronen, an Flüssen Pegelstände, die ständig überwacht werden. Ist ein bestimmter Stand erreicht, droht beispielsweise die Altstadt überschwemmt zu werden. Wird der Schwellwert in B5 erreicht, weisen die Zellen in B8:B25 den Zustand 1 (überschwemmt) aus, ansonsten war alles in Ordnung (0). Auf einem separaten Blatt ist das Ergebnis in einem Diagramm dargestellt.

12.8 HEXINBIN/HEXINDEZ/HEXINOKT

Die genannten Funktionen rechnen Hexadezimalzahlen (Zahlen auf der Basis 16) in die angegebenen Zahlensysteme um:

HEXINBIN(Zahl; Stellen)	Wandelt eine Hexadezimalzahl in eine Binärzahl um.
HEXINDEZ(Zahl; Stellen)	Wandelt eine Hexadezimalzahl in eine Dezimalzahl um.
HEXINOKT(Zahl, Stellen)	Wandelt eine Hexadezimalzahl in eine Oktalzahl um.

Parameter

Zahl	Der Zahlenwert, der umgerechnet werden soll.
Stellen	Mit diesem optionalen Parameter legen Sie fest, wie viele Stellen im Zahlensystem angezeigt werden sollen.

12.9 Funktionen zu imaginären Zahlen

Komplexe Zahlen werden folgendermaßen dargestellt:

```
z = x + yi
```

und bestehen aus dem Realteil (x) und dem Imaginärteil (yi), wobei das »i« für den Imaginärteil steht. Excel bietet dazu einige Funktionen an.

IMABS(Komplexe_Zahl)	Liefert den Absolutbetrag einer komplexen Zahl.
IMAGINÄRTEIL(Komplexe_Zahl)	Liefert den Imaginärteil einer komplexen Zahl.
IMAPOTENZ(Komplexe_Zahl; Potenz)	Liefert eine komplexe Zahl, die mit einer Ganzzahl potenziert wird.
IMARGUMENT(Komplexe_Zahl)	Liefert den Winkel in Bogenmaß einer komplexen Zahl.
IMCOS(Komplexe_Zahl)	Liefert den Kosinus einer komplexen Zahl.
IMDIV(Komplexe_Zahl1; Komplexe_Zahl2)	Liefert den Quotienten zweier komplexen Zahlen.
IMEXP(Komplexe_Zahl)	Liefert den exponentiellen Wert einer komplexen Zahl.
IMKONJUGIERTE(Komplexe_Zahl)	Liefert eine komplex konjugierte Zahl einer komplexen Zahl.
IMLN(Komplexe_Zahl)	Liefert den natürlichen Logarithmus (Basis e) einer komplexen Zahl.
IMLOG10(Komplexe_Zahl)	Liefert den Logarithmus zur Basis 10 einer komplexen Zahl.
IMLOG2(Komplexe_Zahl)	Liefert den Logarithmus zur Basis 2 einer komplexen Zahl.
IMPRODUKT(Komplexe_Zahl1; Komplexe_Zahl2)	Liefert das Produkt zweier komplexen Zahlen.
IMREALTEIL(Komplexe_Zahl)	Liefert den Realteil (x) einer komplexen Zahl.
IMSIN(Komplexe_Zahl)	Liefert den Sinus einer komplexen Zahl.
IMSUB(Komplexe_Zahl1; Komplexe_Zahl2)	Liefert die Differenz von zwei komplexen Zahlen.

476 *Kapitel 12: Konstruktion*

```
IMSUMME(Komplexe_Zahl1;          Liefert die Summe zweier komplexen Zahlen.
Komplexe_Zahl2)

IMWURZEL(Komplexe_Zahl)          Liefert die Quadratwurzel einer komplexen Zahl.
```

Beispiele zu den Funktionen finden Sie in den entsprechenden Beispieldateien.

12.10 KOMPLEXE

Die Funktion KOMPLEXE setzt aus dem Real- und einem Imaginärteil die zugehörige komplexe Zahl zusammen.

Syntax

```
=KOMPLEXE(Realteil; Imaginärteil; Suffix)
```

Parameter

Realteil   Der Realteil x der komplexen Zahl (x + yi).

Imaginärteil   Der Imaginärteil y der komplexen Zahl (x + yi).

Suffix   Der Buchstabe (standardmäßig i), der dem Imaginärteil folgt.

12.11 OKTINBIN/OKTINDEZ/OKTINHEX

Die genannten Funktionen rechnen Oktalzahlen (Zahlen auf der Basis 8) in die anderen Zahlensysteme um:

```
OKTINBIN(Zahl; Stellen)    Wandelt eine Oktalzahl in eine Binärzahl um.

OKTINDEZ(Zahl)             Wandelt eine Oktalzahl in eine Dezimalzahl um.

OKTINHEX(Zahl, Stellen)    Wandelt eine Oktalzahl in eine Hexadezimalzahl um.
```

Parameter

Zahl   Der Zahlenwert, der umgerechnet werden soll.

Stellen   Mit diesem optionalen Parameter legen Sie fest, wie viele Stellen im
              Zahlensystem angezeigt werden sollen.

12.12 UMWANDELN

Die folgende Funktion kann nützlich sein, wenn Sie es mit verschiedenen Maßeinheiten zu tun haben. Excel liefert dafür die Funktion UMWANDELN. Auf dem ersten Blatt in der Datei *UMWANDELN.XLSX* finden Sie einige Beispiele zur Umwandlung von einer Maßeinheit zur anderen. Anhand der Zelle F33 erkennen Sie die Syntax zu dieser Funktion.

```
=UMWANDELN(Zahl; Von_Maßeinheit; In_Maßeinheit)
```

Auf dem zweiten Blatt werden die drei Parameter über Kombinationslistenfelder angeboten.

Stichwortverzeichnis

Symbole

64
#BEZUG! 65
#DIV/0 33, 66, 183
#DIV/0! 186
#NAME? 66
#NULL 67
#NV 66, 184
#-Symbole 23
#WERT! 67
#ZAHL! 68
&-Zeichen 112
(F2) 47
= 41
1-Alpha Konfidenzintervall 327

A

ABRUNDEN() 393
ABS() 394
Absolute Adressierung 52
ACHSENABSCHNITT() 295, 296
Add-Ins 70
Addition 42
ADRESSE() 229
Adressierung
  absolut 52
  relativ 52
AGGREGAT() 395
Alle Blätter auswählen 38
Alphaquantil 356
Altheffnersche Fakultät 436
Analyse-Funktionen - VBA 71
Anteil, vom Jahr 130
Anzahl
  der Anrufe 156
  der Arbeitstage 125, 127, 149, 153
  der Jahre 132
  der Monate 132, 140
  der Stunden 124
  der Tage 123
  der Zeichen 93
ANZAHL() 298, 302, 395, 431
ANZAHL2() 299, 302, 395, 431
ANZAHLLEEREZELLEN() 302
ARBEITSTAG() 125
ARBEITSTAG.INTL() 127
ARCCOSHYP() 397
ARCSIN() 398
ARCSINHYP() 398
ARCTAN() 399
ARCTAN2() 399

ARCTANHYP() 399
Areatangens Hyperbolikus 399
Arithmetisches Mittel 343
Arkuskosinus 397
Artikelnummern 94
Aufbau der SVERWEIS-Funktion
  260
Auffüllen, Artikelnummer 95
AUFRUNDEN() 400
Auswahlliste 29
AutoFilter 136, 137

B

BAHTTEXT() 73
Barwert 442
Bearbeitungsleiste anzeigen 48
Bedingte Formatierung 31, 151,
  162, 194, 197, 210, 219, 225, 248,
  274, 303
Bedingungen 171, 172
Benutzerdefinierte
  Datumsformate 24
  Zahlenformate 23
Benutzerdefinierte Zahlenformate
  Einzahl/Mehrzahl 26
Benutzerdefiniertes Zahlenformat
  23
Berechnung abschalten 51
BEREICH.VERSCHIEBEN() 233
Bereiche benennen 55
BEREICHE() 236
BESSELI 471
BESSELJ 471
BESSELK 471
BESSELY 471
Bestimmtheitsmass() 305
BETA.INV() 307
BETA.VERT() 308
BETAINV() 307
BETAVERT() 308
Betaverteilung 307, 308
BINOM.INV() 309
BINOM.VERT() 310
Binominalverteilung 309
BINOMVERT() 310
Blätter 38
BOGENMASS() 401
BOGENMASS() 424
BRTEILJAHRE() 130
Brüche addieren 407

C

CHIINV() 311
CHIQU.INV() 311
CHIQU.INV.RE() 312
CHIQU.TEST() 312
CHIQU.VERT() 313
CHIQU.VERT.RE() 313
Chi-Quadrat-Verteilung 311, 312
CHITEST() 312
CHIVERT() 313
CODE() 74
COS() 401
COSHYP() 401

D

DATEDIF() 132
Datenüberprüfung 246, 266
Datum 123
DATUM() 134
Datumsformat 24
DATWERT() 137
DBANZAHL() 278
DBANZAHL2() 278
DBAUSZUG() 281
DBMAX() 283
DBMIN() 283
DBMITTELWERT() 283
DBPRODUKT 284
DBSTABW() 286
DBSTABWN() 289
DBSUMME() 292
DBVARIANZ() 286
DBVARIANZEN() 289
DELTA() 472
Detektiv 54
DEZINHEX() 473
Diagramm 39, 474
Dichte 416
Dividend 420
Division 42, 183
  durch 0 42
Divisor 420
DM() 75
Dollarzeichen 53
Drucken 36
Durchschnitt 344

E

EDATUM() 140
Eingabeaufforderung 28
Einheitsmatrix 413

478 Stichwortverzeichnis

Eintrittspreise 176
  gestaffelt 177
Einzahl / Mehrzahl 26
Erdmasse 416
ERF() 474
ERSETZEN() 76
Euler, Leonhard 402
Eulersche Zahl 402
Excel-Optionen 51
EXP() 402
EXPON.VERT() 314
EXPONVERT() 314

F

F.INV() 314
F.INV.RE() 315
Fakultät 417
FAKULTÄT() 403
FALSCH() 169
FEHLER.TYP() 185
Fehlermeldung 64
  ####### 64
  #Bezug 65
  #DIV/0 66
  #NAME? 66
  #NULL 67
  #NV 66
  #WERT 67
  Zirkelbezug 68
Fehlermeldungen ausblenden 33
Feiertage 149, 152, 153
FEST() 79
Festgeldsparen 438
Filmlänge 158
Finden, Formeln 48
FINDEN() 79, 100
FINV() 315
FISHER() 316
FISHERINV() 316
Format übertragen 34
Formatierung 222
Formeln
  finden 48
  kopieren 43
Funktion
  INDEX() 240
  verschachtelte 58
Funktionsassistent 56
FVERT() 316
F-Verteilung 314, 315

G

G.TEST() 317
GAMMA.INV() 317
GAMMA.VERT() 318
GAMMAINV() 317
GAMMALN() 318

GAMMALN.GENAU() 318
GAMMAVERT() 318
Gammaverteilung 317
GANZZAHL() 404
GAUSSF.GENAU 473
GAUSSFEHLER 474
GAUSSFKOMPL 473, 474
Gaußtest 317
Geburtstagsliste 136
Gehe zu 48
Gemischter Zellbezug 417
GEOMITTEL() 319
GERADE() 405, 433
Gestutzter Mittelwert 319
GESTUTZTMITTEL() 319
GGT – größter gemeinsamer Teiler
  405, 407
GGT() 405
GLÄTTEN() 85
GRAD() 406, 424
GROSS() 87
GROSS2() 88
Großbuchstaben 89
Größter Wert 332
Grundrechenarten 42
Gruppe 39
Gruppierung aufheben 39
GTEST() 317
Gültigkeitsprüfung 27

H

HARMITTEL() 321
HÄUFIGKEIT() 321
HEUTE() 142
Hexdezimalsystem 473
Hilfe 60
HYPERLINK() 237
HYPGEOM.VERT() 323
HYPGEOMVERT() 323

I

IDENTISCH() 89
IKV() 446
INDEX() 240, 334
Indirekt, verschachtelt 250
INDIREKT() 30, 244
INFO() 187
ISTBEZUG() 190
ISTFEHL() 190
ISTFEHLER() 34, 192
ISTGERADE() 195, 405
ISTKTEXT() 198
ISTLEER() 200
ISTLOG() 204
ISTNV() 66, 205, 259
ISTTEXT() 207
ISTUNGERADE() 211, 433

ISTZAHL() 213

J

Jahr 134
JAHR() 142
Jetzt() 143

K

KALENDERWOCHE() 144
Kernsätze der Mathematik 42
KGRÖSSTE() 324, 345, 396
KGV() 406
KKLEINSTE() 326, 396
Klammern 42
Klammerrechnung 42
Klassen 322
KLEIN() 92
Kleinbuchstaben 92
Kleinste gemeinsame Vielfache 406
Kleinster Wert 338
KONFIDENZ.NORM() 327
KONFIDENZ.T() 327
KONFIDENZNORM() 327
Kopieren, Formeln 43
KORREL() 328
Korrelationskoeffizient 330, 355
  Pearsonschen 305
KOVAR() 330
Kovarianz 330
KOVARIANZ.P() 330
KOVARIANZ.S() 331
KRITBINOM 309
Kriterien 277
KUMKAPITAL() 447
KUMZINS() 448
KURS() 448
KURSDISAGIO() 449
KURSFÄLLIG() 449
KURT() 331
Kurtosis 331

L

LÄNGE() 93, 100
Layout 36
Leerzeichen, entfernen 85
Letzter Tag, im Monat 147
LIA() 450
LINKS() 96, 104
Liste 29
Listen 277
LN() 410
LOG() 410
LOG10() 410
Logarithmus, Gammafunktion 318
LOGINV() 331
LOGNORM.INV() 331
LOGNORM.VERT() 332

Lognormalverteilung 331
LOGNORMVERT() 332

M

Macauley-Duration 451
Mathematik, Kernsätze 42
Matrixfunktion 60, 340, 386
MAX() 231, 232, 302, 332, 345, 395, 431
MAXA() 335
MDURATION() 451
MEDIAN() 336, 396
MIN() 302, 338, 395, 431
MINA() 341
Minor 412
MINUTE() 145
MINV() 412, 413
Mitte 336
Mittel, arithmetisches 343
MITTELABW() 342
Mittelwert
durchschnittliche Abweichung 342
gestutzter 319
harmonischer 321
Streuung um 369
MITTELWERT() 302, 343, 395, 431
MITTELWERTA() 346
MITTELWERTWENN() 347
MITTELWERTWENNS() 350
Mitternacht 125
Mittlere quadratische Abweichung 369, 371, 382
MMULT() 413
MODALWERT() 351
Modified duration 451
MODUS.EINF() 396
Monat 134
MONAT() 145
MONATSENDE() 147
MTRANS() 252
Multiplikation 42

N

N() 215
Namenfeld 55
Natürliche Konstante 403
NBW() 452
NEGBINOM.VERT() 353
NEGBINOMVERT() 353
NETTOARBEITSTAGE() 149
NETTOARBEITSTAGE.INTL() 153
Nicht sichtbare Sonderzeichen 100
NICHT() 170
NOMINAL() 452
NORM.INV() 353

NORM.S.INV() 354
NORM.S.VERT() 354
NORM.VERT() 355
NORMINV() 353
NORMVERT() 355
NOTIERUNGBRU() 453
Nummernformate 26
NV() 216

O

OBERGRENZE() 405
ODER() 171

P

PEARSON() 355
Pearsonscher
Korrelationskoeffiziente 305
Personalnummern 26
Perzentile 331
PI() 416
Pinsel 34
PIVOTDATENZUORDNEN() 253
Pivot-Tabelle 147, 157
PivotTable 147
POISSON() 355
POISSON.VERT() 355
Polynomialkoeffizient 418
Position 79
Potenz 42
POTENZ() 418
Potenzieren 42
Primfaktoren 406
PRODUKT() 302, 395, 419, 431
Produktionszeiten 123
Provision 179
Punkte durch Kommas ersetzen 114
Punkte und Kommas vertauschen 115
Punktrechnung 42

Q

QIKV() 454
QUADRATESUMME() 419
Quadrierten Abweichungen 376
Quantil 307
QUANTIL() 356
QUANTIL.EXKL 356
QUANTIL.EXKL() 396
QUANTIL.INKL() 356, 396
QUANTILSRANG.EXKL() 357
QUANTILSRANG.INKL() 357
QUARTILE() 358
Quartile.EXKL() 357
QUARTILE.EXKL() 396
QUARTILE.INKL() 358, 396
Quersumme 108
QUOTIENT() 420

R

Rang 357
RANG.GLEICH() 359
RANG.MITTELW() 362
Rechenschritt 41
Rechenzeichen 42
RECHTS() 98, 104
Registerblätter 38
Regression 375
Regressionsgerade 295
Relative Adressierung 52
RENDITE() 454
RENDITEDIS() 455
RENDITEFÄLL() 455
REST() 420
RGP() 363, 380
RKP() 364
RMZ() 456
RÖMISCH() 421
RUNDEN() 422, 436

S

SÄUBERN() 100
SCHÄTZER() 364
SCHIEFE() 366
Schnittpunkt der
Regressionsgeraden 295
Schutz 225
Seiten einrichten 36
Seitenansicht 36
SEKUNDE() 155
SIN() 423
SINHYP() 424
Smiley 121
SPALTE() 255
Spalten, Text in 82
SPALTEN() 256
Spur einer Formel 54
Spur zum Vorgänger 54
STABW () 369
STABW() 302, 431
STABW.N() 369, 396
STABW.S() 369, 395
STABWA() 371, 372
STABWN() 302, 366, 431
STABWNA() 372
Staffelpreise 271
Standarddiagramm 39
Standardfehler 375
STANDARDISIERUNG() 372
Steigung der Regressionsgeraden 374
STEIGUNG() 373
Steuerzeichen 101
STFEHLERYX() 375
Strichrechnung 42
STUNDE() 155

Subtraktion 42
SUCHEN() 102
SUMME() 42, 46, 302, 396, 425, 431
  Matrixfunktion 62
SUMMENPRODUKT() 426
SUMMEWENN() 325, 426
SUMMEX2PY2 () 430
SUMMEXMY2() 429, 430
SUMQUADABW() 376
SVERWEIS, Fehler #NV 66
SVERWEIS() 184, 206, 257
Symbol 120

T

T() 105
T.INV() 376
T.INV.25() 376
T.TEST() 377
T.VERT() 377
T.VERT.25() 378
T.VERT.RE() 378
Tag 134
TAG() 159
TAGE360() 160
Tagesdatum 142
TAN() 430
TANHYP() 431
Tauschen 77
Tausenderpunkt 23
TBILLÄQUIV() 458
TBILLKURS() 458
TBILLRENDITE() 459
TEIL() 105, 106
TEILERGEBNIS() 301, 395, 431
Teststatistik 377
Text in Spalten 82
Text zum größten Wert 334
TEXT() 109
Textkonvertierung 82
TINV() 376
Trend, Exponentieller 386
TREND() 378
Trendlinie 297
Trennzeichen 82
TTEST() 377
TVERT() 377
t-Verteilung 376
TYP() 217

U

Uhrzeit 123, 143

Mitternacht 125
Umkehrmatrix 412
Umsatzziel 175
UMWANDELN() 476
UND() 172
UNREGER.KURS() 459
UNREGER.REND() 460
UNREGLE.KURS() 460
UNREGLE.REND() 461
Unterdeterminanten 412
UNTERGRENZE() 433

V

VAR.P() 380, 396
VAR.S () 382, 396
VARIANZ() 302, 380, 431
VARIANZA() 384
VARIANZEN() 302, 382, 431
VARIANZENA() 384, 385
VARIATION() 385
VARIATIONEN() 387
VDB() 462
VERGLEICH() 231, 262, 334
VERKETTEN() 110
Verschachtelte Funktionen 58
Verteilungseigenschaften 312
VERWEIS() 265
VERWEIS() 265
VORZEICHEN() 434
VRUNDEN() 434

W

WAHL() 265
WAHR() 174
WAHRSCHBEREICH() 387
Währungsformat 22, 75
WECHSELN() 113
WEIBULL() 388
WEIBULL.VERT() 388
Weiche 175
WENN 472
  Verschachtelt 180
WENN() 94, 119, 125, 158, 175, 189, 259, 339, 374, 472
  Matrixfunktion 62
WENNFEHLER() 64, 66, 183
WERT() 116
Werte einfügen 50
WIEDERHOLEN() 95, 118
Wochenende, Zuschlag 164
Wochenenden
  farbig hervorheben 162

Wochentag, Nummer des 162
WOCHENTAG() 161, 271
Wurzel der mittlere quadratische
  Abweichung 366
WURZEL() 434
WURZELPI() 435
WVERWEIS() 269

X

XINTZINSFUSS() 462
XKAPITALWERT() 463

Z

Zahl e 402
Zählen 300
Zahlencode 74, 120
ZÄHLENWENN() 388, 427
ZÄHLENWENNS() 390, 427
Zeichen 94
ZEICHEN() 120
Zeichencode 120
ZEILE() 232, 272
ZEILEN() 275
Zeilenumbruch 102
ZEIT() 165
ZEITWERT() 166
ZELLE() 222
Zellen formatieren
  Tastenkombination 23
ZINS() 463
ZINSSATZ() 465
ZINSTERMNZ() 465
ZINSTERMTAGE() 465
ZINSTERMTAGNZ() 466
ZINSTERMTAGVA() 466
ZINSTERMVZ() 467
ZINSTERMZAHL() 467
ZINSZ() 467
Zirkelbezug 68
ZUFALLSBEREICH() 435, 436
Zufallsvariablen 316, 327, 353
Zufallsverteilung 310
ZUFALLSZAHL() 436
Zusammenhang, von Variablen 295
Zuschläge, für Wochenende 164
ZW() 468
ZW2() 468
Zwei Hälften 336
ZWEIFAKULTÄT() 436
ZZR() 442, 469